SV

Jürgen Habermas
Philosophische Texte

Studienausgabe in fünf Bänden

Band 3

Jürgen Habermas
Diskursethik

Suhrkamp

Bibliografische Information der Deutschen Nationalbibliothek
Die Deutsche Nationalbibliothek verzeichnet diese Publikation
in der Deutschen Nationalbibliografie;
detaillierte bibliografische Daten sind im Internet
über http://dnb.d-nb.de abrufbar.

Erste Auflage 2009
© Suhrkamp Verlag Frankfurt am Main 2009
Alle Rechte vorbehalten, insbesondere das der Übersetzung,
des öffentlichen Vortrags sowie der Übertragung
durch Rundfunk und Fernsehen, auch einzelner Teile.
Kein Teil des Werkes darf in irgendeiner Form
(durch Fotografie, Mikrofilm oder andere Verfahren)
ohne schriftliche Genehmigung des Verlages reproduziert
oder unter Verwendung elektronischer Systeme verarbeitet,
vervielfältigt oder verbreitet werden.
Satz und Druck:
Memminger MedienCentrum AG
Printed in Germany
ISBN 978-3-518-58528-3

2 3 4 5 6 − 14 13 12 11 10 09

Inhalt

Vorwort zur Studienausgabe 7

Einleitung 9

I. *Moraltheorie*

1. Diskursethik. Notizen zu einem
   Begründungsprogramm 31
2. Treffen Hegels Einwände gegen Kant auch auf die
   Diskursethik zu? 116
3. Diskursethik und Gesellschaftstheorie. Ein
   Interview mit T. Hviid Nielsen 141
4. Erläuterungen zur Diskursethik 179
5. Eine genealogische Betrachtung zum kognitiven
   Gehalt der Moral 302

II. *Zur Systematik praktischer Diskurse*

6. Vom pragmatischen, ethischen und moralischen
   Gebrauch der praktischen Vernunft 360
7. Richtigkeit versus Wahrheit. Zum Sinn der
   Sollgeltung moralischer Urteile und Normen 382
8. Zur Architektonik der Diskursdifferenzierung.
   Kleine Replik auf eine große Auseinandersetzung .. 435

Textnachweise 460
Register 461
Gesamtinhaltsverzeichnis der Studienausgabe 467

Vorwort zur Studienausgabe

Die thematisch geordnete Auswahl von Aufsätzen soll Studenten den Zugang zum Kern meiner philosophischen Auffassungen erleichtern. Statt »Gesammelter Abhandlungen« lege ich eine systematische Auswahl von Texten vor, die jeweils an die Stelle *ungeschriebener* Monographien treten müssen. Ich habe zu wichtigen Themen, auf die sich meine im engeren Sinne philosophischen Interessen richten, keine Bücher verfaßt – weder zu den sprachtheoretischen Grundlagen der Soziologie noch zur formalpragmatischen Konzeption von Sprache und Rationalität, noch zu Diskursethik oder politischer Philosophie oder zum Status des nachmetaphysischen Denkens. Dieser merkwürdige Umstand wird mir selbst erst aus der Retrospektive bewußt.

Meine Themenwahl und meine Arbeitsweise haben mich zu vielfältigen Kontakten mit Einzelwissenschaften angeregt. Der Bezug zu normativen Fragen der Selbstverständigung hat die philosophische Perspektive auch bei der Verarbeitung sozialwissenschaftlicher, linguistischer, entwicklungspsychologischer und rechtstheoretischer Fachdiskussionen gewiß präsent gehalten. Aber die Lösungsbedürftigkeit hartnäckiger philosophischer Probleme hat sich oft erst im Zusammenhang anderer, materialreicher Studien aufgedrängt. Das hat anschließend Explikationsversuche nötig gemacht, die nicht nur wie in einem Puzzle in den umfassenderen Kontext einer Gesellschaftstheorie passen sollen, sondern als Beiträge zu philosophischen Fachdiskussionen auf eigenen Füßen stehen müssen. Philosophische Argumente können im weitverzweigten Netz der wissenschaftlichen Diskurse nur an Ort und Stelle verteidigt werden.

Die Auswahl der Texte macht sowohl diesen Anspruch als auch die pluralistische Anlage einer Gesellschaftstheorie deutlich, die sich an vielen Fronten gleichzeitig der Kritik stellen muß.

Die Auswahl berührt weder die Monographien noch die früheren Publikationen bis Ende der 1960er Jahre.[1] Sie berücksichtigt ebensowenig die soziologischen Arbeiten[2] wie die philosophischen Porträts und die Abhandlungen, die sich auf einzelne philosophische Ansätze und Werke beziehen.[3] Unberücksichtigt bleiben natürlich auch meine politischen Interventionen und Zeitdiagnosen.

Die kurzen Einleitungen zu den einzelnen Bänden enthalten Erläuterungen und Kommentare zum Entstehungskontext aus dem Rückblick eines Autors, der am systematischen Gehalt seiner Arbeiten interessiert ist. Eine andere Sache ist der Dank, den ich meinen akademischen Lehrern, intellektuellen Weggefährten und Mitarbeitern für das schulde, was ich von ihnen gelernt habe. Darauf komme ich in einem anderen Zusammenhang zurück.

Das Vorhaben einer Studienausgabe verdankt sich einer großzügigen Initiative des Suhrkamp Verlages. Der freundschaftliche Rat von Lutz Wingert hat mir geholfen, Hemmungen gegenüber diesem Vorhaben zu überwinden. Ihm und seinen Mitarbeitern Raphael Meyer und Angela Zoller bin ich auch für die kompetente Erstellung der Sachregister zu Dank verpflichtet. In der Zusammenarbeit mit Eva Gilmer habe ich erfahren, daß meine Texte auch in der Vergangenheit eine gute Lektorin nötig gehabt hätten.

Starnberg, September 2008   Jürgen Habermas

---

1 *Strukturwandel der Öffentlichkeit* (1962), *Theorie und Praxis* (1963/1971), *Erkenntnis und Interesse* (1968), *Theorie des kommunikativen Handelns* (1982), *Der philosophische Diskurs der Moderne* (1986), *Faktizität und Geltung* (1992), *Die Zukunft der menschlichen Natur* (2002).
2 *Technik und Wissenschaft als »Ideologie«* (1968), *Legitimationsprobleme im Spätkapitalismus* (1973), *Zur Rekonstruktion des Historischen Materialismus* (1976), *Zur Logik der Sozialwissenschaften* (1967/1981), *Die postnationale Konstellation* (1998).
3 *Philosophisch-politische Profile* (1973/1981), *Texte und Kontexte* (1991), *Vom sinnlichen Eindruck zum symbolischen Ausdruck* (1997). Vielfach überwiegt auch in diesen Fällen das Interesse an systematischer Auseinandersetzung die historisch-hermeneutische Absicht der Darstellung.

Einleitung

Mit dem Sammelband zur »Rehabilitierung der praktischen Philosophie«, den Manfred Riedel 1974 herausgab,[1] wurde eine Trendwende ratifiziert, die sich in den philosophischen Fachbereichen – auch unter dem Eindruck der Studentenbewegung und keineswegs nur in Deutschland – vollzogen hatte. Freilich repräsentiert der Band eine merkwürdig gespaltene Diskussionslandschaft. Während er in der politischen Philosophie das für Deutschland damals charakteristische Bild der neoaristotelischen und rechtshegelianischen Reaktionen auf die gesellschaftskritischen Ansätze der 1960er Jahre spiegelte, repräsentierte er mit den moralphilosophischen Beiträgen von Karl-Otto Apel, Paul Lorenzen, Kuno Lorenz und mir die international erkennbare Ablösung der Vorherrschaft empiristischer Ansätze durch Theorien, die im Lichte von Universalisierungsgrundsätzen die praktische Vernunft im Sinne Kants rehabilitieren.

In Deutschland gab es allerdings kein Pendant zu dem tiefen Einschnitt, den John Rawls 1971 in den USA mit seiner *Theorie der Gerechtigkeit* markierte. Bei uns war die innerdisziplinäre Arbeitsteilung noch so wenig ausgeprägt, daß moralphilosophische Ansätze im Kontext weiter gespannter Projekte wie des Erlanger Konstruktivismus oder der Apelschen Transzendentalpragmatik standen.[2] So verhielt es sich auch in meinem Fall. Während der 1960er Jahre hatte ich mich zunächst in sozial- und geschichtsphilosophischen Zusammenhängen mit dem Verhältnis von Theorie und Praxis beschäftigt; diese Überlegungen bewegten sich im Übergangsfeld zwischen prakti-

---

1 M. Riedel, *Rehabilitierung der praktischen Philosophie*, Freiburg 1974.
2 P. Lorenzen, *Normative Logic and Ethics*, Mannheim 1969; P. Lorenzen, O. Schwemmer, *Konstruktive Ethik und Wissenschaftstheorie*, Mannheim 1973; K.-O. Apel, »Das Apriori der Kommunikationsgemeinschaft und die Grundlagen der Ethik«, in: ders., *Transformation der Philosophie*, Bd. II, Frankfurt/M. 1973, 358-435.

scher Philosophie und Gesellschaftstheorie, spitzten sich aber auf das engere Problem einer vernünftigen Begründung von Entscheidungen zu.³ Dieser rationalitätstheoretischen Frage bin ich damals in verschiedenen Zusammenhängen begegnet – in der Auseinandersetzung mit Technokratietheorien⁴ ebenso wie im methodologischen Zusammenhang der Werturteilsproblematik⁵ und im erkenntnistheoretischen Zusammenhang von Vernunft und Interesse.⁶

In diesen Diskussionen hat sich mir eine komplementäre Frontstellung gegen Szientismus und Dezisionismus aufgedrängt. Denn die empiristische Einschränkung der praktischen Vernunft auf Zweckrationalität folgt aus der Einschränkung der theoretischen Vernunft auf ein enges, objektivistisches Verständnis von Wissenschaft. Der abstrakten Gegenüberstellung von »Dezision« und »Erkenntnis« geht der falsche Schritt einer semantischen Abstraktion der Wissensinhalte von den pragmatischen Zusammenhängen des problemlösenden Erwerbs, der Kommunikation und der Darstellung dieser Inhalte voraus. *»Vernunft« besteht jedoch von Haus aus im Gebrauch der Vernunft.* Gründe bilden das Medium dieses Gebrauchs, und der diskursive Austausch von Gründen sorgt – bei aller gebotenen Differenzierung zwischen den verschiedenen Argumentationsmustern – für ein Kontinuum, das die Verbindung zwischen theoretischer und praktischer Vernunft nicht ganz unterbricht. Auch aus diesem Grund habe ich die Moralphilosophie nicht als ein »freistehendes« Unternehmen, sondern als einen speziellen Teil der Diskurstheorie betrachtet. Aufgabe einer Moraltheorie ist es, zu erklären, wie die für mo-

---

3 J. Habermas, »Dogmatismus, Vernunft und Entscheidung«, in: ders., *Theorie und Praxis*, Neuwied 1963; vgl. auch die Einleitung zur erweiterten Neuausgabe, Frankfurt/M. 1971.
4 J. Habermas, *Technik und Wissenschaft als »Ideologie«*, Frankfurt/M. 1968.
5 J. Habermas, »Analytische Wissenschaftstheorie und Dialektik«, in: M. Horkheimer (Hg.), *Zeugnisse*, Frankfurt/M. 1963, 473-501; ders., »Wertfreiheit und Objektivität«, in: O. Stammer (Hg.), *Max Weber und die Soziologie heute*, Tübingen 1965, 74-81; ders., »Zur Logik der Sozialwissenschaften«, in: *Philosophische Rundschau*, Beiheft 5 (1967), Abschnitt I.3.
6 J. Habermas, *Erkenntnis und Interesse*, Frankfurt/M. 1968.

ralische Urteile erhobenen Geltungsansprüche eingelöst werden können. Dieser rationalitätstheoretische Zugang macht den sozialwissenschaftlichen Kontext verständlich, in dem ich zunächst die Anregungen aus den erwähnten Diskussionen der 1960er Jahre aufgenommen und zu meiner Lesart von »Diskursethik« verarbeitet habe. Als es 1971/72 im Starnberger Institut um die Ausarbeitung eines Forschungsprogramms ging, mußte ich mir im Zusammenhang mit Fragen der Legitimation über »die Wahrheitsfähigkeit praktischer Fragen« klarwerden.[7]
Von »Legitimität« sprechen wir zwar gewöhnlich nur im Falle einer politischen Herrschaftsordnung, aber der Glaube an deren Legitimität hat einen moralischen Kern, der sich überhaupt im Geltungsmodus von sozialen Handlungsnormen wiederfindet. Ausgangspunkt ist die soziologische Beobachtung, daß eine normative Ordnung weder allein durch ineinandergreifende Interessenlagen noch durch bloße Sanktionsandrohungen auf Dauer stabilisiert werden kann. Sie ist auch auf eine zwanglose intersubjektive Anerkennung von seiten ihrer Adressaten angewiesen. Empirische Motivationen spielen gewiß eine Rolle; diese allein können aber eine verstetigte Folgebereitschaft gegenüber normativ bindenden Verhaltenserwartungen nicht erklären. Die Analyse des verpflichtenden Charakters von Handlungsnormen, die möglichen Interessenlagen und Sanktionen vorausliegt, hatte schon Durkheim zum Kantianer gemacht.[8] Der deontische Geltungssinn zehrt, wie immer er genetisch erklärt werden mag, von dem Anspruch, daß eine Norm Anerkennung verdient, weil sie »zu Recht« besteht. Adressaten, die einen solchen Anspruch akzeptieren, glauben (wenn auch in vielen Fällen kontrafaktisch), daß eine bestehende Norm (bzw. ein in ihrem Lichte gerechtfertigter Imperativ) das Verhalten der Betroffenen zum

---

7 J. Habermas, *Legitimationsprobleme im Spätkapitalismus*, Frankfurt/M. 1973, 140-152.
8 J. Habermas, *Theorie des kommunikativen Handelns*, Frankfurt/M. 1982, Bd. 2, 69-117.

»allgemeinen Wohle« oder »im gleichmäßigen Interesse aller« regelt.
Wie jeder andere Glaube ist auch dieser, ob er nun auf Illusion, Gewohnheit, struktureller Gewalt oder rationaler Motivation beruht, nicht gegen Kritik gefeit. Ob Normen tatsächlich einer kritischen Prüfung unterzogen werden, hängt allerdings von kontingenten Umständen ab; man sieht es sozial geltenden Normen nicht an, ob sie »zu Recht« bestehen. Letztlich können wir das nur von denjenigen Normen wissen, die unter den Bedingungen eines rationalen Diskurses die wohlerwogene Zustimmung aller Adressaten finden. Diese Überlegung führt zu einer kognitivistischen Deutung der vernunftrechtlichen Konstruktion eines »Urzustandes«. Jeder Versuch, normative Geltungsansprüche einzulösen, wiederholt gleichsam virtuell die ausschlaggebenden Gründe der diskursiven Willensbildung, aus der in einem fiktiven Urzustand die entsprechenden Normen hätten hervorgehen müssen: »Der Diskurs läßt sich als diejenige erfahrungsfreie und handlungsentlastete Form der Kommunikation verstehen, deren Struktur sicherstellt, [...] daß Teilnehmer, Themen und Beiträge nicht [...] beschränkt werden; daß kein Zwang außer dem des besseren Argumentes ausgeübt wird: daß infolgedessen alle Motive außer dem der kooperativen Wahrheitssuche ausgeschlossen sind. Wenn unter diesen Bedingungen über die Empfehlung, eine Norm anzunehmen, argumentativ, d. h. aufgrund von hypothetisch vorgeschlagenen alternativenreichen Rechtfertigungen, ein Konsensus zustande kommt, dann drückt dieser Konsensus einen ›vernünftigen Willen‹ aus.«[9]
Damit war die zentrale Frage noch nicht beantwortet, warum normative Geltungsansprüche überhaupt einen kognitiven Sinn haben sollten und mit Gründen eingelöst werden könnten. Damals begnügte ich mich noch mit einem Hinweis auf die Kantische Intuition, daß gültige Maximen verallgemeinerungsfähig sein müssen: »›Vernünftig‹ darf der diskursiv gebil-

9 Habermas (1973), 148.

dete Wille heißen, weil die formalen Eigenschaften des Diskurses und der Beratungssituation hinreichend garantieren, daß ein Konsensus nur über angemessen interpretierte *verallgemeinerungsfähige* Interessen, darunter verstehe ich: Bedürfnisse, *die kommunikativ geteilt werden*, zustande kommen kann.«[10] Ein Moralprinzip, das ja seinerseits begründet werden müßte, hielt ich damals für unnötig, weil »die in der Struktur von Intersubjektivität bereits enthaltene Erwartung der diskursiven Einlösung von normativen Geltungsansprüchen speziell eingeführte Universalisierungsmaximen überflüssig macht«.[11] Dieser Kurzschluß täuscht über die Begründungslast hinweg, die ich erst im Anschluß an die Starnberger Zeit in Angriff genommen habe.

Die *ersten fünf Texte* in diesem Band dienen der Ausarbeitung einer Moraltheorie, die als eine Theorie der Einlösung moralischer Geltungsansprüche angelegt ist und den Schlüssel zur Analyse aller normativen Geltungsansprüche enthält. Die Diskursethik hat einen engeren Fokus als die herkömmliche Ethik, weil sie sich auf Fragen der Gerechtigkeit als die rational entscheidbaren Fragen konzentriert. Aber selbst die Untersuchung von normativen Geltungsansprüchen im allgemeinen bezieht sich auf genau einen von drei Geltungsaspekten der umfassenderen, im verständigungsorientierten Sprachgebrauch und im kommunikativen Handeln verkörperten Vernunft. Der *sechste Text* nimmt Differenzierungen im Gebrauch der praktischen Vernunft vor, während *der siebte Text* das Verhältnis der epistemisch begriffenen normativen Geltung zum nichtepistemischen Wahrheitsbegriff klärt; der *letzte Text* stellt dann den Anschluß der Moraltheorie an die im nächsten Band behandelte Diskurstheorie des Rechts und des demokratischen Rechtsstaates her. Die Numerierung der folgenden Kommentare bezieht sich auf die Reihenfolge der Texte.

(1) In den gemeinsam mit Ulrich Oevermann durchgeführten

10 Ebd., 148 f.
11 Ebd., 152.

Seminaren zu Themen der Sozialisation hatte ich mich im Laufe der 1960er Jahre mit Jean Piagets genetischem Strukturalismus und Lawrence Kohlbergs Moralentwicklungstheorie beschäftigt. Aber diese Theorien sind erst im Zusammenhang mit empirischen Forschungen am Starnberger Institut (und über die persönlichen Kontakte zu Kohlberg) für die eigene Arbeit relevant geworden.[12] Ein Ergebnis der Kooperation mit Rainer Döbert und Gertrud Nunner-Winkler ist die Untersuchung über *Moralbewußtsein und kommunikatives Handeln*,[13] die ich von der *Theorie des kommunikativen Handelns* abgezweigt habe. Die philosophische Pointe besteht in einer veränderten Auffassung des Verhältnisses von Moralität und Sittlichkeit. Der empirisch nachgewiesene Zusammenhang von »Stufen« des moralischen Urteils mit entsprechenden Interaktionskompetenzen zeigt, daß jene postkonventionelle Bewußtseinsform, die universalistische Moraltheorien auf den Begriff bringen, zwar nicht in der Sittlichkeit geschichtlich-konkreter Lebensformen, aber in den allgemeinen Strukturen sprachlich strukturierter Lebensformen verwurzelt ist. Der genetische Strukturalismus mag im Zuge der üblichen Wissenschaftsmoden innerhalb einer hochspezialisierten Entwicklungspsychologie in den Hintergrund gedrängt worden sein,[14] als Leitfaden für die *begriffliche Analyse* der Verschränkung des moralischen Bewußtseins mit der Kompetenz des verständigungsorientierten Handelns ist er nach wie vor informativ.[15]

12 Kohlbergs Theorie hat vor allem die Forschungen von Rainer Döbert, Klaus Eder und Gertrud Nunner-Winkler inspiriert. Vgl. auch J. Habermas, *Zur Rekonstruktion des Historischen Materialismus*, Frankfurt/M. 1976, 9-48, 63-91, 144-199.
13 J. Habermas, *Moralbewußtsein und kommunikatives Handeln*, Frankfurt/M., 1983, 127-205.
14 In der Sozialpsychologie herrscht ein gegenüber Kohlbergs theoretischem Ansatz freundlicheres Klima, vgl. G. Nunner-Winkler, »Ethik der freiwilligen Selbstbindung«, in: *Erwägen-Wissen-Ethik*, Heft 4 (2003), 579-589; G. Nunner-Winkler, Marion Meyer-Nikele, Doris Wohlrab, *Integration durch Moral*, Wiesbaden 2006.
15 Vgl. auch den Abschnitt über »Moralentwicklung« in: J. Habermas, *Erläuterungen zur Diskursethik*, Frankfurt/M. 1991, 49-99.

Die Differenz der Lesarten, in denen K.-O. Apel und ich den diskursethischen Ansatz entwickelt haben, ist von Anbeginn im Gegensatz zwischen einem disziplinären und einem interdisziplinären Blick auf die Moralphilosophie begründet. Während Apel die Letztbegründung des Moralprinzips als den Königsweg zur Selbstvergewisserung der Philosophie betrachtet, stellt sich für mich die Aufgabe der Begründung des Moralprinzips im Zusammenhang einer Theorie des kommunikativen Handelns, die auf die Arbeitsteilung der Philosophie mit anderen Humanwissenschaften zugeschnitten ist. Der *erste* in diesem Band wiedergegebene *Text* spiegelt allerdings den Ehrgeiz, die Diskursethik auch im Rahmen der Moralphilosophie zu einem innerhalb des Fachs konkurrenzfähigen Ansatz auszuarbeiten.

Die Beschreibung der moralischen Gefühlseinstellungen, die ich im Anschluß an Peter F. Strawson vornehme, wirbt gegenüber empiristischen und wertskeptischen Auffassungen zunächst um Verständnis für den kognitiven Gehalt moralischer Urteile.[16] Sodann betone ich gegenüber semantischen Analysen, die sich an Prädikatausdrücken wie »ist gut« orientieren, die analoge Rolle von Ausdrücken, mit denen wir assertorische und moralische Geltungsansprüche erheben (»es ist der Fall, daß p« vs. »es ist geboten, daß h«). Anderseits sind die Asymmetrien, die im Gebrauch von Aussagesätzen und Sollsätzen auffallen, Grund genug, um gegenüber realistischen Auffassungen von Moral den konstruktiven Charakter der Welt normativ geregelter interpersonaler Beziehungen hervorzuheben.[17] In der Hauptsache komme ich auf das Thema der Anerkennungsbedürftigkeit von verpflichtenden Normen und auf die Frage zurück, ob und gegebenenfalls wie die entsprechenden normativen Geltungsansprüche argumentativ eingelöst

---

16 Vgl. auch L. Wingert, *Gemeinsinn und Moral*, Frankfurt/M 1993.
17 Wie John Rawls in den Dewey Lectures (»Kantian Constructivism«, in: *The Journal of Philosophy* 77 (1980), 515-572), die ich damals freilich noch nicht kannte, bewege ich mich auf der Linie eines »Kantischen Konstruktivismus«.

werden können. Die zentrale These ist einfach. Im Falle eines moralischen Handlungskonflikts haben die Beteiligten auch dann, wenn sie sich nicht auf einen gemeinsam anerkannten normativen Kontext stützen können, Aussicht auf eine konsensuelle Lösung. Indem sie einen praktischen Diskurs aufnehmen, lassen sie sich nämlich auf normativ gehaltvolle Kommunikationsvoraussetzungen ein mit der Folge, daß performativ, also durch die bloße Teilnahme an der diskursiven Praxis, jenes Hintergrundeinverständnis entsteht, das Kant mit dem Kategorischen Imperativ ausdrückt.

Die Diskursethik gibt der in der Gesetzgebungsformel ausgedrückten Intuition die Fassung einer Argumentationsregel, nach der »alle Betroffenen als Teilnehmer eines praktischen Diskurses« verfahren sollen, wenn sie sich über strittige Normen einigen wollen: »Jede gültige Norm muß der Bedingung genügen, daß die Folgen und Nebenwirkungen, die sich jeweils aus ihrer *allgemeinen* Befolgung für die Befriedigung der Interessen eines *jeden* einzelnen (voraussichtlich) ergeben, von *allen* Betroffenen akzeptiert (und den Auswirkungen der alternativen Regelungsmöglichkeiten vorgezogen) werden können.«[18] Dieser Universalisierungsgrundsatz ist ein Moralprinzip neben anderen und steht unter dem Verdacht, einseitige oder kulturell voreingenommene Intuitionen auszudrücken. Daher unternimmt die Diskursethik den Versuch, die Allgemeingültigkeit des Prinzips mit Bezugnahme auf den idealisierenden Gehalt von allgemeinen und unvermeidlichen Argumentationsvoraussetzungen zu rechtfertigen. Diese Präsuppositionen können freilich nicht, wie Apel meint, als »transzendental notwendig« bewiesen werden. Auf dem Wege einer ad hoc vorgenommenen Zurückweisung von performativen Widersprüchen können sie nur als *nichtverwerfbare* Voraussetzungen einer Praxis »aufgewiesen« werden, die alternativlos ist, weil es für sie keine erkennbaren Äquivalente gibt. Dieser Aufweis genügt, um den oft erhobenen Zirkelein-

---

18 Siehe in diesem Band, 60.

wand zu entkräften, dem zufolge die Rechtfertigung des Universalisierungsgrundsatzes aus dem Gehalt der Argumentationsvoraussetzungen nur herausholt, was *durch Definition* in diese zuvor hineingesteckt worden sei.

Die »Begründung« des Moralprinzips selbst besteht in dem Nachweis, daß jeder, der sich auf Argumentationsvoraussetzungen einläßt – und der zudem weiß, was es heißt, eine Handlungsnorm zu begründen –, implizit die Gültigkeit des Verallgemeinerungsprinzips unterstellt. Informell läßt sich der Gedanke so ausdrücken: Angenommen, die Argumentationspraxis beruhe auf den vier wesentlichen Voraussetzungen (a) der inklusiven sowie (b) gleichberechtigten Teilnahme aller Betroffenen, (c) der Wahrhaftigkeit ihrer Äußerungen und (d) der strukturell gesicherten Zwanglosigkeit der Kommunikation; dann können in praktischen Diskursen aufgrund von (a), (b) und (c) alle relevanten Beiträge zur Sprache kommen, aber nur solche Gründe allgemeine Zustimmung finden, die die Interessen und Wertorientierungen eines jeden gleichmäßig berücksichtigen; und aufgrund von (c) und (d) sind es nur Gründe (und nicht andere Motive), die für die Zustimmung zu einer strittigen Norm den Ausschlag geben können.[19]

(2) Dieser Begründungsschritt hat anhaltende Kontroversen ausgelöst, die nicht nur auf die unvollständige Durchführung des Begründungs*programms* zurückzuführen sind, sondern auch darauf, daß der erste Text zwei Dinge vernachlässigt: sowohl den Sinn des Moralischen, der sich aus der strukturellen Verletzbarkeit vergesellschafteter Individuen erklärt, als auch den Umstand, daß die Kommunikationsform des Diskurses den Teilnehmern bei der Verhandlung praktischer Fragen nicht nur die kommunikative Freiheit zur Stellungnahme einräumt, sondern sie zugleich zu gegenseitiger Perspektivenübernahme anhält. Beide Momente kommen in den Blick, wenn man die moralische Urteilsbildung ins lebensweltliche Substrat zurückverfolgt und sieht, daß der kommunikative

---

19 Siehe in diesem Band, 350-359.

Vergesellschaftungsmodus einen vorgängigen, das heißt genetischen Zusammenhang zwischen moralischen Fragestellungen und der Kommunikationsform praktischer Diskurse stiftet. Hegels Einwände gegen Kant, die ich im *zweiten Text* behandele, haben mich auf diese Lücken in der bisherigen Argumentation aufmerksam gemacht. Zur Rechtfertigung der Allgemeingültigkeit des Universalisierungsgrundsatzes gehört auch das implizite »Wissen, wie« man Handlungsnormen begründet. Das wiederum setzt die Vertrautheit mit dem moralische Sinn verpflichtender Normen voraus.

Die Notwendigkeit, Handlungsnormen zu begründen, ergibt sich erst in einer Situation, in der der Unterschied zwischen der bloßen Akzeptanz und der Anerkennungswürdigkeit von normativen Geltungsansprüchen explizit zu Bewußtsein kommt. Mit dieser deontischen Dimension der Sollgeltung von Normen, die die Mitglieder eines Kollektivs in ein Netz gegenseitiger Verpflichtungen einbinden, wird der Sinn der Moral als solcher greifbar. Die Moral bildet für vergesellschaftete Individuen den schützenden Mantel gegen eine intraspezifische Aggression, die bei unserer Gattung auch deshalb intensiv und verbreitet ist, weil sich der Homo sapiens infolge seiner prekären und vergleichsweise langen Sozialisation in besonderer Weise Verletzungen aussetzt. So etwas wie »Moral« entwickeln nur Lebewesen, die sich *im Zuge ihrer kommunikativen Vergesellschaftung zugleich individuieren*. Sie bedürfen einer im Vergesellschaftungsmodus selbst angelegten Schonung, weil sie ihre persönliche Identität einzig auf dem riskanten Wege der Entäußerung an soziale Beziehungen ausbilden können. Daher kann die exponierte und verwundbare Integrität des einzelnen nur in Verbindung mit den tragenden sozialen Anerkennungsverhältnissen stabilisiert werden. Dieser Sinn des Moralischen bringt sich in anerkennungswürdigen Normen zur Geltung, die *beides zugleich* schützen: die Unantastbarkeit der Individuen und die Beziehungen der reziproken Anerkennung unter Genossen eines Kollektivs, das sich wiederum in der Gestalt legitim geordneter interpersonaler Beziehungen reproduziert.

Der Sinn des Moralischen erklärt sich aus der Antwort auf eine Herausforderung, die kommunikativ strukturierten Lebensformen als solchen inhärent ist: Personen können ihre zerbrechliche Identität als einzelne nur über ihre Zugehörigkeit zu einer intersubjektiv anerkannten normativen Ordnung stabilisieren. So kann es nicht überraschen, daß die Kommunikationsform von Diskursen, die eine Art reflexive Form kommunikativen Handelns darstellen, in einer genetischen Beziehung zu diesem Kern des Moralischen steht. Diskurse lassen mit der *Möglichkeit des Neinsagens* das Interesse jedes einzelnen zum Zuge kommen, verhindern aber gleichzeitig durch die Nötigung zur *gegenseitigen Perspektivenübernahme*, daß das soziale Band reißt. Ein diskursiv erzieltes Einverständnis hängt gleichzeitig von dem »Ja« und »Nein« der einzelnen Teilnehmer und von der gemeinsamen Überwindung ihres Egozentrismus ab. Mit dieser Verankerung des moralischen Gesichtspunktes im Substrat sprachlich strukturierter Lebensformen nehme ich den Hegelschen Gedanken der Einbettung der Moral in Sittlichkeit auf. Dieses Zugeständnis an Hegel ändert aber nichts am Formalismus und Kognitivismus einer Verfahrensethik, denn »Sittlichkeit« bezieht sich nun nicht mehr auf eine bestimmte historische Lebensform, sondern auf die kommunikative Verfassung intersubjektiv geteilter Lebensformen im allgemeinen.

(3) und (4) Der *dritte Text* enthält ein Interview mit dem norwegischen Kollegen T.H. Nielsen, das ich ausgewählt habe, weil es Mißverständnissen über das Verhältnis von Moral- und Gesellschaftstheorie vorbeugt. Während der Soziologe die Dritte-Person-Einstellung eines Beobachters einnimmt, versetzt sich der Moraltheoretiker in die Perspektive einer beteiligten Person, die sich in moralischen Handlungskonflikten als erste Person mit ihren Gefühlen und Urteilen an andere, also »zweite« Personen richtet. Der Umstand, daß die Fragen der Gerechtigkeit, die die Philosophie aufnimmt, nicht in der Luft hängen, sondern einen »Sitz im Leben« der sozialen Handlungszusammenhänge haben, nimmt der Moraltheorie nichts

von der Eigenständigkeit ihrer analytischen Perspektive. Sie behandelt genuin philosophische Fragen wie die rationale Entscheidbarkeit moralischer Meinungsverschiedenheiten, die Rolle moralischer Gefühle, die Begründung von Moralprinzipien, die Erklärung des moralischen Gesichtspunkts usw. Wie in anderen Disziplinen muß auch hier jeder theoretische Ansatz gegen konkurrierende Ansätze verteidigt werden. Hingegen unterstellen wir bereits die Gültigkeit einer Moraltheorie, wenn wir von ihr in anderen, in soziologischen oder psychologischen Zusammenhängen Gebrauch machen, beispielsweise bei der Erklärung der sozialen Evolution von Rechtsinstitutionen oder der ontogenetischen Stufen moralischen Bewußtseins. Aber der Anwendungsbereich von Theorien der Gerechtigkeit ist begrenzt. Wenn man beispielsweise sozialpathologische Erscheinungen auf deformierte Anerkennungsverhältnisse oder Muster systematisch verzerrter Kommunikation zurückführen will, braucht man keine moralischen Maßstäbe, sondern einen umfassenden Begriff von kommunikativer Rationalität.[20]

Im übrigen ist das Gespräch eine *tour d'horizon* durch Einwände, die gegen die Diskursethik erhoben worden sind. Unter anderem geht es um die vermeintliche eurozentrische Befangenheit des deontologischen Gerechtigkeitskonzepts, um die Unterscheidung traditionaler von modernen Gesellschaften, um Begriffe wie »performativer Widerspruch« und »ideale Sprechsituation«, um den Pluralismus der Gerechtigkeitsprinzipien, das Verhältnis von Moralität und Sittlichkeit, die Unterscheidungen zwischen Begründungs- und Anwendungsdiskursen, Gerechtigkeit und Solidarität, Recht und Moral usw. Wichtig ist mir auch die Rolle, die moralische Gefühle in einer als kalt rationalistisch verdächtigten Moraltheorie spielen. Zum damaligen Zeitpunkt war die Tugendethik, die heute die Regale füllt, noch kein Thema. Sonst hätte ich etwas zum

---

20 A. Honneth, *Kampf um Anerkennung*, Frankfurt/M. 1992; ders. (Hg.), *Pathologien des Sozialen*, Frankfurt/M. 1994; M. Iser, *Empörung und Fortschritt*, Frankfurt/M. 2008.

Reiz einer moralischen *Phänomenologie* sagen können, die eine spröde, auf die Erklärung des moralischen Gesichtspunktes beschränkte Moral*theorie* ergänzen kann. Für eine augenöffnende Phänomenologie sind freilich die literarischen Fähigkeiten und Sensibilitäten von philosophischen Schriftstellern wie Nietzsche oder Adorno eher geeignet als die analytischen Fähigkeiten konventioneller Philosophen.

Der ungefähr gleichzeitig entstandene *vierte Text* soll Grundfragen der Diskursethik auf dem Wege einer metakritischen Auseinandersetzung mit konkurrierenden Theorien klären; er kann auch als eine Art Literaturbericht in systematischer Absicht gelesen werden. Der Gewinn für meinen eigenen theoretischen Ansatz besteht eher in der Präzisierung verschiedener Details als in der Verbesserung der Konstruktion im ganzen. Eine Ausnahme bildet allerdings die wichtige Differenzierung zwischen Begründungs- und Anwendungsdiskursen, über die mich Klaus Günther belehrt hat.[21] Der übersichtlichen Auflistung der behandelten Probleme[22] brauche ich nichts hinzuzufügen außer einem Hinweis auf meine spätere Diskussion mit John Rawls.[23] Obwohl ich Rawls inzwischen persönlich kennengelernt hatte, bin ich seinerzeit nur auf die *Theorie der Gerechtigkeit* und den »Kantischen Konstruktivismus«[24] eingegangen. Mir war die Gedankenentwicklung, die Rawls angesichts der aufdringlichen Phänomene eines weltanschaulichen Pluralismus dazu bringen würde, im alsbald veröffentlichten *Political Liberalism* (1993) erhebliche Revisionen an der ursprünglichen Konzeption vorzunehmen, noch nicht klar.

An diesem reifen Werk irritiert mich die ausschlaggebende Rolle, die Rawls der doktrinären Überzeugung von Weltanschauungs- und Religionsgemeinschaften gegenüber der praktischen Vernunft der Philosophen einräumt. Er behauptet eine

---

21 K. Günther, *Der Sinn für Angemessenheit*, Frankfurt/M. 1988.
22 Siehe in diesem Band, 179 f.
23 In *The Journal of Philosophy*, 3 (1995).
24 J. Rawls, *Die Idee des politischen Liberalismus. Aufsätze 1978-1989*, Frankfurt/M. 1992, 80-158.

Asymmetrie zwischen den öffentlichen Konzeptionen der Gerechtigkeit, die nur einen schwachen Anspruch auf »Vernünftigkeit« erheben dürfen, und den Religionen und Weltanschauungen, denen er einen starken Anspruch auf »Wahrheit« zugesteht.[25] Letztere behalten nämlich in der Situation des überlappenden Konsensus das letzte Wort. Sie übertrumpfen also die weltanschaulich neutralen Vorschläge, die sich auf praktische Vernunft allein berufen. Auch der späte Rawls behält das Design der nichtkognitivistischen Vertragstheorien bei. Allerdings treten an die Stelle der selbstinteressierten Bürger, die Hobbes beim Übergang vom Naturzustand in den Gesellschaftszustand eine rationale Wahl treffen läßt, die Anhänger umfassender Doktrinen, die sich wechselseitig beobachten. Sie brauchen nur festzustellen, ob sich ihre Auffassungen so weit »überlappen«, daß eines der liberalen Gerechtigkeitskonzepte, wenn auch aus jeweils verschiedenen Gründen, allgemeine Zustimmung findet.

(5) Gegen das immer noch verbreitete postmoderne Mißverständnis, der moralische Universalismus sei eine Vorschrift für uniformierende Gleichbehandlung und assimilierende Einbeziehung, zeige ich im *fünften Text,* daß der dezentrierende Sinn des individualistischen Egalitarismus den Maßstab für eine differenzempfindliche Inklusion des anderen in seiner Andersheit liefert. Die moralische Gemeinschaft aller verantwortlich handelnden Personen steht unter der negativen Idee der Abschaffung von Diskriminierung, Not und Marginalisierung. Sie öffnet sich dabei für die Einbeziehung von Fremden, die füreinander Fremde bleiben wollen. Denn sie verbindet die Gerechtigkeit der gleichen individuellen Freiheiten mit der Verschwisterung von Genossen, die solidarisch füreinander einstehen, um zugleich Spielräume für die Differenzen von Eigenart und Eigensinn zu wahren. Ähnlich wie John Rawls

---

25 J. Habermas, »›Vernünftig‹ versus ›Wahr‹ oder die Moral der Weltbilder«, in: ders., *Die Einbeziehung des Anderen. Studien zur politischen Theorie*, Frankfurt/M. 1996, 95-127; siehe auch R. Forst, *Kontexte der Gerechtigkeit*, Frankfurt/M. 1994.

stilisiere ich also den weltanschaulichen Pluralismus zu der Herausforderung, auf die das nachmetaphysische Denken mit Entwürfen einer Vernunftmoral antwortet. Im historischen Vergleich mit den moralphilosophischen Hauptströmungen der Moderne versuche ich die Diskursethik als diejenige Antwort zu qualifizieren, die nach dem Zerfall der religiösen und metaphysischen Einbettungskontexte den zerbrochenen ethischen Hintergrund zwar preisgibt, aber dessen Substanz durch einen normativen, alle weltanschaulichen Differenzen überbrückenden Verfahrenskonsens ersetzt. Die Diskursethik wahrt, wenn auch um den Preis der Abkoppelung moralischer Grundsätze von Heilswegen und dichten ethischen Lebensmodellen, die Verbindlichkeit des moralischen Gesichtspunktes, indem sie die Ressource der einzig verbliebenen Gemeinsamkeit – die Kommunikationsvoraussetzungen der Diskurssituation der Ratsuchenden – ausschöpft.

Dabei nehme ich auf religiöse Überlieferungen in anderer Weise Bezug als der späte Rawls. Einerseits affirmativer, weil ich einen engen genealogischen Zusammenhang zwischen der jüdisch-christlichen Tradition und der nachmetaphysischen Vernunftmoral sehe. In Europa zehrt die Philosophie, soweit sie überhaupt an einer individualistisch-egalitären Gerechtigkeit und einer Solidarität unter Bedingungen vollständiger Inklusion festhält, vom universalistischen Erbe des Monotheismus. Andererseits betone ich die Transformation des Gottesstandpunktes in eine Perspektive, die es dem menschlichen Geist erlaubt, aus innerweltlichen Kontexten heraus die natürliche und die soziale Welt *im ganzen* zu betrachten. Der Transformation des Gottesstandpunktes in die Gestalt einer innerweltlichen Transzendenz verdankt sich auch der moralische Gesichtspunkt, unter dem wir lokale Konflikte im Rahmen der Gesamtheit vernünftig geordneter interpersonaler Beziehungen unparteilich beurteilen können. Mit der anthropozentrischen Umwendung des Blicks beansprucht die praktische Vernunft einen neutralen Platz außerhalb des Kampfplatzes der Religionen und Weltanschauungen und kehrt die

Begründungslast im Streit mit den Religionen zu ihren Gunsten um. Der genealogische Zusammenhang zwischen dem Erbe der Weltreligionen und der Vernunftmoral kann nicht darüber hinwegtäuschen, daß ohne die Verschiebung der epistemischen Autorität vom Himmel auf die Erde die kognitiven Voraussetzungen für eine Säkularisierung der Staatsgewalt und deren vernunftrechtliche Zähmung gefehlt hätten.[26]

(6) bis (8) Die ersten fünf Texte entwickeln und verteidigen eine Diskurstheorie der Moral, die Fragen der Gerechtigkeit von Fragen des persönlichen Lebensentwurfs trennt. Diese konzentriert sich auf die Erklärung der scharfgeschnittenen moralischen Geltungsansprüche. Daher ist der Name »Diskurs*ethik*«, der sich eingebürgert hat, nicht ganz korrekt. Der zweite Teil des vorliegenden Bandes enthält Texte, die über den Bereich der Moraltheorie in diesem engeren Sinne hinausgreifen. Sie vergleichen den moralischen mit dem ethischen und pragmatischen Gebrauch der praktischen Vernunft, behandeln die epistemologische Frage der Differenzierung zwischen der Wahrheit von Aussagen und der deontischen Geltung von Normen und erweitern schließlich den Blick auf die ganze Diskurslandschaft von Moral, Recht und Politik.

Kant hat Freiheit allgemein als die Fähigkeit eines Subjekts begriffen, seinen Willen an Maximen zu binden. Seine Unterscheidung zwischen der Willkür des zweckrational und dem freien Willen des moralisch handelnden Subjekts macht auf verschiedene Konstellationen von Willen und praktischer Vernunft aufmerksam. Der *sechste Text* nimmt dieses Thema auf und ergänzt die Kantische Taxonomie des Gebrauchs der praktischen Vernunft um ein drittes Element. Zwischen die zweckrationale Mittelwahl und die wertorientierte Abwägung von Zwecken auf der einen, moralisches Urteilen und Handeln auf

---

26 Das Narrativ von der Entstehung der modernen Welt, das Charles Taylor (in: *A Secular Age*, Cambridge [Mass.] 2007) entwirft, beschreibt die Säkularisierung aus der Sicht der katholischen Kirche als einen Prozeß der Verweltlichung, d. h. der Ausbreitung des christlichen Glaubens in der Welt.

der anderen Seite tritt die ethische Selbstverständigung einer Person über das, was sie wirklich will und wollen sollte, letztlich über die Frage, wer sie ist und sein möchte. Gewiß ist jedesmal Freiheit im Sinne von Selbstbindung im Spiel. Aber der pragmatische, ethische und moralische Gebrauch der Vernunft unterscheiden sich nicht nur nach der Art der praktischen Gründe, sondern auch danach, in welchem Maße die vernünftige Abwägung praktischer Gründe das Willensvermögen gleichsam *durchdringt*. Beim pragmatischen Gebrauch der praktischen Vernunft bleiben die gewollten (oder als gegeben angenommenen) Präferenzen und Zwecke als zufällige Motive oder »Beweggründe« der Argumentation entzogen. Hingegen bilden Wertorientierungen in der ethisch-existentiellen Selbstverständigung das eigentliche Thema; dabei bestimmen sich Vernunft und Wille gegenseitig. Erst wenn das Subjekt nach Gesetzen handelt, die es sich aus moralischer Einsicht selbst gegeben hat, läßt sich der Wille von der praktischen Vernunft *ganz* bestimmen – und tilgt die letzte Spur von Heteronomie. Dem freien Willen sind dann keine Werte und Präferenzen mehr vorgegeben, auch keine Lebensgeschichte, die der kritischen Aneignung harrt.

Die intersubjektivistische Fassung der deontologischen Moral erlaubt eine klare Unterscheidung der egozentrischen Verallgemeinerungsperspektive der Goldenen Regel vom *dezentrierenden Standpunkt der ersten Person Plural*, von wo aus alle jeweils berührten Interessen in der Vielfalt der Perspektiven der Betroffenen zur Sprache kommen und gleichmäßige Berücksichtigung finden können. Zudem macht die kommunikationstheoretische Lesart auf die Möglichkeit der rechtlichen Institutionalisierung von Diskursen aufmerksam. Angesichts eines pluralistischen Gebrauchs der praktischen Vernunft stellt sich schließlich die Frage nach deren Einheit. Einerseits gibt es keine »natürliche« Hierarchie der Diskurse und daher auch keinen Metadiskurs, der den Übergang von einem zum anderen Diskurs gleichsam »von oben«, aus der Sicht eines Philosophenkönigs regeln könnte. Andererseits können wir uns ebensowenig auf eine prädiskursive Urteilskraft verlassen, die diese Funktion »von unten« wahrnähme. Daher müssen wir den Problemstellungen selbst die diskriminierende Kraft zutrauen, die die passenden Argumentationsmuster sortiert und die Beteiligten *veranlaßt*, in den richtigen Diskurs einzutreten. Diese Vorstellung hat natürlich nur innerhalb eines Kommunikationsparadigmas, das die selbstbezüglichen Operationen des menschlichen Geistes als Bewegungen im intersubjektiv geteilten Raum der Gründe begreift, Plausibilität.

Der *siebte Text* behandelt die schwierige Frage, die jede kognitivistisch angelegte Moraltheorie beantworten muß: In welchem Sinne dürfen wir mit moralischen Urteilen einen wahrheitsanalogen Anspruch auf Richtigkeit verbinden? Traditionell wird diese Frage im Kontext des Verhältnisses von theoretischer und praktischer Vernunft erörtert. Aber sie läßt sich im Format einer geltungstheoretischen Frage handlicher und schärfer fassen. Wenn von moralischen »Wahrheiten« in einem *analogen* Sinne die Rede sein soll, müssen wir die Aspekte des Ähnlichen und Unähnlichen unterscheiden. Ein starkes Motiv für den *Vergleich* moralischer mit assertorischen Geltungsansprüchen ist die Beobachtung, daß wir es nicht für sinnlos halten, über moralische Äußerungen mit Gründen zu streiten. Eine *Gleichsetzung* verbietet sich aber, weil den moralischen Geltungsansprüchen die ontologischen Konnotationen des Bezugs auf eine objektive Welt von beschreibungsunabhängig existierenden Gegenständen fehlt. Der ontische Sinn des »Bestehens von Sachverhalten« steht im Gegensatz zum deontologischen Sinn der nach Achtung heischenden moralischen Gebote, die handlungsfähige Subjekte dazu auffordern, etwas zu tun oder zu lassen. Während wir die erkennbare objektive Welt vorfinden, bringen wir die soziale Welt interpersonaler Beziehungen, die wir unter dem moralischen Gesichtspunkt beurteilen, gewissermaßen selbst erst hervor. *Die moralischen Urteile und praktischen Diskurse bilden ihrerseits einen Bestandteil dieser fortlaufend konstruktiven Tätigkeit.*

Auch im Hinblick auf den Gebrauch der theoretischen Vernunft ist es nicht sinnlos, nach dem Verhältnis von Konstruktion und Entdeckung zu fragen, aber der konstruktive Vorgriff steht hier im Dienste der kognitiven Erfassung eines Sachverhalts, während die praktische Erkenntnis das Handeln anleitet.[27] In beiden Fällen treten *terminus a quo* und *terminus ad quem* seitenverkehrt auf. Während sich der freie Wille im praktischen Gebrauch der Vernunft selber bindet, gibt der theoretische Gebrauch der Vernunft keinen Anlaß, über die Konstellation von Vernunft und Willen nachzudenken. Daher darf die Charakterisierung der Diskursethik als »kognitivistisch« nicht im Sinne eines moralischen Realismus mißverstanden werden. Es gibt keine moralischen Tatsachen unabhängig von unseren moralischen Praktiken; gleichwohl können moralische Urteile und Normen als richtig oder falsch beurteilt werden, weil ihnen die »soziale Welt« Beschränkungen auferlegt – wenn auch in anderer Weise als die objektive Welt den Aussagen, die wahr oder falsch sein können. Andererseits können die sozialen Umgebungen, in denen wir uns faktisch vorfinden, wohl kaum für solche geltungsrelevanten Beschränkungen konstitutiv sein. Die bestehenden Normen sind ihrerseits der kritischen Frage ausgesetzt, ob sie die soziale Anerkennung ihrer Adressaten auch verdienen.

Einen ersten Hinweis auf die Beschränkung, die die kommunikative Verfassung der sozialen Welt unseren moralischen Urteilen auferlegt, gibt der Universalisierungsgrundsatz. Ihm zufolge sind nur diejenigen moralischen Urteile und Normen gültig, die unter dem Gesichtspunkt der gleichmäßigen Berücksichtigung der relevanten Ansprüche aller Personen von jedem Betroffenen aus guten Gründen akzeptiert werden könnten. Es ist diese konstruktiv entworfene Perspektive der gleichmäßigen Einbeziehung von anderen in eine inklusive Welt zustimmungsfähiger Normen, die im Falle moralischer Urteile

---

27 M. Vogel, L. Wingert (Hg.), *Wissen zwischen Entdeckung und Konstruktion*, Frankfurt/M. 2003 (u.a. mit Beiträgen von Wolfgang Detel, Ian Hacking, Thomas Nagel und Hilary Putnam).

die Stelle des rechtfertigungstranszendenten Bezugs assertorischer Aussagen zur objektiven Welt einnimmt. Dieser Bezugspunkt einer ideal entworfenen sozialen Welt erklärt zwar den epistemischen Charakter und den rechtfertigungsimmanenten Sinn des Anspruchs auf moralische Richtigkeit.[28] Aber Ideale gibt es viele. Deshalb muß zunächst gezeigt werden, daß der individualistisch-egalitäre Entwurf einer solchen inklusiven Welt legitim geordneter interpersonaler Beziehungen nicht einer unter vielen ist, sondern tief in der kommunikativen Verfassung soziokultureller Lebensformen wurzelt.

Im *vorletzten Text* versuche ich, die Analogie zwischen Richtigkeit und Wahrheit dadurch plausibel zu machen, daß ein interner Zusammenhang zwischen unserer Version vom »Reich der Zwecke« und den Kommunikationsvoraussetzungen praktischer Diskurse besteht. Dazu bediene ich mich des Arguments einer zunehmenden Konvergenz der Vielfalt historischer Gerechtigkeitskonzepte mit dem Verfahren einer diskursiven Beurteilung moralischer Handlungskonflikte. Die Idee der Gerechtigkeit, die in den partikularistischen Einbettungskontexten von Stammesgesellschaften und Hochkulturen die Gestalt konkreter Vorstellungen annimmt, büßt ihre substantiellen Inhalte mit zunehmender gesellschaftlicher Komplexität immer weiter ein, bis sich der propositionale Gehalt von »Gerechtigkeit« schließlich in die prozedurale Form einer *unparteilichen Urteilsbildung* zurückzieht. Anhand des Szenarios von zerfallendem Gemeinschaftsethos und zunehmendem Weltanschauungspluralismus läßt sich wiederum klarmachen, warum sich die Idee, an der sich die Anerkennungswürdigkeit moralischer Grundsätze und Normen bemißt, zur diskursiven Verfahrensgerechtigkeit verflüssigt. Der semantische Gehalt von *Gerechtigkeit* konvergiert mit einer Verfahrensidee der *Unparteilichkeit,* die in Gestalt eines diskursiv zu erzielenden Einverständnisses operationalisiert wird.

28 Vgl. dazu meine Abhandlung »Wahrheit und Rechtfertigung« in Band 2 der *Studienausgabe*, 269-314.

Die Konvergenz erklärt sich aus dem Umstand, daß sich die Kommunikationsvoraussetzungen der Argumentation im Falle der moralischen Urteilsbildung nicht nur auf die semantische Ebene der Mobilisierung von Inhalten und auf die pragmatische Ebene des Austauschs von Argumenten beziehen, sondern auch auf die subjektive Natur der Teilnehmer erstrecken. In Ansehung praktischer Fragen implizieren sie nicht nur, daß die erforderlichen semantischen Inhalte (relevante Themen und Beiträge, Informationen und Gründe) ins Spiel kommen und daß die besseren Argumente den Ausschlag geben. Weil die Kommunikationsform praktischer Diskurse und der Sinn der moralischen Fragestellungen im selben kommunikativen Vergesellschaftungsmodus wurzeln, gewinnen die pragmatischen Voraussetzungen, die sich auf die Subjektivität der Teilnehmer beziehen – die Wahrhaftigkeit der eigenen und die gleichmäßige Berücksichtigung der fremden Äußerungen –, eine unmittelbar praktische Bedeutung: Sie halten die Teilnehmer bei der Artikulation und gemeinsamen Interpretation von Wertorientierungen und Bedürfnissen zu authentischer Selbstdarstellung und zu jener empathischen Leistung an, die George Herbert Mead als *reziproke Übernahme* der jeweiligen *Selbst- und Weltdeutungsperspektiven* beschreibt. In praktischen Diskursen arbeiten sich die Teilnehmer wesentlich an diesen Perspektivendifferenzen ab.

Handlungskonflikte entzünden sich am Widerstand sozialer Gegenspieler mit dissonanten Wertorientierungen. Unter dem moralischen Gesichtspunkt verwandeln sich solche Widerstände in ebenso viele Einwände von Diskursteilnehmern. Die richtige Lösung eines anhängigen Problems besteht in einleuchtenden Gründen für eine angemessene, das heißt hinreichend einbeziehende Erweiterung der jeweils gemeinsamen Perspektive, aus der die Beteiligten das Problem deuten und bewerten. »Richtigkeit« ist ein rechtfertigungsimmanenter Geltungsanspruch, weil in moralischen Fragen das diskursiv erzielte Einverständnis *nichts anderes bedeutet* als die hinreichend inklusive Erweiterung der gemeinsam eingenommenen

Deutungs- und Bewertungsperspektive. Am Ende der Abhandlung berühre ich noch die spekulative Frage, ob es, historisch gesehen, eines höherstufigen ethischen »Entschlusses« bedürfe, um den binären Kode von »wahr« und »falsch« analog auf praktische Fragen zu übertragen. Mit diesem Schritt konstituiert sich erst die Teilmenge diskursiv beantwortbarer Gerechtigkeitsfragen. Diese Überlegung eröffnet den Ausblick auf eine »Gattungsethik«, auf die ich in anderen Zusammenhängen gestoßen bin.[29]

Der *achte Text* weitet das Blickfeld in eine andere Richtung. Karl-Otto Apel und ich haben den diskursethischen Ansatz zunächst gemeinsam entwickelt. Es liegt daher nahe, Auffassungsdifferenzen zu klären, die sich seit dem Versuch, den diskurstheoretischen Ansatz für die Rechtsphilosophie fruchtbar zu machen, verschärft haben. Dieser Diskussionsbeitrag empfiehlt sich auch damit, daß er den Zusammenhang zwischen den Diskurstheorien der Wahrheit, der Moral und des Rechts darstellt. Zugleich gibt er eine Einführung in die Politische Theorie.

---

29 J. Habermas, *Die Zukunft der menschlichen Natur*, Frankfurt/M. 2002, 70 ff.

1. Diskursethik

Notizen zu einem Begründungsprogramm

I. Propädeutische Überlegungen

In seinem jüngsten Buch entwickelt A. MacIntyre die These, daß das Projekt der Aufklärung, eine säkularisierte, von Annahmen der Metaphysik und der Religion unabhängige Moral zu begründen, gescheitert sei. Er akzeptiert als unumstößliches Resultat der Aufklärung, was Horkheimer einst in kritischer Absicht festgestellt hatte – daß die instrumentelle, auf Zweckrationalität eingeschränkte Vernunft die Zwecksetzung selbst blinden Gefühlseinstellungen und Dezisionen überlassen muß: »Reason is calculative; it can assess truths of fact and mathematical relations but nothing more. In the realm of practice it can speak only of means. About ends it must be silent.«[1] Dem widersprechen seit Kant jene kognitivistischen Ethiken, die in dem einen oder anderen Sinne an der »Wahrheitsfähigkeit« praktischer Fragen festhalten.

In dieser Kantischen Tradition stehen heute bedeutende theoretische Ansätze wie die von Kurt Baier, Marcus George Singer, John Rawls, Paul Lorenzen, Ernst Tugendhat und Karl-Otto Apel; sie treffen sich in der Absicht, die Bedingungen für eine unparteiliche, allein auf Gründe gestützte Beurteilung praktischer Fragen zu analysieren.[2] Unter diesen Theorien ist Apels Versuch zwar nicht derjenige, der am detailliertesten durchgeführt ist; gleichwohl halte ich die in Umrissen erkennbare Diskursethik für den heute aussichtsreichsten Ansatz. Ich will diese Einschätzung der gegenwärtigen Argumenta-

---

1 A. MacIntyre, *After Virtue*, London 1981, 52; M. Horkheimer, *Zur Kritik der instrumentellen Vernunft*, Frankfurt/M. 1967 (engl.: Oxford 1947), Kap. 1: Mittel und Zwecke.
2 R. Wimmer, *Universalisierung in der Ethik*, Frankfurt/M. 1980.

tionslage dadurch plausibel machen, daß ich ein entsprechendes Begründungsprogramm vorstelle. Dabei werde ich mich mit anderen kognitivistischen Ansätzen nur im Vorbeigehen auseinandersetzen; in erster Linie konzentriere ich mich auf die Herausarbeitung der gemeinsamen Fragestellung, die jene Theorien von den nicht-kognitivistischen Ansätzen unterscheidet.

Zunächst (1) will ich die Sollgeltung von Normen und die Geltungsansprüche, die wir mit normbezogenen (oder regulativen) Sprechhandlungen erheben, als diejenigen Phänomene auszeichnen, die eine philosophische Ethik muß erklären können. Dabei zeigt sich (2), daß die bekannten philosophischen Positionen, nämlich Definitionstheorien metaphysischer Art und intuitionistische Wertethiken auf der einen Seite, nonkognitivistische Theorien wie Emotivismus und Dezisionismus auf der anderen Seite, bereits die erklärungsbedürftigen Phänomene verfehlen, indem sie normative Sätze an das falsche Modell von deskriptiven Sätzen und Bewertungen oder von Erlebnissätzen und Imperativen angleichen. Ähnliches gilt für einen Präskriptivismus, der sich am Modell von Absichtssätzen ausrichtet.[3] Moralische Phänomene erschließen sich, wie ich in Teil II zeigen will, einer formalpragmatischen Untersuchung kommunikativen Handelns, bei dem sich die Aktoren an Geltungsansprüchen orientieren. Es soll klar werden, warum die philosophische Ethik, anders als beispielsweise die Erkenntnistheorie, ohne weiteres die Gestalt einer speziellen Argumentationstheorie annehmen kann. In Teil III stellt sich die moraltheoretische Grundfrage, wie der Universalisierungsgrundsatz, der in praktischen Fragen allein ein argumentatives Einverständnis ermöglicht, selber begründet werden kann. Dies ist der Ort für Apels transzendentalpragmatische Begründung der Ethik aus allgemeinen pragmatischen Voraussetzungen von Argumentation überhaupt. Wir werden freilich sehen, daß diese »Ableitung« nicht den Status einer Letzt-

---

3 W. K. Frankena, *Analytische Ethik*, München 1972, 117ff.

begründung beanspruchen kann und warum ein so starker Anspruch auch gar nicht erhoben werden sollte. Das transzendentalpragmatische Argument in der von Apel vorgeschlagenen Form ist sogar zu schwach, um den Widerstand des konsequenten Skeptikers gegen *jede* Form einer Vernunftmoral zu brechen. Dieses Problem wird uns schließlich nötigen, wenigstens mit einigen knappen Hinweisen zu Hegels Kritik an der Kantischen Moral zurückzukehren, um dem Primat der Sittlichkeit vor der Moral einen unverfänglichen (gegen neuaristotelische und neuhegelianische Ideologisierungsversuche immunen) Sinn abzugewinnen.

1. *Zur Phänomenologie des Moralischen*

MacIntyres Bemerkung erinnert an eine Kritik der instrumentellen Vernunft, die sich gegen spezifische Vereinseitigungen des modernen Weltverständnisses richtet, insbesondere gegen die hartnäckige Tendenz, den Bereich der Fragen, die sich mit Gründen entscheiden lassen, aufs Kognitiv-Instrumentelle zusammenschrumpfen zu lassen. Moralisch-praktische Fragen des Typs: »Was soll ich tun?« werden, soweit sie nicht unter Aspekten der Zweckrationalität beantwortet werden können, aus der vernünftigen Erörterung ausgeblendet. Diese Pathologie des modernen Bewußtseins verlangt nach einer *gesellschaftstheoretischen* Erklärung;[4] die philosophische Ethik, die das nicht leisten kann, muß *therapeutisch* vorgehen und gegen die Verstellung moralischer Grundphänomene die Selbstheilungskräfte der Reflexion aufbieten. In diesem Sinne kann die linguistische Phänomenologie des sittlichen Bewußtseins, die P. F. Strawson in seinem berühmten Aufsatz über »Freedom and Resentment« durchgeführt hat, eine mäeutische Kraft entwickeln und dem als moralischen Skeptiker auftretenden Em-

---

4 Vgl. Einleitung und Schlußbetrachtung meiner *Theorie des kommunikativen Handelns*, 2 Bde., Frankfurt/M. 1981.

piristen für die eigenen moralischen Alltagsintuitionen die Augen öffnen.[5]

Strawson geht von einer Gefühlsreaktion aus, die wegen ihrer Aufdringlichkeit geeignet ist, auch dem Hartgesottensten sozusagen den Realitätsgehalt moralischer Erfahrungen zu demonstrieren: von der Entrüstung, mit der wir auf Kränkungen reagieren. Diese unzweideutige Reaktion verfestigt und verstetigt sich, wenn die zugefügte Verletzung nicht in irgendeiner Weise »wiedergutgemacht« wird, zum schwelenden Ressentiment. Dieses anhaltende Gefühl enthüllt die moralische Dimension einer erlittenen Kränkung, weil es nicht, wie Schrecken oder Wut, unmittelbar auf einen Akt der Verletzung, sondern auf das empörende Unrecht reagiert, das ein Anderer an mir begeht. Das Ressentiment ist der Ausdruck einer (eher ohnmächtigen) moralischen Verurteilung.[6] Ausgehend vom Beispiel des Ressentiments macht Strawson vier wichtige Beobachtungen.

(a) Für Handlungen, die die Integrität eines Anderen verletzen, kann der Täter oder ein Dritter gegebenenfalls Entschuldigungen vorbringen. Sobald der Betroffene eine Bitte um Entschuldigung akzeptiert, wird er sich nicht mehr auf genau die gleiche Weise verletzt oder herabgesetzt fühlen; seine anfängliche Entrüstung wird sich nicht zum Ressentiment versteigen. Entschuldigungen sind gleichsam Reparaturen, die wir an gestörten Interaktionen vornehmen. Um nun die Art dieser Störungen zu identifizieren, unterscheidet Strawson zwei Sorten von Entschuldigungen. Im einen Fall führen wir Umstände ins Feld, die plausibel machen sollen, daß es nicht ganz angemessen wäre, die kränkende Handlung als Zufügung eines Unrechts zu empfinden: »Er hat es nicht so gemeint«, »Er

---

[5] P. F. Strawson, *Freedom and Resentment*, London 1974. Strawson hat freilich ein anderes Thema im Auge.
[6] Auch Nietzsche stellt bekanntlich einen genetischen Zusammenhang zwischen dem Ressentiment der Verletzten und Beleidigten und einer universalistischen Moral des Mitleids her. Vgl. dazu J. Habermas, »Die Verschlingung von Mythos und Aufklärung«, in: K. H. Bohrer (Hg.), *Mythos und Moderne*, Frankfurt/M. 1983, 405 ff.

konnte nicht anders«, »Er hatte keine andere Wahl«, »Er wußte nicht, daß ...« sind einige Beispiele für den Typus von Entschuldigungen, der *die* als verletzend empfundene *Handlung* in ein anderes Licht rückt, ohne die Zurechnungsfähigkeit des Handelnden in Zweifel zu ziehen. Genau dies ist aber der Fall, wenn wir darauf hinweisen, daß es sich um die Tat eines Kindes, eines Verrückten, eines Betrunkenen handelt – daß die Tat von jemandem begangen wurde, der außer sich war, der unter starkem Streß, z. B. unter den Nachwirkungen einer schweren Krankheit, gestanden hat usw. Dieser Typus von Entschuldigungen lädt uns ein, *den Aktor selbst* in einem anderen Licht zu sehen, nämlich so, daß ihm die Eigenschaften eines zurechnungsfähigen Subjektes nicht ohne Einschränkung zugeschrieben werden können. In diesem Fall sollen wir eine objektivierende Einstellung einnehmen, die moralische Vorwürfe von vornherein ausschließt: »The objective attitude may be emotionally toned in many ways, but not in all ways: it may include repulsion or fear, it may include pity or even love, though not all kinds of love. But it cannot include the range of reactive feelings and attitudes which belong to involvement or participation with others in inter-personal human relationships; it cannot include resentment, gratitude, forgiveness, anger, or the sort of love which two adults can sometimes be said to feel reciprocally, for each other. If your attitude towards someone is wholly objective, then though you might fight him, you cannot quarrel with him, and though you may talk to him, even negotiate with him, you cannot reason with him. You can at most *pretend* to quarrel, or to reason, with him.«[7]
Diese Überlegung führt Strawson zu dem Schluß, daß die persönlichen Reaktionen des Gekränkten, daß z. B. Ressentiments nur in der performativen Einstellung eines Interaktionsteilnehmers möglich sind. Die objektivierende Einstellung eines Unbeteiligten hebt die Kommunikationsrollen der ersten und der zweiten Person auf und neutralisiert den Bereich morali-

---

7 Strawson (1974), 9.

scher Erscheinungen überhaupt. Die Einstellung der dritten Person bringt diesen Phänomenbereich zum Verschwinden.
(b) Diese Beobachtung ist auch aus methodischen Gründen wichtig: der Moralphilosoph muß eine Perspektive einnehmen, aus der er moralische Phänomene als solche wahrnehmen kann. Strawson zeigt, wie verschiedene moralische Gefühle über interne Beziehungen miteinander verflochten sind. Die persönlichen Reaktionen des Gekränkten, so haben wir gesehen, können durch Entschuldigungen kompensiert werden. Umgekehrt kann der Betroffene ein geschehenes Unrecht verzeihen. Den Gefühlen des Verletzten entspricht die Dankbarkeit dessen, dem eine Wohltat zugefügt wird, und der Verurteilung der unrechten Tat die Bewunderung der guten. Zahllos sind die Schattierungen unseres Gefühls für Gleichgültigkeit, Verachtung, Böswilligkeit, für Genugtuung, Anerkennung, Ermutigung, Trost usw. Zentral sind natürlich die Gefühle der Schuld und der Verpflichtung. An diesem sprachanalytisch aufklärbaren Komplex von Gefühlseinstellungen interessiert Strawson zunächst der Umstand, daß alle diese Emotionen in eine Alltagspraxis eingelassen sind, zu der wir nur in performativer Einstellung Zugang haben. Dadurch erst gewinnt das Netz moralischer Gefühle eine bestimmte *Unausweichlichkeit*: das Engagement, das wir als Angehörige einer Lebenswelt übernommen haben, können wir nicht nach Belieben aufkündigen. Die objektivierende Einstellung gegenüber Phänomenen, die wir zunächst aus der Teilnehmerperspektive wahrgenommen haben müssen, ist demgegenüber sekundär: »We look with an objective eye on the compulsive behaviour of the neurotic or the tiresome behaviour of a very young child, thinking in terms of treatment or training. But we can sometimes look with something like the same eye on the behaviour of the normal and the mature. We have this resource and can sometimes use it: as a refuge, say, from the strains of involvement; or as an aid to policy; or simply out of intellectual curiosity. Being human, we cannot, in the normal case, do this for long, or altogether.«[8]

8 Ebd., 9f.

Diese Beobachtung wirft ein Licht auf die Stellung jener Ethiken, die aus einer Beobachterperspektive mit dem Ergebnis einer *Umdeutung moralischer Alltagsintuitionen* durchgeführt werden. Empiristische Ethiken könnten auch dann, wenn sie wahr wären, einen aufklärenden Effekt nicht erzielen, weil sie die Intuitionen der Alltagspraxis nicht erreichen: »The human commitment to participation in ordinary inter-personal relationships is, I think, too thoroughgoing and deeply rooted for us to take seriously the thought that a general theoretical conviction might so change our world that, in it, there were no longer any such things as inter-personal relationships as we normally understand them [...]. A sustained objectivity of inter-personal attitude, and the human isolation which that would entail, does not seem to be something of which human beings would be capable, even if some general truth were a theoretical ground for it.«[9] Solange sich die Moralphilosophie die Aufgabe stellt, zur Klärung der alltäglichen, auf dem Wege der Sozialisation erworbenen Intuitionen beizutragen, muß sie, mindestens virtuell, an die Einstellung von Teilnehmern der kommunikativen Alltagspraxis anknüpfen.

(c) Erst die dritte Beobachtung führt zum moralischen Kern der bisher analysierten Gefühlsreaktionen. Entrüstung und Ressentiment richten sich gegen einen *bestimmten* Anderen, der unsere Integrität verletzt; aber den moralischen Charakter verdankt diese Empörung nicht dem Umstand, daß die Interaktion zwischen zwei einzelnen Personen gestört wird. Vielmehr ist es der Verstoß gegen eine zugrundeliegende *normative Erwartung*, die nicht nur für Ego und Alter, sondern für *alle Angehörigen* einer sozialen Gruppe, im Falle streng moralischer Normen sogar für alle zurechnungsfähigen Aktoren überhaupt, Geltung hat. Nur so erklärt sich das Phänomen des Schuldgefühls, das den Selbstvorwurf des Täters begleitet. Dem Vorwurf des Gekränkten können die Skrupel dessen, der

---

9 Ebd., 11 f.; an dieser Stelle bezieht sich Strawson auf einen Determinismus, der die Zurechnungsfähigkeit, welche Interaktionsteilnehmer einander reziprok zuschreiben, als Täuschung erklärt.

ein Unrecht begangen hat, entsprechen, wenn dieser erkennt, daß er in der Person des Betroffenen zugleich eine unpersönliche, jedenfalls überpersönliche, für beide Seiten gleichermaßen bestehende Erwartung verletzt hat. Gefühle der Schuld und der Verpflichtung weisen über den Partikularismus dessen, was einen Einzelnen in einer bestimmten Situation betrifft, hinaus. Wären die Gefühlsreaktionen, die sich in bestimmten Situationen gegen einzelne Personen richten, nicht mit jener *unpersönlichen* Art von Entrüstung verbunden, die sich gegen die Verletzung von generalisierten Verhaltenserwartungen oder Normen richtet, würden sie eines moralischen Charakters entbehren. Erst der Anspruch auf *allgemeine* Geltung verleiht einem Interesse, einem Willen oder einer Norm die Würde moralischer Autorität.[10]

(d) Mit dieser Eigenart moralischer Geltung hängt eine weitere Beobachtung zusammen. Es besteht offenbar ein interner Zusammenhang zwischen einerseits der Autorität geltender Normen und Gebote, der Verpflichtung der Normadressaten, das Gebotene zu tun und das Verbotene zu lassen, und andererseits jenem unpersönlichen Anspruch, mit dem Handlungsnormen und Gebote auftreten: daß sie zu Recht bestehen – und daß man erforderlichenfalls *zeigen* kann, daß sie zu Recht bestehen. Die Empörung und der Vorwurf, die sich gegen die Verletzung von Normen richten, können sich letztlich nur auf einen kognitiven Gehalt stützen. Wer einen solchen Vorwurf erhebt, meint, daß sich der Schuldige gegebenenfalls rechtfertigen kann – beispielsweise dadurch, daß er die normative Erwartung, an die der Empörte appelliert, als ungerechtfertigt zurückweist. Etwas tun *sollen* heißt, *Gründe haben*, etwas zu tun.

Freilich würde man die Art dieser Gründe verkennen, wenn man die Frage: »Was soll ich tun?« auf eine Frage bloßer Klugheit und damit auf Aspekte des zweckmäßigen Verhaltens reduzierte. So verhält sich der Empirist, der die praktische Frage: »Was soll ich tun?« reduziert auf die Fragen: »Was will ich

---

10 Ebd., 15.

tun?« und »Wie kann ich es tun?«[11] Auch der Gesichtspunkt der sozialen Wohlfahrt hilft nicht weiter, wenn der Utilitarist die Frage: »Was sollen wir tun?« auf die technische Frage der zweckrationalen Erzeugung sozial wünschenswerter Effekte zurückschraubt. Normen versteht er von vornherein als Instrumente, die sich unter Gesichtspunkten sozialer Nützlichkeit als mehr oder weniger zweckmäßig rechtfertigen lassen: »But the social utility of these practices [...] is not what is now in question. What is in question is the justified sense that to speak in terms of social utility alone is, to leave out something vital in our conception of these practices. The vital thing can be restored by attending to that complicated web of attitudes and feelings which form an essential part of the moral life as we know it, and which are quite opposed to objectivity of attitude. Only by attending to this range of attitudes can we recover from the facts as we know them a sense of what we mean, i.e. of *all* we mean, when, speaking the language of morals, we speak of desert, responsibility, guilt, condemnation, and justice.«[12]

Strawson führt an dieser Stelle seine verschiedenen Beobachtungen zusammen. Er beharrt darauf, daß wir den Sinn moralisch praktischer Rechtfertigungen von Handlungsweisen nur dann nicht verfehlen können, wenn wir das in die kommunikative Alltagspraxis eingelassene Netz moralischer Gefühle im Auge behalten und die Frage »Was soll ich, was sollen wir tun?« richtig lokalisieren: »Inside the general structure or web of human attitudes and feelings of which I have been speaking, there is endless room for modification, redirection, criticism, and justification. But questions of justification are internal to the structure or relate to modifications internal to it. The existence of the general framework of attitudes itself is something

---

11 Zur Unterscheidung der möglichen Antworten auf diese drei Kategorien von Fragen vgl. L. Krüger, »Über das Verhältnis von Wissenschaftlichkeit und Rationalität«, in: H. P. Duerr (Hg.), *Der Wissenschaftler und das Irrationale*, Bd. II, Frankfurt/M. 1981, 91 ff.
12 Strawson (1974), 22.

we are given with the fact of human society. As a whole, it neither calls for, nor permits, an *external* ›rational‹ justification.«[13]

Strawsons Phänomenologie des Moralischen gelangt also zu dem Ergebnis, daß sich die Welt moralischer Erscheinungen nur aus der performativen Einstellung von Interaktionsteilnehmern erschließt; daß Ressentiments, überhaupt persönliche Gefühlsreaktionen, auf überpersönliche Maßstäbe der Beurteilung von Normen und Geboten verweisen; und daß die moralisch-praktische Rechtfertigung einer Handlungsweise auf einen *anderen* Aspekt abzielt als auf die gefühlsneutrale Beurteilung von Zweck-Mittel-Zusammenhängen, selbst wenn diese sich von Gesichtspunkten sozialer Wohlfahrt leiten läßt. Daß Strawson Gefühle analysiert, ist nicht zufällig. Offenbar haben Gefühle eine ähnliche Bedeutung für die moralische Rechtfertigung von Handlungsweisen wie Wahrnehmungen für die theoretische Erklärung von Tatsachen.

2. Objektivistische und subjektivistische Ansätze der Ethik

In seiner Untersuchung »The Place of Reason in Ethics« (1950) (die im übrigen ein Beispiel dafür ist, daß man in der Philosophie richtige Fragen stellen kann, ohne die richtigen Antworten zu finden) stellt Toulmin eine Parallele zwischen Gefühlen und Wahrnehmungen her.[14] Meinungsäußerungen wie beispielsweise »Dies ist ein gebogener Stock« funktionieren im Alltag im allgemeinen als unproblematische Vermittler von Interaktionen; das gleiche gilt für Gefühlsäußerungen der folgenden Art: »Wie konnte ich das nur tun!«, »Du solltest ihm helfen«, »Er hat mich gemein behandelt«, »Sie hat sich großartig verhalten« usw. Wenn solche Äußerungen auf Widerspruch stoßen, wird der mit ihnen verbundene Geltungsan-

---
13 Ebd., 23.
14 S. Toulmin, *An Examination of the Place of Reason in Ethics*, Cambridge 1970, 121 ff.

spruch in Frage gestellt. Der Andere fragt, ob die Behauptung wahr ist, ob der Vorwurf oder der Selbstvorwurf, ob die Ermahnung oder die Anerkennung *richtig* sind. Der Sprecher mag daraufhin den zunächst erhobenen Anspruch relativieren und nur darauf beharren, daß ihm der Stock ganz sicher als gebogen *erschienen* sei, oder daß er das deutliche *Empfinden* gehabt habe, daß »er« das nicht hätte tun sollen, während »sie« sich doch ganz großartig verhalten habe usw. Er kann schließlich eine *physikalische Erklärung* seiner optischen Täuschung, die eintritt, wenn man einen Stock ins Wasser hält, akzeptieren. Die Erklärung wird den problematischen Sachverhalt, daß der als gebogen wahrgenommene Stock tatsächlich gerade ist, aufklären. In ähnlicher Weise wird auch eine *moralische Begründung* eine problematisch gewordene Handlungsweise in ein anderes Licht rücken, entweder entschuldigen, kritisieren oder rechtfertigen. Ein entfaltetes moralisches Argument verhält sich zu jenem Netzwerk moralischer Gefühlseinstellungen ähnlich wie ein theoretisches Argument zum Strom der Wahrnehmungen: »In ethics, as in science, incorrigible but conflicting reports of personal experience (sensible or emotional) are replaced by judgements aiming at universality and impartiality – about the ›real value‹, the ›real colour‹, the ›real shape‹ of an object, rather than the shape, colour of value one would ascribe to it on the basis of immediate experience alone.«[15] Während die theoretische Kritik an irreführenden Alltagserfahrungen dazu dient, Meinungen und Erwartungen zu korrigieren, dient die moralische Kritik dazu, Handlungsweisen zu ändern oder Urteile über sie zu berichtigen.

Die Parallele, die Toulmin zwischen der theoretischen Erklärung von Tatsachen und der moralischen Rechtfertigung von Handlungsweisen, zwischen den Erfahrungsbasen der Wahrnehmungen einerseits und der Gefühle andererseits zieht, ist nicht so erstaunlich. Wenn »etwas tun sollen« impliziert, »gute Gründe haben, etwas zu tun«, dann müssen Fragen, die sich auf

---

15 Toulmin (1970), 125.

die Entscheidung zwischen normengeleiteten Handlungen, oder auf die Wahl von Handlungsnormen selber beziehen, »wahrheitsfähig« sein: »To believe in the objectivity of morals is to believe that some moral statements are true.«[16] Allerdings bedarf der Sinn von »moralischer Wahrheit« der Klärung.

Alan R. White zählt zehn verschiedene Gründe auf, die dafür sprechen, daß Sollsätze wahr oder falsch sein können. Normalerweise äußern wir Sollsätze im Indikativ und geben damit zu erkennen, daß normative Aussagen in ähnlicher Weise wie deskriptive Aussagen kritisiert, d.h. widerlegt und begründet werden können. Dem naheliegenden Einwand, daß es in moralischen Argumentationen darum gehe, daß etwas getan werden soll, und nicht darum, wie sich die Dinge verhalten, begegnet White mit dem Hinweis, »that in moral discussion about what to do, what we agree on or argue about, assume, discover or prove, doubt or know is not whether *to do* so and so but *that* so-and-so *is* the right, better, or only thing to do. And this is something that can be true or false. I can believe that X ought to be done or is the best thing to do, but I cannot believe a decision any more that I can believe a command or a question. Coming to the decision *to do* so-and-so *is* the best or the right thing to do. Moral pronouncements may entail answers to the question ›What shall I do?‹ they do not *give* such answers.«[17]

Mit diesen und ähnlichen Argumenten werden Weichen in Richtung einer kognitivistischen Ethik gestellt; gleichzeitig suggeriert aber die These der »Wahrheitsfähigkeit« praktischer Fragen eine Angleichung normativer Aussagen an deskriptive Aussagen. Wenn wir, wie ich denke: mit Recht, davon ausgehen, daß normative Aussagen gültig oder ungültig sein können; und wenn wir, wie der Ausdruck »moralische Wahrheit« anzeigt, die in moralischen Argumentationen umstrittenen

---

16 K. Nielsen, »On Moral Truth«, in: N. Rescher (Hg.), *Studies in Moral Philosophy, American Philosophical Quarterley, Monograph Series*, I, Oxford 1968, 9 ff.

17 A. R. White, *Truth*, New York 1971, 61.

Geltungsansprüche nach dem zunächst greifbaren Modell der Wahrheit von Propositionen deuten; dann sehen wir uns, wie ich glaube irreführenderweise, veranlaßt, die Wahrheitsfähigkeit praktischer Fragen so zu verstehen, als könnten normative Aussagen in demselben Sinne ›wahr‹ oder ›falsch‹ sein wie deskriptive Aussagen. So stützt sich beispielsweise der Intuitionismus auf eine Angleichung von normativ gehaltvollen Sätzen an prädikative Sätze vom Typus: »Dieser Tisch ist gelb« oder »Alle Schwäne sind weiß«. G. E. Moore hat detaillierte Untersuchungen darüber angestellt, wie sich die Prädikate »gut« und »gelb« zueinander verhalten.[18] Für Wertprädikate entwickelt er die Lehre von den nichtnatürlichen Eigenschaften, die, analog zur Wahrnehmung von Dingeigenschaften, in idealer Anschauung erfaßt oder an idealen Gegenständen abgelesen werden können.[19] Auf diesem Wege will Moore zeigen, wie die Wahrheit von normativ gehaltvollen Sätzen, die intuitiv einleuchten, wenigstens indirekt nachgewiesen werden kann. Allein, diese Art der Analyse wird von der prädikativen Umformung typischer Sollsätze auf eine falsche Fährte gesetzt.

Ausdrücke wie ›gut‹ oder ›richtig‹ müßten mit einem höherstufigen Prädikat wie ›wahr‹ und nicht mit Eigenschaftsprädikaten wie ›gelb‹ oder ›weiß‹ verglichen werden. Der Satz:

(1) Unter den gegebenen Umständen soll man lügen läßt sich zwar korrekt umformen in:

(1') Unter den gegebenen Umständen zu lügen ist richtig (ist im moralischen Sinne gut).

Hier hat aber der Prädikatausdruck »ist richtig« oder »ist gut« eine andere logische Rolle als der Ausdruck »ist gelb« in dem Satz:

(2) Dieser Tisch ist gelb.

Sobald das Wertprädikat »gut« den Geltungssinn des »mora-

---

18 G. E. Moore, *Principia Ethica* (1903), Stuttgart 1970, bes. Kap. I.
19 G. E. Moore, »A reply to my Critics«, in: P. A. Schilpp (Hg.), *The Philosophy of G. E. Moore*, Evanston 1942.

lisch Guten« annimmt, erkennen wir die Asymmetrie. Denn vergleichbar sind nur die Sätze:
(3) Es ist richtig (geboten), daß ›h‹
(4) Es ist wahr (der Fall), daß ›p‹
wobei ›h‹ und ›p‹ für (1) und (2) stehen sollen. Diese metasprachlichen Formulierungen bringen die in (1) und (2) implizit mitgeführten Geltungsansprüche als solche zum Ausdruck. An der Satzform von (3) und (4) läßt sich ablesen, daß die Analyse des Zu- und Absprechens von Prädikaten nicht der richtige Weg ist, um die mit »es ist richtig« und »es ist wahr« ausgedrückten Geltungsansprüche zu erklären. Wenn man Richtigkeits- und Wahrheitsansprüche miteinander vergleichen möchte, ohne sogleich den einen an den anderen anzugleichen, muß geklärt werden, wie sich ›p‹ und ›h‹ jeweils *begründen* lassen – wie wir gute Gründe für und gegen die Geltung von (1) und (2) anführen können.

Wir müssen zeigen, worin das Spezifische der Rechtfertigung von Geboten besteht. Das hat Toulmin gesehen: »›Rightness‹ is not a property; and when I asked two people which course of action was the right one I was not asking them about a property – what I wanted to know was whether there was any reason for choosing one course of action rather than another [...]. All that two people need (and all that they have) to contradict one another about in the case of ethical predicates are the *reasons* for doing this rather than that or the other.«[20]

Ebenso klar hat Toulmin gesehen, daß die subjektivistische Antwort auf das Versagen des ethischen Objektivismus von Moore und anderen nur die Kehrseite derselben Medaille ist. Beide Seiten gehen von der falschen Prämisse aus, daß die Wahrheitsgeltung deskriptiver Sätze, und nur diese, den Sinn festlegt, in dem Sätze überhaupt begründet akzeptiert werden können.

Da der intuitionistische Versuch, moralische Wahrheiten dingfest zu machen, schon deshalb scheitern mußte, weil sich nor-

20 Toulmin (1970), 28.

mative Sätze nicht verifizieren bzw. falsifizieren, also nach denselben Spielregeln wie deskriptive Sätze prüfen lassen, bot sich unter der genannten Voraussetzung als Alternative an, die Wahrheitsfähigkeit praktischer Fragen in Bausch und Bogen zu verwerfen. Natürlich leugnen *die Subjektivisten* nicht die grammatischen Tatsachen, die dafür sprechen, daß man sich in der Lebenswelt tatsächlich über praktische Fragen jederzeit so streitet, als *seien* diese mit guten Gründen zu entscheiden.[21] Aber sie erklären dieses naive Vertrauen in die Begründbarkeit von Normen und Geboten als eine Illusion, die durch moralische Alltagsintuitionen geweckt wird. Deshalb müssen die moralischen Skeptiker gegenüber Kognitivisten, die wie Strawson das intuitive Wissen des zurechnungsfähigen Interaktionsteilnehmers lediglich explizit machen wollen, eine weitaus anspruchsvollere Aufgabe übernehmen; sie müssen kontraintuitiv erklären, was unsere moralischen Urteile, entgegen ihrem manifesten Geltungsanspruch, *wirklich* bedeuten, und welche Funktionen die entsprechenden Gefühle *tatsächlich* erfüllen.
Als linguistisches Modell für diesen Versuch bieten sich Satztypen an, mit denen wir offensichtlich keine diskursiv einlösbaren Geltungsansprüche verbinden: Sätze der ersten Person, in denen wir subjektive Präferenzen, Wünsche und Abneigungen zum Ausdruck bringen, oder Imperative, mit denen wir eine andere Person zu einem bestimmten Verhalten veranlassen möchten. Der *emotivistische* und der *imperativische Ansatz* sollen plausibel machen, daß sich die unklare Bedeutung normativer Sätze letztlich auf die Bedeutung von Erlebnis- bzw. Aufforderungssätzen, oder auf eine Kombination von beiden, zurückführen läßt. Nach dieser Lesart bringt die normative Bedeutungskomponente von Sollsätzen in verschlüsselter Form entweder subjektive Einstellungen oder suggestive Überredungsversuche oder beides zum Ausdruck: »›This is good‹ means roughly the same as ›I approve of this; do as well‹, trying to capture by this equivalence both the function of the

---

21 A. J. Ayer, »On the Analysis of Moral Judgements«, in: M. Munitz (Hg.), *A Modern Introduction to Ethics*, New York 1958, 537.

moral judgement as expressive of the speaker's attitude and the function of the moral judgement as designed to influence the hearer's attitudes.«[22]

Der *präskriptivistische Ansatz*, den R. M. Hare in »The Language of Morals« entwickelt,[23] erweitert den imperativischen Ansatz insofern, als Sollaussagen nach dem Modell einer Verknüpfung von Imperativen und Bewertungen analysiert werden.[24] Die zentrale Bedeutungskomponente besteht dann darin, daß der Sprecher mit einer normativen Aussage einem Hörer eine bestimmte Wahl zwischen Handlungsalternativen empfiehlt oder vorschreibt. Da sich diese Empfehlungen oder Vorschriften letztlich auf Prinzipien stützen, die der Sprecher willkürlich adoptiert hat, bilden aber Wertaussagen nicht das eigentlich maßgebende Modell für die Bedeutungsanalyse von Sollsätzen. Hares Präskriptivismus läuft vielmehr auf einen ethischen Dezisionismus hinaus; die Basis für die Begründung von normativ gehaltvollen Sätzen bilden Absichtssätze, nämlich jene Sätze, mit denen der Sprecher die Wahl von Prinzipien, in allerletzter Instanz die Wahl einer Lebensform zum Ausdruck bringt. Diese wiederum ist einer Rechtfertigung nicht fähig.[25]

Obwohl Hares dezisionistische Theorie der Tatsache, daß

22 MacIntyre (1981), 12; vgl. C. L. Stevenson, *Ethics and Language*, London 1945, Kap. 2.
23 Oxford 1952.
24 Hare (1952), 3.
25 Vgl. die interessante Bemerkung über »vollständige Rechtfertigungen« bei Hare (1952), 68 f.: »The truth is that, if asked to justify as completely as possible any decision, we have to bring in both effects – to give content to the decision – and principles, and the effects in general of observing those principles, and so on, until we have satisfied our inquirer. Thus a complete justification of a decision would consist of a complete account of its effects, together with a complete account of the principles which it observed, and the effects of observing those principles for, of course, it is the effects (what obeying them in fact consists in) which give content to the principles too. Thus, if pressed to justify a decision completely, we have to give a complete specification of the *way of life* of which it is a part.« Eine andere Variante des Dezisionismus entwickelt H. Albert in Anknüpfung an Max Weber aus Poppers Kritizismus, zuletzt in: H. Albert, *Fehlbare Vernunft*, Tübingen 1980.

wir über praktische Fragen tatsächlich mit Gründen streiten, besser gerecht wird als die emotivistischen und die im engeren Sinne imperativischen Lehren, laufen alle diese metaethischen Ansätze auf dieselbe skeptische Pointe hinaus. Sie erklären, daß der Sinn unseres moralischen Vokabulars in Wahrheit darin besteht, etwas zu sagen, wofür Erlebnissätze, Imperative oder Absichtssätze die angemesseneren linguistischen Formen wären. Mit keinem dieser Satztypen kann ein Wahrheitsanspruch oder überhaupt ein auf Argumentation angelegter Geltungsanspruch verknüpft werden. Deshalb muß sich in der Unterstellung, daß es so etwas wie »moralische Wahrheiten« gebe, eine vom intuitiven Alltagsverständnis suggerierte Täuschung ausdrücken. Die nicht-kognitivistischen Ansätze entwerten die Welt moralischer Alltagsintuitionen mit einem Schlage. Aus wissenschaftlicher Perspektive läßt sich, diesen Lehren zufolge, über Moral nur noch empirisch reden. In diesem Fall nehmen wir eine objektivierende Einstellung ein und beschränken uns darauf, zu beschreiben, welche Funktionen Sätze und Gefühle erfüllen, die aus der Innenansicht der Beteiligten als moralische qualifiziert werden. Diese Theorien wollen und können mit philosophischen Ethiken nicht konkurrieren; sie ebnen allenfalls den Weg für empirische Untersuchungen, *nachdem* klar zu sein scheint, daß praktische Fragen nicht wahrheitsfähig, und daß ethische Untersuchungen im Sinne einer normativen Theorie gegenstandslos sind.

Ebendiese metaethische Behauptung ist freilich nicht ganz so unumstritten, wie die Skeptiker voraussetzen. Der nicht-kognitivistische Standpunkt wird vor allem mit zwei Argumenten gestützt: (a) mit dem empirischen Hinweis, daß der Streit in moralischen Grundsatzfragen normalerweise nicht geschlichtet werden kann, und (b) mit dem bereits erwähnten Scheitern des Versuchs, die Wahrheitsgeltung normativer Sätze, ob nun im Sinne des Intuitionismus oder (worauf ich nicht einzugehen brauche) im Sinne des klassischen Naturrechts oder einer materialen Wertethik (Scheler, Hartmann), zu erklären.²⁶ Der erste Einwand wird entkräftet, wenn sich ein Prinzip namhaft machen läßt, das Einverständnis in moralischen Argumentationen grundsätzlich herbeizuführen erlaubt. Der zweite Einwand entfällt, sobald man die Prämisse aufgibt, daß normative Sätze, sofern sie *überhaupt* mit einem Geltungsanspruch auftreten würden, nur im Sinne propositionaler Wahrheit gültig oder ungültig sein könnten.

Im Alltag verbinden wir mit normativen Aussagen Geltungsansprüche, die wir gegen Kritik zu verteidigen bereit sind. Wir erörtern praktische Fragen von dem Typus: »Was soll ich/sollen wir tun?« unter der Voraussetzung, daß die Antworten nicht beliebig sein müssen; wir trauen uns grundsätzlich zu, richtige Normen und Gebote von falschen unterscheiden zu können. Wenn andererseits normative Sätze nicht im engeren Sinne wahrheitsfähig sind, also nicht *in dem gleichen Sinne* wie deskriptive Aussagen wahr oder falsch sein können, müssen wir die Aufgabe, den Sinn »moralischer Wahrheit« oder – wenn dieser Ausdruck bereits in die falsche Richtung weist – den Sinn »normativer Richtigkeit« zu erklären, so stellen, daß wir nicht in Versuchung kommen, den einen Satztypus an den anderen zu assimilieren. Wir müssen von der schwächeren Annahme eines *wahrheitsanalogen* Geltungsanspruches ausgehen und zu der Problemfassung zurückkehren, die Toulmin der Grundfrage der philosophischen Ethik gegeben hatte: »What kind of argument, of reasoning is it proper for us to accept in support of moral decisions?«²⁷ Toulmin klebt nicht länger an der semantischen Analyse von Ausdrücken und Sätzen, sondern konzentriert sich auf die Frage nach dem Modus der Begründung normativer Sätze, nach der *Form der Argumente*, die wir für oder gegen Normen und Gebote anführen, nach den Kriterien für »gute Gründe«, die uns kraft Einsicht

---

26 Zum historischen Hintergrund der Wertphilosophie, von der Moores Intuitionismus und Schelers materiale Wertethik nur Varianten darstellen, vgl. das ausgezeichnete Kapitel über »Werte« in: H. Schnädelbach, *Philosophie in Deutschland 1831-1933*, Frankfurt/M. 1983, 198 ff.
27 Toulmin (1970), 64.

motivieren, Forderungen als moralische Verpflichtungen anzuerkennen. Er vollzieht den Übergang zur Ebene der Argumentationstheorie mit der Frage: »What kinds of thing make a conclusion worthy of belief?«[28]

II. Der Universalisierungsgrundsatz als Argumentationsregel

Die propädeutischen Überlegungen, die ich bisher angestellt habe, dienten dem Zweck, den kognitivistischen Ansatz der Ethik gegenüber den metaethischen Ausweichmanövern der Wertskeptiker zu verteidigen und die Weichen für die Beantwortung der Frage zu stellen, in welchem Sinne und auf welche Weise moralische Gebote und Normen begründet werden können. Im konstruktiven Teil meiner Überlegungen will ich zunächst an die Rolle normativer Geltungsansprüche in der Alltagspraxis erinnern, um zu erklären, worin sich der deontologische, mit Geboten und Normen verbundene Anspruch von dem assertorischen Geltungsanspruch unterscheidet, und um zu begründen, warum es sich empfiehlt, die Moraltheorie in der Form einer Untersuchung moralischer Argumentationen in Angriff zu nehmen (3). Sodann führe ich den Universalisierungsgrundsatz (U) als das Brückenprinzip ein, welches Einverständnis in moralischen Argumentationen möglich macht, und zwar in einer Fassung, die die monologische Anwendung dieser Argumentationsregel ausschließt (4). In Auseinandersetzung mit Überlegungen von Tugendhat will ich schließlich zeigen, daß moralische Begründungen nicht aus pragmatischen Gründen des Machtausgleichs, sondern aus internen Gründen der Ermöglichung moralischer Einsichten auf die reale Durchführung von Argumentationen angewiesen sind (5).

---

28 Ebd., 74.

3. Assertorische und normative Geltungsansprüche im kommunikativen Handeln

Der Versuch, die Ethik in der Form einer Logik der moralischen Argumentation zu begründen, hat nur dann Aussicht auf Erfolg, wenn wir einen speziellen, mit Geboten und Normen verknüpften Geltungsanspruch auch schon auf der Ebene identifizieren können, auf der moralische Dilemmata zunächst einmal entstehen: im Horizont der Lebenswelt, in der auch Strawson die moralischen Phänomene aufsuchen mußte, um die Evidenzen der Alltagssprache gegen den Skeptiker aufzubieten. Wenn nicht schon hier, in Zusammenhängen kommunikativen Handelns, also vor aller Reflexion, Geltungsansprüche im Plural auftreten, ist eine Differenzierung zwischen Wahrheit und normativer Richtigkeit auf der Ebene der Argumentation nicht zu erwarten.

Ich will die Analyse des verständigungsorientierten Handelns, die ich an anderem Ort durchgeführt habe,[29] nicht wiederholen, möchte aber an einen Grundgedanken erinnern. Kommunikativ nenne ich die Interaktionen, in denen die Beteiligten ihre Handlungspläne einvernehmlich koordinieren; dabei bemißt sich das jeweils erzielte Einverständnis an der intersubjektiven Anerkennung von Geltungsansprüchen. Im Falle explizit sprachlicher Verständigungsprozesse erheben die Aktoren mit ihren Sprechhandlungen, indem sie sich miteinander über etwas verständigen, Geltungsansprüche, und zwar Wahrheitsansprüche, Richtigkeitsansprüche und Wahrhaftigkeitsansprüche je nachdem, ob sie auf etwas in der objektiven Welt (als der Gesamtheit existierender Sachverhalte), auf etwas in der gemeinsamen sozialen Welt (als der Gesamtheit legitim geregelter interpersonaler Beziehungen einer sozialen Gruppe) oder auf etwas in der eigenen subjektiven Welt (als der Gesamtheit privilegiert zugänglicher Erlebnisse) Bezug nehmen. Während im strategischen Handeln einer auf den anderen em-

---

29 Habermas (1981), Bd. 1, Kap. 3: Soziales Handeln, Zwecktätigkeit und Kommunikation, 369.

pirisch, mit der Androhung von Sanktionen oder der Aussicht auf Gratifikationen *einwirkt*, um die erwünschte Fortsetzung einer Interaktion zu *veranlassen*, wird im kommunikativen Handeln einer vom anderen zu einer Anschlußhandlung *rational motiviert*, und dies kraft des illokutionären Bindungseffekts eines Sprechaktangebots.

Daß ein Sprecher einen Hörer zur Annahme eines solchen Angebots rational motivieren kann, erklärt sich nicht aus der Gültigkeit des Gesagten, sondern aus der koordinationswirksamen *Gewähr*, die der Sprecher dafür übernimmt, daß er erforderlichenfalls den geltend gemachten Anspruch einzulösen sich bemühen wird. Seine Garantie kann der Sprecher im Falle von Wahrheits- und Richtigkeitsansprüchen diskursiv, also durch das Beibringen von Gründen, im Falle von Wahrhaftigkeitsansprüchen durch konsistentes Verhalten einlösen. (Daß jemand meint, was er sagt, kann er nur in der Konsequenz seines Tuns, nicht durch die Angabe von Gründen glaubhaft machen.) Sobald sich der Hörer auf die vom Sprecher angebotene Gewähr verläßt, treten jene *interaktionsfolgenrelevanten Verbindlichkeiten* in Kraft, die in der Bedeutung des Gesagten enthalten sind. Handlungsverpflichtungen gelten beispielsweise im Falle von Befehlen und Anweisungen in erster Linie für den Adressaten, im Falle von Versprechen und Ankündigungen für den Sprecher, im Fall von Vereinbarungen und Verträgen symmetrisch für beide Seiten, im Falle von normativ gehaltvollen Empfehlungen und Warnungen asymmetrisch für beide Seiten.

Anders als bei diesen regulativen Sprechhandlungen ergeben sich aus der Bedeutung konstativer Sprechakte Verbindlichkeiten nur insofern, als sich Sprecher und Hörer darüber einigen, ihr Handeln auf Situationsdeutungen zu stützen, die den jeweils als wahr akzeptierten Aussagen nicht widersprechen. Aus der Bedeutung expressiver Sprechakte folgen Handlungsverpflichtungen unmittelbar in der Weise, daß der Sprecher spezifiziert, womit sein Verhalten nicht in Widerspruch steht bzw. geraten wird. Dank der Geltungsbasis der auf Verständigung angelegten Kommunikation kann also ein Sprecher, indem er für die Einlösung eines kritisierbaren Geltungsanspruchs die Gewähr übernimmt, einen Hörer zur Annahme seines Sprechaktangebots bewegen und damit für die Fortsetzung der Interaktion einen anschlußsichernden Verkoppelungseffekt erzielen.

Allerdings erfüllen propositionale Wahrheit und normative Richtigkeit, also die beiden *diskursiv einlösbaren* Geltungsansprüche, die uns interessieren, die Rolle der Handlungskoordinierung auf verschiedene Weise. Daß sie einen verschiedenen »Sitz« in der kommunikativen Alltagspraxis haben, läßt sich mit einer Reihe von Asymmetrien belegen.

Auf den ersten Blick scheinen sich die in *konstativen Sprechhandlungen* verwendeten *assertorischen Sätze* zu *Tatsachen* auf ähnliche Weise zu verhalten wie die in *regulativen* Sprechhandlungen verwendeten *normativen Sätze* zu *legitim geordneten interpersonalen Beziehungen*. Die *Wahrheit* von Sätzen bedeutet auf ähnliche Weise die *Existenz* von Sachverhalten wie die *Richtigkeit* von Handlungen die *Erfüllung* von Normen. Auf den zweiten Blick zeigen sich indessen interessante Unterschiede. So verhalten sich Sprechhandlungen zu Normen anders als zu Tatsachen. Betrachten wir den Fall moralischer Normen, die sich in der Form von unbedingten universellen Sollsätzen formulieren lassen:

(1) Man soll niemanden töten.

(1′) Es ist geboten, niemanden zu töten.

Auf Handlungsnormen dieser Art nehmen wir mit regulativen Sprechhandlungen in vielfältiger Weise Bezug, indem wir Befehle geben, Verträge schließen, Sitzungen eröffnen, Warnungen aussprechen, Ausnahmen genehmigen, Ratschläge geben usw. Eine moralische Norm beansprucht jedoch Sinn und Geltung auch unabhängig davon, ob sie verkündet und in dieser oder jener Weise in Anspruch genommen wird. Eine Norm kann mit Hilfe eines Satzes wie (1) formuliert werden, ohne daß diese Formulierung, z. B. das Niederschreiben eines Satzes, *als* eine Sprechhandlung, d. h. als etwas anderes denn als

unpersönlicher Ausdruck für die Norm selber verstanden werden *müßte*. Sätze wie (1) repräsentieren Gebote, auf die wir uns *sekundär* mit Sprechhandlungen in dieser oder jener Weise beziehen können. Dazu fehlt ein Äquivalent auf der Seite der Tatsachen. Es gibt keine assertorischen Sätze, die gleichsam an Sprechhandlungen vorbei eine Selbständigkeit wie Normen erhalten könnten. Wenn solche Sätze überhaupt einen pragmatischen Sinn haben sollen, *müssen* sie in einer Sprechhandlung verwendet werden. Es fehlt die Möglichkeit, deskriptive Sätze wie
(2) Eisen ist magnetisch
(2') Es ist der Fall, daß Eisen magnetisch ist
so auszusprechen oder zu verwenden, daß sie wie (1) und (1'), also unabhängig von der illokutionären Rolle einer bestimmten Art von Sprechhandlungen, ihre assertorische Kraft behielten.
Diese Asymmetrie erklärt sich damit, daß Wahrheitsansprüche *nur* in Sprechhandlungen residieren, während normative Geltungsansprüche zunächst einmal in Normen und erst *abgeleiteter Weise* in Sprechhandlungen ihren Sitz haben.[30] Wenn wir eine ontologische Redeweise zulassen wollen, können wir die Asymmetrie darauf zurückführen, daß die Ordnungen der Gesellschaft, denen gegenüber wir uns konform oder abweichend verhalten können, nicht wie die Ordnungen der Natur, zu denen wir nur eine objektivierende Einstellung einnehmen, *geltungsfrei* konstituiert sind. Die gesellschaftliche Realität, auf die wir uns mit regulativen Sprechhandlungen beziehen, steht bereits *von Haus aus* in einer internen Beziehung zu normativen Geltungsansprüchen. Hingegen wohnen Wahrheitsansprüche keineswegs den Entitäten selber inne, sondern allein den konstativen Sprechhandlungen, mit

30 Wir könnten allenfalls Theorien, als höherstufige Systeme von Aussagen, den Normen zur Seite stellen. Aber es fragt sich, ob Theorien in demselben Sinne wie die aus ihnen ableitbaren Beschreibungen, Voraussagen und Erklärungen wahr oder falsch sein können, während Normen so richtig oder unrichtig sind wie die Handlungen, durch die sie erfüllt oder verletzt werden.

denen wir uns in der Tatsachen feststellenden Rede auf Entitäten beziehen, um Sachverhalte wiederzugeben.

Einerseits hat also die Welt der Normen, dank der in sie eingebauten normativen Geltungsansprüche, gegenüber den regulativen Sprechhandlungen eine merkwürdige Art von Objektivität, die die Welt der Tatsachen gegenüber konstativen Sprechhandlungen nicht genießt. Von »Objektivität« ist hier freilich nur im Sinne der Unabhängigkeit des »objektiven Geistes« die Rede. Denn andererseits sind Entitäten und Tatsachen in einem ganz anderen Sinne unabhängig als alles, was wir, in normenkonformer Einstellung, der sozialen Welt zurechnen. Beispielsweise sind Normen darauf angewiesen, daß legitim geordnete interpersonale Beziehungen immer wieder hergestellt werden. Sie würden einen im schlechten Sinne »utopischen« Charakter annehmen, geradezu ihren Sinn verlieren, wenn wir nicht Aktoren und Handlungen, die die Normen befolgen bzw. erfüllen können, mindestens *hinzudenken*. Demgegenüber sind wir konzeptuell zu der Annahme genötigt, daß Sachverhalte auch unabhängig davon existieren, ob sie mit Hilfe wahrer Sätze konstatiert werden oder nicht.

Normative Geltungsansprüche *vermitteln* offenbar eine *wechselseitige Abhängigkeit* zwischen der Sprache und der sozialen Welt, die für das Verhältnis von Sprache und objektiver Welt nicht besteht. Mit dieser Verschränkung von Geltungsansprüchen, die in Normen ihren Sitz haben, und Geltungsansprüchen, die wir mit regulativen Sprechhandlungen erheben, hängt auch der *zweideutige Charakter der Sollgeltung* zusammen. Während zwischen existierenden Sachverhalten und wahren Aussagen eine eindeutige Beziehung besteht, besagt das »Bestehen« oder die soziale Geltung von Normen noch nichts darüber, ob diese auch gültig sind. Wir müssen zwischen der sozialen Tatsache der intersubjektiven Anerkennung und der Anerkennungswürdigkeit einer Norm unterscheiden. Es kann gute Gründe geben, den Geltungsanspruch einer sozial geltenden Norm für unberechtigt zu halten; und eine Norm muß nicht schon darum, weil ihr Geltungsanspruch diskursiv eingelöst werden könnte, auch faktische Anerkennung finden. Die *Durchsetzung* von Normen ist doppelt kodiert, weil die Motive für die Anerkennung von normativen Geltungsansprüchen sowohl auf Überzeugungen wie auf Sanktionen, oder auf eine komplizierte Mischung aus Einsicht und Gewalt, zurückgehen können. In der Regel wird sich die rational motivierte *Zustimmung* mit einer empirisch, nämlich durch Waffen oder Güter bewirkten *Hinnahme* zu einem Legitimitätsglauben verbinden, dessen Komponenten nicht einfach zu analysieren sind. Solche Legierungen sind aber insofern interessant, als sie ein Indiz dafür bilden, daß eine positivistische *Inkraftsetzung* von Normen nicht hinreicht, um deren soziale Geltung *auf Dauer* zu sichern. Die dauerhafte Durchsetzung einer Norm hängt *auch* davon ab, ob in einem gegebenen Überlieferungskontext Gründe mobilisiert werden können, die ausreichen, um den entsprechenden Geltungsanspruch im Kreise der Adressaten mindestens als berechtigt erscheinen zu lassen. Auf moderne Gesellschaften angewendet, bedeutet das: ohne Legitimität keine Massenloyalität.[31]

Wenn aber die soziale Geltung einer Norm auf die Dauer auch davon abhängt, daß diese im Kreise ihrer Adressaten als gültig akzeptiert wird; und wenn sich diese Anerkennung wiederum auf die Erwartung stützt, daß der entsprechende Geltungsanspruch mit Gründen eingelöst werden kann; dann besteht zwischen der »Existenz« von Handlungsnormen einerseits, der erwarteten Begründbarkeit entsprechender Sollsätze andererseits ein Zusammenhang, für den es auf der ontischen Seite keine Parallele gibt. Eine interne Beziehung besteht gewiß zwischen der Existenz von Sachverhalten und der Wahrheit entsprechender assertorischer Sätze, aber nicht zwischen der Existenz von Sachverhalten und der *Erwartung* eines bestimm-

---

[31] Vgl. J. Habermas, »Legitimationsprobleme im modernen Staat«, in: ders., *Zur Rekonstruktion des Historischen Materialismus*, Frankfurt/M. 1976, 271 ff. Zum Verhältnis von Normbegründung, Inkraftsetzung und Durchsetzung von Normen vgl. auch W. Kuhlmann, »Ist eine philosophische Letztbegründung von Normen möglich?«, in: *Funkkolleg Ethik*, Studienbegleitbrief 8, Weinheim 1981, 32.

ten Kreises von Personen, daß diese Sätze begründet werden können. Dieser Umstand mag erklären, warum die Frage nach den Bedingungen der Gültigkeit von moralischen Urteilen *unmittelbar* den Übergang zu einer Logik praktischer Diskurse nahelegt, während die Frage nach den Bedingungen der Gültigkeit von empirischen Urteilen erkenntnis- und wissenschaftstheoretische Überlegungen erfordert, die von einer Logik theoretischer Diskurse zunächst einmal unabhängig sind.

4. Das Moralprinzip oder das Kriterium der Verallgemeinerung von Handlungsmaximen

Auf die Grundzüge der Argumentationstheorie, die ich im Anschluß an Toulmin[32] behandelt habe,[33] kann ich an dieser Stelle nicht eingehen. Für das Folgende werde ich voraussetzen, daß die Argumentationstheorie in Form einer »informellen Logik« durchgeführt werden muß, weil sich ein Einverständnis über theoretische oder moralisch-praktische Fragen weder deduktiv noch durch empirische Evidenzen *erzwingen* läßt. Soweit Argumente aufgrund logischer Folgebeziehungen zwingend sind, fördern sie nichts substantiell Neues zutage; und soweit sie substantiellen Gehalt haben, stützen sie sich auf Erfahrungen und Bedürfnisse, die im Lichte wechselnder Theorien mit Hilfe wechselnder Beschreibungssysteme verschieden interpretiert werden können und die daher keine *ultimative* Grundlage bieten. Im theoretischen Diskurs wird nun die Kluft zwischen singulären Beobachtungen und allgemeinen Hypothesen durch verschiedenartige Kanons der Induktion überbrückt. Im praktischen Diskurs bedarf es eines entsprechenden Brückenprinzips.[34] Deshalb führen alle Untersuchungen

32 *The Uses of Argument*, Cambridge 1958, dt.: Kronberg 1975.
33 J. Habermas, »Wahrheitstheorien«, in *Studienausgabe*, Band 2, 208-269 und ders., *Theorie des kommunikativen Handelns*, Frankfurt/M. 1981, Bd. 1, 44 ff.
34 Zur Logik des praktischen Diskurses vgl. T. McCarthy, *Kritik der Verständigungsverhältnisse*, Frankfurt/M. 1980, 352 ff.

zur Logik der moralischen Argumentation alsbald zu der Notwendigkeit, ein Moralprinzip einzuführen, das als Argumentationsregel eine äquivalente Rolle spielt wie das Induktionsprinzip im erfahrungswissenschaftlichen Diskurs.
Interessanterweise stoßen Autoren verschiedener philosophischer Herkunft bei dem Versuch, ein solches Moralprinzip anzugeben, immer wieder auf Grundsätze, denen dieselbe Idee zugrunde liegt. *Alle* kognitivistischen Ethiken knüpfen nämlich an jene Intuition an, die Kant im Kategorischen Imperativ ausgesprochen hat. Mich interessieren hier nicht die verschiedenen Kantischen Formulierungen, sondern die zugrundeliegende Idee, die dem unpersönlichen oder allgemeinen Charakter von gültigen moralischen Geboten Rechnung tragen soll.[35] Das Moralprinzip wird so gefaßt, daß es die Normen als ungültig ausschließt, die nicht die qualifizierte Zustimmung aller möglicherweise Betroffenen finden könnten. Das konsensermöglichende Brückenprinzip soll also sicherstellen, daß nur die Normen als gültig akzeptiert werden, die einen *allgemeinen Willen* ausdrücken: sie müssen sich, wie Kant immer wieder formuliert, zum »allgemeinen Gesetz« eignen. Der Kategorische Imperativ läßt sich als ein Prinzip verstehen, welches die Verallgemeinerungsfähigkeit von *Handlungsweisen* und *Maximen* bzw. der von ihnen berücksichtigten (also in den Handlungsnormen verkörperten) *Interessen* fordert. Kant will alle diejenigen Normen als ungültig eliminieren, die dieser Forderung »widersprechen«. Er hat »jenen inneren Widerspruch im Auge, der in der Maxime eines Handelnden dann auftritt, wenn seine Verhaltensweise überhaupt nur dadurch zum Ziele führen kann, daß sie nicht die allgemeine Verhaltensweise ist«.[36] Freilich hat die Konsistenzforderung, die man aus solchen und ähnlichen Fassungen des Brückenprinzips herauslesen kann, zu *formalistischen Mißverständnissen* und *selektiven Lesarten* geführt.
Der Universalisierungsgrundsatz erschöpft sich keineswegs in

35 Wimmer (1980), 174 ff.
36 G. Patzig, *Tatsachen, Normen, Sätze*, Stuttgart 1980, 162.

der Forderung, daß moralische Normen *die Form* unbedingter universeller Sollsätze haben müssen. Die *grammatische* Form der normativen Sätze, welche eine Bezugnahme auf bzw. eine Adressierung an bestimmte Gruppen und Individuen verbietet, ist keine hinreichende Bedingung für gültige moralische Gebote, da wir auch offensichtlich unmoralischen Geboten diese Form verleihen können. In anderer Hinsicht dürfte die Forderung zu restriktiv sein, da es sinnvoll sein kann, auch nicht-moralische Handlungsnormen, deren Geltungsbereich sozial und raumzeitlich spezifiziert ist, zum Gegenstand eines praktischen Diskurses zu machen und einem (auf den Kreis der Betroffenen relativierten) Verallgemeinerungstest zu unterziehen.

Andere Autoren verstehen die vom Universalisierungsgrundsatz geforderte Konsistenzforderung nicht ganz so formalistisch. Sie möchten solche Widersprüche vermieden sehen, die eintreten, wenn gleiche Fälle ungleich und ungleiche Fälle gleich behandelt werden. R. M. Hare gibt dieser Forderung die Gestalt eines semantischen Postulats. Wie bei der Zuschreibung deskriptiver Prädikate (›– ist rot‹) möge man sich auch bei der Zuschreibung normativ gehaltvoller Prädikate (›– ist wertvoll‹, ›– ist gut‹, ›– ist richtig‹ usw.) *regelkonform* verhalten und bei allen Fällen, die sich in den jeweils relevanten Hinsichten gleichen, denselben Ausdruck verwenden. In Ansehung moralischer Urteile läuft diese Konsistenzforderung darauf hinaus, daß jeder, bevor er seinem Urteil eine bestimmte Norm zugrunde legt, prüfen möge, ob er wollen kann, daß auch jeder andere, der sich in einer vergleichbaren Situation befindet, für sein Urteil dieselbe Norm in Anspruch nimmt. Nun würden sich diese oder ähnliche Postulate freilich nur dann als Moralprinzip eignen, wenn sie im Sinne der Verbürgung einer unparteilichen Urteilsbildung verstanden werden dürften. Die Bedeutung der Unparteilichkeit läßt sich aber dem Begriff der konsistenten Sprachverwendung kaum abgewinnen.

Diesem Sinn des Universalisierungsgrundsatzes kommen K.

Baier[37] und B. Gert[38] näher, wenn sie fordern, daß gültige Moralnormen allgemein lehrbar und öffentlich vertretbar sein müssen; Ähnliches gilt auch für M. G. Singer,[39] wenn er verlangt, daß nur solche Normen gültig sind, die Gleichbehandlung sichern. Sowenig indessen der empirische Test der Einräumung von Widerspruchsmöglichkeiten bereits eine unparteiliche Urteilsbildung sichert, so wenig kann eine Norm schon dann als Ausdruck eines gemeinsamen Interesses aller möglicherweise Betroffenen gelten, wenn sie einigen von ihnen unter der Bedingung nicht-diskriminierender Anwendung akzeptabel erscheint. Die Intuition, die sich in der Idee der Verallgemeinerungsfähigkeit von Maximen ausdrückt, meint mehr: gültige Normen müssen die Anerkennung von seiten *aller* Betroffenen *verdienen*. Dann reicht es aber nicht hin, daß *einzelne* prüfen:
– ob sie das Inkrafttreten einer strittigen Norm in Ansehung der Folgen und Nebenwirkungen, die einträten, wenn alle sie befolgen würden, wollen können; oder
– ob jeder, der sich in ihrer Lage befände, das Inkrafttreten einer solchen Norm wollen könnte.
In beiden Fällen vollzieht sich die Urteilsbildung relativ zum Standort und zur Perspektive *einiger* und nicht *aller* Betroffenen. Unparteilich ist allein der Standpunkt, von dem aus genau diejenigen Normen verallgemeinerungsfähig sind, die, weil sie erkennbar ein allen Betroffenen gemeinsames Interesse verkörpern, auf allgemeine Zustimmung rechnen dürfen – und insofern intersubjektive Anerkennung verdienen. Unparteiliche Urteilsbildung drückt sich mithin in einem Prinzip aus, das *jeden* im Kreise der Betroffenen zwingt, bei der Interessenabwägung die Perspektive *aller anderen* einzunehmen. Der Universalisierungsgrundsatz soll jenen *universellen Rollentausch* erzwingen, den G. H. Mead als »ideal role-taking« oder

---

37 *The Moral Point of View*, London 1958; dt.: Düsseldorf 1974.
38 *The Moral Rules*, New York 1976; dt.: Frankfurt/M. 1983.
39 *Generalization in Ethics*, New York 1961; dt.: Frankfurt/M. 1975.

»universal discourse« beschrieben hat.⁴⁰ So muß jede gültige Norm der Bedingung genügen,

– daß die Folgen und Nebenwirkungen, die sich jeweils aus ihrer *allgemeinen* Befolgung für die Befriedigung der Interessen eines *jeden* Einzelnen (voraussichtlich) ergeben, von *allen* Betroffenen akzeptiert (und den Auswirkungen der bekannten alternativen Regelungsmöglichkeiten vorgezogen) werden können.⁴¹

Wir dürfen diesen Universalisierungsgrundsatz freilich nicht mit einem Prinzip verwechseln, in dem sich bereits die Grundvorstellung einer Diskursethik ausspricht. Der Diskursethik zufolge darf eine Norm nur dann Geltung beanspruchen, wenn alle von ihr möglicherweise Betroffenen als *Teilnehmer eines praktischen Diskurses* Einverständnis darüber erzielen (bzw. erzielen würden), daß diese Norm gilt. Dieser *diskursethische Grundsatz* (D), auf den ich im Anschluß an die Begründung des *Universalisierungsgrundsatzes* (U) zurückkomme, setzt bereits voraus, daß die Wahl von Normen begründet werden *kann*. Im Augenblick geht es um *diese* Voraussetzung. Ich habe (U) als eine Argumentationsregel eingeführt, die Einverständnis in praktischen Diskursen immer dann ermöglicht, wenn Materien im gleichmäßigen Interesse aller Betroffenen geregelt werden können. Erst mit der Begründung dieses Brückenprinzips werden wir den Schritt zur Diskursethik tun kön-

---

40 G. H. Mead, »Fragments on Ethics«, in: *Mind, Self, Society*, Chicago 1934, 379 ff., dazu: H. Joas, *Praktische Intersubjektivität*, Frankfurt/M. 1980, 120 ff.; Habermas (1981), Bd. 2, 141 ff.
41 G. Nunner hat mit Bezugnahme auf B. Gert (1976), 72, den Einwand erhoben, daß ›U‹ nicht hinreicht, um unter den Normen, die den genannten Bedingungen genügen, die im engeren Sinne moralischen Normen auszuzeichnen und andere Normen (z. B. »Du sollst lächeln, wenn du andere Leute grüßt«) auszuschließen. Soweit ich sehen kann, entfällt dieser Einwand, wenn man daran festhält, nur solche Normen »moralisch« zu nennen, die im strikten Sinne universalisierbar sind, also nicht über soziale Räume und historische Zeiten variieren. Dieser moraltheoretische Sprachgebrauch deckt sich natürlich nicht mit dem deskriptiven Sprachgebrauch des Soziologen oder des Historikers, der auch die epochen- und kulturspezifischen Regeln als moralische Regeln beschreibt, welche für Angehörige als solche gelten.

nen. Allerdings habe ich (U) eine Fassung gegeben, die eine monologische Anwendung dieses Grundsatzes ausschließt; er regelt nur Argumentationen zwischen verschiedenen Teilnehmern und enthält sogar die Perspektive auf real durchzuführende Argumentationen, zu denen jeweils alle Betroffenen als Teilnehmer zugelassen sind. In dieser Hinsicht unterscheidet sich unser Universalisierungsgrundsatz von dem bekannten Vorschlag von John Rawls.

Dieser möchte die unparteiliche Berücksichtigung aller berührten Interessen dadurch gesichert sehen, daß sich der moralisch Urteilende in einen fiktiven Urzustand versetzt, welcher Machtdifferentiale ausschließt, gleiche Freiheiten für alle verbürgt und jeden in Unkenntnis über die Positionen beläßt, die er selber in einer künftigen, wie auch immer organisierten gesellschaftlichen Ordnung einnehmen würde. Rawls operationalisiert, wie Kant, den Standpunkt der Unparteilichkeit so, daß jeder Einzelne den Versuch der Rechtfertigung von Grundnormen für sich alleine unternehmen kann. Das gilt auch für den Moralphilosophen selber. Konsequenterweise versteht Rawls den materialen Teil seiner eigenen Untersuchung, z. B. die Entwicklung des Prinzips des Durchschnittsnutzens, nicht als *Beitrag* eines Argumentationsteilnehmers zur diskursiven Willensbildung über Grundinstitutionen einer spätkapitalistischen Gesellschaft, sondern eben als Ergebnis einer »Theorie der Gerechtigkeit«, für die er als Experte zuständig ist.

Wenn man sich die handlungskoordinierende Rolle normativer Geltungsansprüche in der kommunikativen Alltagspraxis vergegenwärtigt, sieht man aber, warum die Aufgaben, die in moralischen Argumentationen gelöst werden sollen, nicht monologisch bewältigt werden können, sondern eine kooperative Anstrengung erfordern. Indem die Beteiligten in eine moralische Argumentation eintreten, setzen sie ihr kommunikatives Handeln in reflexiver Einstellung mit dem Ziel fort, einen gestörten Konsens wiederherzustellen. Moralische Argumentationen dienen also der konsensuellen Beilegung von Handlungskonflikten. Konflikte im Bereich normengeleiteter Interaktionen gehen unmittelbar auf ein gestörtes normatives Einverständnis zurück. Die Reparaturleistung kann mithin nur darin bestehen, einem zunächst strittigen und dann entproblematisierten, oder einem anderen, für diesen substituierten Geltungsanspruch intersubjektive Anerkennung zu sichern. Diese Art von Einverständnis bringt einen *gemeinsamen Willen* zum Ausdruck. Wenn aber moralische Argumentationen ein Einverständnis dieser Art produzieren sollen, genügt es nicht, daß sich ein Einzelner überlegt, ob er einer Norm zustimmen könnte. Es genügt nicht einmal, daß alle Einzelnen, und zwar jeder für sich, diese Überlegung durchführen, um dann ihre Voten registrieren zu lassen. Erforderlich ist vielmehr eine »reale« Argumentation, an der die Betroffenen kooperativ teilnehmen. Nur ein intersubjektiver Verständigungsprozeß kann zu einem Einverständnis führen, das reflexiver Natur ist: nur dann können die Beteiligten wissen, daß sie sich gemeinsam von etwas überzeugt haben.

Aus dieser Perspektive bedarf auch der Kategorische Imperativ einer Umformulierung in dem vorgeschlagenen Sinne: »Statt allen anderen eine Maxime, von der ich will, daß sie ein allgemeines Gesetz sei, als gültig vorzuschreiben, muß ich meine Maxime zum Zweck der diskursiven Prüfung ihres Universalitätsanspruchs allen anderen vorlegen. Das Gewicht verschiebt sich von dem, was jeder (einzelne) ohne Widerspruch als allgemeines Gesetz wollen kann, auf das, was alle in Übereinstimmung als universale Norm anerkennen wollen«.[42] Tatsächlich zielt die angegebene Formulierung des Verallgemeinerungsgrundsatzes auf eine kooperative Durchführung der jeweiligen Argumentation. Zum einen kann nur eine aktuelle Teilnahme eines jeden Betroffenen der perspektivisch verzerrten Deutung der jeweils eigenen Interessen durch andere vorbeugen. In diesem pragmatischen Sinn ist jeder selbst die letzte Instanz für die Beurteilung dessen, was wirklich im eigenen In-

---

42 T. McCarthy, *Kritik der Verständigungsverhältnisse*, Frankfurt/M. 1980, 371.

teresse liegt. Zum anderen muß aber die Beschreibung, unter der jeder seine Interessen wahrnimmt, auch der Kritik durch andere zugänglich bleiben. Bedürfnisse werden im Lichte kultureller Werte interpretiert; und da diese immer Bestandteil einer intersubjektiv geteilten Überlieferung sind, kann die Revision von bedürfnisinterpretierenden Werten keine Sache sein, über die Einzelne monologisch verfügen.[43]

5. Argumentation vs. Partizipation – ein Exkurs

Eine Diskursethik steht und fällt also mit den beiden Annahmen, daß (a) normative Geltungsansprüche einen kognitiven Sinn haben und *wie* Wahrheitsansprüche behandelt werden können und daß (b) die Begründung von Normen und Geboten die Durchführung eines realen Diskurses verlangt und *letztlich* nicht monologisch, in der Form einer im Geiste hypothetisch durchgespielten Argumentation möglich ist. Bevor ich den Streit zwischen ethischen Kognitivisten und Skeptikern weiter verfolge, möchte ich auf eine jüngst von Ernst Tugendhat entwickelte Konzeption eingehen, die zu dieser Front quer steht. Tugendhat hält einerseits an der Intuition, die wir in Form des Universalisierungsgrundsatzes ausgesprochen haben, fest: eine Norm gilt nur dann als gerechtfertigt, wenn sie für jeden der Betroffenen »gleichermaßen gut« ist. Und ob das der Fall ist, müssen die Betroffenen selbst in einem realen Diskurs feststellen. Andererseits weist Tugendhat die Annahme (a) zurück und lehnt für die Annahme (b) eine diskursethische Deutung ab. Obwohl er wertskeptischen Folgerungen entgehen will, teilt Tugendhat die skeptische Grundannahme, daß sich die Sollgeltung von Normen nicht in Analogie zur Wahrheitsgeltung von Propositionen verstehen läßt. Wenn aber die Sollgeltung von Normen einen volitiven und keinen kogniti-

---

43 S. Benhabib, »The Methodological Illusions of Modern Political Theory. The Case of Rawls and Habermas«, *Neue Hefte für Philosophie*, 21, 1982, 47 ff.

ven Sinn hat, muß auch der praktische Diskurs zu etwas *anderem* als zur argumentativen Klärung eines strittigen Geltungsanspruches dienen. Tugendhat versteht den Diskurs als eine Vorkehrung, die durch Kommunikationsregeln sicherstellt, daß alle Betroffenen die gleiche Chance erhalten, an einer fairen Kompromißbildung teilzunehmen. Die Notwendigkeit der Argumentation ergibt sich aus Gründen der Ermöglichung der Partizipation und nicht der Erkenntnis. Zunächst will ich die Fragestellung skizzieren, aus der Tugendhat diese These entwickelt.[44]

Die Fragestellung. Tugendhat unterscheidet semantische Regeln, die die Bedeutung eines sprachlichen Ausdrucks festlegen, von pragmatischen Regeln, die bestimmen, wie Sprecher und Hörer solche Ausdrücke kommunikativ verwenden. Sätze, die, wie beispielsweise die illokutiven Bestandteile unserer Sprache, nur kommunikativ verwendet werden können, erfordern eine pragmatische Analyse – gleichviel ob sie in einer aktuellen Sprechsituation oder nur »im Geiste« auftreten. Andere Sätze können, wie es scheint, ohne Bedeutungseinbuße ihrer pragmatischen Präsuppositionen entkleidet und monologisch verwendet werden; sie dienen primär dem Denken und nicht der Kommunikation. Zu dieser Sorte gehören assertorische und intentionale Sätze: ihre Bedeutung kann mit Hilfe einer semantischen Analyse erschöpfend expliziert werden. In Übereinstimmung mit der auf Frege zurückgehenden Tradition geht Tugendhat davon aus, daß die Wahrheitsgeltung von Sätzen ein semantisches Konzept ist. Dieser Auffassung zufolge ist auch die Begründung von Aussagen eine monologische Angelegenheit; ob beispielsweise ein Prädikat einem Gegenstand zugesprochen werden darf oder nicht, ist eine Frage, die jedes urteilsfähige Subjekt für sich allein anhand semantischer Regeln entscheiden kann. Das gleiche gilt für die Begründung von intentionalen Sätzen. Dazu bedarf es keiner

---

44 Ich beziehe mich im folgenden auf die dritte der Vorlesungen, die Tugendhat 1981 im Rahmen der Christian Gauss Lectures an der Princeton University gehalten hat: *Morality and Communication*, Ms. 1981.

intersubjektiv veranstalteten Argumentation, selbst wenn wir solche Argumentationen tatsächlich kooperativ, d. h. in der Form eines Austausches von Argumenten zwischen mehreren Beteiligten durchführen sollten. Hingegen ist die Rechtfertigung von Normen (im Unterschied zur Begründung von Propositionen) eine nicht nur zufälligerweise, sondern *wesentlich* kommunikative Angelegenheit. Ob eine strittige Norm für jeden Betroffenen gleichermaßen gut ist, ist eine Frage, die nach pragmatischen Regeln in der Form eines realen Diskurses entschieden werden muß. Mit der Rechtfertigung von Normen kommt also ein genuin pragmatischer Begriff ins Spiel.

Für Tugendhats weitere Analyse ist vor allem die Annahme wichtig, daß Fragen der Geltung *ausschließlich* semantische Fragen sind. Unter dieser Voraussetzung kann sich der pragmatische Sinn des Rechtfertigens von Normen nicht auf so etwas wie die »Geltung« von Normen beziehen, jedenfalls dann nicht, wenn dieser Ausdruck in Analogie zur Wahrheit von Propositionen verstanden wird. Es muß sich etwas *anderes* dahinter verbergen: die Vorstellung einer Unparteilichkeit, die sich eher auf die Willens- als auf die Urteilsbildung bezieht.

Problematisch an diesem Ansatz ist die semantizistische Voraussetzung, die ich hier nicht ausführlich diskutieren kann. Das semantische Wahrheitskonzept, überhaupt die These, daß der Streit um die Gültigkeit von Sätzen allein nach semantischen Regeln foro interno entschieden werden kann, ergibt sich aus einer Analyse, die sich an prädikativen Sätzen einer Ding-Ereignis-Sprache orientiert.[45] Dieses Modell ist ungeeignet, weil elementare Sätze wie »Dieser Ball ist rot« Bestandteile der Alltagskommunikation darstellen, über deren Wahrheit normalerweise gar kein Streit entsteht. Wir müssen analytisch fruchtbare Beispiele an den Orten aufsuchen, wo substantielle Kontroversen ausbrechen und Wahrheitsansprüche systematisch in Frage gestellt werden. Wenn man aber die Dynamik des Wissenszuwachses, gar das Wachstum theoreti-

---

45 E. Tugendhat, *Einführung in die sprachanalytische Philosophie*, Frankfurt/M. 1976.

schen Wissens ins Auge faßt und prüft, wie in der Argumentationsgemeinschaft von Wissenschaftlern etwa allgemeine Existenzsätze, irreale Bedingungssätze, Sätze mit Zeitindex usw. begründet werden, verlieren die aus der Wahrheitssemantik abgeleiteten Verifikationsvorstellungen ihre Plausibilität.[46] Gerade die substantiellen Kontroversen lassen sich nicht auf der Grundlage der monologischen Anwendung semantischer Regeln mit zwingenden Argumenten entscheiden; durch diesen Umstand hatte sich Toulmin ja zu seinem pragmatischen Ansatz einer Theorie der informellen Argumentation genötigt gesehen.

Das Argument. Wenn man nun von der genannten semantizistischen Voraussetzung ausgeht, ergibt sich die Frage, warum reale Diskurse für die Rechtfertigung von Normen überhaupt nötig sind. Was können wir mit der Begründung von Normen meinen, wenn sich alle Analogien mit der Begründung von Propositionen verbieten? Gründe, so antwortet Tugendhat, die in praktischen Diskursen auftreten, sind Gründe für oder gegen die Absicht oder den Entschluß, eine bestimmte Handlungsweise zu akzeptieren. Das Muster liefert die Begründung für einen intentionalen Satz der ersten Person. Ich habe gute Gründe dafür, in einer bestimmten Weise zu handeln, wenn es in meinem Interesse liegt oder wenn es gut für mich ist, entsprechende Zwecke zu realisieren. Zunächst geht es also um Fragen des teleologischen Handelns »Was will ich tun?« und »Was kann ich tun?«, nicht um die moralische Frage »Was soll ich tun?«. Den deontologischen Gesichtspunkt bringt Tugendhat dadurch ins Spiel, daß er die Begründung jeweils eigener Absichten zur Begründung der gemeinsamen Handlungsabsicht einer Gruppe erweitert: »Auf welche gemeinsame Handlungsweise wollen wir uns festlegen?« Oder: »Zu welcher Handlungsweise wollen wir uns verpflichten?« Damit kommt ein pragmatisches Element herein. Denn wenn die be-

---

[46] M. Dummett, »What is a Theory of Meaning?«, in: G. Evans, J. McDowell (Hg.), *Truth and Meaning*, Oxford 1976, 67 ff.; Habermas (1981), Bd. 1, 424 ff.

gründungsbedürftige Handlungsweise kollektiver Natur ist, müssen die Mitglieder des Kollektivs zu einem *gemeinsamen Beschluß* gelangen. Sie müssen versuchen, einander gegenseitig davon zu überzeugen, daß es im Interesse eines jeden von ihnen liegt, daß alle so handeln. In einem solchen Prozeß wird *einer dem anderen Gründe* dafür nennen, warum er wollen kann, daß eine Handlungsweise sozial verbindlich gemacht wird. Jeder Betroffene muß sich davon überzeugen können, daß die vorgeschlagene Norm unter den gegebenen Umständen für alle »gleichermaßen gut« ist. Und einen solchen Prozeß nennen wir eben den praktischen Diskurs. Eine Norm, die auf diesem Wege in Kraft gesetzt wird, kann »gerechtfertigt« heißen, weil durch den argumentativ erzielten Beschluß angezeigt wird, daß sie das Prädikat »gleichermaßen gut für jeden der Betroffenen« verdient.

Wenn man die Rechtfertigung von Normen in diesem Sinne versteht, wird auch, so meint Tugendhat, die Bedeutung praktischer Diskurse klar. Sie können keinen primär kognitiven Sinn haben. Denn die rational zu entscheidende Frage, ob eine Handlungsweise jeweils im eigenen Interesse liegt, muß am Ende jeder Einzelne für sich selber beantworten: Absichtssätze sollen ja nach semantischen Regeln monologisch begründet werden können. Als eine intersubjektive Veranstaltung ist die Argumentation nur deshalb nötig, weil man für die Festlegung einer kollektiven Handlungsweise die individuellen Absichten koordinieren und darüber zu einem gemeinsamen Beschluß gelangen muß. Aber nur wenn der Beschluß aus Argumentationen hervorgeht, d. h. nach den pragmatischen Regeln eines Diskurses zustande kommt, kann die beschlossene Norm als gerechtfertigt gelten. Es muß nämlich sichergestellt sein, daß jeder Betroffene die Chance hatte, seine Zustimmung aus freien Stücken zu geben. Die Form der Argumentation soll verhindern, daß einige andere bloß suggerieren oder gar vorschreiben, was gut für sie ist. Sie soll nicht die *Unparteilichkeit des Urteils*, sondern die *Unbeeinflußbarkeit* oder Autonomie *der Willensbildung* ermöglichen. Insofern haben die Diskursregeln selbst einen normativen Gehalt; sie neutralisieren Machtungleichgewichte und sorgen für eine chancengleiche Durchsetzung jeweils eigener Interessen.

Die Form der Argumentation ergibt sich somit aus Notwendigkeiten der Partizipation und des *Machtausgleichs*: »This then seems to me to be the reason why moral questions, and in particular questions of political morality, must be justified in a discourse among those concerned. The reason ist not, as Habermas thinks, that the process of moral reasoning is in itself essentially communicative, but it is the other way around: one of the rules which result from moral reasoning, which as such may be carried through in solitary thinking, prescribes that only such legal norms are morally justified that are arrived at in an agreement by everybody concerned. And we can now see that the irreducibly communicative aspect is not a cognitive but a volitional factor. It is the morally obligatory respect for the autonomy of the will of everybody concerned that makes is necessary to require an agreement.« (Ms., 10f.)

Diese Moralkonzeption bliebe selbst dann unbefriedigend, wenn man die semantizistische Voraussetzung, auf der sie beruht, akzeptieren würde. Sie kann nämlich keine Rechenschaft geben über jene Intuition, die nur schwer zu verleugnen ist: die Idee der *Unparteilichkeit*, die kognitivistische Ethiken in der Form von Verallgemeinerungsprinzipien entwickeln, läßt sich nicht auf die Idee eines *Machtgleichgewichts* reduzieren. Die Prüfung, ob einer Norm das von Tugendhat ausgezeichnete Prädikat »gleichermaßen gut für jeden« zugesprochen werden darf, verlangt die unparteiliche *Beurteilung* der Interessen aller Betroffenen. Dieser Forderung geschieht nicht schon durch gleichverteilte Chancen der *Durchsetzung* eigener Interessen Genüge. Die Unparteilichkeit der Urteilsbildung läßt sich durch die Autonomie der Willensbildung nicht *ersetzen*. Tugendhat verwechselt die Bedingungen für die diskursive Erzielung eines rational motivierten Einverständnisses mit den Bedingungen für das Aushandeln eines fairen Kompromisses. Im einen Fall wird unterstellt, daß die Betroffenen *einsehen*, was in ihrer aller gemeinsamen Interesse liegt; im anderen Falle geht man davon aus, daß verallgemeinerungsfähige Interessen gar nicht im Spiel sind. Im praktischen Diskurs versuchen sich die Beteiligten über ein gemeinsames Interesse klarzuwerden, beim Aushandeln eines Kompromisses versuchen sie, einen Ausgleich zwischen partikularen, einander widerstreitenden Interessen herbeizuführen. Auch Kompromisse stehen unter einschränkenden Bedingungen, weil anzunehmen ist, daß ein fairer Ausgleich nur bei gleichberechtigter Partizipation aller Betroffenen zustande kommen kann. Aber solche *Grundsätze* der Kompromißbildung müßten ihrerseits in praktischen Diskursen gerechtfertigt werden, so daß diese nicht wiederum demselben Anspruch auf Ausgleich zwischen konkurrierenden Interessen unterstehen.

Für die Angleichung von Argumentationen an Willensbildungsprozesse muß Tugendhat einen Preis zahlen; er kann die Unterscheidung zwischen der Gültigkeit und der sozialen Geltung von Normen nicht aufrechterhalten: »To be sure we want the agreement to be a *rational agreement*, an agreement based on arguments and if possible on moral arguments, and yet what is finally decisive is the *factual agreement*, and we have no right to disregard it by arguing that it was not rational [...]. Here we do have an act which is irreducibly pragmatic, and this precisely because it is not an act of *reason*, but an act of the *will*, an act of collective *choice*. The problem we are confronted with is not a problem of *justification* but of the *participation* in power, in power of who is to make the decisions about what is permitted and what not.« (Ms., 11)

Diese Konsequenz ist nicht mit der Absicht in Einklang zu bringen, den rationalen Kern eines argumentativ hergestellten moralischen Einverständnisses gegen skeptische Einwände zu verteidigen. Sie ist unvereinbar mit dem Versuch, der grundlegenden Intuition Rechnung zu tragen, daß sich im »Ja« und »Nein« zu Normen und Geboten etwas anderes ausdrückt als die pure Willkür dessen, der sich einem imperativischen Machtanspruch unterwirft oder widersetzt. Die Assimilation von

Geltungs- an Machtansprüche entzieht Tugendhats eigenem Unternehmen, gerechtfertigte von ungerechtfertigten Normen zu unterscheiden, den Boden. Tugendhat will die Bedingungen der Gültigkeit einer semantischen Analyse vorbehalten und von den pragmatisch zu analysierenden Regeln des Diskurses abspalten; damit reduziert er aber den intersubjektiv veranstalteten Prozeß der Rechtfertigung auf einen kontingenten und aus allen Geltungsbezügen herausgelösten Kommunikationsvorgang.

Wenn man die Dimension der Gültigkeit von Normen, über die sich Proponenten und Opponenten mit Gründen streiten können, mit der der sozialen Geltung von faktisch in Kraft gesetzten Normen zusammenwirkt, wird die Sollgeltung ihres autonomen Sinnes beraubt. Durkheim hat in seinen eindrucksvollen Analysen vor dem genetischen Fehlschluß gewarnt, den verpflichtenden Charakter von Handlungsnormen auf die Folgebereitschaft gegenüber einer sanktionierenden Befehlsgewalt zurückzuführen. Deshalb interessiert sich Durkheim für den originären Fall des Sakrilegs, für vorstaatliche Normen überhaupt. Ein Verstoß gegen Normen wird geahndet, weil diese kraft moralischer Autorität Geltung beanspruchen; sie genießen Geltung nicht darum, weil sie mit Sanktionen verknüpft sind, die Nachachtung erzwingen.[47]

Die empiristische Umdeutung moralischer Phänomene hat hier ihre Wurzel: die normative Geltung wird fälschlich an imperativische Macht assimiliert. Dieser Begriffsstrategie folgt auch Tugendhat noch, wenn er die Autorität gerechtfertigter Normen auf die Verallgemeinerung der Imperative zurückführt, die die Betroffenen jeweils in der Form von Absichtssätzen an sich selber adressieren. Tatsächlich spricht sich aber in der Sollgeltung die Autorität eines *allgemeinen*, von allen Betroffenen *geteilten* Willens aus, der jede imperativische Qualität abgestreift und moralische Qualität angenommen hat, weil er sich auf ein *diskursiv* feststellbares, also *kognitiv* greifbares,

---

47 Habermas (1981), Bd. 2, 75 ff.

auf ein aus der Teilnehmerperspektive einsehbar allgemeines Interesse beruft.[48]

Tugendhat beraubt die Normgeltung ihres kognitiven Sinnes und hält doch an der Rechtfertigungsbedürftigkeit von Normen fest. Aus diesen widerstreitenden Intentionen erklärt sich ein interessantes *Begründungsdefizit*. Tugendhat geht von der semantischen Frage aus, wie das Prädikat »gleichermaßen gut für jeden« zu verstehen sei; er muß deshalb begründen, warum Normen, die genau dieses Prädikat verdienen, als gerechtfertigt gelten dürfen. »Gerechtigkeit« besagt ja zunächst nur, daß die Betroffenen gute Gründe haben, sich zu einer gemeinsamen Handlungsweise zu entschließen; und jedes religiöse oder metaphysische Weltbild eignet sich als Ressource für »gute Gründe«. Warum sollten wir nur diejenigen Gründe »gut« nennen, die sich dem Prädikat »gleichermaßen gut für jeden« unterordnen lassen? Argumentationsstrategisch hat diese Frage einen ähnlichen Stellenwert wie unser zunächst noch zurückgestelltes Problem, warum der Universalisierungsgrundsatz als Argumentationsregel akzeptiert werden sollte.

Tugendhat rekurriert nun auf die uns bekannte Situation, in der die religiösen und metaphysischen Weltbilder ihre Überzeugungskraft verloren haben und als subjektivierte Glaubensmächte miteinander konkurrieren, jedenfalls keine *kollektiv verbindlichen* Glaubenssätze mehr verbürgen. In dieser Situation ist ein inhaltsneutraler Gesichtspunkt wie der, daß jeder Betroffene für die Adoption einer gemeinsamen Handlungsweise gute Gründe haben möge, bestimmten inhaltlichen, aber traditionsabhängigen Gesichtspunkten ersichtlich überlegen: »Where the moral conceptions relied on higher beliefs these beliefs also consisted in the belief that something being the case is a reason for wanting to submit to the norm. What is different now is that we have two levels of such beliefs. There is a lower level of *premoral beliefs* which concern the question whether the endorsement of a norm is in the inter-

---

48 Dieses Moment hat G. H. Mead im Begriff des »generalized other« festgehalten; vgl. dazu Habermas (1981), Bd. 2, 61 ff. und 141 ff.

est of the individual A and whether it is in the interest of an individual B etc. It is now only these premoral empirical beliefs that are being presupposed, and the moral belief that the norm is justified if everybody can agree to it is not presupposed but the result of the communicative process of justifying to each other a common course of action on the basis of those premoral beliefs.« (Ms., 17)

Es leuchtet ein, daß sich Argumentationsteilnehmer mit konkurrierenden Wertorientierungen auf gemeinsame Handlungsweisen eher werden einigen können, wenn sie auf abstraktere Gesichtspunkte rekurrieren, die gegenüber strittigen Inhalten neutral sind. Mit diesem Argument ist aber nicht viel gewonnen. Denn erstens könnte es auch *andere* formale Gesichtspunkte geben, die auf der *gleichen* Abstraktionsebene liegen und eine *äquivalente* Einigungschance bieten. Tugendhat müßte begründen, warum wir genau das von ihm vorgeschlagene Prädikat auszeichnen sollen. Zweitens wird die Präferenz für höherstufige, formalere Gesichtspunkte zunächst nur mit Bezug auf jene kontingente Ausgangslage plausibel gemacht, in der wir nicht ganz zufällig unsere zeitgenössische Situation wiedererkennen. Wenn wir uns in eine andere Situation versetzen, in der, sagen wir: eine einzige Religion allgemeine und glaubwürdige Verbreitung gefunden hätte, sehen wir sofort, daß eine *andere Art von Argumenten* nötig ist, um zu erklären, warum moralische Normen allein durch den Rekurs auf allgemeine Prinzipien und Verfahren und nicht durch die Berufung auf dogmatisch beglaubigte Sätze gerechtfertigt werden sollten. Um die *Überlegenheit eines reflexiven Rechtfertigungsmodus* und der auf diesem Niveau entwickelten posttraditionalen Rechts- und Moralvorstellungen zu begründen, bedarf es einer normativen Theorie. Genau an dieser Stelle bricht aber Tugendhats Argumentationskette ab.

Dieses Begründungsdefizit läßt sich erst ausgleichen, wenn man nicht semantisch mit der Explikation der Bedeutung eines Prädikats einsetzt, sondern das, was mit dem Prädikat »gleichermaßen gut für jeden« gemeint ist, durch eine Argumentationsregel für praktische Diskurse ausdrückt. Dann kann man den Versuch machen, diese Argumentationsregel auf dem Wege einer Untersuchung der pragmatischen Voraussetzungen von Argumentation überhaupt zu begründen. Dabei wird sich zeigen, daß die Idee der Unparteilichkeit *in* den Strukturen der Argumentation *selbst verwurzelt* ist und nicht als ein zusätzlicher normativer Gehalt in sie *hineingetragen* zu werden braucht.

III. Die Diskursethik und ihre handlungstheoretischen Grundlagen

Mit der Einführung des Universalisierungsgrundsatzes ist ein erster Schritt zur Begründung einer Diskursethik getan. Den systematischen Gehalt der bisherigen Überlegungen können wir uns in der Form eines Dialogs zwischen den Anwälten des Kognitivismus und des Skeptizismus vergegenwärtigen. In der Eröffnungsrunde ging es darum, dem hartgesottenen Skeptiker für den Bereich der *moralischen Phänomene* die Augen zu öffnen. In der zweiten Runde stand die *Wahrheitsfähigkeit praktischer Fragen* zur Diskussion. Wir haben gesehen, daß der Skeptiker in der Rolle des ethischen Subjektivisten gute Gründe gegen den ethischen Objektivisten ins Feld führen konnte. Freilich konnte der Kognitivist seine Position dadurch retten, daß er für normative Aussagen nur noch einen wahrheitsanalogen Geltungsanspruch behauptete. Die dritte Runde wurde mit dem realistischen Hinweis des Skeptikers eröffnet, daß in moralischen Grundsatzfragen auch bei gutem Willen ein Konsens oft nicht zu erreichen ist. Gegenüber dieser skeptisch stimmenden Tatsache eines *Pluralismus letzter Wertorientierungen* muß sich der Kognitivist um den Nachweis eines konsensermöglichenden Brückenprinzips bemühen. Nachdem nun ein Moralprinzip vorgeschlagen worden ist, beherrscht die Frage des kulturellen Relativismus die nächste Runde der Argumentation. Der Skeptiker macht den Einwand, daß es sich bei ›U‹

um eine vorschnelle Verallgemeinerung der moralischen Intuitionen unserer eigenen westlichen Kultur handelt, während der Kognitivist auf diese Herausforderung mit einer transzendentalen Begründung seines Moralprinzips antworten wird. In der fünften Runde kommt der Skeptiker mit weiteren Bedenken gegen *eine transzendentalpragmatische Begründungsstrategie* zum Zuge, denen der Kognitivist mit einer vorsichtigeren Fassung des Apelschen Arguments begegnen wird. In der sechsten Runde kann der Skeptiker gegenüber dieser aussichtsreichen Begründung einer Diskursethik immer noch die *Flucht in die Diskursverweigerung* antreten. Wir werden aber sehen, wie er sich damit in eine hoffnungslose Lage manövriert. Das Thema der siebten und letzten Diskussionsrunde ist die skeptische Erneuerung der von Hegel gegen Kant vorgetragenen *Vorbehalte gegen den ethischen Formalismus*. In dieser Hinsicht wird der kluge Kognitivist nicht zögern, den wohlerwogenen Bedenken seines Opponenten einen Schritt entgegenzukommen.

In der äußeren Form meiner Darstellung folge ich nicht genau dem idealen Gang der soeben skizzierten sieben Diskussionsrunden. Gegen tief eingewurzelte empiristische Verkürzungen des Rationalitätsbegriffs und gegen die entsprechenden Umdeutungen moralischer Grunderfahrungen hatte ich (im 1. Abschnitt) das in die Alltagspraxis eingewobene Netz moralischer Gefühle und Einstellungen phänomenologisch zur Geltung gebracht. Sodann bin ich (im 2. Abschnitt) auf metaethische Erklärungsversuche eingegangen, die die Wahrheitsfähigkeit praktischer Fragen bestreiten. Dieses Bedenken wurde gegenstandslos, weil wir die falsche Identifizierung von normativen und assertorischen Geltungsansprüchen aufgegeben und (im 3. Abschnitt) gezeigt haben, daß propositionale Wahrheit und normative Richtigkeit in der Alltagskommunikation verschiedene pragmatische Rollen übernehmen. Der Skeptiker hat sich davon nicht beeindrucken lassen und seinen Zweifel dahingehend erneuert, daß sich auch die spezifischen, mit Geboten und Normen verknüpften Geltungsansprüche nicht begründen lassen. Dieser Einwand wird hinfällig, wenn man das (im 4. Abschnitt eingeführte) Prinzip der Verallgemeinerung zuläßt und (wie im 5. Abschnitt) nachweisen kann, daß es sich bei diesem Moralprinzip um eine dem Induktionsprinzip vergleichbare Argumentationsregel und nicht um ein verschleiertes Partizipationsprinzip handelt. Bei diesem Stand des Dialoges wird der Skeptiker eine Begründung auch für dieses Brückenprinzip fordern. Gegen den Einwand des ethnozentrischen Fehlschlusses will ich (im folgenden 6. Abschnitt) Apels Vorschlag einer transzendentalpragmatischen Begründung der Ethik ins Feld führen. Ich werde Apels Argument (im 7. Abschnitt) so modifizieren, daß ich den Anspruch auf »Letztbegründung« unbeschadet preisgeben kann. Gegen die Einwände, die der ethische Skeptiker daraufhin erneut vorbringen kann, läßt sich (im 8. Abschnitt) der Grundsatz der Diskursethik dadurch verteidigen, daß man zeigt, wie moralische Argumentationen in Zusammenhänge kommunikativen Handelns eingebettet sind. Diese interne Verbindung zwischen Moral und Sittlichkeit begrenzt nicht die Allgemeinheit moralischer Geltungsansprüche; sie unterwirft aber praktische Diskurse Beschränkungen, denen theoretische Diskurse nicht in gleicher Weise unterliegen.

6. Ist eine Begründung des Moralprinzips nötig und möglich?

Die Forderung nach einer Begründung des Moralprinzips erscheint nicht unbillig, wenn man bedenkt, daß Kant mit dem Kategorischen Imperativ (wie die ihm folgenden Kognitivisten mit ihren Variationen des Verallgemeinerungsprinzips) eine moralische Intuition zum Ausdruck bringt, deren Reichweite fraglich ist. Gewiß, nur diejenigen Handlungsnormen, die jeweils verallgemeinerungsfähige Interessen verkörpern, entsprechen *unseren* Vorstellungen von Gerechtigkeit. Aber dieser »moral point of view« könnte die besonderen Moralvorstellungen unserer westlichen Kultur zum Ausdruck bringen. Der Einwand, den Paul Taylor gegen den Vorschlag von K. Baier erhebt, kann auf alle Formulierungen des Verallgemeinerungsprinzips ausgedehnt werden. Angesichts anthropologischer Evidenzen müssen wir zugeben, daß der Moralkodex, den die kantianischen Moraltheorien auslegen, nur einer unter mehreren ist: »However deeply our own conscience and moral outlook may have been shaped by it, we must recognize that other societies in the history of the world have been able to function on the basis of other codes [...]. To claim that a person who is a member of those societies and who knows its moral code, nevertheless does not have true moral convictions is, it seems to me, fundamentally correct. But such a claim cannot be justified on the ground of our concept of the moral point of view for that is to assume that the moral code of liberal western society is the only genuine morality.«[49] Es besteht also der begründete Verdacht, daß sich der Universalitätsanspruch, den ethische Kognitivisten für ein von ihnen jeweils bevorzugtes Moralprinzip erheben, einem »ethnozentrischen Fehlschluß« verdankt. Diese können sich der Begründungsforderung des Skeptikers nicht entziehen.

Nun stützt Kant die Begründung des Kategorischen Imperativs, soweit er sich nicht einfach auf ein »Faktum der Vernunft« beruft, auf die normativ gehaltvollen Begriffe von Autonomie und freiem Willen; damit setzt er sich dem Bedenken einer petitio principii aus. Jedenfalls ist die Begründung des Kategorischen Imperativs so sehr mit der Architektonik des Kantischen Systems verschränkt, daß sie unter veränderten Prämissen nicht leicht zu verteidigen sein dürfte. Die zeitgenössischen Moraltheoretiker bieten für das Moralprinzip gar nicht erst eine Begründung an, sondern beschränken sich, wie man beispielsweise an Rawls' Konzept des Überlegungsgleichgewichts (reflective equilibrium)[50] sehen kann, auf eine Nachkonstruktion vortheoretischen Wissens. Das gilt auch für den konstruktivistischen Vorschlag des methodischen Aufbaus ei-

---

49 P. Taylor, »The Ethnocentric Fallacy«, The Monist, 47, 1963, 570.
50 J. Rawls, Theorie der Gerechtigkeit, Frankfurt/M. 1975, 38 ff., 68 ff.

ner Sprache für moralische Argumentationen; denn die sprachnormierende Einführung eines Moralprinzips zieht ihre Überzeugungskraft allein aus der begrifflichen Explikation *angetroffener* Intuitionen.[51]
Bei diesem Stand der Argumentation ist es keine Dramatisierung, zu sagen, daß die Kognitivisten durch die Forderung nach einer Begründung der Allgemeingültigkeit des Universalisierungsgrundsatzes in Schwierigkeiten geraten sind.[52] So fühlt sich der Skeptiker ermutigt, seinen Zweifel an der Möglichkeit der Begründung einer universalistischen Moral zu einer Unmöglichkeitsbehauptung zuzuspitzen. Diese Rolle hat bekanntlich H. Albert mit seinem »Traktat über kritische Vernunft«[53] übernommen, indem er das von Popper wissenschaftstheoretisch entwickelte Modell der kritischen Prüfung, das an die Stelle des traditionellen Begründungs- und Rechtfertigungsdenkens treten soll, auf das Gebiet der praktischen Philosophie überträgt. Der Versuch der Begründung allgemeingültiger Moralprinzipien verstricke, so ist die These, den Kognitivisten in das »Münchhausentrilemma«, zwischen drei Alternativen, die gleichermaßen unakzeptabel sind, wählen zu müssen: nämlich entweder einen unendlichen Regreß in Kauf zu nehmen oder die Kette der Ableitung willkürlich abzubrechen oder schließlich zirkulär zu verfahren. Dieses Trilemma hat freilich einen problematischen Stellenwert. Es ergibt sich nur unter der Voraussetzung eines *semantischen Begründungskonzepts*, das sich an der deduktiven Beziehung zwischen Sätzen orientiert und allein auf den Begriff der logischen Folgerung stützt. Diese deduktivistische Begründungsvorstellung ist offensichtlich zu selektiv für die Darstellung der pragmatischen Beziehungen zwischen argumentativen Sprechhandlungen: Induktions- und Universalisierungsgrundsätze werden als Argumentationsregeln nur eingeführt, um die logische Kluft

---

51 P. Lorenzen, O. Schwemmer, *Konstruktive Logik, Ethik und Wissenschaftstheorie*, Mannheim 1973, 107 ff.
52 Wimmer (1980), 358 f.
53 Tübingen 1968.

in nicht-deduktiven Beziehungen zu überbrücken. Man wird deshalb für diese Brückenprinzipien selbst eine deduktive Begründung, wie sie im Münchhausentrilemma allein zugelassen wird, nicht erwarten dürfen.

K.-O. Apel hat unter diesem Gesichtspunkt den Fallibilismus einer einleuchtenden Metakritik unterworfen und den Einwand des Münchhausentrilemmas entkräftet.[54] Darauf brauche ich nicht im einzelnen einzugehen. Denn im Zusammenhang unserer Problematik kommt K.-O. Apel vor allem das Verdienst zu, die inzwischen verschüttete Dimension der nicht-deduktiven Begründung ethischer Grundnormen freigelegt zu haben. Apel erneuert den Modus der transzendentalen Begründung mit sprachpragmatischen Mitteln. Dabei benutzt er den Begriff des *performativen Widerspruchs*, der eintritt, wenn eine konstative Sprechhandlung ›Kp‹ auf nicht-kontingenten Voraussetzungen beruht, deren propositionaler Gehalt der behaupteten Aussage ›p‹ widerspricht. Im Anschluß an eine Überlegung von Hintikka illustriert Apel die Bedeutung performativer Widersprüche für das Verständnis von klassischen Argumenten der Bewußtseinsphilosophie am Beispiel des ›Cogito ergo sum‹. Wenn man das Urteil eines Opponenten in der Form der Sprechhandlung: »Ich bezweifle hiermit, daß ich existiere« ausdrückt, läßt sich das Argument des Descartes mit Hilfe eines performativen Widerspruchs rekonstruieren. Für die Aussage:

(1) Ich existiere (hier und jetzt) nicht

erhebt der Sprecher einen Wahrheitsanspruch; gleichzeitig macht er, *indem er sie äußert*, eine unausweichliche Existenzvoraussetzung, deren propositionaler Gehalt durch die Aussage:

(2) Ich existiere (hier und jetzt)

ausgedrückt werden kann (wobei sich in beiden Sätzen das Personalpronomen also auf dieselbe Person bezieht).[55]

---

54 K.-O. Apel, »Das Apriori der Kommunikationsgemeinschaft«, in: ders., *Transformation der Philosophie*, Frankfurt/M. 1973, Bd. 2, 405 ff.
55 K.-O. Apel, »Das Problem der philosophischen Letztbegründung im

In ähnlicher Weise deckt nun Apel einen performativen Widerspruch in dem Einwand des »konsequenten Fallibilisten« auf, der in der Rolle des ethischen Skeptikers die Möglichkeit der Begründung von Moralprinzipien bestreitet, indem er das erwähnte Trilemma vorführt. Apel charakterisiert den Stand der Diskussion durch eine These des Proponenten, der die Allgemeingültigkeit des Universalisierungsgrundsatzes behauptet, durch einen Einwand des Opponenten, der sich auf das Münchhausentrilemma (t) stützt und von (t) darauf schließt, daß Begründungsversuche für die Allgemeingültigkeit von Prinzipien sinnlos sind: dies sei der Grundsatz des Fallibilismus (f). Einen performativen Widerspruch begeht der Opponent aber dann, wenn ihm der Proponent nachweisen kann, daß er, indem er sich auf diese Argumentation einläßt, einige *in jedem* auf kritische Prüfung angelegten Argumentationsspiel unausweichliche Voraussetzungen machen muß, deren propositionaler Gehalt dem Grundsatz (f) widerspricht. Dies ist tatsächlich der Fall, da der Opponent, indem er seinen Einwand vorträgt, unausweichlich die Gültigkeit mindestens derjenigen logischen Regeln voraussetzt, die nicht ersetzt werden können, wenn man das vorgetragene Argument als Widerlegung verstehen soll. Auch der Kritizist hat, wenn er an einer Argumentation teilnimmt, einen minimalen Bestand an nichtverwerfbaren Regeln der Kritik schon als gültig akzeptiert. Und diese Feststellung ist unvereinbar mit (f).

Diese innerhalb des kritisch-rationalistischen Lagers geführte Debatte über eine »Minimallogik«[56] ist für Apel insoweit von Interesse, als sie die Unmöglichkeitsbehauptung des Skeptikers entkräftet. Sie nimmt aber dem ethischen Kognitivisten die Beweislast nicht ab. Nun hat diese Kontroverse die Aufmerksamkeit auch darauf gelenkt, daß die Regel vom zu vermeidenden performativen Widerspruch nicht nur auf einzelne

---

Lichte einer transzendentalen Sprachpragmatik«, in: B. Kanitscheider (Hg.), *Sprache und Erkenntnis*, Innsbruck 1976, 55 ff.
56 H. Lenk, »Philosophische Logikbegründung und rationaler Kritizismus«, *Zeitschrift für philosophische Forschung*, 24, 1970, 183 ff.

Sprechhandlungen und Argumente, sondern auf die argumentative Rede im ganzen Anwendung finden kann. Mit der »Argumentation überhaupt« gewinnt Apel einen Bezugspunkt, der für die Analyse nicht-verwerfbarer Regeln genauso fundamental ist wie das »Ich denke« bzw. das »Bewußtsein überhaupt« für die Reflexionsphilosophie. Sowenig derjenige, der an einer Theorie der Erkenntnis interessiert ist, hinter seine eigenen Akte des Erkennens zurückgehen kann (und in der Selbstbezüglichkeit des erkennenden Subjekts gewissermaßen gefangen bleibt), so wenig kann derjenige, der eine Theorie moralischer Argumentation entwickelt, hinter die Situation zurückgehen, die durch seine eigene Teilnahme an Argumentationen (beispielsweise mit dem Skeptiker, der jedem seiner Schritte wie ein Schatten folgt) bestimmt ist. Für ihn ist die Argumentationssituation in demselben Sinne »nicht-hintergehbar« wie das Erkennen für den Transzendentalphilosophen. Der Argumentationstheoretiker wird sich der Selbstbezüglichkeit seiner Argumentation in derselben Weise bewußt wie der Erkenntnistheoretiker der Selbstbezüglichkeit seiner Erkenntnis. Diese Vergegenwärtigung bedeutet gleichzeitig die Abwendung von dem aussichtslosen Bemühen einer deduktiven Begründung »letzter« Prinzipien und eine Rückwendung zur Explikation »unausweichlicher«, d.h. allgemeiner und notwendiger Präsuppositionen. Nun wird der Moraltheoretiker versuchsweise die Rolle des Skeptikers übernehmen, um zu prüfen, ob die Verwerfung eines vorgeschlagenen Moralprinzips mit unausweichlichen Voraussetzungen der moralischen Argumentation überhaupt in einen performativen Widerspruch gerät. Er kann auf diesem indirekten Wege dem Skeptiker nachweisen, daß dieser, indem er sich mit dem Ziel der Widerlegung des ethischen Kognitivismus auf eine bestimmte Argumentation überhaupt einläßt, unvermeidlicherweise Argumentationsvoraussetzungen macht, deren propositionaler Gehalt seinem Einwand widerspricht. Apel stilisiert diese Form der performativen Widerlegung des Skeptikers zu einem Begründungsmodus, den er folgendermaßen beschreibt:

»Etwas, das ich nicht, ohne einen aktuellen Selbstwiderspruch zu begehen, bestreiten und zugleich nicht ohne formallogische petitio principii deduktiv begründen kann, gehört zu jenen transzendentalpragmatischen Voraussetzungen der Argumentation, die man immer schon anerkannt haben muß, wenn das Sprachspiel der Argumentation seinen *Sinn* behalten soll.«[57]
Die geforderte Begründung des vorgeschlagenen Moralprinzips könnte demnach die Form annehmen, daß jede Argumentation, in welchen Kontexten sie auch immer durchgeführt würde, auf pragmatischen Voraussetzungen beruht, aus deren propositionalem Gehalt der Universalisierungsgrundsatz ›U‹ abgeleitet werden kann.

7. Struktur und Stellenwert des transzendentalpragmatischen Arguments

Nachdem ich mich der Möglichkeit einer transzendentalpragmatischen Begründung des Moralprinzips vergewissert habe, möchte ich das Argument selbst vorführen. Ich will zunächst einige Bedingungen angeben, denen transzendentalpragmatische Argumente genügen müssen, um anhand dieser Kriterien die beiden bekanntesten Vorschläge, nämlich die von R. S. Peters und K.-O. Apel, zu beurteilen (a). Sodann möchte ich dem transzendentalpragmatischen Argument eine Fassung geben, die den bekannten Einwänden standhält (b). Schließlich will ich zeigen, daß diese Begründung der Diskursethik nicht den Stellenwert einer Letztbegründung einnehmen kann und warum dieser Status für sie auch gar nicht reklamiert zu werden braucht (c).
(a) In England hat sich im Anschluß an Collingwood ein Typus der Analyse eingebürgert, der ziemlich genau dem von Apel als transzendentalpragmatisch gekennzeichneten Vorgehen entspricht. A. J. Watt nennt sie »analysis of the presuppo-

---

[57] Apel (1976), 72 f.

sitions of a mode of discourse« und beschreibt deren Struktur folgendermaßen: »The strategy of this form of argument is to accept the sceptical conclusion that these principles are not open to any proof, being presuppositions of reasoning rather than conclusions from it, but to go on to argue that commitment to them is rationally inescapable, because they must, logically, be assumed if one is to engage in a mode of thought essential to any rational human life. The claim is not exactly that the principles are *true*, but that their adoption is not a result of mere social convention on free personal decision: that a mistake is involved in repudiating them while continuing to use the form of thought and discourse in question.«[58] Collingwoods Einfluß zeigt sich darin, daß die Präsuppositionsanalyse auf die Art und Weise, bestimmte *Fragen* zu stellen und zu behandeln, angewendet wird: »A presuppositional justification would show, that one was committed to certain principles by raising and considering a certain range of *questions*.« (ebd., 41) Solche Argumente zielen auf den Nachweis der Unausweichlichkeit von Voraussetzungen bestimmter Diskurse; und moralische Grundsätze müßten aus dem propositionalen Gehalt solcher Voraussetzungen gewonnen werden können. Das Gewicht dieser Argumente wird um so größer sein, je allgemeiner die Art von Diskursen ist, für die normativ gehaltvolle Voraussetzungen nachgewiesen werden können. »Transzendental« dürfen die Argumente strenggenommen erst dann heißen, wenn sie sich auf Diskurse oder entsprechende Kompetenzen richten, die so allgemein sind, daß sie nicht durch funktionale Äquivalente ersetzt werden können; sie müssen so beschaffen sein, daß sie nur durch Diskurse bzw. Kompetenzen der gleichen Art substituiert werden können. Es ist also wichtig, genau den Objektbereich zu spezifizieren, auf den das Verfahren der Präsuppositionsanalyse angewendet werden soll.

Andererseits darf die Abgrenzung des Objektbereichs nicht

58 A. J. Watt, »Transcendental Arguments and Moral Principles«, *Philosophical Quarterley*, 25, 1975, 40.

schon den normativen Gehalt seiner Voraussetzungen präjudizieren; sonst macht man sich einer vermeidbaren petitio principii schuldig. Beiden Bedingungen will R. S. Peters genügen. Er beschränkt sich auf praktische Diskurse, also auf diejenigen Verständigungsprozesse, die dazu dienen, praktische Fragen vom Typus »Was soll ich/sollen wir tun?« zu beantworten. Peters will damit eine selbstsubstitutive Ordnung von Diskursen aussortieren und gleichzeitig normative Vorentscheidungen bei der Abgrenzung praktischer Diskurse vermeiden: »It is always possible to produce *ad hominem* arguments pointing out what any individual must actually presuppose in saying what he actually says. But these are bound to be very contingent, depending upon private idiosyncrasies, and would obviously be of little use in developing a general ethical theory. Of far more importance are arguments pointing to what any individual *must* presuppose in so far as he uses a public form of discourse in seriously discussing with others or with himself what he ought to do. In a similar way one might inquire into the presuppositions of using scientific discourse. These arguments would be concerned not with prying into individual idiosyncrasies but with probing public presuppositions.«[59] Nur solche *öffentlichen* Voraussetzungen sind den transzendentalen Bedingungen vergleichbar, auf die Kant seine Analyse angelegt hatte; nur für sie gilt die Unausweichlichkeit von Voraussetzungen nicht-substituierbarer, in diesem Sinne allgemeiner Diskurse.[60]

---

59 R. S. Peters, *Ethics and Education* (1966), London 1974, 114f.
60 Darauf weist Peters selber hin: »If it could be shown that certain principles are necessary for a form of discourse to have meaning, to be applied or to have point, then this would be a very strong argument for the justification of the principles in question. They would show what anyone must be committed to who uses it seriously. Of course, it would be open for anyone to say that he is not so committed because he does not use this form of discourse or because he will give it up now that he realizes its presuppositions. This would be quite a feasible position to adopt in relation, for instance, to the discourse of witchcraft or astrology; for individuals are not necessarily initiated into it in our society, and they can exercise their discretion about whether they think and talk in this way or not. Many

Peters versucht nun, aus den Voraussetzungen praktischer Diskurse bestimmte Grundnormen abzuleiten, zunächst ein Fairneßprinzip (»all people's claim should be equally considered«), dann konkretere Prinzipien wie beispielsweise das der Meinungsfreiheit. Peters stellt freilich nur ad-hoc-Erwägungen an, statt die relevanten Voraussetzungen praktischer Diskurse der Reihe nach zu identifizieren und ihren Gehalt einer systematischen Analyse zu unterziehen. Ich halte Peters' Analysen keineswegs für wertlos; in der Form, in der er sie durchführt, setzen sie sich aber zwei Einwänden aus.

Der *erste Einwand* variiert den Vorwurf der petitio principii; er läuft darauf hinaus, daß Peters nur diejenigen normativen Gehalte aus den Diskursvoraussetzungen herausholt, die er zuvor in die implizite Definition dessen, was er unter praktischem Diskurs verstanden wissen möchte, hineingesteckt hat. Diesen Einwand könnte man zum Beispiel gegen die semantische Ableitung des Prinzips der Gleichbehandlung erheben.[61]

Diesem Einwand versucht Apel dadurch zu begegnen, daß er die Präsuppositionsanalyse nicht auf *moralische* Argumentationen einschränkt, sondern auf die Bedingungen der Möglichkeit der argumentativen Rede *überhaupt* anwendet. Er will zeigen, daß sich jedes sprach- und handlungsfähige Subjekt, sobald es in irgendeine Argumentation eintritt, um einen hypothetischen Geltungsanspruch kritisch zu prüfen, auf normativ gehaltvolle Voraussetzungen einlassen muß. Mit dieser Argumentationsstrategie erreicht er auch noch den Skeptiker, der sich auf eine metaethische Behandlung moraltheoretischer Fragen versteift und sich konsequent weigert, in *moralische* Argumentationen hineingezogen zu werden. Diesem Skeptiker

have, perhaps mistakenly, given up using religious language, for instance, because they have been brought to see that its use commits them to, e.g. saying things which purport to be true for which the truth conditions can never be produced. But it would be a very difficult position to adopt in relation to moral discourse. For it would entail a resolute refusal to talk or think about what ought to be done.« Peters (1974), 115 f.

61 Ebd., 121.

möchte Apel zu Bewußtsein bringen, daß er sich bereits mit seinem ersten Einwand und seiner ersten Verteidigung auf ein Argumentationsspiel, und damit auf Voraussetzungen eingelassen hat, mit denen er sich in performative Widersprüche verwickelt. Auch Peters bedient sich gelegentlich dieser radikaleren Version, so z. B. bei der Begründung des Prinzips der Meinungsfreiheit: »The argument need not be based simply on the manifest interest of anyone who seriously asks the question ›What ought I to do?‹. For the principle of liberty, at least in the sphere of opinion, is also surely a (general presupposition of this form of) discourse into which any rational being is initiated when he laboriously learns to reason. In matters where reason is paramount it is argument rather than force or inner illumination that is decisive. The conditions of argument include letting any rational being contribute to a public discussion.«[62]

Gegenüber solchen Argumenten drängt sich freilich ein *zweiter Einwand* auf, der nicht so leicht zu entkräften ist. Es leuchtet wohl ein, daß Meinungsfreiheit im Sinne einer Abwehr externer Eingriffe in den Prozeß der Meinungsbildung zu den unausweichlichen pragmatischen Voraussetzungen jeder Argumentation gehört; aber der Skeptiker kann damit allenfalls zu der Einsicht gebracht werden, daß er ein entsprechendes »Prinzip der Meinungsfreiheit« als *Argumentationsteilnehmer* schon anerkannt haben muß. Dieses Argument trägt nicht weit genug, um ihn auch als *Aktor* zu überzeugen. Die Geltung einer Handlungsnorm, z. B. eines staatlich sanktionierten Grundrechts auf freie Meinungsäußerung, kann so nicht begründet werden. Es versteht sich nämlich keineswegs von selbst, daß Regeln, die *innerhalb* von Diskursen unausweichlich sind, auch für die Regulierung des Handelns *außerhalb* von Argumentationen Geltung beanspruchen können. Auch wenn Argumentationsteilnehmer gezwungen sein sollten, normativ gehaltvolle Präsuppositionen zu machen (z. B. sich gegenseitig

---

62 Ebd., 181.

als zurechnungsfähige Subjekte zu achten, als gleichberechtigte Partner zu behandeln, einander Wahrhaftigkeit zu unterstellen und kooperativ miteinander umzugehen[63]), so könnten sie sich doch dieser transzendentalpragmatischen Nötigung, sobald sie aus dem Kreis der Argumentation heraustreten, entledigen. Jene Nötigung überträgt sich nicht unmittelbar vom Diskurs aufs Handeln. Jedenfalls bedürfte die *handlungsregulierende* Kraft des in den pragmatischen Voraussetzungen der *Argumentation* aufgedeckten normativen Gehalts einer besonderen Begründung.[64]

Ein solcher Transfer läßt sich nicht in der Weise nachweisen, daß man, wie Peters und Apel es versuchen, den Argumentationsvoraussetzungen *unmittelbar* ethische Grundnormen entnimmt. Grundnormen des Rechts und der Moral fallen überhaupt nicht in die Zuständigkeit der Moraltheorie; sie müssen als Inhalte betrachtet werden, die der Begründung in praktischen Diskursen bedürfen. Da sich die historischen Umstände ändern, wirft jede Epoche auf die moralisch-praktischen Grundvorstellungen ihr eigenes Licht. Allerdings machen wir in solchen Diskursen immer schon Gebrauch von normativ gehaltvollen Argumentationsregeln; und *diese* sind es, die transzendentalpragmatisch abgeleitet werden können.

(b) So müssen wir zum Problem der Begründung des Universalisierungsgrundsatzes zurückkehren. Die Rolle, die dabei das transzendentalpragmatische Argument übernehmen kann, läßt sich jetzt in der Weise beschreiben, daß mit seiner Hilfe nachgewiesen werden soll, *wie das als Argumentationsregel fungierende Verallgemeinerungsprinzip von Voraussetzungen der Argumentation überhaupt impliziert wird*. Dieser Forderung ist Genüge getan, wenn sich zeigen läßt, daß
– jeder, der sich auf die allgemeinen und notwendigen Kommunikationsvoraussetzungen der argumentativen Rede einläßt

---

63 Kuhlmann (1981), 64 ff.
64 Damit revidiere ich frühere Behauptungen, vgl. J. Habermas, N. Luhmann, *Theorie der Gesellschaft oder Sozialtechnologie*, Frankfurt/M. 1971, 136 ff., ähnlich Apel (1973), 424 ff.

und der weiß, was es heißt, eine Handlungsnorm zu rechtfertigen, implizit die Gültigkeit des Universalisierungsgrundsatzes (sei es in der oben angegebenen oder einer äquivalenten Fassung) unterstellen muß.

Es empfiehlt sich (unter den Gesichtspunkten des aristotelischen Kanons), drei Ebenen von Argumentationsvoraussetzungen zu unterscheiden: Voraussetzungen auf der logischen Ebene der Produkte, der dialektischen Ebene der Prozeduren und der rhetorischen Ebene der Prozesse.[65] Argumentationen sind zunächst darauf angelegt, triftige, aufgrund intrinsischer Eigenschaften überzeugende Argumente, mit denen Geltungsansprüche eingelöst oder zurückgewiesen werden können, zu *produzieren*. Auf dieser Ebene liegen beispielsweise die Regeln einer Minimallogik, die in der Popper-Schule diskutiert worden sind, oder jene Konsistenzforderungen, auf die u. a. Hare hingewiesen hat. Ich halte mich einfachheitshalber an den Katalog von Argumentationsvoraussetzungen, den R. Alexy[66] aufgestellt hat. Für die logisch-semantische Ebene können folgende Regeln[67] als *Beispiele* gelten:

(1.1) Kein Sprecher darf sich widersprechen

(1.2) Jeder Sprecher, der ein Prädikat F auf einen Gegenstand *a* anwendet, muß bereit sein, F auf jeden anderen Gegenstand, der a in allen relevanten Hinsichten gleicht, anzuwenden.

(1.3) Verschiedene Sprecher dürfen den gleichen Ausdruck nicht mit verschiedenen Bedeutungen benutzen.

Vorausgesetzt werden auf dieser Ebene logische und semantische Regeln, die keinen ethischen Gehalt haben. Für das gesuchte transzendentalpragmatische Argument bieten sie keinen geeigneten Ansatzpunkt.

Unter *prozeduralen* Gesichtspunkten erscheinen Argumentationen sodann als Verständigungsprozesse, die so geregelt sind,

---

[65] B. R. Burleson, »On the Foundation of Rationality«, *Journal of the American Forensic Association*, 16, 1979, 112 ff.

[66] R. Alexy, »Eine Theorie des praktischen Diskurses«, in: W. Oelmüller (Hg.), *Normenbegründung, Normendurchsetzung*, Paderborn 1978.

[67] Alexy, in: Oelmüller (1978), 37 – geänderte Numerierung.

daß Proponenten und Opponenten in hypothetischer Einstellung, und von Handlungs- und Erfahrungsdruck entlastet, problematisch gewordene Geltungsansprüche prüfen können. Auf dieser Ebene liegen pragmatische Voraussetzungen einer speziellen Form der Interaktion, nämlich alles, was für eine als Wettbewerb eingerichtete kooperative Wahrheitssuche notwendig ist: so z. B. die Anerkennung der Zurechnungsfähigkeit und der Aufrichtigkeit aller Teilnehmer. Hierher gehören auch allgemeine Kompetenz- und Relevanzregeln für die Verteilung der Argumentationslasten, für die Ordnung von Themen und Beiträgen usw.[68] Aus dem von Alexy aufgeführten Regelkatalog nenne ich als *Beispiele*:
(2.1) Jeder Sprecher darf nur das behaupten, was er selbst glaubt.
(2.2) Wer eine Aussage oder Norm, die nicht Gegenstand der Diskussion ist, angreift, muß hierfür einen Grund angeben.
Einige dieser Regeln haben ersichtlich einen ethischen Gehalt. Auf dieser Ebene kommen Präsuppositionen zur Geltung, die der Diskurs mit dem verständigungsorientierten Handeln überhaupt teilt, z. B. Verhältnisse reziproker Anerkennung.
Es hieße aber, den zweiten Schritt vor dem ersten zu tun, wenn man unmittelbar auf die handlungstheoretischen Grundlagen der Argumentation zurückgriffe. Freilich sind die Voraussetzungen für einen vorbehaltlosen Wettbewerb um bessere Argumente für unseren Zweck insofern relevant, als diese mit traditionalen Ethiken, welche einen dogmatisierten Kern von Grundüberzeugungen jeder Kritik entziehen müssen, unvereinbar sind.
Unter *Prozeß*aspekten stellt sich die argumentative Rede schließlich als Kommunikationsvorgang dar, der im Hinblick

---

68 Soweit diese spezieller Natur sind und nicht generell aus dem Sinn eines Wettbewerbs um bessere Argumente gewonnen werden können, handelt es sich um *institutionelle* Vorkehrungen, die (s. u.) auf einer *anderen* Ebene liegen.

auf das Ziel eines rational motivierten Einverständnisses unwahrscheinlichen Bedingungen genügen muß. In der argumentativen Rede zeigen sich Strukturen einer Sprechsituation, die in besonderer Weise gegen Repression und Ungleichheit immunisiert ist: sie präsentiert sich als eine idealen Bedingungen hinreichend angenäherte Form der Kommunikation. Deshalb habe ich seinerzeit versucht, die Argumentationsvoraussetzungen als Bestimmungen einer idealen Sprechsituation zu beschreiben;[69] und der vorliegende Beitrag verdient seine Kennzeichnung als »Skizze« vor allem deshalb, weil ich die fällige Präzisierung, Ausarbeitung und Revision meiner damaligen Analyse an dieser Stelle nicht vornehmen kann. Richtig scheint mir aber nach wie vor die Intention, jene allgemeinen Symmetriebedingungen zu rekonstruieren, die jeder kompetente Sprecher, sofern er überhaupt in eine Argumentation einzutreten meint, als hinreichend erfüllt voraussetzen muß. Auf dem Wege einer systematischen Untersuchung performativer Widersprüche kann die Voraussetzung von so etwas wie einer »unbegrenzten Kommunikationsgemeinschaft« nachgewiesen werden – diese Idee entwickelt Apel im Anschluß an Peirce und Mead. Argumentationsteilnehmer können der Voraussetzung nicht ausweichen, daß die Struktur ihrer Kommunikation, aufgrund formal zu beschreibender Merkmale, jeden von außen auf den Verständigungsprozeß einwirkenden oder aus ihm selbst hervorgehenden Zwang, außer dem des besseren Argumentes, ausschließt und damit auch alle Motive außer dem der kooperativen Wahrheitssuche neutralisiert. Alexy hat für diese Ebene, im Anschluß an meine Analyse, die folgenden Diskursregeln vorgeschlagen:[70]

(3.1) Jedes sprach- und handlungsfähige Subjekt darf an Diskursen teilnehmen.

(3.2) a. Jeder darf jede Behauptung problematisieren.
b. Jeder darf jede Behauptung in den Diskurs einführen.

---

69 Habermas, »Wahrheitstheorien«, in *Studienausgabe*, Band 2, 208-269.
70 Alexy, in: Oelmüller (1978), 40f.

c. Jeder darf seine Einstellungen, Wünsche und Bedürfnisse äußern.[71]

(3.3) Kein Sprecher darf durch innerhalb oder außerhalb des Diskurses herrschenden Zwang daran gehindert werden, seine in (3.1) und (3.2) festgelegten Rechte wahrzunehmen.

Dazu einige Erläuterungen. Regel (3.1) bestimmt den Kreis der potentiellen Teilnehmer im Sinne einer Inklusion ausnahmslos aller Subjekte, die über die Fähigkeit verfügen, an Argumentationen teilzunehmen. Regel (3.2) sichert allen Teilnehmern gleiche Chancen, Beiträge zur Argumentation zu leisten und eigene Argumente zur Geltung zu bringen. Regel (3.3) fordert Kommunikationsbedingungen, unter denen sowohl das Recht auf universellen Zugang zum, wie das Recht auf chancengleiche Teilnahme am Diskurs ohne eine noch so subtile und verschleierte Repression (und daher *gleichmäßig*) wahrgenommen werden können.

Wenn es sich nun nicht nur um eine definitorische Auszeichnung einer Idealform der Kommunikation handeln soll, die in der Tat alles Weitere präjudizieren würde, muß gezeigt werden, daß es sich bei den Diskursregeln nicht einfach um *Konventionen* handelt, sondern um unausweichliche Präsuppositionen.

Die Präsuppositionen selbst können nun in der Weise identifiziert werden, daß man demjenigen, der die zunächst hypothetisch angebotenen Rekonstruktionen bestreitet, vor Augen führt, wie er sich in performative Widersprüche verwickelt. Dabei müssen wir an das intuitive Vorverständnis appellieren, mit dem präsumtiv jedes sprach- und handlungsfähige Subjekt in Argumentationen eintritt. Ich kann an dieser Stelle nur exemplarisch zeigen, wie eine solche Analyse durchgeführt werden könnte.

Der folgende Satz

---

71 Diese Voraussetzung ist für theoretische Diskurse, in denen allein assertorische Geltungsansprüche geprüft werden, offensichtlich *nicht* relevant; sie gehört gleichwohl zu den pragmatischen Voraussetzungen der Argumentation überhaupt.

(1) Ich habe H schließlich durch gute Gründe davon überzeugt, daß p

läßt sich als Bericht über den Abschluß eines Diskurses verstehen, in dem der Sprecher einen Hörer durch Gründe dazu bewegt hat, den mit der Behauptung ›p‹ verbundenen Wahrheitsanspruch zu akzeptieren, d. h. ›p‹ für wahr zu halten. Es gehört allgemein zur Bedeutung des Ausdrucks ›überzeugen‹, daß ein Subjekt aus guten Gründen eine Meinung faßt. Deshalb ist der Satz

(1)* Ich habe H schließlich durch eine Lüge davon überzeugt, daß p

paradox; er kann im Sinne von

(2) Ich habe H schließlich mit Hilfe einer Lüge überredet, zu glauben (habe ihn glauben machen), daß p

korrigiert werden.

Wenn man sich nicht mit dem lexikalischen Hinweis auf die Bedeutung von »überzeugen« begnügt, sondern erklären will, *warum* (1)* ein semantisches Paradox ist, das sich durch (2) auflösen läßt, kann man von der internen Beziehung ausgehen, die zwischen den beiden Ausdrücken ›jemanden von etwas überzeugen‹ und ›ein begründetes Einverständnis über etwas erzielen‹ besteht. Überzeugungen beruhen *letztlich* auf einem diskursiv herbeigeführten Konsens. Dann besagt aber (1)*, daß H seine Überzeugung unter Bedingungen gebildet haben soll, unter denen sich Überzeugungen nicht bilden können. Diese widersprechen nämlich pragmatischen Voraussetzungen der Argumentation überhaupt, in diesem Fall der Regel (2.1). Daß diese Präsupposition nicht nur hier und da, sondern unvermeidlicherweise für jede Argumentation zutrifft, kann des weiteren dadurch gezeigt werden, daß man einem Proponenten, der sich anheischig macht, die Wahrheit von (1)* zu verteidigen, vor Augen führt, wie er sich dabei in einen *performativen Widerspruch* verstrickt. Indem der Proponent irgendeinen Grund für die Wahrheit von (1)* anführt und damit in eine Argumentation eintritt, hat er u. a. die Voraussetzung akzeptiert, daß er einen Opponenten mit Hilfe einer Lüge niemals von et-

was *überzeugen*, sondern allenfalls dazu *überreden* könnte, etwas für wahr zu halten. Dann widerspricht aber der Gehalt der zu begründenden Behauptung einer der Voraussetzungen, unter denen die Äußerung des Proponenten allein als eine Begründung zählen darf.
Auf ähnliche Weise müßten sich performative Widersprüche für Äußerungen eines Proponenten nachweisen lassen, der den folgenden Satz begründen möchte:
(3)* Nachdem wir A, B, C ... von der Diskussion ausgeschlossen (bzw. zum Schweigen gebracht, bzw. ihnen unsere Interpretation aufgedrängt) hatten, konnten wir uns endlich davon überzeugen, daß N zu Recht besteht
wobei von A, B, C ... gelten soll, daß sie (a) zum Kreise derer gehören, die von der Inkraftsetzung der Norm N *betroffen* sein würden, und sich (b) *als Argumentationsteilnehmer* in keiner relevanten Hinsicht von den übrigen Teilnehmern unterscheiden. Bei jedem Versuch, (3)* zu *begründen*, müßte sich der Proponent in Widerspruch zu den in (3.1) bis (3.3) aufgeführten Argumentationsvoraussetzungen setzen.
Freilich legt die Regelform, in der Alexy diese Präsuppositionen darstellt, das Mißverständnis nahe, als würden alle real durchgeführten Diskurse diesen Regeln genügen müssen. Das ist in vielen Fällen ersichtlich nicht der Fall, und in allen Fällen müssen wir uns mit Annäherungen zufriedengeben. Das Mißverständnis mag zunächst mit der Zweideutigkeit des Wortes »Regel« zusammenhängen. Denn Diskursregeln im Sinne von Alexy sind für Diskurse nicht in demselben Sinne *konstitutiv* wie beispielsweise Schachregeln für real durchgeführte Schachspiele. Während Schachregeln eine faktische Spielpraxis *bestimmen*, sind Diskursregeln nur eine Form der *Darstellung* von stillschweigend vorgenommenen und intuitiv gewußten pragmatischen Voraussetzungen einer ausgezeichneten Redepraxis. Wenn man die Argumentation ernstlich mit der Praxis des Schachspiels vergleichen will, bieten sich als Äquivalente für die Regeln des Schachspiels am ehesten diejenigen Regeln an, nach denen einzelne Argumente aufgebaut und ausge-

tauscht werden. Diese Regeln müssen, wenn eine fehlerfreie Argumentationspraxis zustande kommen soll, *tatsächlich* befolgt werden. Hingegen sollen die Diskursregeln (3.1) bis (3.3) nur besagen, daß die Argumentationsteilnehmer eine annähernde und für den Argumentationszweck hinreichende Erfüllung der genannten Bedingungen *unterstellen* müssen, gleichviel, ob und in welchem Maße diese Unterstellung im gegebenen Fall *kontrafaktischen Charakter* hat oder nicht.

Da nun Diskurse den Beschränkungen von Raum und Zeit unterliegen und in gesellschaftlichen Kontexten stattfinden; da Argumentationsteilnehmer keine intelligiblen Charaktere sind und auch von anderen Motiven als dem einzig zulässigen der kooperativen Wahrheitssuche bewegt sind; da Themen und Beiträge geordnet, Anfang, Ende und Wiederaufnahme von Diskussionen geregelt, Relevanzen gesichert, Kompetenzen bewertet werden müssen; bedarf es *institutioneller Vorkehrungen*, um unvermeidliche empirische Beschränkungen und vermeidbare externe und interne Einwirkungen soweit zu neutralisieren, daß die von den Argumentationsteilnehmern immer schon vorausgesetzten idealisierten Bedingungen wenigstens in hinreichender Annäherung erfüllt werden können. Diese trivialen Notwendigkeiten der *Institutionalisierung von Diskursen* widersprechen keineswegs dem teilweise kontrafaktischen Gehalt der Diskursvoraussetzungen. Vielmehr gehorchen die Institutionalisierungsversuche ihrerseits normativen Zielvorstellungen, die wir dem intuitiven Vorverständnis von Argumentation überhaupt *unwillkürlich* entnehmen. Diese Behauptung läßt sich empirisch anhand jener Berechtigungen, Immunisierungen, Geschäftsordnungen usw. überprüfen, mit deren Hilfe theoretische Diskurse im wissenschaftlichen, praktische Diskurse beispielsweise im parlamentarischen Betrieb institutionalisiert worden sind.[72] Wenn man eine fallacy of misplaced concreteness vermeiden will, muß man die Diskursregeln sorgfältig von den Konventionen unterscheiden, die der

---

72 Vgl. J. Habermas, »Die Utopie des guten Herrschers«, in: ders., *Kleine politische Schriften I-IV*, Frankfurt/M. 1981, 318 ff.

Institutionalisierung von Diskursen, also dazu dienen, den idealen Gehalt der Argumentationsvoraussetzungen unter empirischen Bedingungen zur Geltung zu bringen.

Wenn wir, nach diesen kursorischen Erläuterungen und vorbehaltlich genauerer Analysen, die von Alexy vorläufig aufgestellten Regeln akzeptieren, verfügen wir, in Verbindung mit einem schwachen, d. h. nicht-präjudizierenden Begriff von Normenrechtfertigung, über hinreichend starke Prämissen für die Ableitung von ›U‹.

Wenn jeder, der in Argumentationen eintritt, u. a. Voraussetzungen machen muß, deren Gehalt sich in Form der Diskursregeln (3.1) bis (3.3) darstellen läßt; und wenn wir ferner wissen, was es heißt, hypothetisch zu erörtern, ob Handlungsnormen in Kraft gesetzt werden sollen; dann läßt sich jeder, der den ernsthaften Versuch unternimmt, normative Geltungsansprüche *diskursiv* einzulösen, intuitiv auf Verfahrensbedingungen ein, die einer impliziten Anerkennung von ›U‹ gleichkommen. Aus den genannten Diskursregeln ergibt sich nämlich, daß eine strittige Norm unter den Teilnehmern eines praktischen Diskurses Zustimmung nur finden kann, wenn ›U‹ gilt, d. h.

– wenn die Folgen und Nebenwirkungen, die sich aus einer *allgemeinen* Befolgung der strittigen Norm für die Befriedigung der Interessen eines *jeden Einzelnen* voraussichtlich ergeben, von allen *zwanglos* akzeptiert werden können.

Ist nun aber gezeigt, wie der Universalisierungsgrundsatz auf dem Wege der transzendentalpragmatischen Ableitung aus Argumentationsvoraussetzungen begründet werden kann, kann *die Diskursethik selbst* auf den sparsamen Grundsatz ›D‹ gebracht werden,

– daß nur die Normen Geltung beanspruchen dürfen, die die Zustimmung aller Betroffenen als Teilnehmer eines praktischen Diskurses finden (oder finden könnten).[73]

---

73 Eine etwas andere Formulierung desselben Grundsatzes findet sich bei F. Kambartel, »Moralisches Argumentieren«, in: ders. (Hg.), *Praktische Philosophie und konstruktive Wissenschaftstheorie*, Frankfurt/M. 1974, 54ff.

Die skizzierte Begründung der Diskursethik vermeidet Konfusionen im Gebrauch des Ausdrucks ›Moralprinzip‹. Einziges Moralprinzip ist der angegebene Grundsatz der Verallgemeinerung, der als Argumentationsregel gilt und zur Logik des praktischen Diskurses gehört. ›U‹ muß sorgfältig unterschieden werden
– von irgendwelchen inhaltlichen Prinzipien oder Grundnormen, die nur den *Gegenstand* moralischer Argumentationen bilden dürfen;
– vom normativen Gehalt der Argumentationsvoraussetzungen, die (wie in 3.1-3.3) in Regelform expliziert werden können;
– von ›D‹, dem diskursethischen Grundsatz, der die Grundvorstellung einer Moraltheorie ausspricht, aber nicht zur Argumentationslogik gehört.
Die bisherigen Versuche, eine Diskursethik zu begründen, leiden daran, daß Argumentations*regeln* mit Argumentations*inhalten* und Argumentations*voraussetzungen* kurzgeschlossen – und mit »Moralprinzipien« als Grundsätzen der philosophischen Ethik verwechselt werden. ›D‹ ist die Zielbehauptung, die der Philosoph in seiner Eigenschaft als Moraltheoretiker zu begründen versucht. Das skizzierte Begründungsprogramm beschreibt als den, wie wir jetzt vielleicht sagen dürfen, aussichtsreichsten *Weg* die transzendentalpragmatische Begründung einer normativ gehaltvollen Argumentationsregel. Diese ist gewiß selektiv, aber formal; sie ist nicht mit allen inhaltlichen Moral- und Rechtsprinzipien vereinbar, aber als Argumentationsregel präjudiziert sie keine inhaltlichen Regelungen. Alle Inhalte, auch wenn sie noch so fundamentale Handlungsnormen berühren, müssen von realen (oder

Kambartel nennt begründet diejenigen Normen, für die in einem »rationalen Dialog« die Zustimmung aller Betroffenen eingeholt werden kann. Die Begründung ist angewiesen auf »einen rationalen Dialog (oder den Entwurf eines solchen Dialoges), der zur Zustimmung aller Beteiligten dazu führt, daß die in Frage stehende Orientierung bei allen Betroffenen in einer für diese fingierten unverzerrten Kommunikationssituation zur Zustimmung gebracht werden kann.« (68)

ersatzweise vorgenommenen, advokatorisch durchgeführten) Diskursen abhängig gemacht werden. Der Moraltheoretiker kann sich daran als Betroffener, gegebenenfalls als Experte beteiligen, aber er kann diese Diskurse *nicht in eigener Regie* führen. Eine Moraltheorie, die sich, wie beispielsweise Rawls' Theorie der Gerechtigkeit, in inhaltliche Bereiche erstreckt, muß als ein Beitrag zu einem unter Staatsbürgern geführten Diskurs verstanden werden.

(c) Kambartel hat die transzendentalpragmatische Begründung der Diskursethik als ein Vorgehen charakterisiert, bei dem der Proponent versucht, den Opponenten, »der nach der Begründung eines argumentativ gefaßten Vernunftprinzips fragt, dessen zu überführen, daß er sich mit seiner Frageabsicht, recht begriffen, bereits auf den Boden ebendieses Prinzips gestellt hat.«[74] Es fragt sich, welchen Status diese Art von Begründung beanspruchen darf. *Die eine Seite* lehnt es ab, überhaupt von Begründung zu sprechen, da (wie G. F. Gethmann hervorhebt) die Anerkennung von etwas Vorausgesetztem im Unterschied zur Anerkennung von etwas Begründetem stets hypothetisch, nämlich von einer vorgängig akzeptierten Zwecksetzung abhängig sei. Demgegenüber weisen die Transzendentalpragmatiker darauf hin, daß die Nötigung, den propositionalen Gehalt von unausweichlichen Voraussetzungen als gültig anzuerkennen, um so weniger hypothetisch ist, je allgemeiner die Diskurse und die entsprechenden Kompetenzen sind, auf die die Präsuppositionsanalyse angewendet wird. Mit dem »Zweck« von Argumentation überhaupt können wir nicht so arbiträr verfahren wie mit kontingenten Handlungszwecken; dieser Zweck ist mit der intersubjektiven Lebensform sprach- und handlungsfähiger Subjekte so verwoben, daß wir ihn aus freien Stücken weder setzen noch umgehen können. *Die andere Seite* befrachtet die Transzendentalpragmatik wiederum mit dem weitreichenden Anspruch einer Letztbegründung, da diese (wie beispielsweise W. Kuhlmann hervorhebt) eine absolut si-

74 F. Kambartel, »Wie ist praktische Philosophie konstruktiv möglich?«, in: Kambartel (1974), 11.

chere, dem Fallibilismus aller Erfahrungserkenntnis entzogene Basis schlechthin untrüglichen Wissens ermöglichen soll: »Was sich nicht sinnvoll – ohne Selbstwiderspruch – bestreiten läßt, weil es bei sinnvoller Argumentation vorausgesetzt werden muß, und was sich aus denselben Gründen auch nicht sinnvoll – ohne Petitio principii – durch Ableitung begründen läßt, das ist eine sichere, *durch nichts zu erschütternde Basis*. Wir haben die zu diesen Voraussetzungen gehörenden Aussagen und Regeln als Argumentierende immer schon notwendig anerkannt und sind nicht imstande, zweifelnd hinter sie zurück zu gehen, sei es, um ihre Geltung zu bestreiten, sei es, um Gründe für ihre Geltung anzuführen.«[75] Dazu ist zu sagen, daß der von H. Lenk als petitio tollendi gekennzeichnete Typus von Argumenten nur geeignet ist, die *Nichtverwerfbarkeit* bestimmter Bedingungen oder Regeln zu demonstrieren; mit ihrer Hilfe kann einem Opponenten nur gezeigt werden, daß er ein Aufzuhebendes performativ in Anspruch nimmt.

Der Nachweis performativer Widersprüche eignet sich zur Identifizierung von Regeln, ohne die das Argumentationsspiel nicht funktioniert: wenn man überhaupt argumentieren will, gibt es für sie keine Äquivalente. Damit wird die *Alternativenlosigkeit* dieser Regeln für die Argumentationspraxis bewiesen, ohne daß diese selbst aber *begründet* würde. Gewiß – die Beteiligten müssen diese Regeln als ein Faktum der Vernunft allein dadurch, daß sie sich aufs Argumentieren verlegen, schon anerkannt haben. Aber eine transzendentale Deduktion im Sinne Kants kann mit solchen argumentativen Mitteln nicht bewerkstelligt werden. Für Apels transzendentalpragmatische Untersuchung der Argumentationsvoraussetzungen gilt dasselbe wie für Strawsons transzendentalsemantische Untersuchung der Präsuppositionen von Erfahrungsurteilen: »Das Begriffssystem, das unserer Erfahrung zugrunde liegt, verdankt seine Notwendigkeit der Alternativenlosigkeit. Es wird dadurch bewiesen, daß jeder Versuch, ein alternatives Begriffs-

---

75 Kuhlmann (1981), 57.

system zu entwickeln, daran scheitert, daß er Strukturelemente des konkurrierenden und abzulösenden Systems in Anspruch nimmt [...]. Solange Strawsons Methode sich in dieser Weise nur auf begriffsimmanente Implikationsverhältnisse richtet, kann es auch keine Möglichkeit geben, ein Begriffssystem a priori zu rechtfertigen, da es prinzipiell offen bleiben muß, ob die erkennenden Subjekte ihre Art und Weise, über die Welt zu denken, nicht einmal ändern.«[76] Schönrich wendet sich provokativ gegen eine Überlastung dieser *schwachen Form transzendentaler Analyse* mit der Bemerkung: »Die dem Skeptiker abgelistete Akzeptierung bestimmter begrifflicher Implikationsverhältnisse kann somit nicht mehr als quasi-empirische Geltung beanspruchen.«[77]

Daß Apel gleichwohl hartnäckig am Letztbegründungsanspruch der Transzendentalpragmatik festhält, erklärt sich, wie ich meine, aus einer inkonsequenten Rückkehr zu Denkfiguren, die er mit dem energisch vollzogenen Paradigmenwechsel von der Bewußtseins- zur Sprachphilosophie selber entwertet hat. In dem interessanten Aufsatz über das Apriori der Kommunikationsgemeinschaft erinnert er nicht zufällig an Fichte, der das Faktum der Vernunft durch »einsichtigen Mit- und Nachvollzug« nach und nach »in seiner bloßen Faktizität auflösen möchte«.[78] Obwohl Apel von Fichtes »metaphysischem

---

76 G. Schönrich, *Kategorien und Transzendentale Argumentation*, Frankfurt/M. 1981, 196 f.
77 Ebd., 200.
78 Apel (1973), Bd. 2, 419: »Unser Gang ist fast immer der, daß wir a) Etwas vollziehen, in dieser Vollziehung ohne Zweifel geleitet durch ein unmittelbar in uns tätiges Vernunftgesetz. – Was wir in diesem Fall eigentlich, in unserer eigenen höchsten Spitze sind, und worin wir aufgehen, ist doch noch Faktizität. – Daß wir sodann b) das Gesetz, welches eben in diesem ersten Vollziehen uns mechanisch leite, selber erforschen und aufdekken; also das vorher unmittelbar Eingesehene, mittelbar einsehen aus dem Prinzip und Grunde seines Soseins, also in der Genesis seiner Bestimmtheit es durchdringen. Auf diese Weise nun werden wir von den faktischen Gliedern aufsteigen zu genetischen; welches Genetische denn doch wieder in einer anderen Hinsicht faktisch sein kann, wo wir daher gedrungen werden, wieder zu dem, in Beziehung auf diese Faktizität Genetisches aufzusteigen, solange bis wir zur absoluten Genesis, zur Genesis der Wis-

Restdogmatismus« spricht, stützt er, wenn ich recht sehe, den Letztbegründungsanspruch der Transzendentalpragmatik genau auf jene Identifikation von Aussagenwahrheit und Gewißheitserlebnis, die nur im reflexiven Nachvollzug einer vorgängig intuitiv vollzogenen Leistung, d. h. nur unter Bedingungen der Bewußtseinsphilosophie, vorgenommen werden kann. Sobald wir uns auf der analytischen Ebene der Sprachpragmatik bewegen, ist uns diese Identifikation verwehrt. Das wird klar, wenn wir die Begründungsschritte in der oben skizzierten Weise auseinanderziehen und distinkt, einen nach dem anderen ausführen. Die programmatisch vorgestellte Begründung der Diskursethik verlangt ja

(1) die Angabe eines als Argumentationsregel fungierenden Verallgemeinerungsprinzips;

(2) die Identifizierung von unausweichlichen und normativ gehaltvollen pragmatischen Voraussetzungen der Argumentation überhaupt;

(3) die explizite Darstellung dieses normativen Gehaltes, z. B. in der Form von Diskursregeln; und

(4) den Nachweis, daß zwischen (3) und (1) in Verbindung mit der Idee der Rechtfertigung von Normen ein Verhältnis der materialen Implikation besteht.

Der unter (2) genannte Analyseschritt, für den die Suche nach performativen Widersprüchen den Leitfaden abgibt, stützt sich auf ein mäeutisches Verfahren, das dazu dient,

(2a) den Skeptiker, der einen Einwand vorbringt, auf intuitiv gewußte Voraussetzungen aufmerksam zu machen;

(2b) diesem vortheoretischen Wissen eine explizíte Form zu geben, so daß der Skeptiker unter dieser Beschreibung seine Intuitionen wiedererkennen kann; und

(2c) die vom Proponenten aufgestellte Behauptung der Alternativenlosigkeit der explizierten Voraussetzungen an Gegenbeispielen zu prüfen.

Die Analyseschritte (b) und (c) enthalten unverkennbar hypo-

senschaftslehre hinaufkommen.« (J. G. Fichte, *Ausgewählte Schriften in sechs Bänden*, hg. v. Fritz Medicus, Leipzig 1910ff., Bd. IV, 206) thetische Elemente. Die Beschreibung, mit der ein ›know how‹ in ein ›know that‹ überführt werden soll, ist eine hypothetische Nachkonstruktion, die Intuitionen nur mehr oder weniger korrekt wiedergeben kann; sie bedarf daher einer mäeutischen Bestätigung. Und die Behauptung, daß es zu einer gegebenen Voraussetzung keine Alternative gibt, daß diese vielmehr zur Schicht der unausweichlichen, d. h. allgemeinen und notwendigen Voraussetzungen gehört, hat den Status einer Annahme; sie muß wie eine Gesetzeshypothese an Fällen überprüft werden. Gewiß, das intuitive Regelwissen, das sprach- und handlungsfähige Subjekte verwenden müssen, um an Argumentationen überhaupt teilnehmen zu können, ist in gewisser Weise nicht fallibel – wohl aber unsere Rekonstruktion dieses vortheoretischen Wissens und der Universalitätsanspruch, den wir damit verbinden. Die *Gewißheit*, mit der wir unser Regelwissen praktizieren, überträgt sich nicht auf die *Wahrheit* von Rekonstruktionsvorschlägen für hypothetisch allgemeine Präsuppositionen; denn diese können wir auf keine andere Weise zur Diskussion stellen als beispielsweise ein Logiker oder ein Linguist seine theoretischen Beschreibungen.

Freilich entsteht auch gar kein Schaden, wenn wir der transzendentalpragmatischen Begründung den Charakter einer Letztbegründung absprechen. Vielmehr fügt sich dann die Diskursethik ein in den Kreis jener rekonstruktiven Wissenschaften, die es mit den rationalen Grundlagen von Erkennen, Sprechen und Handeln zu tun haben. Wenn wir den Fundamentalismus der überlieferten Transzendentalphilosophie gar nicht mehr anstreben, gewinnen wir für die Diskursethik neue Möglichkeiten der Überprüfung. Sie kann, in Konkurrenz mit anderen Ethiken, für die Beschreibung empirisch vorgefundener Moral- und Rechtsvorstellungen eingesetzt, sie kann in Theorien der Entwicklung des Moral- und Rechtsbewußtseins, sowohl auf der Ebene der soziokulturellen Entwicklung wie der Ontogenese, eingebaut und auf diese Weise einer indirekten Überprüfung zugänglich gemacht werden.

Am Letztbegründungsanspruch der Ethik brauchen wir auch

nicht mit Rücksicht auf deren präsumtive Relevanz für die Lebenswelt festzuhalten. Die *moralischen* Alltagsintuitionen bedürfen der Aufklärung des Philosophen nicht. In diesem Falle scheint mir ein therapeutisches Selbstverständnis der Philosophie, wie es von Wittgenstein inauguriert worden ist, ausnahmsweise am Platz zu sein. Die philosophische Ethik hat eine aufklärende Funktion allenfalls gegenüber den Verwirrungen, die sie selbst im Bewußtsein der Gebildeten angerichtet hat – also nur insoweit, wie der Wertskeptizismus und der Rechtspositivismus sich als Professionsideologien festgesetzt haben und über das Bildungssystem ins Alltagsbewußtsein eingedrungen sind. Beide haben die im Sozialisationsprozeß naturwüchsig erworbenen Intuitionen mit falschen Deutungen neutralisiert; unter extremen Umständen können sie dazu beitragen, die vom Bildungsskeptizismus erfaßten Akademikerschichten moralisch zu entwaffnen.[79]

8. Moralität und Sittlichkeit

Der Streit zwischen dem Kognitivisten und dem Skeptiker ist freilich noch nicht definitiv beigelegt. Dieser gibt sich mit dem Verzicht auf Letztbegründungsansprüche und mit der Aussicht auf indirekte Bestätigungen der Diskurstheorie nicht zufrieden. Er kann erstens die Tragfähigkeit der transzendentalpragmatischen Ableitung des Moralprinzips bezweifeln (a). Und selbst wenn er zugestehen müßte, daß die Diskursethik auf diesem Wege begründet werden kann, hätte er sein Pulver

[79] Anders verhält es sich mit der politischen Relevanz einer Diskursethik, soweit sie die moralisch-praktischen Grundlagen des Rechtssystems, überhaupt die politische Entgrenzung des Privatbereichs der Moral betrifft. In dieser Hinsicht, nämlich für die Anleitung einer emanzipatorischen Praxis, kann die Diskursethik handlungsorientierende Bedeutung gewinnen. Dies freilich nicht als Ethik, also unmittelbar präskriptiv, sondern nur auf dem indirekten Wege über eine für Situationsdeutungen fruchtbar gemachte kritische Gesellschaftstheorie, in die sie eingebaut wird – beispielsweise zum Zweck der Differenzierung zwischen besonderen und verallgemeinerbaren Interessen.

noch nicht ganz verschossen. Der Skeptiker kann sich zweitens in die (aus politischen Motiven wiederbelebte) Front jener Neuaristoteliker und Neuhegelianer einreihen, die darauf hinweisen, daß mit der Diskursethik für das eigentliche Anliegen der Philosophischen Ethik nicht viel gewonnen ist, weil sie einen bestenfalls leeren, in den praktischen Auswirkungen sogar verhängnisvollen Formalismus anbiete (b). Auf diese beiden »letzten« Einwände des Skeptikers möchte ich nur soweit eingehen, wie es nötig ist, um die handlungstheoretischen Grundlagen der Diskursethik deutlich zu machen. Wegen der Einbettung der Moralität in Sittlichkeit unterliegt auch die Diskursethik Beschränkungen – freilich nicht solchen, die ihre kritische Funktion entwerten und den Skeptiker in seiner Rolle als Gegenaufklärer bestärken könnten.

(a) Der Umstand, daß sich die transzendentalpragmatische Begründungsstrategie von den Einwänden eines Skeptikers abhängig macht, ist nicht nur ein Vorteil. Solche Argumente verfangen nur bei einem Opponenten, der seinem Proponenten den Gefallen tut, sich überhaupt auf eine Argumentation einzulassen. Ein Skeptiker, der voraussieht, daß er bei performativen Widersprüchen ertappt werden soll, wird das Spiel der Überlistung von vornherein ablehnen – und jede Argumentation verweigern. Der *konsequente Skeptiker* entzieht dem Transzendentalpragmatiker den Boden für seine Argumente. So kann er sich beispielsweise der eigenen Kultur gegenüber wie ein Ethnologe verhalten, der philosophischen Argumentationen kopfschüttelnd als dem unverständlichen Ritus eines merkwürdigen Stammes beiwohnt. Dieser von Nietzsche eingeübte Blick ist ja von Foucault wieder zu Ehren gebracht worden. Mit einem Schlage verändert sich die Diskussionslage: der Kognitivist, wenn er in seinen Überlegungen fortfährt, wird nur noch *über* den Skeptiker sprechen können, nicht mehr *mit* ihm. Normalerweise wird er kapitulieren und gestehen, daß gegen den Skeptiker in der Rolle des Aussteigers kein Kraut gewachsen ist; er wird sagen, daß Argumentationsbereitschaft, überhaupt die Bereitschaft, sich über sein Handeln

Rechenschaft zu geben, in der Tat vorausgesetzt werden muß, wenn das Thema, mit dem es die Moraltheorie zu tun hat, nicht witzlos werden soll. Es bleibe ein dezisionistischer Rest, der sich argumentativ nicht wegarbeiten ließe – das volitive Moment komme an dieser Stelle zu seinem Recht.

Mir scheint indessen, daß sich der Moraltheoretiker dabei nicht beruhigen darf. Ein Skeptiker, der ihm *durch sein schieres Verhalten* das Thema aus der Hand nehmen könnte, behielte zwar nicht das letzte Wort, aber er bliebe sozusagen performativ im Recht – er würde seine Position stumm und eindrucksvoll behaupten.

Bei diesem Stand der Diskussion (wenn es eine solche noch ist) hilft die Überlegung, daß der Skeptiker durch sein Verhalten seine Mitgliedschaft in der Gemeinschaft derer, die argumentieren, aufkündigt – nicht weniger, aber auch nicht mehr. Durch Argumentationsverweigerung kann er beispielsweise nicht, auch nicht indirekt, verleugnen, daß er eine soziokulturelle Lebensform teilt, in Zusammenhängen kommunikativen Handelns aufgewachsen ist und darin sein Leben reproduziert. Er kann, mit einem Wort, Moralität verleugnen, aber nicht die Sittlichkeit der Lebensverhältnisse, in denen er sich sozusagen tagsüber aufhält. Sonst müßte er sich in den Selbstmord oder in eine schwere Geisteskrankheit flüchten. Er kann sich mit anderen Worten der kommunikativen Alltagspraxis, in der er kontinuierlich mit »Ja« oder »Nein« Stellung zu nehmen genötigt ist, nicht entwinden; sofern er *überhaupt* am Leben bleibt, ist eine Robinsonade, mit der der Skeptiker sein Aussteigen aus dem kommunikativen Handeln auf stumme und eindrucksvolle Weise demonstrieren könnte, nicht einmal als eine fiktive Versuchsanordnung vorstellbar.

Nun müssen sich aber, wie wir gesehen haben, kommunikativ handelnde Subjekte, indem sie sich miteinander über etwas in der Welt verständigen, an Geltungsansprüchen, auch an assertorischen und normativen Geltungsansprüchen orientieren. Deshalb gibt es keine soziokulturelle Lebensform, die nicht auf eine Fortsetzung kommunikativen Handelns mit argumentativen Mitteln wenigstens implizit angelegt wäre – wie rudimentär die Formen der Argumentation auch immer ausgebildet, wie wenig diskursive Verständigungsprozesse auch immer institutionalisiert sein mögen. Argumentationen geben sich, sobald wir sie als speziell geregelte Interaktionen betrachten, als Reflexionsform des verständigungsorientierten Handelns zu erkennen. Sie *entlehnen* jene pragmatischen Voraussetzungen, die wir auf der prozeduralen Ebene entdecken, den Präsuppositionen verständigungsorientierten Handelns. Die Reziprozitäten, die die gegenseitige Anerkennung zurechnungsfähiger Subjekte tragen, sind bereits in jenes Handeln eingebaut, in dem Argumentationen *wurzeln*. Deshalb erweist sich die Argumentationsverweigerung des radikalen Skeptikers als leere Demonstration. Auch der konsequente Aussteiger kann aus der kommunikativen Alltagspraxis nicht aussteigen; deren Präsuppositionen bleibt er verhaftet – und diese wiederum sind – mindestens teilweise – identisch mit den Voraussetzungen von Argumentation überhaupt.

Natürlich müßte man im einzelnen sehen, welche normativen Gehalte eine Präsuppositionsanalyse des verständigungsorientierten Handelns zutage fördern kann. Ein Beispiel gibt A. Gewirth, der den Versuch gemacht hat, ethische Grundnormen aus den Strukturen und den allgemeinen pragmatischen Voraussetzungen zielgerichteten Handelns abzuleiten.[80] Er wendet die Präsuppositionsanalyse auf den Begriff der Fähigkeit, spontan und zielgerichtet zu handeln, an, um zu zeigen, daß jedes rational handelnde Subjekt seinen Handlungsspielraum, und die Ressourcen für die Verwirklichung von Zwecken überhaupt, als Güter betrachten *muß*. Interessanterweise reicht aber das teleologische Handlungskonzept nicht aus, um den Begriff eines *Rechtes* auf solche »notwendigen Güter« in derselben Weise transzendentalpragmatisch zu begründen wie diese Güter selbst.[81] Wählt man hingegen den Begriff des kom-

---

80 A. Gewirth, *Reason and Morality*, Chicago 1978.
81 Das zeigt MacIntyre (1981), 64f.: »Gewirth argues that anyone who holds that the prerequisites for his exercise of rational agency are necessary

munikativen Handelns als Basis, kann man auf demselben methodischen Wege einen Begriff von Rationalität gewinnen, der hinreichend stark sein dürfte, um die transzendentalpragmatische Ableitung des Moralprinzips bis in die Geltungsbasis verständigungsorientierten Handelns hinein zu *verlängern*.[82] Das muß ich hier auf sich beruhen lassen.[83]

Wenn man den Begriff zielgerichteten Handelns durch den umfassenderen des verständigungsorientierten Handelns ersetzt und einer transzendentalpragmatischen Analyse zugrunde legt, ruft man freilich den Skeptiker noch einmal mit der Frage auf den Plan, ob diese Auszeichnung eines normativ gehaltvollen Begriffs sozialen Handelns das moraltheoretische Ziel der ganzen Untersuchung nicht präjudizieren müsse.[84]

> goods is logically committed to holding also that he has a right to these goods. But quite clearly the introduction of the concept of a right needs justification both because it is at this point a concept quite new to Gewirth's argument *and* because of the special character of the concept of a right. It is first of all clear that the claim that I have a right to do or have something is a quite different type of claim from the claim that I need or want or will be benefited by something. From the first – if it is the only relevant consideration – it follows that others ought not to interfere with my attempts to do or have whatever it is, whether it is for my own good or not. From the second it does not. And it makes no difference what kind of good or benefits is at issue.«

82 Habermas (1981), Bd. 1, Kap. I und III. Vgl. S. K. White, »On the Normative Structure of Action«, *The Review of Politics*, 44, April 1982, 282 ff.

83 Übrigens hat R. S. Peters eine solche Analysestrategie in anderen Zusammenhängen propagiert: »To say ... that men ought to rely more on their reason, that they ought to be more concerned with first-hand justification, is to claim that they are systematically falling down on a job on which they are already engaged. It is not to commit some version of the naturalistic fallacy by basing a demand for a type of life on features of human life which make it distinctively human. For this would be to repeat the errors of the old Greek doctrine of function. Rather it is to say that human life already bears witness to the demands of reason. Without some acceptance by men of such demands their life would be unintelligible. But given the acceptance of such demands they are proceeding in a way which is inappropriate to satisfying them. Concern for truth is written into human life.« R. S. Peters, *Education and the Education of Teachers*, London 1977, 104 f.

84 Sehr scharf formuliert diese Frage T. McCarthy in: W. Oelmüller (Hg.), *Transzendentalphilosophische Normenbegründungen*, Paderborn 1979, 134 ff.

Wenn man davon ausgeht, daß die Typen verständigungs- und erfolgsorientierten Handelns eine vollständige Disjunktion bilden, bietet gerade die Option für den Übergang vom kommunikativen zum strategischen Handeln dem Skeptiker eine neue Chance. Er könnte sich nun doch darauf versteifen, nicht nur nicht zu argumentieren, sondern auch nicht mehr kommunikativ zu handeln – und damit einer vom Diskurs aufs Handeln zurückgreifenden Präsuppositionsanalyse *ein zweites Mal* den Boden entziehen.

Um dem zu begegnen, muß man zeigen können, daß Zusammenhänge kommunikativen Handelns eine selbstsubstitutive Ordnung bilden. Ich will an dieser Stelle auf konzeptuelle Argumente verzichten und mich mit einem empirischen Hinweis, der den zentralen Stellenwert kommunikativen Handelns plausibel macht, begnügen. Die Möglichkeit, zwischen kommunikativem und strategischem Handeln zu *wählen*, ist abstrakt, weil sie nur aus der zufälligen Perspektive des einzelnen Aktors gegeben ist. Aus der Perspektive der Lebenswelt, der der Aktor jeweils angehört, stehen diese Modi des Handelns nicht zur freien Disposition. Die symbolischen Strukturen jeder Lebenswelt reproduzieren sich nämlich in Formen der kulturellen Tradition, der sozialen Integration und der Sozialisation – und diese Prozesse können sich, wie ich andernorts gezeigt habe,[85] allein über das Medium verständigungsorientierten Handelns vollziehen. Zu diesem Medium gibt es kein Äquivalent bei der Erfüllung jener Funktionen. Deshalb steht auch den Einzelnen, die ihre Identität nicht anders als über die Aneignung von Traditionen, über die Zugehörigkeit zu sozialen Gruppen und über die Teilnahme an sozialisatorischen Interaktionen erwerben und behaupten können, die Wahl zwischen kommunikativem und strategischem Handeln nur in einem abstrakten Sinne, d. h. von Fall zu Fall, offen. Die Option für einen langfristigen Ausstieg aus Kontexten verständigungsorientierten Handelns haben sie nicht. Dieser würde den

---

85 Habermas (1981), Bd. 2, 212 ff.

Rückzug in die monadische Vereinsamung strategischen Handelns – oder in Schizophrenie und Selbstmord bedeuten. Auf die Dauer ist er selbstdestruktiv.
(b) Sollte der Skeptiker der über seinen Kopf hinweg fortgesetzten Argumentation gefolgt sein und eingesehen haben, daß ihn der demonstrative Ausstieg aus Argumentation und verständigungsorientiertem Handeln in eine existentielle Sackgasse führt, wird er vielleicht am Ende bereit sein, die vorgeschlagene Begründung des Moralprinzips anzunehmen und den eingeführten diskursethischen Grundsatz zu akzeptieren. Dies tut er freilich nur, um die Argumentationsmöglichkeiten auszuschöpfen, die ihm jetzt noch verbleiben: er zieht den Sinn einer solchen formalistischen Ethik selbst in Zweifel. Die Verwurzelung der Argumentationspraxis in lebensweltlichen Zusammenhängen kommunikativen Handelns hatte ihn ohnehin an Hegels Kantkritik erinnert; diese wird der Skeptiker nun gegen den Kognitivisten zur Geltung bringen.
In einer Formulierung von A. Wellmer besagt dieser Einwand, »daß wir mit der Idee eines ›herrschaftsfreien Diskurses‹ nur scheinbar einen objektiven Maßstab gewonnen haben, an dem wir die praktische Rationalität von Individuen oder Gesellschaften ›messen‹ können. In Wirklichkeit wäre es eine Illusion zu glauben, wir könnten uns von der gleichsam normativ geladenen Faktizität unserer geschichtlichen Situation mit den in ihr tradierten Normen und Rationalitätskriterien emanzipieren, um die Geschichte im ganzen, und unsere Stellung in ihr, sozusagen ›von der Seite‹ einzusehen. Ein Versuch in dieser Richtung könnte nur in theoretischer Willkür und in praktischem Terror enden.«[86] Ich brauche die Gegenargumente, die Wellmer in seiner brillanten Abhandlung entwickelt, nicht zu wiederholen; ich will aber die Aspekte wenigstens aufzählen, unter denen der Formalismus-Einwand eine Behandlung verdient.
i. Der diskursethische Grundsatz nimmt auf eine *Prozedur*,

---

86 A. Wellmer, *Praktische Philosophie und Theorie der Gesellschaft*, Konstanz 1979, 40 f.

nämlich die diskursive Einlösung von normativen Geltungsansprüchen Bezug; insofern läßt sich die Diskursethik mit Recht als *formal* kennzeichnen. Sie gibt keine inhaltlichen Orientierungen an, sondern ein Verfahren: den praktischen Diskurs. Dieser ist freilich ein Verfahren nicht zur Erzeugung von gerechtfertigten Normen, sondern zur Prüfung der Gültigkeit vorgeschlagener und hypothetisch erwogener Normen. Praktische Diskurse müssen sich ihre Inhalte geben lassen. Ohne den Horizont der Lebenswelt einer bestimmten sozialen Gruppe und ohne Handlungskonflikte in einer bestimmten Situation, in der die Beteiligten die konsensuelle Regelung einer strittigen gesellschaftlichen Materie als ihre Aufgabe betrachteten, wäre es witzlos, einen praktischen Diskurs führen zu wollen. Die konkrete Ausgangslage eines gestörten normativen Einverständnisses, auf die sich praktische Diskurse jeweils als Antezedens beziehen, determiniert Gegenstände und Probleme, die zur Verhandlung »anstehen«. Formal ist mithin diese Prozedur nicht im Sinne der Abstraktion von Inhalten. In seiner Offenheit ist der Diskurs gerade darauf angewiesen, daß die kontingenten Inhalte in ihn »eingegeben« werden. Freilich werden diese Inhalte im Diskurs so bearbeitet, daß partikulare Wertgesichtspunkte als nicht konsensfähig am Ende herausfallen; ist es nicht diese Selektivität, die das Verfahren zur Lösung praktischer Fragen untauglich macht?

ii. Wenn wir praktische Fragen als Fragen des »guten Lebens« definieren, die sich jeweils auf das Ganze einer partikularen Lebensform oder auf das Ganze einer individuellen Lebensgeschichte beziehen, ist der ethische Formalismus in der Tat einschneidend: der Universalisierungsgrundsatz funktioniert wie ein Messer, das einen Schnitt legt zwischen »das Gute« und »das Gerechte«, zwischen evaluative und streng normative Aussagen. Kulturelle Werte führen zwar einen Anspruch auf intersubjektive Geltung mit sich, aber sie sind so sehr mit der Totalität einer besonderen Lebensform verwoben, daß sie nicht von Haus aus normative Geltung im strikten Sinne beanspruchen können – sie *kandidieren* allenfalls für eine Verkörperung in Normen, die ein allgemeines Interesse zum Zuge bringen sollen. Sodann können sich die Beteiligten nur von Normen und Normensystemen, die aus der Ganzheit des gesellschaftlichen Lebenszusammenhanges herausgehoben werden, so weit distanzieren, wie es nötig ist, um ihnen gegenüber eine hypothetische Einstellung einzunehmen. Vergesellschaftete Individuen können sich nicht zu der Lebensform oder zu der Lebensgeschichte, in der sich ihre eigene Identität gebildet hat, hypothetisch verhalten. Aus alledem ergibt sich die Präzisierung des Anwendungsbereichs einer deontologischen Ethik: sie erstreckt sich nur auf die praktischen Fragen, die rational, und zwar mit der Aussicht auf Konsens erörtert werden können. Sie hat es nicht mit der Präferenz von Werten, sondern mit der Sollgeltung von Handlungsnormen zu tun.

iii. Weiterhin bleibt aber der hermeneutische Zweifel bestehen, ob nicht dem diskursethischen Verfahren der Normenbegründung eine überschwengliche, in den praktischen Auswirkungen sogar gefährliche Idee zugrunde liegt. Mit dem diskursethischen Grundsatz verhält es sich wie mit anderen Prinzipien: er kann nicht die Probleme der eigenen Anwendung regeln. Die Anwendung von Regeln verlangt eine praktische Klugheit, die der diskursethisch ausgelegten praktischen Vernunft *vorgeordnet* ist, jedenfalls nicht ihrerseits Diskursregeln untersteht. Dann kann aber der diskursethische Grundsatz nur unter Inanspruchnahme eines Vermögens wirksam werden, welches ihn an die lokalen Übereinkünfte der hermeneutischen Ausgangssituation bindet und in die Provinzialität eines bestimmten geschichtlichen Horizonts zurückholt.

Das ist nicht zu bestreiten, wenn man die Probleme der Anwendung aus der Perspektive einer dritten Person betrachtet. Diese reflexive Einsicht des Hermeneutikers entwertet dennoch nicht den alle lokalen Übereinkünfte transzendierenden Anspruch des Diskursprinzips: diesem kann sich der Argumentationsteilnehmer nämlich nicht entziehen, solange er in performativer Einstellung den Sinn der Sollgeltung von Normen ernst nimmt und Normen nicht als soziale Tatsachen, als etwas in der Welt bloß Vorkommendes objektiviert. Die transzendierende Kraft eines *frontal verstandenen* Geltungsanspruchs ist auch empirisch wirksam und kann durch die reflexive Einsicht des Hermeneutikers *nicht überholt* werden. Die Geschichte der Grundrechte in den modernen Verfassungsstaaten liefert eine Fülle von Beispielen dafür, daß die Anwendungen von Prinzipien, wenn diese erst einmal anerkannt sind, keineswegs von Situation zu Situation schwanken, sondern einen *gerichteten Verlauf* nehmen. Der universelle Gehalt dieser Normen selbst bringt den Betroffenen, im Spiegel veränderter Interessenlagen, die Parteilichkeit und Selektivität von Anwendungen zu Bewußtsein. Anwendungen können den Sinn der Norm selbst verfälschen; auch in der Dimension der klugen Applikation können wir mehr oder weniger *befangen* operieren. In ihr sind *Lernprozesse* möglich.[87]

iv. Tatsächlich unterliegen praktische Diskurse Beschränkungen, die gegenüber einem fundamentalistischen Selbstverständnis in Erinnerung gebracht werden müssen. Diese Beschränkungen hat Wellmer in einem noch unveröffentlichten Manuskript über »Reason and the Limits of Rational Discourse« mit aller wünschenswerten Klarheit herausgearbeitet.

Erstens behalten praktische Diskurse, in denen auch die Angemessenheit der Interpretation von Bedürfnissen zur Sprache kommen muß, einen internen Zusammenhang mit der ästhetischen Kritik auf der einen, der therapeutischen Kritik auf der anderen Seite; und diese beiden Formen der Argumentation stehen nicht unter der Prämisse strenger Diskurse, daß *grundsätzlich* immer ein rational motiviertes Einverständnis müßte erzielt werden können, wobei »grundsätzlich« den idealisierenden Vorbehalt meint: wenn die Argumentation nur offen genug geführt und lange genug fortgesetzt werden könnte.

---

87 Ich beziehe mich hier auf ein von Tugendhat entwickeltes Konzept des »normativen Lernens«, dargestellt in: G. Frankenberg, U. Rödel, *Von der Volkssouveränität zum Minderheitenschutz*, Frankfurt/M. 1981.

Wenn aber die verschiedenen Formen der Argumentation letztlich ein System bilden und nicht gegeneinander isoliert werden können, belastet eine Verknüpfung mit den weniger strengen Formen der Argumentation auch den strengeren Anspruch des praktischen (auch des theoretischen und des explikativen) Diskurses mit einer Hypothek, die der geschichtlich-gesellschaftlichen Situierung der Vernunft entstammt.

Zweitens können praktische nicht in gleichem Maße wie theoretische und explikative Diskurse vom Druck der gesellschaftlichen Konflikte entlastet werden. Sie sind weniger »handlungsentlastet«, weil mit strittigen Normen das Gleichgewicht intersubjektiver Anerkennungsverhältnisse berührt wird. Der Streit um Normen bleibt, auch wenn er mit diskursiven Mitteln geführt wird, im »Kampf um Anerkennung« verwurzelt.

Drittens gleichen praktische Diskurse, wie alle Argumentationen, den von Überschwemmung bedrohten Inseln im Meer einer Praxis, in dem das Muster der konsensuellen Beilegung von Handlungskonflikten keineswegs dominiert. Die Mittel der Verständigung werden durch Instrumente der Gewalt immer wieder verdrängt. So muß sich ein Handeln, das sich an ethischen Grundsätzen orientiert, mit Imperativen ins Benehmen setzen, die sich aus strategischen Zwängen ergeben. Das Problem einer Verantwortungsethik, die die zeitliche Dimension berücksichtigt, ist im Grundsätzlichen trivial, da sich der Diskursethik selbst die verantwortungsethischen Gesichtspunkte für eine zukunftsorientierte Beurteilung der Nebenfolgen kollektiven Handelns entnehmen lassen. Andererseits ergeben sich aus diesem Problem Fragen einer politischen Ethik, die es mit den Aporien einer auf Ziele der Emanzipation gerichteten Praxis zu tun hat und jene Themen aufnehmen muß, die einmal in der Marxschen Revolutionstheorie ihren Ort gehabt haben.

In dieser Art von Beschränkungen, denen praktische Diskurse stets unterliegen, bringt sich die Macht der Geschichte gegenüber den transzendierenden Ansprüchen und Interessen der

Vernunft zur Geltung. Der Skeptiker neigt freilich dazu, diese Schranken zu dramatisieren. Der Kern des Problems besteht einfach darin, daß moralische Urteile, die auf dekontextualisierte Fragen demotivierte Antworten geben, nach einem *Ausgleich* verlangen. Man muß sich nur die Abstraktionsleistungen klarmachen, denen universalistische Moralen ihre Überlegenheit über alle konventionellen Moralen verdanken, dann erscheint das alte Problem des Verhältnisses von Moralität und Sittlichkeit in einem trivialen Licht.

Für den hypothesenprüfenden Diskursteilnehmer verblaßt die Aktualität seines lebensweltlichen Erfahrungszusammenhangs; ihm erscheint die Normativität der bestehenden Institutionen ebenso gebrochen wie die Objektivität der Dinge und Ereignisse. Im Diskurs nehmen wir die gelebte Welt der kommunikativen Alltagspraxis sozusagen aus einer artifiziellen Retrospektive wahr; denn im Licht hypothetisch erwogener Geltungsansprüche wird die Welt der institutionell geordneten Beziehungen in ähnlicher Weise *moralisiert* wie die Welt existierender Sachverhalte *theoretisiert* – was bis dahin als Tatsache oder Norm fraglos gegolten hatte, kann nun der Fall oder auch nicht der Fall, gültig oder ungültig sein. Die moderne Kunst hat übrigens einen vergleichbaren Problematisierungsschub im Reich der Subjektivität eingeleitet; die Welt der Erlebnisse wird ästhetisiert, d. h. freigesetzt von den Routinen der *Alltagswahrnehmung* und den Konventionen des Alltagshandelns. Es empfiehlt sich deshalb, das Verhältnis von Moralität und Sittlichkeit als Teil eines komplexeren Zusammenhangs zu sehen.

Max Weber hat den okzidentalen Rationalismus unter anderem dadurch charakterisiert gesehen, daß sich in Europa Expertenkulturen herausbilden, die die kulturelle Überlieferung in reflexiver Einstellung bearbeiten und dabei die im engeren Sinne kognitiven, ästhetisch-expressiven und moralisch-praktischen Bestandteile voneinander isolieren. Sie spezialisieren sich jeweils auf Wahrheitsfragen, Geschmacksfragen und Fragen der Gerechtigkeit. Mit dieser internen Ausdifferenzierung der sogenannten »Wertsphären«, der wissenschaftlichen Produktion, der Kunst und Kritik, des Rechts und der Moral treten auf der kulturellen Ebene *die* Elemente auseinander, die innerhalb der Lebenswelt ein schwer auflösbares Syndrom bilden. Mit diesen Wertsphären entstehen erst die reflexiven Perspektiven, aus denen die Lebenswelt als die »Praxis« erscheint, mit der die Theorie vermittelt werden soll, als das »Leben«, mit der die Kunst sich gemäß den surrealistischen Forderungen versöhnen möchte, oder eben: als die »Sittlichkeit«, zu der sich die Moralität ins Verhältnis setzen muß.

Aus der Perspektive eines Teilnehmers an moralischen Argumentationen stellt sich die auf Distanz gebrachte Lebenswelt, wo kulturelle Selbstverständlichkeiten moralischer, kognitiver und expressiver Herkunft miteinander verwoben sind, als Sphäre der Sittlichkeit dar. Dort sind die Pflichten derart mit konkreten Lebensgewohnheiten vernetzt, daß sie ihre Evidenz aus Hintergrundgewißheiten beziehen können. Fragen der Gerechtigkeit stellen sich dort nur innerhalb des Horizonts von *immer schon beantworteten Fragen* des guten Lebens. Unter dem unnachsichtig moralisierenden Blick des Diskursteilnehmers hat diese Totalität ihre naturwüchsige Geltung eingebüßt, ist die normative Kraft des Faktischen erlahmt – können sich vertraute Institutionen in ebenso viele Fälle problematischer Gerechtigkeit verwandeln. Vor diesem Blick ist der überlieferte Bestand an Normen zerfallen, und zwar in das, was aus Prinzipien gerechtfertigt werden kann, und in das, was nur noch faktisch gilt. Die lebensweltliche Fusion von Gültigkeit und sozialer Geltung hat sich aufgelöst. Gleichzeitig ist die Praxis des Alltags in Normen und Werte auseinandergetreten, also in den Bestandteil des Praktischen, der den Forderungen streng moralischer Rechtfertigung unterworfen werden kann, und in einen anderen, nicht moralisierungsfähigen Bestandteil, der die besonderen, zu individuellen oder kollektiven Lebensweisen integrierten Wertorientierungen umfaßt.

Gewiß, auch die kulturellen Werte transzendieren die faktischen Handlungsabläufe; sie verdichten sich zu den historischen und lebensgeschichtlichen Syndromen von Wertorientierungen, in deren Licht die Subjekte das »gute Leben« von der Reproduktion ihres »nackten Lebens« unterscheiden können. Aber die Ideen des guten Lebens sind keine Vorstellungen, die als ein abstraktes Sollen vorschweben; sie prägen die Identität von Gruppen und Individuen derart, daß sie einen integrierten Bestandteil der jeweiligen Kultur oder der Persönlichkeit bilden. So geht die Herausbildung des moralischen Gesichtspunktes mit einer Differenzierung innerhalb des Praktischen Hand in Hand: die *moralischen Fragen*, die unter dem Aspekt der Verallgemeinerungsfähigkeit von Interessen oder der *Gerechtigkeit* grundsätzlich rational entschieden werden können, werden nun von den *evaluativen Fragen* unterschieden, die sich unter dem allgemeinsten Aspekt als Fragen des *guten Lebens* (oder der Selbstverwirklichung) darstellen und die einer rationalen Erörterung nur *innerhalb* des unproblematischen Horizonts einer geschichtlich konkreten Lebensform oder einer individuellen Lebensführung zugänglich sind.

Wenn man sich diese Abstraktionsleistungen der Moralität vor Augen führt, wird beides klar: der Rationalitätsgewinn, den die Isolierung von Gerechtigkeitsfragen einbringt, und die Folgeprobleme einer Vermittlung von Moralität und Sittlichkeit, die daraus entstehen. Innerhalb des Horizonts einer Lebenswelt entlehnen praktische Urteile sowohl die Konkretheit wie die handlungsmotivierende Kraft einer internen Verbindung mit den fraglos gültigen Ideen des guten Lebens, mit der institutionalisierten Sittlichkeit überhaupt. Keine Problematisierung kann, in diesem Umkreis, so tief reichen, daß sie die Vorzüge der existierenden Sittlichkeit verspielen würde. Genau das tritt ein mit jenen Abstraktionsleistungen, die der moralische Gesichtspunkt fordert. Deswegen spricht Kohlberg vom Übergang zur *postkonventionellen* Stufe des moralischen Bewußtseins. Auf dieser Stufe löst sich das moralische Urteil von den lokalen Übereinkünften und der historischen Färbung einer partikularen Lebensform; es kann sich nicht länger auf die Geltung dieses lebensweltlichen Kontextes berufen. Und moralische Antworten behalten nur mehr die rational motivierende Kraft von Einsichten zurück; sie verlieren mit den fraglosen Evidenzen eines lebensweltlichen Hintergrundes die Schubkraft empirisch wirksamer Motive. Jede universalistische Moral muß diese Einbußen an konkreter Sittlichkeit, die sie um des kognitiven Vorteils willen zunächst in Kauf nimmt, wettmachen, um praktisch wirksam zu werden. Universalistische Moralen sind auf Lebensformen angewiesen, die ihrerseits soweit »rationalisiert« sind, daß sie die kluge Applikation allgemeiner moralischer Einsichten ermöglichen und Motivationen für die Umsetzung von Einsichten in moralisches Handeln fördern. Allein Lebensformen, die in diesem Sinne universalistischen Moralen »entgegenkommen«, erfüllen notwendige Bedingungen dafür, daß die Abstraktionsleistungen der Dekontextualisierung und der Demotivierung auch wieder rückgängig gemacht werden können.

2. Treffen Hegels Einwände gegen Kant auch auf die Diskursethik zu?

K.-O. Apel und ich haben in den letzten Jahren den Versuch unternommen, die Kantische Moraltheorie im Hinblick auf die Frage der Normenbegründung mit kommunikationstheoretischen Mitteln neu zu formulieren.[1] Ich will heute den Grundgedanken der Diskursethik erläutern und einige der Einwände aufnehmen, die seinerzeit Hegel gegen Kants Ethik erhoben hat. Im ersten Teil meines Vortrages behandele ich zwei Fragen:
(1) Was heißt Diskursethik?
(2) Welche moralischen Intuitionen bringt die Diskursethik auf den Begriff?
Dabei werde ich die komplizierte Frage nach der Begründung der Diskursethik nur im Vorbeigehen berühren. Im zweiten Teil möchte ich die im Titel genannte Frage behandeln. Ich beschränke mich dabei auf die vier wichtigsten Einwände, die Hegel gegen Kants Moralphilosophie erhoben hat, und zwar auf:
(1) Hegels Einwand gegen den *Formalismus* der Kantischen Ethik: Weil der Kategorische Imperativ verlangt, von allen besonderen Inhalten der Handlungsmaximen und der Pflichten zu abstrahieren, muß die Anwendung dieses Moralprinzips zu tautologischen Urteilen führen.[2]

---

[1] Vgl. die Beiträge von K.-O. Apel zu: K.-O. Apel, D. Böhler, G. Kadelbach (Hg.), *Praktische Philosophie/Ethik*, Frankfurt/M. 1984; J. Habermas, »Diskursethik – Notizen zu einem Begründungsprogramm«, in diesem Band 31-115.

[2] »Die Materie der Maxime bleibt, was sie ist, eine Bestimmtheit oder Einzelheit; und die Allgemeinheit, welche ihr die Aufnahme in die Form erteilt, ist also eine schlechthin analytische Einheit, und wenn die ihr erteilte Einheit rein in einem Satz ausgesprochen wird, so ist der Satz ein analytischer und eine Tautologie« (G.W.F. Hegel, »Über die wissenschaftlichen Behandlungsarten des Naturrechts«, in: *Werke*, hg. v. Eva Moldenhauer und Karl Markus Michel, Frankfurt/M. 1968 ff., Bd. 2, 460). Der Formalismus

(2) Hegels Einwand gegen den *abstrakten Universalismus* der Kantischen Ethik: Weil der Kategorische Imperativ verlangt, das Allgemeine vom Besonderen zu trennen, müssen die nach diesem Prinzip gültigen Urteile für die besondere Natur und den Kontext des jeweils lösungsbedürftigen Problems unempfindlich und dem Einzelfall äußerlich bleiben.[3]

(3) Hegels Einwand gegen die *Ohnmacht des bloßen Sollens:* Weil der Kategorische Imperativ verlangt, das Sollen vom Sein streng zu trennen, muß dieses Moralprinzip jede Auskunft darüber schuldig bleiben, wie moralische Einsichten in die Praxis umgesetzt werden können.[4]

4) Hegels Einwand gegen den Terrorismus der *reinen Gesinnung*: Weil der Kategorische Imperativ die reinen Forderungen der praktischen Vernunft vom Bildungsprozeß des Geistes und von dessen geschichtlichen Konkretionen abtrennt, legt

---

zeigt sich auch darin, daß jede beliebige Maxime in die Form eines allgemeinen Gesetzes gebracht werden kann – »und es gibt gar nichts, was nicht auf diese Weise zu einem sittlichen Gesetz gemacht werden könnte« (ebd., 461).

3 »Das moralische Bewußtsein ist als das einfache Wissen und Wollen der reinen Pflicht [...] auf die Wirklichkeit des mannigfaltigen Falles bezogen und hat dadurch ein mannigfaltiges moralisches Verhältnis [...]. Was (nun) die vielen Pflichten betrifft, so gilt dem moralischen Bewußtsein überhaupt nur die reine Pflicht in ihnen; die vielen Pflichten als viele sind bestimmte und daher für das moralische Bewußtsein nichts Heiliges« (G. W. F. Hegel, *Phänomenologie des Geistes*, in: ebd., Bd. 3, 448). Die Kehrseite der Abstraktion vom Besonderen ist die Verabsolutierung des Besonderen, das in der Form des Allgemeinen unkenntlich wird: »durch Vermischung der absoluten Form aber mit der bedingten Materie wird unversehens dem Unreellen, Bedingten des Inhalts die Absolutheit der Form untergeschoben, und in dieser Verkehrung und Taschenspielerei liegt der Nerv dieser praktischen Gesetzgebung der Vernunft« (ebd., 2, 464).

4 »Das moralische Bewußtsein [...] erfährt, daß die Natur unbekümmert darum ist, ihm das Bewußtsein der Einheit seiner Wirklichkeit mit der ihrigen zu geben [...]. Das unmoralische Bewußtsein findet vielleicht zufälligerweise seine Verwirklichung, wo das moralische nur Veranlassung zum Handeln, aber durch dasselbe nicht das Glück der Ausführung und des Genusses der Vollbringung ihm zuteil werden sieht. Es findet daher vielmehr Grund zu Klagen über solchen Zustand der Unangemessenheit seiner und des Daseins und der Ungerechtigkeit, die es darauf einschränkt, seinen Gegenstand nur als reine Pflicht zu haben, aber ihm denselben und sich verwirklicht zu sehen versagt« (ebd., 444).

er den Anwälten der moralischen Weltanschauung eine Politik nahe, die sich die Verwirklichung der Vernunft zum Ziel setzt und um höherer Zwecke willen unmoralische Handlungen billigend in Kauf nimmt.[5]

I.

ad (1): Was heißt Diskursethik?

Lassen Sie mich vorweg den deontologischen, kognitivistischen, formalistischen und universalistischen Charakter der Kantischen Ethik erklären. Weil sich Kant auf die Menge begründbarer normativer Urteile beschränken will, muß er einen engen Moralbegriff zugrunde legen. Die klassischen Ethiken hatten sich auf *alle* Fragen des »guten Lebens« bezogen; Kants Ethik bezieht sich nur noch auf Probleme richtigen oder gerechten Handelns. Moralische Urteile erklären, wie Handlungskonflikte auf der Grundlage eines rational motivierten Einverständnisses beigelegt werden können. Im weiteren Sinne dienen sie dazu, Handlungen im Lichte gültiger Normen oder die Gültigkeit der Normen im Lichte anerkennungswürdiger Prinzipien zu rechtfertigen. Das moraltheoretisch erklärungsbedürftige Grundphänomen ist nämlich die Sollgeltung von Geboten oder Handlungsnormen. In dieser Hinsicht sprechen wir von einer *deontologischen* Ethik. Diese versteht die Richtigkeit von Normen oder Geboten in Analogie zur Wahrheit eines assertorischen Satzes. Allerdings darf die moralische »Wahrheit« von Sollsätzen nicht – wie im Intuitionismus oder in der Wertethik – an die assertorische Geltung von Aussagesätzen assimiliert werden. Kant wirft die theoretische mit der praktischen Vernunft nicht zusammen. Normative Richtig-

[5] Hegel widmet dem jakobinischen Gesinnungsterror ein berühmtes Kapitel unter dem Titel »Die Tugend und der Weltlauf«, in dem er zeigt, wie die Moral zum Mittel wird, um »durch Aufopferung der Individualität das Gute zur Wirklichkeit zu bringen« (ebd., 289).

keit begreife ich als wahrheitsanalogen Geltungsanspruch. In diesem Sinne sprechen wir auch von einer *kognitivistischen Ethik*. Diese muß die Frage beantworten können, wie sich normative Aussagen begründen lassen. Obwohl Kant die Imperativform wählt (»Handle nur nach derjenigen Maxime, durch die Du zugleich wollen kannst, daß sie ein allgemeines Gesetz werde!«), übernimmt der Kategorische Imperativ die Rolle eines Rechtfertigungsprinzips, welches verallgemeinerungsfähige Handlungsnormen als gültig auszeichnet: was im moralischen Sinne gerechtfertigt ist, müssen alle vernünftigen Wesen wollen können. In dieser Hinsicht sprechen wir von einer *formalistischen Ethik*. In der Diskursethik tritt an die Stelle des Kategorischen Imperativs das Verfahren der moralischen Argumentation. Sie stellt den Grundsatz ›D‹ auf:
- daß nur diejenigen Normen Geltung beanspruchen dürfen, die die Zustimmung aller Betroffenen als Teilnehmer eines praktischen Diskurses finden könnten.[6]

Zugleich wird der Kategorische Imperativ zu einem Universalisierungsgrundsatz ›U‹ herabgestuft, der in praktischen Diskursen die Rolle einer Argumentationsregel übernimmt:
- bei gültigen Normen müssen Ergebnisse und Nebenfolgen, die sich voraussichtlich aus einer allgemeinen Befolgung für die Befriedigung der Interessen eines jeden ergeben, von allen zwanglos akzeptiert werden können.

Universalistisch nennen wir schließlich eine Ethik, die behauptet, daß dieses (oder ein ähnliches) Moralprinzip nicht nur die Intuitionen einer bestimmten Kultur oder einer bestimmten Epoche ausdrückt, sondern allgemein gilt. Nur eine Begründung des Moralprinzips, die ja nicht schon durch den Hinweis auf ein Faktum der Vernunft geleistet wird, kann den Verdacht

---

6 K. H. Ilting scheint nicht gesehen zu haben, daß die allgemeine »Zustimmungsfähigkeit« lediglich operationalisiert, was er selbst die »Zumutbarkeit« von Normen nennt. Zumutbar sind nur diejenigen Normen, für die im Kreise der Betroffenen Einverständnis *diskursiv* erzielt werden kann. Vgl. K. H. Ilting, »Der Geltungsgrund moralischer Normen«, in: W. Kuhlmann, D. Böhler (Hg.), *Kommunikation und Reflexion*, Frankfurt/M. 1982, 629 ff.

auf einen ethnozentrischen Fehlschluß entkräften. Man muß nachweisen können, daß unser Moralprinzip nicht nur die Vorurteile des erwachsenen, weißen, männlichen, bürgerlich erzogenen Mitteleuropäers von heute widerspiegelt. Auf diesen schwierigsten Teil der Ethik werde ich nicht eingehen, sondern nur die These in Erinnerung bringen, die die Diskursethik in diesem Zusammenhang aufstellt: Jeder, der ernsthaft den Versuch unternimmt, an einer Argumentation teilzunehmen, läßt sich implizit auf allgemeine pragmatische Voraussetzungen ein, die einen normativen Gehalt haben; das Moralprinzip läßt sich dann aus dem Gehalt dieser Argumentationsvoraussetzungen ableiten, sofern man nur weiß, was es heißt, eine Handlungsnorm zu rechtfertigen.[7]

Soviel zu den deontologischen, kognitivistischen, formalistischen und universalistischen Grundannahmen, die alle Ethiken des Kantischen Typs in der einen oder anderen Version vertreten. Kurz erläutern möchte ich noch das in ›D‹ genannte Verfahren des praktischen Diskurses.

Den Standpunkt, von dem aus moralische Fragen *unparteilich* beurteilt werden können, nennen wir den »moralischen Gesichtspunkt« (moral point of view). Formalistische Ethiken geben eine Regel an, die erklärt, wie man etwas unter dem moralischen Gesichtspunkt betrachtet. John Rawls empfiehlt bekanntlich einen Urzustand, in dem alle Beteiligten einander als rational entscheidende, gleichberechtigte Vertragspartner, freilich in Unkenntnis über ihren tatsächlich eingenommenen gesellschaftlichen Status gegenübertreten, als »den angemessenen Ausgangszustand, der gewährleistet, daß die in ihm erzielten Grundvereinbarungen fair sind«.[8] G. H. Mead empfiehlt statt

---

7 Allerdings darf die Idee der Rechtfertigung von Normen nicht zu stark sein und nicht schon das in die Prämisse einführen, worauf doch erst geschlossen werden soll: daß gerechtfertigte Normen die Zustimmung aller Betroffenen müßten finden können. Dieser Fehler ist mir unterlaufen in J. Habermas, *Moralbewußtsein und Kommunikatives Handeln*, Frankfurt/M. 1983, 102 f.; er wurde in der zweiten Auflage (1985) korrigiert.

8 J. Rawls, *Eine Theorie der Gerechtigkeit*, Frankfurt/M. 1975, 341. Dieselbe Intuition bringt G. H. Mead auf den Begriff der idealen Rollenübernahme,

dessen eine ideale Rollenübernahme, die verlangt, daß sich das moralisch urteilende Subjekt in die Lage all derer versetzt, die von der Ausführung einer problematischen Handlung oder von der Inkraftsetzung einer fraglichen Norm betroffen wären. Das Verfahren des praktischen Diskurses hat Vorzüge gegenüber beiden Konstruktionen. In Argumentationen müssen die Teilnehmer davon ausgehen, daß im Prinzip alle Betroffenen als Freie und Gleiche an einer kooperativen Wahrheitssuche teilnehmen, bei der einzig der Zwang des besseren Arguments zum Zuge kommen darf. Der praktische Diskurs gilt als eine anspruchsvolle Form der argumentativen Willensbildung, die (wie der Rawlssche Urzustand) allein aufgrund allgemeiner Kommunikationsvoraussetzungen die Richtigkeit (oder Fairneß) jedes unter diesen Bedingungen möglichen normativen Einverständnisses garantieren soll. Diese Rolle kann der Diskurs kraft der idealisierenden Unterstellungen spielen, die die Teilnehmer in ihrer Argumentationspraxis tatsächlich vornehmen müssen; deshalb entfällt der fiktive Charakter des Urzustandes einschließlich des Arrangements künstlicher Unwissenheit. Auf der anderen Seite läßt sich der praktische Diskurs als ein Verständigungsprozeß begreifen, der seiner Form nach *alle* Beteiligten *gleichzeitig* zur idealen Rollenübernahme anhält. Er transformiert also die (bei Mead) von jedem *einzeln* und *privatim* vorgenommene ideale Rollenübernahme in eine *öffentliche*, von allen intersubjektiv gemeinsam praktizierte Veranstaltung.[9]

---

den auch L. Kohlberg seiner Theorie der Entwicklung des moralischen Bewußtseins zugrunde legt: G. H. Mead, »Fragmente über Ethik«, in: ders., *Geist, Identität und Gesellschaft*, Frankfurt/M. 1968, 429 ff. Vgl. auch H. Joas, *Praktische Intersubjektivität*, Frankfurt/M. 1980, Kap. 6, 120 ff.

9 Allerdings kann der praktische Diskurs andere als kritische Funktionen nur dann erfüllen, wenn die regelungsbedürftige Materie verallgemeinerbare Interessen berührt. Solange ausschließlich besondere Interessen im Spiele sind, muß die praktische Willensbildung die Form des Kompromisses annehmen. Vgl. dazu J. Habermas, *Legitimationsprobleme im Spätkapitalismus*, Frankfurt/M. 1973, 154 ff.

ad (2): Welche moralischen Intuitionen bringt die Diskursethik auf den Begriff?

Offen ist die Frage, warum die diskursethische Erklärung des moralischen Gesichtspunktes bzw. der Unparteilichkeit des moralischen Urteils mit Hilfe eines *Verfahrens* unsere moralischen Intuitionen, die doch etwas *Substantielles* sind, angemessen sollte ausdrücken können.

»Moralisch« möchte ich alle die Intuitionen nennen, die uns darüber informieren, wie wir uns am besten verhalten sollen, um durch Schonung und Rücksichtnahme der *extremen Verletzbarkeit* von Personen entgegenzuwirken. Unter anthropologischen Gesichtspunkten läßt sich nämlich Moral als eine Schutzvorrichtung verstehen, die eine in soziokulturelle Lebensformen strukturell eingebaute Verletzbarkeit kompensiert. In diesem Sinne versehrbar und moralisch schonungsbedürftig sind Lebewesen, die allein auf dem Wege der Vergesellschaftung individuiert werden. Die raumzeitliche Individuierung der Menschengattung in die einzelnen Exemplare wird nicht schon durch eine genetische Anlage reguliert, die unvermittelt von der Art auf den individuellen Organismus durchgreift. Sprach- und handlungsfähige Subjekte werden vielmehr als Individuen allein dadurch konstituiert, daß sie als Mitglieder einer jeweils besonderen Sprachgemeinschaft in eine intersubjektiv geteilte Lebenswelt hineinwachsen. In kommunikativen Bildungsprozessen formen und erhalten sich die Identität des Einzelnen und die des Kollektivs *gleichursprünglich*. Mit dem System der Personalpronomina ist nämlich in den verständigungsorientierten Sprachgebrauch der sozialisatorischen Interaktion ein unnachgiebiger Zwang zur Individuierung eingebaut; über dasselbe Medium der Alltagssprache kommt aber zugleich die vergesellschaftende Intersubjektivität zum Zuge.[10] Je weiter sich die Strukturen einer Lebenswelt ausdifferenzieren, um so klarer sieht man, wie die

10 J. Habermas, *Theorie des kommunikativen Handelns*, Frankfurt/M. 1981, Bd. 2, 92ff.

wachsende Selbstbestimmung des individuierten Einzelnen mit der zunehmenden Integration in vervielfältigte soziale Abhängigkeiten verschränkt ist. Je weiter die Individuierung fortschreitet, um so weiter verstrickt sich das einzelne Subjekt in ein immer dichteres und zugleich subtileres Netz reziproker Schutzlosigkeiten und exponierter Schutzbedürftigkeiten. Die Person bildet ein inneres Zentrum nur in dem Maße, wie sie sich zugleich an die kommunikativ hergestellten interpersonalen Beziehungen entäußert. Daraus erklärt sich eine gleichsam konstitutionelle Gefährdung und chronische Anfälligkeit der Identität, die der handgreiflichen Versehrbarkeit der Integrität von Leib und Leben noch vorausliegt.

Die Mitleidsethiken haben erkannt, daß diese tiefe Verletzbarkeit eine Garantie gegenseitiger Schonung erforderlich macht.[11] Freilich muß diese Schonung gleichzeitig auf beides gerichtet sein – auf die Integrität der einzelnen Person wie auf die des lebensnotwendigen Geflechts reziproker Anerkennungsverhältnisse, in denen die Personen ihre zerbrechliche Identität nur *wechselseitig* stabilisieren können. Keine Person kann ihre Identität *für sich alleine* behaupten. Das gelingt nicht einmal im verzweifelten Akt des Selbstmordes, den die Stoa als Zeichen der souveränen Selbstbestimmung des vereinzelten Einzelnen gewürdigt hat. Die nächste Umgebung verspürt es an den untrüglichen Reaktionen des Gewissens, daß sich in diesem scheinbar einsamsten Akt noch ein gemeinsam zu verantwortendes Schicksal des Ausschlusses aus einer intersubjektiv geteilten Lebenswelt vollzieht.

Weil Moralen auf die Versehrbarkeit von Lebewesen zuge-

---

11 Vgl. meine Kritik an Gehlen: »Nicht in den biologischen Schwächen des Menschen, in den Mängeln der organischen Ausstattung des Neugeborenen und in den Gefährdungen einer überproportional langen Aufzuchtperiode, sondern in dem kompensatorisch aufgebauten kulturellen System selbst ist jene tiefe Verletzbarkeit angelegt, die als Gegenhalt eine ethische Verhaltensregulierung nötig macht. Das ethische Grundproblem ist die verhaltenswirksame Garantie der gegenseitigen Schonung und des Respekts; das ist der wahre Kern der Mitleidsethiken« (J. Habermas, *Philosophisch-politische Profile*, Frankfurt/M. 1981, 118).

schnitten sind, die durch Vergesellschaftung individuiert werden, müssen sie stets *zwei* Aufgaben in *einem* lösen: Sie bringen die Unantastbarkeit der Individuen zur Geltung, indem sie gleichmäßige Achtung vor der Würde eines jeden fordern; im selben Maße schützen sie aber auch die intersubjektiven Beziehungen reziproker Anerkennung, durch die sich die Individuen als Angehörige einer Gemeinschaft erhalten. Den beiden komplementären Aspekten entsprechen die Prinzipien der Gerechtigkeit und der Solidarität. Während das eine gleichmäßige Achtung und gleiche Rechte für jeden Einzelnen postuliert, fordert das andere Empathie und Fürsorge für das Wohlergehen des Nächsten. Gerechtigkeit im modernen Sinne bezieht sich auf die subjektive Freiheit unvertretbarer Individuen; hingegen bezieht sich Solidarität auf das Wohl der in einer intersubjektiv geteilten Lebensform verschwisterten Genossen. Frankena spricht vom principle of justice, dem Prinzip der Gleichbehandlung, und dem principle of benevolence, das uns gebietet, das allgemeine Wohl zu fördern, Schaden abzuwenden und Gutes zu tun.[12] Die Diskursethik erklärt, warum beide Prinzipien auf ein und dieselbe Wurzel der Moral zurückgehen – eben auf die kompensationsbedürftige Verletzbarkeit von Lebewesen, die sich nur durch Vergesellschaftung zu Individuen vereinzeln, so daß die Moral das eine nicht ohne das andere schützen kann: die Rechte des Individuums nicht ohne das Wohl der Gemeinschaft, der es angehört.

Das Grundmotiv der Mitleidsethiken läßt sich so weit entwickeln, daß der innere Zusammenhang der beiden Moralprinzipien klar wird, die bisher in der Moralphilosophie stets die Anknüpfungspunkte für entgegengesetzte Traditionen geboten haben. Die Pflichtethiken haben sich aufs Gerechtigkeitsprinzip, die Güterethiken aufs allgemeine Wohl spezialisiert. Schon Hegel hat freilich erkannt, daß die Einheit des moralischen Grundphänomens verfehlt wird, wenn wir beide Aspekte voneinander isolieren und ein Prinzip dem anderen ent-

---

12 W. K. Frankena, *Analytische Ethik*, München 1972, 62 ff.

gegenstellen. Hegels Konzept der Sittlichkeit geht deshalb von einer Kritik an zwei spiegelbildlichen Vereinseitigungen aus. Hegel wendet sich gegen den abstrakten Universalismus der Gerechtigkeit, wie er in den individualistischen Ansätzen der Neuzeit, im rationalen Naturrecht ebenso wie in der Kantischen Ethik zum Ausdruck kommt; ebenso entschieden lehnt er den konkreten Partikularismus des Allgemeinwohls ab, wie er sich in der Polisethik des Aristoteles oder in der thomistischen Güterethik ausspricht. Diese Grundintention Hegels nimmt die Diskursethik auf, um sie mit Kantischen Mitteln einzulösen.

Diese These ist weniger überraschend, wenn man sich klar macht, daß Diskurse, in denen ja problematische Geltungsansprüche als Hypothesen behandelt werden, eine Art reflexiv gewordenen kommunikativen Handelns darstellen. So ist der normative Gehalt von Argumentationsvoraussetzungen den Präsuppositionen des verständigungsorientierten Handelns, auf denen Diskurse gleichsam aufsitzen, bloß entlehnt. Der wahre Kern des Naturrechts läßt sich deshalb mit der These retten, daß alle Moralen in einem übereinstimmen: sie entnehmen demselben Medium sprachlich vermittelter Interaktion, dem die vergesellschafteten Subjekte ihre Verletzbarkeit verdanken, auch die zentralen Gesichtspunkte für eine Kompensation dieser Schwäche. Alle Moralen kreisen um Gleichbehandlung, Solidarität und allgemeines Wohl; das sind aber Grundvorstellungen, die sich auf die Symmetriebedingungen und Reziprozitätserwartungen des kommunikativen Handelns zurückführen, d. h. in den wechselseitigen Zuschreibungen und gemeinsamen Unterstellungen einer verständigungsorientierten Alltagspraxis auffinden lassen.[13] Allerdings haben diese Präsuppositionen des verständigungsorientierten Sprachgebrauchs innerhalb der Alltagspraxis nur eine begrenzte Reichweite. In der reziproken Anerkennung zurechnungsfähiger Subjekte, die ihr Handeln an Geltungsansprüchen orientie-

---

13 Das ist ein altes Thema der Handlungstheorie: A. Gouldner, *Reziprozität und Autonomie*, Frankfurt/M. 1984, 79 ff.

ren, sind Gleichbehandlung und Solidarität zwar angelegt; aber diese normativen Verpflichtungen reichen nicht über die Grenzen der konkreten Lebenswelt eines Stammes, einer Stadt oder eines Staates hinaus. Die diskursethische Strategie, die Gehalte einer universalistischen Moral aus den allgemeinen Argumentationsvoraussetzungen zu gewinnen, ist gerade darum aussichtsreich, weil der Diskurs eine anspruchsvollere, über konkrete Lebensformen hinausgreifende Kommunikationsform darstellt, in der die Präsuppositionen verständigungorientierten Handelns verallgemeinert, abstrahiert und entschränkt, nämlich auf eine ideale, alle sprach- und handlungsfähigen Subjekte einbeziehende Kommunikationsgemeinschaft ausgedehnt werden.

Diese Überlegungen sollen nur erläutern, warum wir überhaupt erwarten dürfen, daß die Diskursethik mit Hilfe eines Verfahrensbegriffs etwas Substantielles treffen und sogar den inneren Zusammenhang der in Pflicht- und Güterethiken getrennt behandelten Aspekte der Gerechtigkeit und des allgemeinen Wohls zur Geltung bringen kann. Der praktische Diskurs kann nämlich aufgrund seiner unwahrscheinlichen pragmatischen Eigenschaften eine einsichtsvolle Willensbildung von der Art garantieren, daß die Interessen eines jeden Einzelnen zum Zuge kommen, ohne das soziale Band zu zerreißen, das jeden mit allen objektiv verknüpft.[14]

14 Michael Sandel hat mit Recht kritisiert, daß Rawls' Konstruktion des Urzustandes mit dem vertragstheoretischen Erbe des Atomismus belastet ist. Rawls rechnet mit vereinzelten, unabhängigen Personen, die vor aller Vergesellschaftung über Fähigkeiten zur zweckrationalen Wahrnehmung ihrer Interessen verfügen und, in diesem monologischen Rahmen, ihre Ziele autonom setzen. Deshalb muß Rawls die Grundvereinbarungen eher als einen Akt freien Willens, weniger als argumentativ erzieltes Einverständnis deuten und die Vision der gerechten Gesellschaft auf das Kantische Problem der Vereinbarkeit der Willkürfreiheit eines jeden mit der Willkürfreiheit aller zuschneiden. Sandel selbst setzt dieser individualistischen Auffassung allerdings eine Konzeption entgegen, die die Trennung zwischen Pflicht- und Güterethiken noch einmal vertieft. Er stellt dem vorgesellschaftlichen Individuum den Einzelnen als Produkt seiner Gemeinschaft gegenüber, der rationalen Vereinbarung autonomer Einzelner die reflexive Vergegenwärtigung vorgängiger sozialer Bindungen, der Idee

Als Argumentationsteilnehmer wird nämlich jeder auf sich gestellt und bleibt doch in einen universalen Zusammenhang eingebettet – das will Apel mit dem Ausdruck der »idealen Kommunikationsgemeinschaft« sagen. Im Diskurs reißt das soziale Band der Zusammengehörigkeit nicht, obwohl die Übereinkunft, die allen abverlangt wird, die Grenzen jeder konkreten Gemeinschaft transzendiert. Das diskursiv erzielte Einverständnis hängt gleichzeitig ab von dem nicht-substituierbaren »Ja« oder »Nein« eines jeden Einzelnen wie auch von der Überwindung seiner egozentrischen Perspektive. Ohne die uneingeschränkte individuelle Freiheit der Stellungnahme zu kritisierbaren Geltungsansprüchen kann eine faktisch erzielte Zustimmung nicht wahrhaft allgemein sein; ohne die solidarische Einfühlung eines jeden in die Lage aller anderen wird es zu einer Lösung, die allgemeine Zustimmung verdient, gar nicht erst kommen können. Das Verfahren diskursiver Willensbildung trägt dem inneren Zusammenhang beider Aspekte Rechnung – der Autonomie unvertretbarer Individuen und ihrer Einbettung in intersubjektiv geteilte Lebensformen. Die glei-

---

der gleichen Rechte das Ideal der gegenseitigen Solidarität und dem gleichmäßigen Respekt für die Würde eines jeden die Förderung des allgemeinen Wohls. Mit dieser traditionellen Gegenüberstellung verbaut er sich den Weg zu einer *intersubjektivistisch erweiterten* Gerechtigkeitsethik. Er lehnt den deontologischen Ansatz in Bausch und Bogen ab und kehrt zu einer teleologischen Konzeption zurück, die einen objektiven Begriff von Gemeinschaft erfordert: »For a society to be a community in the strong sense, community must be constitutive of the shared self-understandings of the participants and embodied in their institutional arrangements, not simply an attribute of certain of the participants' plans of life« (M. J. Sandel, *Liberalism and the Limits of Justice*, Cambridge (Mass.) 1982, 173). Nun dürfen totalitäre, d. h. zwanghaft integrierte Gesellschaften ersichtlich nicht unter dieselbe Beschreibung fallen; deshalb müßte der normative Gehalt zentraler Begriffe wie Gemeinschaft, institutionelle Verkörperung, intersubjektives Selbstverständnis usw. sorgfältig expliziert werden. Wenn sich Sandel dieser Aufgabe unterziehen würde, würde ihm (wie schon im Falle von A. MacIntyre, *After Virtue*, London 1981) die kaum einlösbare Beweislast klarwerden, die alle neoaristotelischen Ansätze übernehmen. Sie müßten zeigen, wie sich eine objektive moralische Ordnung ohne Rückgriff auf metaphysische Prämissen begründen läßt.

chen Rechte der Individuen und die gleichmäßige Achtung ihrer persönlichen Würde werden von einem Netz interpersonaler Beziehungen und reziproker Anerkennungsverhältnisse getragen. Andererseits bemißt sich die Qualität des Zusammenlebens nicht nur am Grad der Solidarität und dem Stand der Wohlfahrt, sondern auch daran, wie weit die Interessen eines jeden Einzelnen im allgemeinen Interesse *gleichmäßig* berücksichtigt werden. Die Diskursethik erweitert gegenüber Kant den deontologischen Begriff der Gerechtigkeit um jene *strukturellen* Aspekte des guten Lebens, die sich unter allgemeinen Gesichtspunkten kommunikativer Vergesellschaftung überhaupt von der konkreten Totalität jeweils besonderer Lebensformen abheben lassen – ohne dabei in die metaphysischen Zwickmühlen des Neoaristotelismus zu geraten.

II.

Bevor ich auf Hegels Einwände gegen Kant eingehe, möchte ich auf drei Differenzen hinweisen, die die Diskursethik von Kant trotz aller Gemeinsamkeiten trennt. Erstens gibt die Diskursethik die Zwei-Reiche-Lehre auf; sie verzichtet auf die kategoriale Unterscheidung zwischen dem Reich des *Intelligiblen*, dem Pflicht und freier Wille angehören, und dem Reich des *Phänomenalen*, das u. a. die Neigungen, die bloß subjektiven Motive, auch die Institutionen des Staates und der Gesellschaft umfaßt.[15] Eine gleichsam transzendentale Nötigung, unter der sich verständigungsorientiert eingestellte Subjekte an Geltungsansprüchen orientieren, macht sich nur in dem *Zwang* bemerkbar, unter idealisierenden Voraussetzungen zu sprechen und zu handeln. Der Hiatus zwischen Intelligiblem und Empirischem wird zu einer Spannung abgemildert, die sich in der faktischen Kraft kontrafaktischer Unterstellun-

15 K.-O. Apel, »Kant, Hegel und das aktuelle Problem der normativen Grundlagen von Moral und Recht«, in: D. Henrich, *Kant oder Hegel?*, Stuttgart 1983, 597 ff.

gen *innerhalb* der *kommunikativen Alltagspraxis* selber bemerkbar macht. Zweitens überwindet die Diskursethik den bloß innerlichen, monologischen Ansatz Kants, der damit rechnet, daß jeder Einzelne in foro interno (»im einsamen Seelenleben«, wie Husserl sagte) die Prüfung seiner Handlungsmaximen vornimmt. Im Singular des transzendentalen Bewußtseins sind die empirischen Iche vorverständigt und im vorhinein harmonisiert. Dagegen erwartet die Diskursethik eine Verständigung über die Verallgemeinerungsfähigkeit von Interessen nur als *Ergebnis* eines intersubjektiv veranstalteten *öffentlichen Diskurses*. Einzig die Universalien des Sprachgebrauchs bilden eine den Individuen vorgängig gemeinsame Struktur. Drittens erhebt die Diskursethik den Anspruch, jenes Begründungsproblem, dem Kant letztlich durch den Hinweis auf ein Faktum der Vernunft – auf die Erfahrung des Genötigtseins durchs Sollen – ausweicht, mit der Ableitung von ›U‹ aus allgemeinen Argumentationsvoraussetzungen gelöst zu haben.

ad (1): Zum Formalismus des Moralprinzips

(a) Weder Kant noch die Diskursethik setzen sich dem Einwand aus, daß sie wegen der formalen bzw. prozeduralen Bestimmung des Moralprinzips nur tautologische Aussagen erlauben. Diese Prinzipien fordern nämlich nicht nur, wie Hegel fälschlich unterstellt, logische oder semantische Konsistenz, sondern die Anwendung eines substantiell gehaltvollen moralischen Gesichtspunktes: Es geht nicht um die grammatische Form von normativen Allsätzen, sondern darum, ob wir *alle* wollen können, daß eine strittige Norm unter den jeweils gegebenen Umständen allgemeine Verbindlichkeit (Gesetzeskraft) erlangt.[16] Dabei werden die Inhalte, die im Lichte eines Moralprinzips geprüft werden, nicht vom Philosophen, sondern

---

16 G. Patzig, »Der Kategorische Imperativ in der Ethikdiskussion der Gegenwart«, in: ders., *Tatsachen, Normen, Sätze*, Stuttgart 1980, 155 ff.

vom Leben erzeugt. Die Handlungskonflikte, die moralisch beurteilt und konsensuell gelöst werden sollen, entstehen aus der kommunikativen Alltagspraxis, sie werden von der maximenprüfenden Vernunft oder den Argumentationsteilnehmern *vorgefunden* – nicht hervorgebracht.[17]
(b) In einem anderen Sinne hat Hegel mit seinem Formalismuseinwand freilich recht. Jede Verfahrensethik muß zwischen der Struktur und den Inhalten des moralischen Urteils trennen. Mit ihrer deontologischen Abstraktion hebt sie aus der Menge aller praktischen Fragen genau diejenigen heraus, die einer rationalen Erörterung zugänglich sind, und unterwirft diese einem Begründungstest. Dabei werden normative Aussagen über präsumtiv »gerechte« Handlungen oder Normen unterschieden von evaluativen Aussagen über Aspekte dessen, was wir als »gutes« Leben im Rahmen unserer jeweiligen kulturellen Überlieferung bloß präferieren. Hegel war nun der Meinung, daß mit dieser Abstraktion vom guten Leben die Moral ihre Zuständigkeit für die substantiell wichtigen Probleme des täglichen Zusammenlebens aufgibt. Damit schießt er aber übers Ziel hinaus. Menschenrechte z. B. verkörpern offensichtlich verallgemeinerbare Interessen und lassen sich unter dem Gesichtspunkt, was alle wollen könnten, moralisch rechtfertigen – und doch würde niemand behaupten, daß diese Rechte, die die moralische Substanz unserer Rechtsordnung bilden, für die Sittlichkeit moderner Lebensverhältnisse nicht relevant seien.
Schwieriger zu beantworten ist die prinzipielle Frage, die Hegel darüber hinaus im Sinn hat: ob es überhaupt möglich ist, Begriffe wie universale Gerechtigkeit, normative Richtigkeit, moralischer Gesichtspunkt usw. unabhängig von der *Vision eines guten Lebens*, vom intuitiven Entwurf einer ausgezeichne-

17 Wenn man erkennt, daß die strittigen Materien, nämlich die ständisch differenzierten »Handlungsmaximen« der frühbürgerlichen Gesellschaft, die Kant vor Augen hatte, nicht von der gesetzgebenden Vernunft erzeugt, sondern von der gesetzeprüfenden Vernunft empirisch aufgenommen werden, wird auch Hegels bekannter Einwand gegen Kants Depositum-Beispiel (G. W. F. Hegel, *Werke*, Bd. 2, 401 f.) gegenstandslos.

ten, aber eben konkreten Lebensform zu formulieren. Nun mag die kontextunabhängige Bestimmung eines Moralprinzips bisher nicht befriedigend gelungen sein; Aussicht auf Erfolg haben aber indirekte Fassungen des Moralprinzips, die das Bilderverbot beachten, sich aller positiven Beschreibungen enthalten und, wie z. b. der diskursethische Grundsatz, negatorisch auf das beschädigte Leben beziehen, statt affirmativ aufs gute.[18]

ad (2): Zum abstrakten Universalismus begründeter moralischer Urteile

(a) Weder Kant noch die Diskursethik setzen sich dem Einwand aus, daß der moralische Gesichtspunkt der Verallgemeinerungsfähigkeit von Normen zur Nichtbeachtung oder gar Unterdrückung der pluralistischen Struktur bestehender Lebensverhältnisse und Interessenlagen führen müsse. Je mehr sich in modernen Gesellschaften besondere Interessen und Wertorientierungen ausdifferenzieren, um so allgemeiner und abstrakter sind eben die moralisch gerechtfertigten Normen, die die Handlungsspielräume der Individuen im allgemeinen

18 Man sollte umgekehrt die Frage stellen, woher denn der Verdacht stammt, daß sich das Allgemeine *unauflöslich* mit dem Besonderen verschränken *müsse*. Wir haben gesehen, daß praktische Diskurse nicht nur in Handlungszusammenhänge eingebettet sind, sondern verständigungsorientiertes Handeln auf einer höheren Stufe der Reflexion fortsetzen. Beide weisen dieselben strukturellen Merkmale auf. Nur besteht im kommunikativen Handeln keine Notwendigkeit, die Symmetrie- und Reziprozitätsunterstellungen auf Aktoren auszudehnen, die *nicht* dem eigenen Kollektiv, *nicht* der eigenen Lebenswelt angehören. Erst in Argumentationen wird dieser Zwang zur Universalisierung unabweislich. Deshalb müssen Ethiken, die von der Sittlichkeit konkreter Lebensformen, sei es der Polis, des Staates, der Religionsgemeinschaft oder der Nation, ausgehen, Schwierigkeiten haben, aus Handlungszusammenhängen derart partikularer Lebensformen ein allgemeines Prinzip der Gerechtigkeit zu gewinnen. Dieses Problem stellt sich nicht in gleicher Weise für eine Ethik, die sich anheischig macht, die Allgemeingültigkeit des Moralprinzips mit Bezugnahme auf den normativen Gehalt der Kommunikationsvoraussetzungen von *Argumentation* überhaupt zu begründen.

Interesse regeln. In modernen Gesellschaften wächst auch der Umfang regelungsbedürftiger Materien, die *nur* noch partikulare Interessen berühren und daher auf die Aushandlung von Kompromissen, nicht auf diskursiv erzielte Konsense angewiesen sind. Dabei sollten wir nicht vergessen, daß faire Kompromisse ihrerseits moralisch gerechtfertigte Verfahren der Kompromißbildung erfordern.

In einer anderen Variante richtet sich Hegels Einwand freilich gegen den Rigorismus der starren, weil monologisch praktizierten Verfahrensethik, die die Folgen und Nebenwirkungen der generellen Befolgung einer gerechtfertigten Norm nicht berücksichtigen kann. Max Weber hat dieses Bedenken zum Anlaß genommen, der Kantischen Gesinnungsethik eine konsequenzenorientierte Verantwortungsethik entgegenzusetzen. Dieser Einwand trifft auf Kant zu, aber nicht auf eine Diskursethik, die mit dem Kantischen Idealismus und Monologismus bricht. Wie die Formulierung des Universalisierungsgrundsatzes, die auf die Ergebnisse und Folgen der allgemeinen Normbefolgung für das Wohl jedes Einzelnen abstellt, zeigt, hat die Diskursethik die Folgenorientierung von vornherein in ihre Prozedur eingebaut.

(b) In einem anderen Sinne behält Hegel auch recht. Ethiken des Kantischen Typs sind auf Fragen der *Rechtfertigung* spezialisiert; Fragen der *Anwendung* lassen sie unbeantwortet. Es bedarf einer zusätzlichen Anstrengung, um die im Begründungsprozeß zunächst unvermeidliche Abstraktion von jeweils besonderen Situationen und einzelnen Fällen *rückgängig* zu machen. Keine Norm enthält die Regeln ihrer eigenen Anwendung. Moralische Begründungen helfen nichts, wenn nicht die Dekontextualisierung der zur Begründung herangezogenen allgemeinen Normen im Anwendungsprozeß wieder wettgemacht werden kann. Auch die Diskursethik muß sich dem schwierigen Problem stellen, ob nicht die Applikation von Regeln auf besondere Fälle eine Art von *Klugheit* oder reflektierender Urteilskraft erfordert, die an die lokalen Übereinkünfte der hermeneutischen Ausgangssituation gebunden ist und somit den universalistischen Anspruch der begründenden Vernunft unterläuft. Der Neoaristotelismus zieht daraus die Konsequenz, daß eine an den jeweiligen Kontext gebundene Urteilskraft den Platz der praktischen Vernunft einnehmen müßte.[19] Weil sich die Urteilskraft nur innerhalb des Horizonts einer im ganzen bereits akzeptierten Lebensform bewegt, kann sie sich auf einen evaluativen Kontext stützen, der zwischen Fragen der Motivation, Tatsachenfragen und normativen Fragen ein *Kontinuum* herstellt.

Demgegenüber beharrt die Diskursethik darauf, daß wir hinter das von Kant erreichte Niveau der Ausdifferenzierung der Begründungsproblematik von der Problematik sowohl der Anwendung wie der Verwirklichung moralischer Einsichten nicht zurückfallen dürfen. Sie kann zeigen, daß sich auch in der klugen Anwendung von Normen allgemeine Grundsätze der praktischen Vernunft durchsetzen. In dieser Dimension sind es ganz unverächtliche Topoi, z. B. die von der juristischen Topik entwickelten Grundsätze der Beachtung aller relevanten Aspekte eines Falles oder der Verhältnismäßigkeit der Mittel, welche dem moralischen Gesichtspunkt einer *unparteilichen Applikation* Geltung verschaffen.

ad (3): Zur Ohnmacht des Sollens

(a) Kant muß sich den Vorwurf machen lassen, daß eine Ethik, die Pflicht und Neigung, Vernunft und Sinnlichkeit kategorial trennt, praktisch folgenlos bleibt. Nicht in derselben Weise wird von diesem Einwand eine Diskursethik getroffen, die die Zwei-Reiche-Lehre preisgegeben hat. Der praktische Diskurs erfordert die Einbeziehung aller jeweils berührten Interessen und erstreckt sich sogar auf eine kritische Prüfung der Interpretationen, unter denen wir bestimmte Bedürfnisse als eigene Interessen allererst erkennen. Die Diskursethik gibt auch den

---

19 E. Vollrath, *Die Rekonstruktion der politischen Urteilskraft*, Stuttgart 1977.

bewußtseinsphilosophischen Begriff von Autonomie preis, der Freiheit unter selbstgegebenen Gesetzen nicht ohne die objektivierende Unterwerfung der eigenen subjektiven Natur zu denken erlaubt. Der intersubjektivistische Begriff von Autonomie trägt der Tatsache Rechnung, daß die freie Entfaltung der Persönlichkeit eines jeden von der Realisierung der Freiheit aller Personen abhängt.

(b) In anderer Hinsicht behält Hegel freilich auch gegenüber der Diskursethik recht. Auch im praktischen Diskurs lösen wir die problematischen Handlungen und Normen aus lebensweltlichen Zusammenhängen substantieller Sittlichkeit heraus, um sie ohne Rücksicht auf vorhandene Motive oder bestehende Institutionen einer hypothetischen Beurteilung zu unterwerfen. Auch die Diskursethik muß sich dem Problem stellen, wie dieser für die Begründungsleistung unvermeidliche Schritt zur Entweltlichung der Normen rückgängig gemacht werden kann. Moralische Einsichten müßten für die Praxis in der Tat folgenlos bleiben, wenn sie sich nicht auf die Schubkraft von Motiven und auf die anerkannte soziale Geltung von Institutionen stützen könnten. Sie müssen, wie Hegel sagt, in die konkreten Pflichten des Alltags umgesetzt werden. Soviel also ist richtig: jede universalistische Moral ist auf *entgegenkommende* Lebensformen angewiesen. Sie bedarf einer gewissen Übereinstimmung mit Sozialisations- und Erziehungspraktiken, welche in den Heranwachsenden stark internalisierte Gewissenskontrollen anlegen und verhältnismäßig abstrakte Ich-Identitäten fördern. Eine universalistische Moral bedarf auch einer gewissen Übereinstimmung mit solchen politischen und gesellschaftlichen Institutionen, in denen postkonventionelle Rechts- und Moralvorstellungen bereits verkörpert sind.

Tatsächlich ist ja der moralische Universalismus durch Rousseau und Kant erst im Kontext einer Gesellschaft *entstanden*, die solche *korrespondierenden* Züge aufweist. Heute leben wir glücklicherweise in westlichen Gesellschaften, in denen sich seit zwei bis drei Jahrhunderten ein zwar fallibler, immer wieder fehlschlagender und zurückgeworfener, gleichwohl *ge-*

richteter Prozeß der Verwirklichung von Grundrechten, der Prozeß einer, sagen wir: immer weniger selektiven Ausschöpfung der universalistischen Gehalte von Grundrechtsnormen, durchgesetzt hat. Ohne solche Zeugnisse einer in Fragmenten und Splittern immerhin »existierenden Vernunft« hätten sich die moralischen Intuitionen, die die Diskursethik bloß auf den Begriff bringt, jedenfalls nicht in ganzer Breite ausbilden können. Andererseits ist die schrittweise Verkörperung von moralischen Grundsätzen in konkreten Lebensformen nicht eine Sache, die man wie Hegel dem Gang des absoluten Geistes anvertrauen dürfte. Sie verdankt sich in erster Linie den kollektiven Anstrengungen und Opfern sozialer und politischer Bewegungen. Der geschichtlichen Dimension, der diese Bewegungen angehören, darf sich auch die Philosophie nicht enthoben fühlen.

ad (4): Zum Thema: Die Tugend und der Weltlauf

(a) Weder Kant noch die Diskursethik setzen sich dem heute von neokonservativer Seite erneuerten Vorwurf aus, totalitäre Handlungsweisen zu rechtfertigen – oder auch nur indirekt zu ermutigen. Die Maxime, daß der Zweck die Mittel heilige, ist auch und gerade dann, wenn es um die politische Verwirklichung von universalistischen Rechts- und Verfassungsprinzipien geht, mit dem Wortlaut und dem Geist des moralischen Universalismus unvereinbar. Eine problematische Rolle spielen in diesem Zusammenhang freilich Konstruktionen geschichtsphilosophischer Herkunft, die dem revolutionären Handeln einer Avantgarde Stellvertreterfunktionen für die ins Stocken geratene oder gelähmte Praxis eines gesellschaftlichen Makrosubjekts einräumen. Der Fehler des geschichtsphilosophischen Denkens liegt darin, die Gesellschaft als ein Subjekt im großen vorzustellen, um dann das moralisch zurechnungsfähige Handeln einer Avantgarde mit der moralischen Maßstäben entwachsenen Praxis dieses höherstufigen Subjekts der

Gesellschaft zu identifizieren. Der intersubjektivitätstheoretische Ansatz der Diskursethik bricht mit den Prämissen der Bewußtseinsphilosophie; er rechnet allenfalls mit der höherstufigen Intersubjektivität von Öffentlichkeiten, in denen sich Kommunikationen zu gesamtgesellschaftlichen Selbstverständigungsprozessen verdichten.

(b) Hegel unterscheidet zu Recht zwischen einem Handeln *unter* moralischen Gesetzen und einer Praxis, die auf die Verwirklichung moralischer Gesetze abzielt. Kann die Verwirklichung der Vernunft in der Geschichte überhaupt ein sinnvolles Ziel möglichen Handelns sein? Wir haben soeben gesehen, daß die diskursive Begründung von Normen nicht zugleich die Verwirklichung moralischer Einsichten sicherstellen kann. Dieses Problem des Gefälles zwischen Urteil und Handeln, das sich (im Computer-Jargon) an der Ausgabe-Seite des praktischen Diskurses stellt, wiederholt sich an dessen Eingabe-Seite:

Vom Diskurs selbst können die Bedingungen nicht erfüllt werden, die notwendig sind, damit alle jeweils Betroffenen für eine regelrechte Teilnahme an praktischen Diskursen instand gesetzt werden. Oft fehlen Institutionen, die für bestimmte Themen an bestimmten Orten eine diskursive Willensbildung sozial erwartbar machen; oft fehlen die Sozialisationsprozesse, in denen die erforderlichen Dispositionen und Fähigkeiten zur Teilnahme an moralischen Argumentationen erworben werden – beispielsweise das, was Kohlberg ein postkonventionelles moralisches Bewußtsein nennt. Noch häufiger sind die materiellen Lebensverhältnisse und die gesellschaftlichen Strukturen so beschaffen, daß die moralischen Fragen vor aller Augen liegen und durch die nackten Fakten der Verelendung, Beleidigung und Entwürdigung eine hinreichende Antwort längst gefunden haben. Überall, wo die bestehenden Verhältnisse für Forderungen einer universalistischen Moral der pure Hohn sind, verwandeln sich moralische Fragen in Fragen der politischen Ethik. Wie läßt sich reflexives moralisches Handeln, also eine Praxis, die auf die Realisierung notwendiger

Bedingungen für ein menschenwürdiges Dasein und die Einrichtung von Diskursen abzielt, moralisch rechtfertigen? Darauf gibt es nur tentative und bestenfalls prozedurale Antworten.[20]

Es handelt sich um Fragen einer Politik, die sich die Transformation von Lebensformen unter moralischen Gesichtspunkten zum Ziel setzt, obgleich sie nicht reformistisch, d. h. gemäß schon bestehenden und für legitim gehaltenen Gesetzen verfahren kann. In unseren Breiten sind diese Fragen einer revolutionären Moral, die auch innerhalb des *westlichen* Marxismus niemals befriedigend beantwortet worden sind, glücklicherweise nicht aktuell; aktuell sind allenfalls Fragen des zivilen Ungehorsams, die ich an anderem Orte diskutiert habe.[21]

---

20 J. Habermas, *Theorie und Praxis*, Frankfurt/M. 1971, Einleitung zur Neuausgabe, 37 ff.
21 J. Habermas, *Die Neue Unübersichtlichkeit*, Frankfurt/M. 1985, 79 ff. und 100 ff. Ich begnüge mich hier mit dem Hinweis, daß Probleme dieser Art nicht auf der gleichen Stufe der Allgemeinheit behandelt werden können wie die vorangehenden Einwände. Zunächst muß das Verhältnis von Moral, Recht und Politik geklärt werden. Diese Diskursuniversen hängen gewiß zusammen und überlappen sich, aber sie dürfen nicht miteinander identifiziert werden. Unter dem Aspekt der Begründung weisen posttraditionale Rechts- und Moralvorstellungen die gleichen strukturellen Merkmale auf. Den Kernbereich moderner Rechtsordnungen bilden moralische Grundnormen, die Rechtskraft erlangt haben. Andererseits unterscheidet sich Recht von Moral unter anderem dadurch, daß es die Adressaten, denen die Befolgung der Normen angesonnen wird, von den auf staatliche Organe übertragenen Problemen der Begründung, Anwendung und Durchsetzung der Normen entlastet. Auch die Politik steht in engen Beziehungen zu Moral und Recht. Politische Grundsatzfragen sind moralischer Natur. Und politische Macht kann nur in Form rechtlich bindender Entscheidungen ausgeübt werden, während das Rechtssystem seinerseits über die Gesetzgebung an die Politik rückgebunden ist. Aber selbst im Bereich der öffentlichen Willensbildung richtet sich die Politik eher auf kollektive Zielsetzungen im Rahmen konsentierter Regeln als auf diesen normativen Rahmen von Recht und Moral selber.

III.

Zusammenfassend läßt sich sagen, daß sich Hegels Einwände weniger gegen die reformulierte Kantische Ethik selber richten als vielmehr gegen einige, auch von der Diskursethik nicht auf Anhieb gelöste *Folgeprobleme*. Jede deontologische, zugleich kognitivistische, formalistische und universalistische Ethik verdankt ihren relativ engen Moralbegriff energischen Abstraktionen. Deshalb stellt sich zunächst das Problem, ob sich Fragen der Gerechtigkeit überhaupt von den jeweils besonderen Kontexten des guten Lebens isolieren lassen. Wenn dieses Problem, wie ich glaube, gelöst werden kann, stellt sich die weitere Frage, ob nicht die praktische Vernunft spätestens bei der Anwendung gerechtfertigter Normen auf einzelne Fälle abdanken muß, und zwar zugunsten eines ihrem jeweiligen Kontext verhafteten Vermögens bloßer Klugheit. Selbst wenn dieses Problem, wie ich denke, gelöst werden kann, taucht die weitere Frage auf, ob die Einsichten einer universalistischen Moral überhaupt Aussichten haben, in die Praxis umgesetzt zu werden. Sie ist in der Tat auf »entgegenkommende« Lebensform angewiesen. Damit ist die Liste der Folgeprobleme nicht erschöpft. Wie steht es, das war unser letzter Punkt, mit der moralischen Rechtfertigung eines politischen Handelns, das darauf aus ist, die gesellschaftlichen Verhältnisse erst zu schaffen, in denen praktische Diskurse geführt, also moralische Einsichten diskursiv gewonnen und praktisch wirksam werden können? Nicht eingegangen bin ich auf zwei weitere Probleme, die sich aus der Selbstbegrenzung jeder nichtmetaphysischen Auffassung ergeben.

Die Diskursethik kann nicht auf eine objektive Teleologie, insbesondere nicht auf eine Gewalt zurückgreifen, die die Irreversibilität der Folge geschichtlicher Ereignisse aufhebt. Wie können wir aber dem diskursethischen Grundsatz, der jeweils die Zustimmung *aller* fordert, genügen, wenn wir nicht in der Lage sind, das Unrecht und den Schmerz, den frühere Generationen um unseretwillen erlitten haben, wiedergutzumachen – oder wenigstens ein Äquivalent für die erlösende Kraft des Jüngsten Gerichtes in Aussicht zu stellen? Ist es nicht obszön, daß die nachgeborenen Nutznießer für Normen, die im Lichte *ihrer* erwartbaren Zukunft gerechtfertigt erscheinen mögen, posthum von den Erschlagenen und Entwürdigten eine kontrafaktische Zustimmung erwarten?[22] Ebenso schwer läßt sich die Grundfrage der ökologischen Ethik beantworten: wie hält es eine Theorie, die sich auf den Adressatenkreis sprach- und handlungsfähiger Subjekte beschränkt, mit der Verletzbarkeit der stummen Kreatur? Im Mitleid mit dem gequälten Tier, im Schmerz über zerstörte Biotope regen sich moralische Intuitionen, die durch den kollektiven Narzißmus einer letztlich anthropologisch zentrierten Betrachtungsweise nicht ernstlich befriedigt werden können.[23]

An dieser Stelle möchte ich aus den Zweifeln nur *einen* Schluß ziehen. Dem engen Begriff der Moral muß ein bescheidenes Selbstverständnis der Moraltheorie entsprechen. Ihr fällt die Aufgabe zu, den moral point of view zu erklären und zu begründen. Der Moraltheorie kann zugemutet und zugetraut werden, daß sie den universellen Kern unserer moralischen Intuitionen aufklärt und damit den Wertskeptizismus widerlegt. Darüber hinaus muß sie aber auf eigene substantielle Beiträge verzichten. Indem sie eine Prozedur der Willensbildung auszeichnet, macht sie Platz für die Betroffenen, die in eigener Regie Antworten auf moralischpraktische Fragen finden müssen, welche mit geschichtlicher Objektivität auf sie zukommen. Der Moralphilosoph verfügt nicht über einen privilegierten Zugang zu moralischen Wahrheiten. Angesichts der vier großen moralisch-politischen Belastungen unserer eigenen Existenz – angesichts des Hungers und des Elends in der Dritten Welt; angesichts der Folter und der fortgesetzten Verletzung menschlicher Würde in den Unrechtsstaaten; angesichts wach-

---

22 H. Peukert, *Wissenschaftstheorie, Handlungstheorie, Fundamentale Theologie*, Düsseldorf 1976, 273 ff.
23 Vgl. aber J. Habermas, »Erläuterungen zur Diskursethik«, in diesem Band, 179-301.

sender Arbeitslosigkeit und der disparitären Verteilung des gesellschaftlichen Reichtums in den westlichen Industrienationen; angesichts schließlich des selbstzerstörerischen Risikos, das das atomare Wettrüsten für das Leben auf dieser Erde bedeutet – angesichts provokativer Tatbestände dieser Art ist meine restriktive Auffassung von der Leistungsfähigkeit der philosophischen Ethik vielleicht eine Enttäuschung; auf jeden Fall ist sie auch ein Stachel: die Philosophie nimmt niemandem die praktische Verantwortung ab. Übrigens auch nicht den Philosophen, die sich, wie alle anderen, moralisch-praktischen Fragen von großer Komplikation gegenübersehen und gut daran tun, sich zunächst einmal ein klares Bild von ihrer Situation zu verschaffen. Dazu können die Geschichts- und Sozialwissenschaften mehr beitragen als die Philosophie. Deshalb lassen Sie mich mit einem Satz von Horkheimer aus dem Jahre 1933 schließen: »Um den utopischen Charakter der Kantischen Vorstellung von einer vollkommenen Verfassung aufzuheben, bedarf es der materialistischen Theorie der Gesellschaft.«[24]

---

24 M. Horkheimer, »Materialismus und Moral«, *Zeitschrift für Sozialforschung*, 2, 1933, 175.

3. Diskursethik und Gesellschaftstheorie

Ein Interview mit T. Hviid Nielsen

NIELSEN Unser hauptsächliches Thema bilden Ihre Auffassungen zur Moraltheorie und zur Ethik, insbesondere in der Gestalt, wie sie sich seit der *Theorie des kommunikativen Handelns* darstellen. Wir wollen uns zunächst auf den Begriff der Moralität und die Beziehung zwischen Gerechtigkeit, Recht und Fürsorge konzentrieren. Darauf folgen dann zweitens Fragen zur universalpragmatischen Begründung einer Diskursethik. Es geht um die Geltung von Normen, den Status der sogenannten idealen Sprechsituation und die Abgrenzung vom demokratischen Verfahren. Drittens möchte ich Moral und Ethik im Verhältnis zu System und Lebenswelt behandeln.
Wie sollen wir die Entwicklung verstehen, die Sie von der soziologischen Kritik der Pathologien der Moderne (in der *Theorie des kommunikativen Handelns*) zu Ihrer Moraltheorie (in *Moralbewußtsein und kommunikatives Handeln* und in den darauffolgenden Artikeln und Vorlesungen) geführt hat? Kann man die Diskursethik als eine aus individueller Sicht gegebene philosophische Antwort auf die soziologische Frage verstehen, wie die richtige, nicht-pathologische Beziehung zwischen System und Lebenswelt in der Moderne aussehen soll? Warum haben Sie sich seit 1981 mehr mit Fragen der philosophischen Ethik als mit dieser in der *Theorie des kommunikativen Handelns* offengebliebenen soziologischen Frage beschäftigt?
HABERMAS Ich sehe das anders. Für die philosophischen Grundlagen der *Theorie des kommunikativen Handelns* war vor allem die sprachpragmatische Einführung des Begriffs kommunikativer Rationalität wichtig. Im Anschluß an Weber und Durkheim bin ich zwar auch auf die Rechts- und Moralentwicklung eingegangen; aber die beiden theoretischen Ansätze, auf die ich mich dabei gestützt habe, die Diskursethik und

Kohlbergs Theorie der Stufen des moralischen Bewußtseins, sind damals im Hintergrund geblieben. Diese liegengebliebenen Dinge habe ich erst in den folgenden Jahren aufgearbeitet. Der Titelaufsatz von *Moralbewußtsein und kommunikatives Handeln* stammt noch aus der Zeit und dem Forschungskontext des Starnberger Instituts. Der Aufsatz über die Diskursethik ist aus Seminaren hervorgegangen, die ich unmittelbar nach meiner Rückkehr nach Frankfurt, und das heißt: an einem philosophischen Fachbereich durchgeführt habe. Seit 1983 arbeite ich ja in einer veränderten professionellen Umgebung; auch das spielt für die Akzentuierung von Forschungsinteressen eine Rolle.

Ihre Vermutung trifft auch deshalb nicht zu, weil diese Beschäftigung mit moraltheoretischen Fragen wieder anknüpft an Probleme, die ich 1973, im letzten Teil der *Legitimationsprobleme im Spätkapitalismus,* behandelt hatte. Damals hatte ich ein Modell »unterdrückter verallgemeinerungsfähiger Interessen« vorgeschlagen, um zu zeigen, in welchem Sinne man zwischen »allgemeinen« und »besonderen« Interessen unterscheiden könne. Später, in der *Theorie des kommunikativen Handelns,* bin ich darauf nicht mehr zurückgekommen, sondern habe Sozialpathologien, woran Sie mit Recht erinnern, mit Hilfe eines zweistufigen Gesellschaftskonzepts zu erfassen versucht: nämlich als Deformationen, die auf Störungen der Reproduktion der Lebenswelt zurückgehen (Bd. 2, S. 215). Insbesondere habe ich mich dort für Pathologien interessiert, die eintreten, wenn krisenhafte Systemungleichgewichte in der Ökonomie oder im Staatsapparat auf die Lebenswelt abgeschoben werden und in deren symbolische Reproduktion eingreifen (Bd. 2, S. 565 f.). Wenn ich nun diese durch Monetisierung und Bürokratisierung hervorgerufenen Phänomene der Verdinglichung kommunikativer Beziehungen, also das, was Marx global »Entfremdung« genannt hat, genauer hätte analysieren wollen, wären keineswegs moraltheoretische Überlegungen am Platze gewesen. Für diese Dinge würde man vielmehr eine Präzisierung des Begriffs der systematisch verzerrten Kommunikation brauchen. Diese habe ich – auf der Grundlage der empirischen Forschungen zu Familienpathologien – als das interpersonelle Gegenstück zu jenen intrapsychischen Störungen begriffen, die die Psychoanalyse auf unbewußte Konfliktabwehr zurückführt und mit entsprechenden Abwehrmechanismen erklärt. Auf diese Ideen zu Kommunikationspathologien, die auf der Ebene einfacher Interaktionen entstehen, bin ich allerdings seit 1974 nicht mehr zurückgekommen.[1] Ich halte meine Anregungen übrigens nach wie vor für relevant, und fühle mich in dieser Einschätzung durch die interessanten Arbeiten von Jim Bohman und Martin Löw-Beer bestätigt.

NIELSEN Die Diskursethik präsentieren Sie als Fortsetzung und Ergänzung Ihrer früheren moraltheoretischen Arbeiten wie auch als eine Antwort auf die politische Agenda der in den achtziger Jahren geführten öffentlichen Diskussionen. Fühlen Sie zwischen diesen beiden Polen eine gewisse Spannung, d. h. zwischen Ihrer eigenen theoretischen Entwicklung, die auf Fragen der sechziger Jahre zurückgeht, und den politischen Themen der achtziger Jahre? Haben diese Themen zu der Wende beigetragen, die Sie von einer sozialen, eher Hegelschen Ethik zu einer individuellen, eher kantischen Moralauffassung geführt hat?

HABERMAS Eigentlich verfolge ich seit etwa 1970, seit jenen Überlegungen zur Formalpragmatik und zur Diskurstheorie der Wahrheit, die ich zuerst in den Christian Gauss Lectures vorgetragen habe,[2] *dasselbe* Forschungsprogramm. Andererseits wird jeder, der sich eine gewisse politische (und theoriepolitische) Sensibilität bewahrt, auf veränderte Kontexte auch reagieren. In den sechziger Jahren mußte man sich mit den Technokratietheorien der einen Seite auseinandersetzen, in den frühen siebziger Jahren mit den Krisentheorien der anderen Seite. Seit der Mitte der siebziger Jahre verspürte man den

---

[1] J. Habermas, *Vorstudien und Ergänzungen zur Theorie des kommunikativen Handelns*, Frankfurt/M. 1984, 226-270.
[2] »Vorlesungen zu einer sprachtheoretischen Grundlegung der Soziologie«, *Studienausgabe*, Band 1, 29-156.

Druck der neokonservativen ebenso wie den der poststrukturalistischen Vernunftkritik – darauf habe ich mit dem Begriff der kommunikativen Rationalität geantwortet. Diese Konstellation hat sich in den achtziger Jahren zunächst nicht geändert; deshalb habe ich das Thema einer Kritik der Subjektphilosophie weiter verfolgt und mit philosophischen Mitteln präzisiert. Im *Philosophischen Diskurs der Moderne* wollte ich zeigen, daß das »vorstellende Denken« durch etwas anderes als durch den Defaitismus der Dekonstruktivisten oder durch den Kontextualismus der Neoaristoteliker abgelöst werden kann.

In diesem Zusammenhang einer intersubjektivistischen Selbstkritik der Vernunft habe ich dann auch auf die nicht ganz unverdächtige Konjunktur, die die philosophische Ethik heute genießt, reagiert und habe die Dinge ausgearbeitet, die mich ja im Anschluß an Meads Kommunikationsethik immer schon interessiert hatten (*Theorie des kommunikativen Handelns* Bd. 2, S. 141 ff.). Die Diskursethik knüpft deshalb wie schon Mead an Intutitionen der Kantischen Moraltheorie an, ohne deren individualistische Prämissen zu übernehmen.

NIELSEN Die Diskursethik bezieht sich auf spezifisch moderne Verhältnisse (so wie auch die *Theorie des kommunikativen Handelns* und *Der philosophische Diskurs der Moderne*). Die Aufklärung und die Moderne verteidigen Sie gegen den Traditionalismus einerseits und die Postmoderne andererseits. So ist etwa das Konzept der Tugend für Sie wie für einen Ihrer hauptsächlichen Opponenten, den Neoaristoteliker A. MacIntyre, mit modernen Verhältnissen unvereinbar. Wie kommt es, daß alle traditionellen und substantiellen Moralen veraltet sind? Und worin besteht Ihre Lösung: in einer nicht-substantiellen Moral, die besser gerechtfertigt ist als MacIntyres Antwort, d. h. besser als die von ihm vorgeschlagene Rückkehr zu traditionellen Tugenden?

HABERMAS *After Virtue* hat nach meiner Auffassung vor allem zwei Schwächen. Zum einen macht MacIntyre sich die Kritik zu leicht: er wählt mit der Theorie von A. Gewirth ein untypisches und eher leicht zu kritisierendes Beispiel für eine universalistische Position, statt auf Rawls oder Dworkin oder Apel einzugehen. Zum anderen kommt er mit seinem Rückgriff auf den aristotelischen Begriff der Praxis ins Gedränge, sobald er aus dem in der Moderne unvermeidlichen Pluralismus gleichermaßen legitimer Lebensformen einen universellen Kern herausschälen will. Woher nimmt er das Äquivalent für etwas, das sich Aristoteles noch zutrauen konnte – ich meine einen Ersatz für die metaphysische Auszeichnung der Polis als der vorbildlichen Lebensform, wo Menschen, und zwar alle Menschen, die keine Barbaren bleiben, das Telos eines guten Lebens verwirklichen können? Weil sich in der Moderne die Vielfalt individueller Lebensentwürfe und kollektiver Lebensformen nicht mehr philosophisch präjudizieren läßt, weil die Art zu leben allein in die Verantwortung der vergesellschafteten Individuen selbst gegeben ist und aus der Perspektive der Teilnehmer beurteilt werden muß, zieht sich eben das, was alle überzeugen kann, ins *Verfahren* rationaler Willensbildung zurück.

NIELSEN Die Diskursethik bietet in zweifacher Hinsicht ein enges oder minimales Verständnis der Ethik. Sie ist im Ansatz deontologisch, kognitivistisch, formalistisch und universalistisch; und sie beschränkt sich auf Gerechtigkeit als ihren zentralen Gegenstand. Auf diese Weise schließt sie die traditionelle Orientierung am Guten oder an Glückseligkeit (oder einer Kombination von beiden) aus. Warum diese Beschränkung auf Gerechtigkeit? Betrachten Sie das als einen notwendigen Zug aller modernen Ethiken?

HABERMAS Unter modernen Lebensbedingungen kann keine der konkurrierenden Überlieferungen mehr prima facie allgemeine Verbindlichkeit beanspruchen. Auch in praktisch relevanten Fragen können wir deshalb überzeugende Gründe nicht mehr auf die Autorität fragloser Traditionen stützen. Wenn wir normative Fragen des elementaren Zusammenlebens nicht durch direkte oder verschleierte Gewalt, durch Pression, Einflußnahme oder durch die Macht des stärkeren Interesses, sondern durch gewaltlose Überzeugung auf der Grundlage eines rational motivierten Einverständnisses entscheiden wollen, dann müssen wir uns auf den Kreis von Fragen konzentrieren, die einer unparteilichen Beurteilung zugänglich sind. Eine allgemein verbindliche Antwort dürfen wir nicht erwarten, wenn wir fragen, was gut für mich oder gut für uns oder gut für sie ist; dann müssen wir vielmehr fragen: was *gleichermaßen gut für alle* ist. Dieser »moralische Gesichtspunkt« bildet einen scharfen, aber engen Lichtkegel, der aus der Masse aller evaluativen Fragen diejenigen Handlungskonflikte heraushebt, die mit Bezugnahme auf ein verallgemeinerbares Interesse *gelöst* werden können; das sind Fragen der Gerechtigkeit.

Damit behaupte ich nicht, daß Gerechtigkeitsfragen die einzig relevanten Fragen sind. Ethisch-existentielle Fragen brennen uns meistens viel mehr auf den Nägeln – Probleme, die den einzelnen oder ein Kollektiv dazu nötigen, sich darüber klarzuwerden, wer sie sind und sein möchten. Solche Probleme der Selbstverständigung können uns härter bedrängen als Probleme der Gerechtigkeit. Aber nur die letzteren sind so strukturiert, daß sie im wohlerwogenen und gleichmäßigen Interesse aller gelöst werden können. Moralische Urteile müssen aus der Perspektive eines jeden möglicherweise Betroffenen Zustimmung finden können – und nicht nur wie ethische Urteile aus der Perspektive je meines oder je unseres Selbst- und Weltverständnisses. So kommt es, daß Moraltheorien, wenn sie einem kognitivistischen Ansatz folgen, wesentlich Theorien der Gerechtigkeit sind.

NIELSEN Wie kommt es, daß die Dimension von »Gerechtigkeit« nicht weiter differenziert wird? Warum sollen die Entzweiungen der Moderne gleichsam an den Grenzen der drei Kantschen Kritiken und den entsprechenden Wertsphären haltmachen, so daß Gerechtigkeitsfragen nur unter ein und demselben Aspekt behandelt werden können. Man kann Michael Walzers Buch *Spheres of Justice* als ein einziges langes Argument für eine Aufgliederung des Begriffs der Gerechtigkeit nach verschiedenen Sphären (der Mitgliedschaft, der Wohlfahrt, der Ökonomie, der Erziehung usw.) verstehen; auf diese

Weise will er Pluralismus und Gleichheit verteidigen. »Die Prinzipien von Gerechtigkeit besitzen ihrerseits eine plurale Form, verschiedene soziale Güter sollten aus verschiedenen Gründen verteilt werden nach unterschiedlichen Verfahren, durch unterschiedliche Akteure« (S. 6).

HABERMAS Diesem Satz kann ich ohne weiteres zustimmen, nur nicht den Konsequenzen, die Michael Walzer daraus ziehen möchte.

Daß eine Norm gerecht ist oder im allgemeinen Interesse liegt, heißt nichts anderes, als daß diese Norm Anerkennung verdient oder gültig ist. Gerechtigkeit ist nichts Materiales, kein bestimmter »Wert«, sondern eine Dimension der Gültigkeit. Wie deskriptive Sätze wahr sein, also ausdrücken können, was der Fall ist, so können normative Sätze richtig sein und ausdrücken, was zu tun geboten ist. Auf einer anderen Ebene liegen aber die einzelnen Prinzipien oder Normen, die einen spezifischen Inhalt haben – unabhängig davon, ob sie nun gültig sind oder nicht.

Beispielsweise gibt es verschiedene Prinzipien der Verteilungsgerechtigkeit. Das sind materiale Gerechtigkeitsprinzipien wie »Jedem nach seinen Bedürfnissen« oder »Jedem nach seinen Leistungen« oder »Für jeden den gleichen Anteil«. Prinzipien der Gleichberechtigung wie die Grundsätze der gleichen Achtung für jeden, der Gleichbehandlung oder der Gesetzesanwendungsgleichheit beziehen sich auf eine andere Sorte von Problemen. Dabei geht es nicht um die Verteilung von Gütern und Diensten, sondern um die Sicherung von Freiheiten und Unantastbarkeiten. Nun können alle diese Gerechtigkeitsprinzipien unter dem Gesichtspunkt der Universalisierung begründet werden und prima facie Geltung beanspruchen. Aber erst im Hinblick auf konkrete Einzelfälle wird sich herausstellen, *welcher* der konkurrierenden Grundsätze im *jeweiligen* Kontext der angemessene ist.

Das ist die Aufgabe von Anwendungsdiskursen: innerhalb der Familie werden z. B. Verteilungskonflikte eher nach dem Bedarfsprinzip zu entscheiden sein als nach dem Leistungsprinzip, während es sich in gesamtgesellschaftlichen Verteilungskonflikten umgekehrt verhalten mag. Das hängt davon ab, welches Prinzip auf die in allen relevanten Zügen möglichst vollständig beschriebene Situation *am besten paßt*. Eine generelle Zuordnung von Gerechtigkeitsprinzipien zu Handlungssphären halte ich jedoch für höchst problematisch. In Anwendungsdiskursen könnten Überlegungen der Art, wie Walzer sie anstellt, ihren Platz finden; aber hier müßten sie sich je nach Kontext von Fall zu Fall bewähren.

NIELSEN Die Beschränkung der Moraltheorie auf Fragen der Gerechtigkeit bringt Sie zu einer scharfen Unterscheidung zwischen »moralischen Fragen« (die unter Universalisierungsgesichtspunkten grundsätzlich rational entschieden werden können) und »evaluativen Fragen« (die Fragen des guten Lebens darstellen und einer rationalen Erörterung nur innerhalb des Horizonts einer geschichtlich konkreten Lebensform oder einer individuellen Lebensgeschichte zugänglich sein sollen). Aber schließen Sie tatsächlich die Möglichkeit einer Übereinstimmung zwischen Gerechtigkeit und gutem Leben aus? John Rawls, der ja ebenfalls eine Priorität des Gerechten vor dem Guten behauptet, geht von einer solchen Kongruenz aus, »zumindest bei Bestehen einer wohlgeordneten Gesellschaft«. Nach seiner Ansicht soll eine Moraltheorie auch die Beziehung zwischen dem Gerechten und dem Guten bestimmen.

HABERMAS Ja, in einer Gesellschaft, die über alle Ressourcen einer modernen Gesellschaft verfügt und zugleich wohlgeordnet, also gerecht und emanzipiert wäre, würden die vergesellschafteten Individuen nicht nur Autonomie und einen hohen Grad der Partizipation genießen, sie hätten auch einen relativ weiten Spielraum für ihre Selbstverwirklichung, d. h. für die bewußte Projektion und Verfolgung individueller Lebensentwürfe.

NIELSEN Sie trennen zwar die Gerechtigkeit vom guten Leben, aber Sie schließen Aspekte der Fürsorge und der Verantwortung in Ihr Konzept der Gerechtigkeit ein. Wie soll das gehen, Carol Gilligans »care« und »responsibility« zu einem

Bestandteil Ihrer diskurstheoretischen Auffassung von Gerechtigkeit zu machen? Die Ethik der Fürsorge bezieht sich doch auf den konkreten Anderen, nicht auf den generalisierten Anderen. Sie verlangt eine kontextuierende anstelle einer formal-abstrakten Betrachtungsweise. Sie hat soziale Beziehungen im Blick, nicht fixierte Rollen, und sie führt moralische Fragen auf konfligierende Interessen, nicht auf widerstreitende Rechte zurück. Wie können alle diese Differenzen unter formaler Gerechtigkeit subsumiert werden?

HABERMAS Lassen Sie mich die ersten beiden und die letzten beiden Gesichtspunkte paarweise behandeln.

Der Eindruck, daß deontologische Ethiken wie die kantische dazu nötigen, den konkreten Anderen und dessen jeweils besondere Situation zu vernachlässigen, entsteht nur durch die einseitige Konzentration auf Begründungsfragen, die sich vermeiden läßt. Kant hatte die Moralität im ganzen auf die Rousseausche Perspektive eines Gesetzgebers zugeschnitten, der überlegt, wie eine Materie im gemeinsamen Interesse aller Bürger, also unter Gesichtspunkten der Universalisierbarkeit geregelt werden kann. Dabei gerät die Anwendungsproblematik aus dem Blick. Die einmalige Konstellation eines entscheidungsbedürftigen Falls, die konkreten Züge der beteiligten Personen kommen erst ins Spiel, *nachdem* die Begründungsprobleme gelöst sind. Allein, sobald geklärt werden muß, welche der prima facie gültigen Normen der gegebenen Situation und dem anhängigen Konflikt am *angemessensten* ist, muß eine möglichst vollständige Beschreibung aller relevanten Merkmale des jeweiligen Kontextes gegeben werden. Klaus Günther hat seiner vorzüglichen Untersuchung von Anwendungsdiskursen den Titel *Der Sinn für Angemessenheit* (Frankfurt/M. 1988) gegeben. Die praktische Vernunft kann sich in Begründungsdiskursen allein gar nicht vollständig zur Geltung bringen. Während sie sich bei der Begründung von Normen im Grundsatz der Universalisierung ausspricht, kommt sie bei der Anwendung von Normen mit einem Angemessenheitsprinzip zum Zuge. Wenn man sich nun die Komplementarität von Begründung und Anwendung klarmacht, sieht man, wie die Diskursethik jenen Bedenken, die Sie mit Carol Gilligan oder auch mit Seyla Benhabib teilen, Rechnung tragen kann.[3]

Nun zu dem anderen Bedenken, daß deontologische Ethiken allein auf Rechte, nicht auf Bedürfnisse abstellten und auch den Aspekt von Mitgliedschaftsbeziehungen gegenüber den institutionell verfestigten Rollenaspekten vernachlässigten. Im historischen Rückblick auf den Individualismus der kantischen Tradition ist dieses Bedenken berechtigt; aber die Diskursethik trifft es nicht. Diese nimmt nämlich den intersubjektivistischen Ansatz des Pragmatismus auf und begreift den praktischen Diskurs als eine *öffentliche* Praxis *gemeinsamer* gegenseitiger Perspektivenübernahme: jeder sieht sich genötigt, die Perspektive eines jeden anderen zu übernehmen, um zu prüfen, ob eine Regelung auch aus der Perspektive des Welt- und Selbstverständnisses eines jeden anderen akzeptabel ist. Gerechtigkeit und Solidarität sind zwei Seiten derselben Medaille, weil der praktische Diskurs ein Verfahren ist, das einerseits jeden einzelnen mit seinem Ja und Nein zum Zuge kommen läßt und insofern einem individualistischen Verständnis von Gleichberechtigung Rechnung trägt; andererseits bleibt im Diskurs jenes soziale Band intakt, das alle Argumentationsteilnehmer dazu anhält, sich ihrer Zugehörigkeit zu einer unbegrenzten Kommunikationsgemeinschaft bewußt zu sein. Nur wenn der Bestand der Kommunikationsgemeinschaft, die allen mit der idealen Rollenübernahme eine selbstlose empathische Leistung abverlangt, gesichert ist, können sich jene Verhältnisse reziproker Anerkennung reproduzieren, ohne die auch die Identität eines jeden einzelnen zerfallen müßte.

NIELSEN Wie sollen wir die Trennung von Moral und Recht verstehen? Nach Durkheim und Weber sind das zwei verschiedene Sphären, die aus dem Zerfall traditionaler Ethiken hervorgehen; aber irgendwie bleiben sie durch ein gemeinsa-

---

3 S. Benhabib, »The Generalized and the Concrete Other«, in: S. Benhabib, D. Cornell (Hg.), *Feminism as Critique*, Minneapolis 1987, 77-96.

mes Zentrum auch miteinander verbunden. Muß man Moral und Recht in der Moderne nur als verschiedene Formen der Institutionalisierung von Verfahren begreifen, die demselben Zweck dienen?

HABERMAS Positives Recht und postkonventionelle Moral ergänzen einander und überlagern gemeinsam die traditionelle Sittlichkeit. Unter normativen Gesichtspunkten kann man sich die Ergänzungsbedürftigkeit universalistisch begründeter Moralnormen leicht klarmachen. Eine Norm, die den Verallgemeinerungstest besteht, verdient allgemeine Anerkennung nur unter der Voraussetzung, daß sie auch faktisch von jedermann befolgt wird. Ebendiese Bedingung kann eine Reflexionsmoral, die mit den Selbstverständlichkeiten der konkreten Sittlichkeit bricht, von sich aus nicht garantieren. So erzeugen die Prämissen eines anspruchsvollen postkonventionellen Begründungsmodus selbst ein *Problem der Zumutbarkeit*: die Befolgung einer gültigen Norm kann nur von jemandem erwartet werden, der sicher sein kann, daß auch alle anderen der Norm Folge leisten. In dieser Weise begründet schon Kant den Übergang von der Moral zum staatlich sanktionierten Recht. Und schon Kant erkennt das Folgeproblem, das mit der Inanspruchnahme des Mediums staatlicher Macht entsteht. Die politische Macht ist kein eigenschaftsloses Medium; ihr Gebrauch und ihre Organisation müssen selber moralischen Beschränkungen unterworfen werden. Darauf antwortet wiederum die Idee des Rechtsstaates.
Bei Kant und im frühen Liberalismus besteht freilich eine Vorstellung von der Herrschaft der Gesetze, die suggeriert, daß die Rechtsordnung selbst ausschließlich moralischer Natur, jedenfalls eine Implementationsform der Moral sei. Diese Assimilation des Rechts an die Moral führt in die Irre. Mit dem politischen Element des Rechts kommen ganz andere Momente ins Spiel. Nicht alle Materien, die einer rechtlichen Regelung bedürftig und zugänglich sind, sind moralischer Art. Auch wenn sich die Gesetzgebung den idealen Bedingungen einer diskursiven Meinungs- und Willensbildung hinreichend

angenähert hätte, könnten sich die Entscheidungen des Gesetzgebers nicht nur auf moralische Gründe stützen – erst recht nicht die eines sozialstaatlichen Gesetzgebers. Eine erhebliche Rolle spielen stets *pragmatische* Gründe für einen (mehr oder weniger fairen) Ausgleich von Interessen, die keiner Verallgemeinerung fähig sind, ferner *ethische* Gründe für das akzeptierte Selbstverständnis und die präferierte Lebensform eines Kollektivs, in dem sich verschiedene identitätsverbürgende Traditionen treffen und miteinander in Einklang gebracht werden müssen. Darum könnte der Legitimitätsanspruch des positiven Rechts auch dann, wenn er sich auf eine rationale Willensbildung stützte, nicht im Anspruch auf moralische Geltung aufgehen. Mit den pragmatischen und ethischen Gründen fließt in die Legitimität des Rechts auch anderes ein: die *Legitimität* stützt sich auf ein breiteres Spektrum von Geltungsaspekten als die Sollgeltung von moralischen Handlungsnormen.

Im übrigen ist die Rechtsgeltung aus zwei Komponenten zusammengesetzt; mit der rationalen Komponente des Anspruchs auf Legitimität verbindet sich die empirische Komponente der Rechtsdurchsetzung. Die Rechtsgeltung muß auf seiten der Adressaten beides zugleich begründen können: die kognitive Erwartung, daß die allgemeine Befolgung der einzelnen Rechtsnormen gegebenenfalls erzwungen wird (weshalb dem Recht Legalität des Verhaltens, d. h. bloß normenkonformes Verhalten *genügt*); zugleich muß die Rechtsgeltung die normative Erwartung begründen, daß das Rechtssystem im ganzen aus guten Gründen Anerkennung verdient (weshalb das Recht mehr als nur Legalität, nämlich Gehorsam aus Einsicht in die Legitimität der Rechtsordnung jederzeit *möglich machen* muß).

NIELSEN Wechseln wir zum Thema Ihrer sprachpragmatischen Begründung der Diskursethik, insbesondere zu Ihrer Weiterentwicklung von Toulmins Analyse in den *Uses of Argument,* von Wittgensteins »Sprachspielen« und Chomskys »Universalgrammatik« zu einer Formalpragmatik. Schon auf

dieser methodologischen Ebene möchte ich Sie mit einem Argument konfrontieren, das den alten Einwand gegen den Eurozentrismus Ihrer Verteidigung der Aufklärung und Ihres Evolutionsbegriffs variiert.
Man kann sich ja fragen, ob der ganze Begriff der Formalpragmatik aus einer schlechten Generalisierung von Beispielen der indoeuropäischen Sprachfamilie gewonnen wird. B. Lee Whorf hat das »Standard Average European« mit nicht-europäischen Sprachen verglichen und herausgefunden, daß solche zentralen Dinge wie erstens die Funktion der Verben, zweitens die Zeitstruktur und drittens die grammatische Beziehung von Subjekt und Prädikat in diesen Sprachen prinzipiell verschieden sind von den Merkmalen, die Sie für universal halten. Die Einzelheiten kann ich hier nicht rekapitulieren. Aber es scheint doch eine Fülle linguistischer Daten zu geben, die schon den Ansatz einer Universalpragmatik in Frage stellen oder widerlegen. Vielleicht können Sie entgegnen, daß die nicht-europäischen Sprachen weniger entwickelt sind; aber dann übernehmen Sie die Beweislast zu zeigen, wie überhaupt eine Entwicklung in den grammatischen Tiefenstrukturen möglich ist.

HABERMAS Die Sapir-Whorf-Hypothese ist in den fünfziger Jahren ausführlich diskutiert worden, im großen und ganzen mit negativem Erfolg. Die Oberflächenstrukturen der Einzelsprachen können offensichtlich stark divergieren, ohne daß dadurch die Übereinstimmungen in der semantischen Grundstruktur einfacher assertorischer Sätze oder in der pragmatischen Grundstruktur der Sprechsituation (z. B. Personalpronomina, Raum- und Zeitdeixis) beeinträchtigt werden. Was Whorf vorschwebte, sind eher jene Differenzen zwischen sprachlichen Weltbildern, für die sich schon Humboldt interessiert hat, ohne daraus Konsequenzen zugunsten eines Sprachrelativismus zu ziehen. Um diesen zu vermeiden, braucht man keineswegs zu Vorstellungen einer Evolution von Sprachsystemen Zuflucht zu nehmen. In Ansehung natürlicher Sprachen ist ein Evolutionismus ganz unangebracht. Offensichtlich verändert sich über Zeit die grammatische Komplexität von Sprachen kaum.

Die Whorfschen Intuitionen sind heute auf einer anderen Ebene wieder zur Geltung gebracht worden, nämlich in der von Anthropologen ausgelösten Rationalitätsdebatte, die sich inzwischen weit verzweigt hat. Für den entscheidenden Punkt *dieser* Kontroverse halte ich die Frage, ob wir einer Asymmetrie Rechnung tragen müssen, die zwischen den Interpretationskapazitäten verschiedener Kulturen dadurch entsteht, daß einige sogenannte second-order concepts eingeführt haben, andere nicht. Diese Begriffe zweiter Ordnung erfüllen notwendige kognitive Bedingungen für das Reflexivwerden einer Kultur, also dafür, daß deren Mitglieder zu ihren eigenen Überlieferungen eine hypothetische Einstellung einnehmen und auf dieser Grundlage kulturelle Selbstrelativierungen vornehmen können. Ein solches dezentriertes Weltverständnis kennzeichnet moderne Gesellschaften. Der Streit geht also darum, ob solche kognitiven Strukturen eine Schwelle bedeuten, die von *jeder* Kultur, die diese Schwelle passiert, *ähnliche* Lern- und Anpassungsprozesse verlangt.

Die Kontextualisten behaupten, daß der Übergang zu nachmetaphysischen Naturbegriffen, zu posttraditionellen Rechts- und Moralvorstellungen nur eine Tradition neben anderen charakterisiert – und keineswegs das Reflexivwerden von Tradition überhaupt. Ich sehe nicht, wie sich diese These im Ernst verteidigen ließe. Ich denke, daß Max Weber recht hatte, und zwar in jener vorsichtig universalistischen Deutung, die Schluchter der These von der allgemeinen Kulturbedeutung des okzidentalen Rationalismus gegeben hat.[4]

NIELSEN Ihre Moraltheorie hat die Form einer Untersuchung moralischer Argumentation. Und als einziges Moralprinzip stellen Sie einen Universalisierungsgrundsatz auf, der in moralischen Argumentationen eine ähnliche Rolle haben soll wie das Induktionsprinzip bei empirisch-theoretischen Fragen.

4 W. Schluchter, *Die Entwicklung des okzidentalen Rationalismus*, Tübingen 1979, 15 ff.

Eine Norm ist danach nur gültig, wenn sie in realen Argumentationen von allen potentiell Betroffenen akzeptiert werden könnte; das bedeutet, daß sie die Interessen eines jeden Teilnehmers befriedigen können muß. Warum sollen die Beteiligten mit den Konsequenzen einer allgemeinen Normbefolgung einverstanden sein? Oft gelangen sie doch nur zur konsensuellen Feststellung ihres Dissenses. Das wäre eine gewisse Analogie zum Verfahren politischer Willensbildung, das den Konsens darüber ausdrückt, bestimmte Kontroversen und Themen *anderen* Formen der Auseinandersetzung zu überlassen.

HABERMAS Argumentation ist kein Entscheidungsverfahren, das in *Beschlüssen* resultiert, sondern ein Problemlösungsverfahren, das zu *Überzeugungen* führt. Natürlich kann der argumentative Streit über den Wahrheitsanspruch von assertorischen oder über den Richtigkeitsanspruch von normativen Aussagen offen ausgehen, so daß kein Einverständnis zustande kommt; dann wird man, for the time being, diese Frage offenlassen, aber doch in dem Bewußtsein, daß nur eine Seite recht haben kann. In praktischen Diskursen kann sich allerdings herausstellen, daß der anhängige Konflikt gar nicht moralischer Natur ist. Es mag sich um eine ethisch-existentielle Frage handeln, die das Selbstverständnis bestimmter Personen oder eines bestimmten Kollektivs betrifft; dann wird eine noch so vernünftige Antwort nur relativ auf das Ziel je meines oder je unseres guten bzw. nicht-verfehlten Lebens gültig sein und keine Allgemeinverbindlichkeit beanspruchen können. Vielleicht handelt es sich aber auch um die pragmatische Frage des Ausgleichs zwischen gegensätzlichen, nicht-verallgemeinerungsfähigen Interessen; dann können die Beteiligten allenfalls einen fairen oder guten Kompromiß erzielen. So kann das Scheitern von Argumentationsversuchen im Bereich der Praxis auch den Sinn haben, sich darüber klar zu werden, daß keine moralischen Diskurse, sondern Selbstverständigungsdiskurse oder Verhandlungen am Platz sind.

Auch in der parlamentarischen Willensbildung steckt ein rationaler Kern; denn politische Fragen sind je nachdem sowohl unter empirischen und pragmatischen wie unter moralischen und ethischen Gesichtspunkten einer diskursiven Behandlung fähig. Diese rechtlich institutionalisierten Meinungsbildungsprozesse sind freilich auf eine zeitlich terminierte Beschlußfassung programmiert. Die Geschäftsordnungen kombinieren die wahrheitsorientierte Meinungsbildung mit einer majoritären Willensbildung. Aus der Sicht einer Diskurstheorie, die solche Verfahren auf ihren normativen Gehalt hin abklopft, muß freilich die Mehrheitsregel eine interne Beziehung zur kooperativen Wahrheitssuche behalten. Der Idee nach darf eine Mehrheitsentscheidung nur unter diskursiven Bedingungen derart zustande kommen, daß ihr Ergebnis die Vermutung der Rationalität für sich hat. Der Inhalt einer verfahrensgerecht erzielten Entscheidung muß als das rational motivierte, aber fehlbare Ergebnis einer unter Entscheidungsdruck vorläufig beendeten Diskussion gelten können. Man darf deshalb den Diskurs als Verfahren der moralischen oder ethischen *Urteils*bildung nicht mit den rechtlich institutionalisierten Verfahren einer (wie immer auch durch Diskurse vermittelten) politischen *Willens*bildung verwechseln.

NIELSEN Ihr moraltheoretischer Kognitivismus stützt sich auf die Behauptung einer Analogie zwischen Wahrheitsansprüchen und normativen Geltungsansprüchen. Aber diese Analogie läßt sich nur aufrechterhalten, wenn man die Normen, die hinter dem Universalisierungsgrundsatz stehen, an so etwas wie normative Geltung überhaupt assimiliert. Wie kann und warum muß die Moraltheorie jene anderen Normen vernachlässigen, die zwar de facto in Geltung sind, ohne im strikten Sinne gültig zu sein? Und ist diese Ausgrenzung möglich, ohne daß man dabei die dialektische Beziehung zwischen abstrakter Moral und gesellschaftlicher Ethik abschneidet?

HABERMAS Normen treten, aus der performativen Einstellung ihrer Adressaten betrachtet, mit einem wahrheitsanalogen Geltungsanspruch auf. »Analog« heißt freilich, daß man die Sollgeltung von Normen nicht an die Wahrheitsgeltung

von Sätzen assimilieren darf. Die Unterschiede zeigen sich nicht erst an den Argumentationsregeln und der Art der jeweils zulässigen Argumente; sie beginnen schon damit, daß normative Geltungsansprüche in Normen, also in den (gegenüber moralischen Handlungen und regulativen Sprechakten) höherstufigen Gebilden ihren Sitz haben, während Wahrheitswerte nur den einzelnen assertorischen Sätzen zugeschrieben werden, nicht den Theorien. Hier verdanken die höherstufigen Gebilde, d. h. die Theorien, ihre Gültigkeit der Menge der wahren Sätze, die aus ihnen abgeleitet werden können, während auf der anderen Seite partikulare Gebote oder Verbote ihre Gültigkeit den zugrundeliegenden Normen entlehnen.
Ein interessanter Unterschied besteht sodann darin, daß das Für-wahr-Halten von Sätzen jene Dimension gar nicht berührt, die für die Wahrheit von Sätzen wesentlich ist, nämlich die Existenz von Sachverhalten. Hingegen berührt das Für-richtig-Halten von Normen unmittelbar die diesen wesentliche Dimension der Regelung von Handlungen. Sobald eine Handlungsnorm im Kreise ihrer Adressaten hinreichend anerkannt und befolgt wird, konstituiert sich eine entsprechende Praxis – gleichviel, ob die Norm gerechtfertigt werden kann und Anerkennung *verdient* oder ob sie nur *faktisch,* z. B. aus den falschen Gründen anerkannt bzw. aus schierer Gewohnheit befolgt wird. Deshalb wird die Unterscheidung zwischen der Gültigkeit und der sozialen Geltung, d. h. dem generellen Für-gültig-Halten, einer Norm wichtig. Soweit kann ich Ihnen zustimmen.
Allerdings bin ich dann unsicher, ob ich den Sinn Ihrer Frage verstehe. Der *Moraltheoretiker* wählt ja eine normative Betrachtungsweise; er teilt die Einstellung eines Normadressaten, der an Begründungs- oder Anwendungsdiskursen teilnimmt. Aus dieser Perspektive müssen wir zunächst von den bestehenden Traditionen, den eingespielten Praktiken und den vorhandenen Motiven, kurz: von der in einer Gesellschaft etablierten Sittlichkeit, absehen. Andererseits muß den *Soziologen* in erster Linie diese Sittlichkeit interessieren. Aber der

nimmt die objektivierende Einstellung eines teilnehmenden Beobachters ein. Wir können die Zweite-Person-Einstellung eines Normadressaten und die Dritte-Person-Einstellung eines soziologischen Beobachters nicht zur gleichen Zeit einnehmen. Sie denken vermutlich an den komplizierten Fall, wo man in der einen Einstellung die Erkenntnisse interpretiert, die in der jeweils anderen Einstellung gewonnen worden sind. Das ist der Fall eines Soziologen, der einen deskriptiv erfaßten Legitimitätsglauben an den guten Gründen mißt, die für die Legitimität der von ihm beobachteten (und sozial geltenden) Ordnung aus der Perspektive *möglicher* Adressaten angeführt werden könnten. Entsprechend wechselt auch der Argumentationsteilnehmer (oder der Moraltheoretiker als dessen philosophisches Alter ego) seine Rolle, sobald er mit den Augen eines Gesetzgebers die empirischen Aspekte der regelungsbedürftigen Materien und die Zumutbarkeit oder Akzeptanz von Regelungen in seine Überlegungen einbezieht. Man muß diese verschiedenen Betrachtungsweisen und die verschiedenen Gegenstände auseinanderhalten. Aus solchen Differenzen läßt sich aber kein Argument für eine kurzschlüssige Soziologisierung der Moraltheorie ableiten.

Sie sprechen sodann von empirisch gültigen Normen ohne (normative) Gültigkeit. Diese Formulierung trifft strenggenommen nur auf Konventionen wie z. B. Tischsitten zu, also auf Regeln, die eingewöhnt sind und durchschnittlich befolgt werden, ohne einer rationalen Begründung bedürftig und fähig zu sein.

NIELSEN Die Bedingungen für eine Diskursethik sind, ontogenetisch gesehen, nur erfüllt auf L. Kohlbergs letzten, postkonventionellen Stufen. Aber nur eine Minderheit der erwachsenen Bevölkerung erreicht diese Stufen (wenn man sich auf einschlägige Längsschnittuntersuchungen verläßt). Dann gelangt man aber zu dem Paradox, daß wir postkonventionelle gesellschaftliche Institutionen haben, während eine Mehrheit der Bevölkerung auf präkonventionellen oder konventionellen Stufen des moralischen Bewußtseins verharrt. Wie ist das möglich? Und wie läßt sich das vereinbaren mit Ihrer Behauptung, daß normative Strukturen so etwas wie Schrittmacher der sozialen Evolution sind? Wenn die Antwort darin besteht, daß die postkonventionelle Moral in Rechtsstrukturen eingebettet ist, dann müssen Sie plausibel machen, wie eine solche Situation überhaupt stabilisiert werden kann.

HABERMAS Gesellschaftliche Innovationen werden oft von marginalen Minderheiten angestoßen, auch wenn sie später auf der institutionellen Ebene gesellschaftlich verallgemeinert werden. Das mag eine Erklärung dafür sein, warum in modernen Gesellschaften das positive Recht als eine Verkörperung postkonventioneller Bewußtseinsstrukturen zu begreifen ist, obwohl bei zahlreichen Mitgliedern nur eine konventionelle Stufe des moralischen Bewußtseins festgestellt werden kann. Das konventionelle Verständnis eines postkonventionellen Rechtssystems muß auch nicht zu Instabilitäten führen; es verhindert manchmal radikale Deutungen, die beispielsweise zu zivilem Ungehorsam führen.

Außerdem sind die Befunde über das Moralbewußtsein der Bevölkerung problematisch; es ist sehr umstritten, ob nicht Kohlbergs Erhebungsmethode zu artifiziellen Ergebnissen führt. Performativ beherrschen beispielsweise Kinder die moralischen Urteile einer Stufe, lange bevor sie in der Lage sind, dieses intuitive Wissen in Beantwortung der bekannten Dilemmata auch als solches zu explizieren.

NIELSEN Die Frage nach dem wahrheitsanalogen Sinn normativer Geltung ist nur die Variation einer Frage, die ursprünglich in Ihrem Interview mit der *New Left Review* gestellt worden und unbeantwortet geblieben ist: »Welches ist Ihrer Ansicht nach die Beziehung zwischen philosophischen und wissenschaftlichen Wahrheitsbehauptungen? Sind philosophische Wahrheitsbehauptungen kognitive Behauptungen und würde ein rationaler Konsens letztlich die Wahrheit der Konsensus-Theorie der Wahrheit selbst garantieren?« (*Die Neue Unübersichtlichkeit*, S. 229).

HABERMAS Ich denke, daß die Philosophie heute zwei Rollen

gleichzeitig spielt – eine Interpretenrolle, in der sie zwischen der Lebenswelt und den Expertenkulturen vermittelt, und eine speziellere Rolle innerhalb des Wissenschaftssystems, wo sie insbesondere mit verschiedenen rekonstruktiven Wissenschaften kooperiert. Dabei erzeugt sie Aussagen, die wie andere wissenschaftliche Aussagen mit Wahrheitsanspruch auftreten. Auch die Diskurstheorie der Wahrheit enthält Behauptungen, die gegen konkurrierende Wahrheitstheorien innerhalb eines entsprechenden Diskursuniversums verteidigt werden müssen.

Aber Ihre Frage drückt einen anderen Zweifel aus. Sie scheinen nahezulegen, daß die Selbstbezüglichkeit philosophischer, in diesem Fall wahrheitstheoretischer Aussagen die Diskurstheorie der Wahrheit ad absurdum führen müsse. Das sehe ich nicht so. Natürlich kann sich meine Rekonstruktion, die ich für unser intuitives Verständnis von Wahrheit mit Hilfe einer Diskurstheorie vorschlage, als falsch, mindestens als ungenügend herausstellen. Aber die Praxis, die im Alltag oder in der Wissenschaft vom richtigen Gebrauch dieses intuitiven Wissens abhängt, bleibt doch von den Rekonstruktionsversuchen und ihren Revisionen unberührt. Nicht das Gebrauchswissen selber kann widerlegt werden, sondern nur dessen falsche Beschreibungen.

NIELSEN Für Ihre Moralbegründung ist der Begriff des performativen Widerspruchs entscheidend, den Sie von Karl-Otto Apel (ohne dessen transzendentalphilosophische Konnotationen) übernommen haben. Das Argument hinter Ihrem Gebrauch von performativen Selbstwidersprüchen erscheint überzeugend in dem engen Sinne, daß niemand im kommunikativen Handeln systematisch dessen notwendige Voraussetzungen bestreiten kann, ohne seine eigene Rationalität oder Zurechnungsfähigkeit in Frage zu stellen. Aber wie kann man auf diesem Wege rechtfertigen, daß der eine moraltheoretische Ansatz besser ist als der andere?

HABERMAS Der Nachweis performativer Selbstwidersprüche spielt von Fall zu Fall eine Rolle in der Widerlegung skeptischer Gegenargumente. Er kann auch zur Methode ausgebildet werden und dient dann, wie bei Strawson, der Identifizierung von nichtverwerfbaren Voraussetzungen einer Praxis, für die es in unserer Lebensform keine funktionalen Äquivalente gibt. K.-O. Apel und ich verwenden diese Methode, um allgemeine pragmatische Voraussetzungen der Argumentationspraxis zu entdecken und diese auf einen normativen Gehalt hin zu analysieren. Auf diesem Wege versuche ich einen Universalisierungsgrundsatz als Moralprinzip zu begründen. Damit soll zunächst nur gezeigt werden, daß moralisch-praktische Fragen überhaupt mit Gründen, also rational, entschieden werden können. Diese allgemeinen Argumentationsvoraussetzungen haben in der Diskursethik den gleichen Stellenwert wie in Rawls' Theorie der Gerechtigkeit die Konstruktion des Urzustandes. Welche Version einer kantischen Ethik die bessere ist, muß sich dann in der Diskussion zwischen solchen theoretischen Ansätzen zeigen. Diese professionelle Auseinandersetzung wird unter vielen Aspekten geführt, sie kann gewiß nicht im direkten Durchgriff auf performative Selbstwidersprüche entschieden werden.

NIELSEN Welches ist der Status der »idealen Sprechsituation«? Ist sie teilweise kontrafaktisch? Oder ist sie Teil einer als Lebenswelt fingierten Gesellschaft? Oder handelt es sich um eine Hypostasierung? Oder wie hängen gegebenenfalls diese drei Thesen miteinander zusammen? Die erste These machen Sie sich ausdrücklich in *Moralbewußtsein und kommunikatives Handeln* (S. 102) zu eigen. Die zweite These ergibt sich dann, wenn man die Diskursethik als eine Weiterentwicklung jener dritten in der *Theorie des kommunikativen Handelns* erwähnten Fiktionen versteht, die notwendig sind, wenn man die Gesellschaft im ganzen als Lebenswelt begreifen will – ich meine die Unterstellung einer vollständig transparenten Verständigung (Bd. II, S. 224). Die dritte These schließlich wird Ihnen von Wolfgang Schluchter zugeschrieben. Er behauptet, daß es in der Logik Ihrer Argumentation liege, die ideale Sprechsituation von einer notwendigen Kommunikationsvoraussetzung in ein Ideal der Wirklichkeit zu verwandeln und damit zu hypostasieren.

HABERMAS Die zweite Position können wir hier beiseite lassen, weil es an der angegebenen Stelle um ein Konzept der Lebenswelt geht, das ich selbst als idealistisch zurückweise. Die erste Position besagt nur, daß die (im sozialen Raum und in der historischen Zeit) unbegrenzte Kommunikationsgemeinschaft eine Idee ist, der wir unsere tatsächlichen Argumentationssituationen annähern können. Wir orientieren uns zu jedem beliebigen Zeitpunkt an dieser Idee, wenn wir uns darum bemühen, daß (a) alle irgend relevanten Stimmen Gehör finden, (b) die besten aller beim gegenwärtigen Wissensstand verfügbaren Argumente zur Geltung gelangen und (c) nur der zwanglose Zwang des besseren Arguments die Ja- und Nein-Stellungnahmen der Teilnehmer bestimmt. Leider habe ich einmal den Zustand, in dem jene idealisierenden Voraussetzungen erfüllt wären, »ideale Sprechsituation« getauft; aber diese Formel ist mißverständlich, weil sie zu konkretistisch ist. Sie verleitet zu der Art von Hypostatisierung, die mir Schluchter, obgleich mit Vorbehalten, zuschreibt.[5] Dabei stützt sich Schluchter u. a. auf die Formel vom »Vorschein einer Lebensform«, die ich schon vor zehn Jahren zurückgezogen habe.[6] Zu keiner Zeit habe ich jedoch »die unbegrenzte Kommunikationsgemeinschaft von einer notwendigen Unterstellung zu einem Ideal in der Wirklichkeit hypostasiert«, wie Schluchter mit Berufung auf Wellmer meint.

Tatsächlich zögere ich, diese Kommunikationsgemeinschaft eine regulative Idee im Sinne Kants zu nennen, weil sich der Sinn einer »unvermeidlichen idealisierenden Voraussetzung pragmatischer Art« dem klassischen Gegensatz von »regulativ« und »konstitutiv« nicht fügt.

Regulativ ist aus der Sicht der Teilnehmer die Idee der Wahr-

---

5 W. Schluchter, *Religion und Lebensführung*, Frankfurt/M. 1988, Bd. 1, 322-333.
6 Siehe »Vorlesungen zu einer sprachtheoretischen Grundlegung der Soziologie«, in *Studienausgabe*, Band 1, 29-156, hier 155, Fn. 94.

heit von Aussagen, die wir hier und jetzt fallibel behaupten. Einerseits berechtigen uns alle hic et nunc verfügbaren Gründe, für ›p‹ Wahrheit zu beanspruchen; andererseits können wir nicht sicher sein, daß ›p‹ allen künftigen Einwänden wird standhalten können – wir können nicht wissen, ob sie unter den gültigen Aussagen sein wird, die in der unbegrenzten Kommunikationsgemeinschaft *immer wieder ad infinitum* Zustimmung finden würden. Keineswegs nur regulativ sind aber die allgemeinen pragmatischen Voraussetzungen von Argumentation überhaupt, weil diese Bedingungen hic et nunc in hinreichender Annäherung erfüllt werden müssen, wenn wir überhaupt argumentieren wollen. Dabei gilt dasjenige Maß der Erfüllung als »hinreichend«, welches unsere tatsächliche Argumentationspraxis zu einem in Raum und Zeit lokalisierbaren Bestandteil des universellen Diskurses der unbegrenzten Kommunikationsgemeinschaft qualifiziert. Diese verwandelt sich damit aber nicht etwa in eine Idee, die eine Wirklichkeit konstituiert. Die Begrifflichkeit der Konstituierung einer Welt findet hier keine Anwendung. Es verhält sich vielmehr so, daß wir die Argumentationsvoraussetzungen, obwohl sie einen idealen und nur annäherungsweise zu realisierenden Gehalt haben, *faktisch* machen müssen, wenn wir überhaupt in eine Argumentation eintreten wollen.

Mit den im kommunikativen Handeln erhobenen Geltungsansprüchen zieht in die sozialen Tatsachen selbst eine ideale Spannung ein, die sich den beteiligten Subjekten als eine kontextsprengende, alle bloß provinziellen Maßstäbe transzendierende Kraft zu Bewußtsein bringt. Mit einem paradoxen Ausdruck: die regulative Idee der Gültigkeit von Äußerungen ist konstitutiv für die durch kommunikatives Handeln erzeugten sozialen Tatsachen. Insofern gehe ich, wie Schluchter bemerkt, über die Denkfiguren Kants hinaus; das tue ich aber, ohne dafür Hegels Denkfiguren in Kauf zu nehmen. Die Idee der unbegrenzten Kommunikationsgemeinschaft dient schon bei Peirce der Ersetzung des Ewigkeitsmomentes oder des überzeitlichen Charakters der Unbedingtheit von Wahrheit durch die Vorstellung eines Interpretations- und Verständigungsprozesses, der die Beschränkung des sozialen Raums und der historischen Zeit gleichsam von innen, *aus der Welt heraus* transzendiert. *In* der Zeit sollen die Lernprozesse der unbegrenzten Kommunikationsgemeinschaft einen Bogen bilden, der alle zeitlichen Distanzen übergreift; *in* der Welt sollen sie die Bedingungen realisieren, die für den unbedingten Anspruch transzendierender Geltungsansprüche als erfüllt vorausgesetzt werden müssen. Dieses wahrheitstheoretisch eingeführte Konzept prägt auch einen Begriff der Gesellschaft, der vom kommunikativen Handeln aus entwickelt wird; denn diese Interaktionen laufen nur über die Schienen intersubjektiv anerkannter Geltungsansprüche. Mit diesen unbedingten Geltungsansprüchen zieht die Transzendenz in die Lebenswelt ein und durchtränkt deren symbolische Strukturen. Darum können auch noch die kontrafaktischen Unterstellungen der kommunikativ handelnden Subjekte auf ein Entgegenkommen der sozialen Realität rechnen: jeder faktisch erhobene Geltungsanspruch, der den Kontext unserer jeweiligen Lebenswelt transzendiert, schafft mit der Ja- oder Nein-Stellungnahme des Adressaten eine neue Tatsache. Vermittelt über diese kognitiv-sprachliche Infrastruktur der Gesellschaft, sedimentieren sich die Ergebnisse des Zusammenspiels von innerweltlichen Lernprozessen und welterschließenden Innovationen. Das ist das Hegelsche Element, das Schluchter spürt, worin er aber aus seiner kantischen Perspektive (fälschlich, wie ich meine) nur die unerlaubte Vergegenständlichung einer regulativen Idee zu erkennen vermag.

NIELSEN Sie verstehen Diskurse als eine Art reflexiv gewordenes kommunikatives Handeln, welches seinerseits in der Lebenswelt situiert ist. Demgegenüber verschwindet alles Normative auf der Ebene der über Geld und Macht gesteuerten gesellschaftlichen Subsysteme. Nun haben Sie an anderem Ort schon erklärt, wie der von Ihnen verwendete Ausdruck einer »normfreien Sozialität« zu Mißverständnissen geführt hat. Die Systemintegration bleibt selbst nach der in der Moderne zustande gekommenen Entkoppelung von System und Lebenswelt auf indirekte Weise mit der Lebenswelt verbunden, nämlich über die rechtliche Institutionalisierung der Steuerungsmedien. Sie wollen nur behaupten, daß die Integration der Subsysteme *in letzter Instanz* eben nicht auf die sozialintegrativen Leistungen kommunikativen Handelns angewiesen ist. Sie sagen: »Es sind nicht illokutionäre Bindungseffekte, sondern Steuerungsmedien, die das ökonomische und das administrative Handlungssystem zusammenhalten.« Diese Antwort macht Ihre Auffassung flexibler, aber Sie behaupten immer noch, daß das Geld- und Machtmedium vom Handelnden eine strategische Einstellung erfordert. Daran habe ich meine Zweifel.

Ihr Bild vom ökonomischen Aktor teilt wichtige Züge mit den Modellvorstellungen der Neoklassik. Warum vernachlässigen Sie die von der institutionalistischen Wirtschaftstheorie entwickelten Argumente, die klarmachen, daß das Modell des rein strategischen und utilitären Handelns spätestens mit Adam Smiths »Invisible Hand« ausgestorben ist. A. Etzionis letztes Buch enthält zahlreiche Argumente und Evidenzen dafür, »daß die wichtigste Basis für Entscheidungen (auch im Marktverhalten) im effektiven und normativen Bereich liegen. Das heißt, die Menschen entscheiden sich aus nicht-rationalen oder vorrationalen Überlegungen, hauptsächlich deshalb, weil sie auf ihren normativ-affektiven Grundlagen aufbauen und erst in zweiter Linie weil sie nur geringe und begrenzte intellektuelle Fähigkeiten besitzen« (*The Moral Dimension,* 1988, S. 90).

HABERMAS Ich glaube, das ist ein Mißverständnis. Ich gebrauche »System« und »Lebenswelt« als Konzepte für gesellschaftliche Ordnungen, die sich nach den Mechanismen der gesellschaftlichen Integration, d. h. der Vernetzung von Interaktionen unterscheiden. In »sozial integrierten« Handlungsbereichen kommt diese Verkettung oder Sequenzbildung über des Bewußtsein der Aktoren selbst zustande oder über ihr intuitiv gegenwärtiges Hintergrundverständnis der Lebenswelt; in »systemisch integrierten« Handlungsbereichen stellt sich

Ordnung objektiv, gleichsam »über die Köpfe der Beteiligten« hinweg her, und zwar auf dem Wege eines funktionalen Ineinandergreifens und einer gegenseitigen Stabilisierung von Handlungsfolgen, die den Aktoren nicht bewußt sein müssen. Das Lebensweltkonzept muß handlungstheoretisch eingeführt werden. Aber nur wenn der Systembegriff auf dieselbe Weise eingeführt würde, könnte man die umkehrbar eindeutige Beziehung zwischen systemisch integrierten Handlungsbereichen und Typen zweckrationalen Handelns herstellen, die Sie mir unterstellen.

Tatsächlich führe ich den Begriff systemisch ausdifferenzierter und selbstgesteuerter, rekursiv geschlossener Handlungsbereiche über Mechanismen der funktionalen Integration ein, und zwar über die Steuerungsmedien Geld und Macht. Diese haben auf der Ebene von sozialen Handlungen gewiß ihre Korrelate, nämlich mediengesteuerte Interaktionen. Damit wird jedoch die Rationalität des Wahlverhaltens der Interaktionsteilnehmer keineswegs präjudiziert. Das Medium legt jeweils fest, nach welchen Maßstäben Konflikte in letzter Instanz entschieden werden. Insoweit geben die strukturellen Beschränkungen, denen mediengesteuerte Interaktionen unterliegen, eine *Veranlassung* zu mehr oder weniger rationaler Handlungsplanung; aber weder machen sie rationale Handlungsorientierungen notwendig, noch können sie gar die Aktoren dazu *verpflichten*. Deshalb sind die empirischen Evidenzen, die Sie erwähnen, mit einer medientheoretischen Beschreibung von Wirtschafts- und Verwaltungshandeln vereinbar.

NIELSEN Sie haben von T. Parsons den Systembegriff des Staates und den Medienbegriff der Macht übernommen. Beides läuft auf eine Trennung von Politik und Verwaltung hinaus. Das hat T. McCarthy kritisiert, weil diese Trennung sowohl empirischen Evidenzen als auch Ihrem eigenen Begriff von Demokratie widerspräche; wenn Selbstbestimmung, politische Gleichheit und Partizipation der Bürger an Entscheidungsprozessen die Kennzeichen einer wahren Demokratie seien, dann könne doch eine demokratische Regierung nicht in Ihrem Sinne ein politisches *System* sein. Sie selbst betonen, daß der demokratische Staat nicht aufs positive Recht reduziert werden kann. Im Falle des zivilen Ungehorsams soll die Legalität sogar denen überantwortet werden, die für die Legitimität der Herrschaft Sorge tragen müssen, eben den Bürgern. Wie kann man den zivilen Ungehorsam auf diese Weise interpretieren, ohne jene Trennung von Politik und Verwaltung aufzugeben, die hinter dem Systembegriff des Staates und dem Medienbegriff der Macht steht?

HABERMAS Die Legitimationsprozesse rechne ich nicht per se zum machtgesteuerten administrativen System, sie laufen in der politischen Öffentlichkeit ab. Hier begegnen und durchkreuzen sich zwei gegenläufige Tendenzen: die aus demokratischen Meinungs- und Willensbildungsprozessen hervorgehende, kommunikativ erzeugte Macht (H. Arendt) stößt auf eine Legitimationsbeschaffung durchs (und fürs) administrative System. Wie sich diese beiden Prozesse, also die mehr oder weniger spontane Meinungs- und Willensbildung in öffentlichen Kommunikationskreisläufen einerseits und die organisierte Beschaffung von Massenloyalität andererseits, aneinander abarbeiten, und wer wen überwältigt, ist eine empirische Frage. Eine ähnliche Interferenz findet statt in den institutionalisierten Formen der politischen Willensbildung, z. B. in parlamentarischen Körperschaften. Diese institutionalisierte Willensbildung würde erst mit der vollständigen Verstaatlichung der politischen Parteien *ganz* in einem administrativen System aufgehen, das sich (innerhalb der Grenzen des geltenden Rechts) selber programmiert.

Um nun auf Ihre Frage zurückzukommen: Die Grenzen zwischen kommunikationsgesteuerter politischer Meinungs- und Willensbildung einerseits und machtgesteuerter Administration andererseits könnten unter modernen Lebensbedingungen nur um den Preis einer Entdifferenzierung der öffentlichen Verwaltung verwischt werden. Die Erzeugung kommunikativer Macht und die Behauptung und Verwendung administrativer Macht gehorchen einer anderen Logik.

Hingegen ist bürgerlicher Ungehorsam – im Sinne einer gewaltlosen Regelverletzung als symbolischer Appell an eine andersdenkende Mehrheit – nur ein extremer Fall, an dem man das Zusammenspiel der nicht-institutionalisierten öffentlichen Kommunikation mit der verfaßten demokratischen Willensbildung studieren kann. Die eine kann auf die andere Einfluß nehmen, weil die institutionalisierte Willensbildung unter der Idee steht, die ich eben erwähnt habe: in den Parlamenten soll die wahrheitsorientierte Meinungsbildung den majoritären Entscheidungen als eine Art Filter so vorgeschaltet werden, daß diese die Vermutung der Vernünftigkeit für sich reklamieren können.

NIELSEN Wie kann man Macht, selbst wenn wir sie als Steuerungsmedium verstehen, in eine Analogie zum Geld bringen? Sie nennen zwar in der *Theorie des kommunikativen Handelns* (wiederum wie Parsons) die Unterschiede, die im Hinblick auf Messung, Zirkulation und Speicherung zwischen beiden Medien bestehen, behaupten dann aber, daß beide die Handlungskoordinierung gleichermaßen von den Ressourcen der Lebenswelt unabhängig machen würden. Doch die Art der Institutionalisierung von Macht und Geld in der Lebenswelt weist große Unterschiede auf. So ist Gehorsam die angemessene Einstellung gegenüber einer Administration, während der Markt die Orientierung am aufgeklärten Selbstinteresse erfordert. Beide Einstellungen müßte man beispielsweise verschiedenen Stufen des moralischen Bewußtseins zurechnen. Wie kann man solche Unterschiede erklären, wenn beide Steuerungsmedien in der Architektonik Ihrer Theorie dieselbe oder eine parallele Stellung einnehmen?

HABERMAS Der Widerspruch, den Sie konstruieren, läßt sich folgendermaßen auflösen. Die beiden Medien, Geld und Macht, arbeiten insofern symmetrisch, als sie den Zusammenhalt ausdifferenzierter selbstgesteuerter Handlungssysteme unabhängig vom *intentionalen* Aufwand, also den Koordinierungs*leistungen* der Aktoren, sichern. Asymmetrisch verhalten sie sich im Hinblick auf die Art der Abhängigkeit von der Lebenswelt, obwohl beide rechtlich institutionalisiert und somit lebensweltlich verankert sind. Allein, während sich die kapitalistische Wirtschaft auch noch den Produktionsprozeß einschließlich der Arbeitsleistungen (als das Substrat, von dem die Tauschwerte zehren) subsumiert, bleibt der demokratische Staatsapparat von Legitimationszufuhren abhängig, die er niemals *im ganzen* durch den Einsatz administrativer Macht unter Kontrolle bringen kann. Hier bildet die kommunikativ erzeugte Macht das Substrat, das sich von den Wurzeln diskursiver – und insoweit administrativ nicht steuerbarer – Prozesse öffentlicher Meinungs- und Willensbildung niemals so weit abschneiden läßt wie die über Märkte gesteuerte Produktion von den lebensweltlichen Kontexten der lebendigen Arbeit.

Diese Asymmetrie sollte andererseits nicht dazu verleiten, das administrative System in Lebensweltkategorien aufgehen zu lassen. Sie bildet freilich eine notwendige Bedingung dafür, daß dem administrativen System gleichsam im Namen lebensweltlicher Imperative Auflagen gemacht werden können; und diese müssen nicht – wie im Falle von Konsumentenentscheidungen – sogleich in der Sprache des entsprechenden Steuerungsmediums, also in Preisen oder Anordnungen, formuliert sein, um für das System »verständlich« zu bleiben. Das kann man sich daran klarmachen, wie Politik und Verwaltung in verschiedener Weise mit dem Recht umgehen – in normativer Einstellung oder eher instrumentell.[7] Das administrative System geht mit dem Recht in erster Linie instrumentell um; aus der Perspektive der Verwendung administrativer Macht zählt nicht die praktische Vernunft der Normenbegründung oder -anwendung, sondern die Wirksamkeit der Implementierung eines teils vorgegebenen, teils selbst ausgestalteten Programms. Jene normativen Gründe, die in der Sprache der Politik die gesetzten Normen rechtfertigen müssen, gelten in der Sprache der Administration als Beschränkungen und nachträgliche Rationalisierungen für anderwärts induzierte Entscheidungen.

7 J. Habermas, »Volkssouveränität als Verfahren«, in *Studienausgabe*, Band 4, 35-69.

Gleichzeitig bleiben aber normative Gründe die einzige Währung, in der sich die kommunikative Macht zur Geltung bringt. Sie kann in der Weise auf das administrative System einwirken, daß sie den Pool von Gründen bewirtschaftet, aus dem sich administrative Entscheidungen, die unter rechtsstaatlichen Beschränkungen stehen, alimentieren müssen. Es »geht« eben nicht alles, was für das administrative System machbar wäre, wenn die ihm vorgeschaltete politische Kommunikation und Willensbildung die erforderlichen Gründe diskursiv entwertet hat.

NIELSEN Hinter den drei letzten Fragen stand das Argument, daß Ihre Analyse der Pathologien der Moderne einer Ergänzung aus umgekehrter Blickrichtung bedarf. Sie sagen, daß die Systeme die Lebenswelt kolonisieren. Es gibt aber auch gegenläufige Tendenzen. Normative Erwartungen und demokratische Willensbildungsprozesse können auf die beiden Subsysteme soweit einwirken, daß diese nicht mehr allein über ihre systemischen Mechanismen zusammengehalten werden. So könnte Ihre Analyse von Verrechtlichungsprozessen beispielsweise ergänzt werden durch eine Analyse von sozialen Bewegungen, die auf eine Demokratisierung der Wirtschaft, eine Mitbestimmung der Verbraucher usw. abzielen. Warum vernachlässigen Sie das? Würden die Resultate solcher Untersuchungen die Theoriearchitektonik sprengen?

HABERMAS Seinerzeit ging es mir vor allem darum, ein theoretisches Instrument zu entwickeln, mit dem sich Phänomene der »Verdinglichung« (G. Lukács) fassen lassen. Aber dieser Blick auf systemisch induzierte Störungen kommunikativ rationalisierter Lebenswelten war einseitig ausgerichtet. Er hat das analytische Potential nicht ausgeschöpft, das die Theorie des kommunikativen Handelns anbietet. Man muß die Frage, wessen Imperative welcher Seite in welchem Maße Beschränkungen auferlegen, als eine empirische Frage behandeln und darf sie nicht auf analytischer Ebene zugunsten der Systeme vorentscheiden. In Reaktion auf ähnliche Einwände von Johannes Berger habe ich schon im Vorwort zur dritten Auflage des Buches betont, daß Kolonialisierung der Lebenswelt und demokratische Eindämmung der Dynamik von Systemen, die gegenüber den von ihnen erzeugten »Externalitäten« unempfindlich bleiben, gleichberechtigte analytische Perspektiven darstellen. Die Vereinseitigung des zeitdiagnostischen Blickes ist in der Theoriearchitektonik keineswegs angelegt.

NIELSEN In einer Reihe von Artikeln (nach *Moralbewußtsein und kommunikatives Handeln*) haben Sie den Hegelschen Begriff der »Sittlichkeit« oder sagen wir: einer »pragmatischen Ethik« behandelt, um zwischen der Diskursethik und der gesellschaftlichen Realität zu vermitteln. Sie bemessen die Rationalität einer Lebensform daran, inwieweit diese die Angehörigen dazu befähigt und ermutigt, ein prinzipiengeleitetes und moralisches Bewußtsein auszubilden und in die Praxis umzusetzen. Aber darf man Rationalität und Moralität gleichsetzen? Sittlichkeit oder pragmatische Ethik scheint auf die jeweils bestehenden normativen Kontexte einer Gesellschaft reduziert zu sein. Dann ist die Frage, ob die sozialen Normen auch gültig sind – oder ob sie solche gültigen Normen wenigstens fördern? Sie scheinen die Gültigkeit oder das reine Sollen nur im Rahmen von Kants individueller Moralität beibehalten zu wollen, während Hegels Bemühungen, Sein und Sollen zusammenzuführen, auf der Strecke bleibt.

HABERMAS Der Begriff der kommunikativen Rationalität umfaßt mehrere Geltungsaspekte, nicht nur den moralischen der Sollgeltung von Geboten oder Handlungen. Deshalb bemißt sich die Rationalität einer Lebensform auch nicht nur an den normativen Kontexten bzw. an den Motivationspotentialen, die der Umsetzung postkonventioneller moralischer Urteile in die Praxis »entgegenkommen«. Gleichwohl scheint es mir für den Grad der Liberalität einer Gesellschaft wesentlich zu sein, inwieweit die Sozialisationsmuster und die Institutionen, die politische Kultur, überhaupt die identitätsverbürgenden Traditionen und die alltäglichen Praktiken eine zwanglose, nicht-autoritäre Form der Sittlichkeit darstellen, in der sich eine autonome Moral verkörpern, eben konkrete Gestalt annehmen kann. Intuitiv erkennen wir – sozusagen als eingemeindete Ethnologen in einer fremden Gesellschaft – relativ schnell, wie emanzipiert, sensibel und egalitär die Umgebung wirklich ist, wie man mit den Minderheiten, mit sozialen Randgruppen, mit Behinderten, mit Kindern und Alten umgeht, was Krankheit, Einsamkeit und Tod sozial bedeuten, wieviel an Exzentrischem und Abweichendem, an Innovativem und Gefährlichem man zu tolerieren gewöhnt ist usw.

In Ihrer Frage scheinen allerdings zwei Dinge vermischt zu werden. Wenn ich in der normativen Einstellung eines Moraltheoretikers (oder auch eines Argumentationsteilnehmers) die Unterscheidung zwischen Moralität und Sittlichkeit vornehme, habe ich einen anderen Sachverhalt vor Augen, als wenn ich in der Rolle des Soziologen die Moralvorstellungen der beobachteten Individuen oder den moralischen Gehalt ihrer Rechtsprinzipien mit den in dieser Gesellschaft etablierten Praktiken, den Erscheinungsformen konkreter Sittlichkeit, vergleiche. Selbst aus dieser soziologischen Perspektive stellt es sich aber nicht so dar, daß gleichsam die ganze normative Substanz in den Köpfen der moralisch Urteilenden (oder im Wortlaut der juristischen Texte) stecken, also von der universalistischen Moral aufgebraucht würde. Natürlich hat auch die faktisch eingespielte sittliche Praxis, wie sehr sie auch von der geltenden Moral abweichen mag, Teil an dieser normativen Substanz.

NIELSEN In Ihrer »Howison Lecture« von 1988 in Berkeley machen Sie einen weiteren Versuch zur Vermittlung von Diskursethik und Gesellschaft. In der Vorlesung sagen Sie, daß die Anwendung von Normen einen zusätzlichen Diskurs eigenen Rechts erfordert. Die Unparteilichkeit eines moralischen Urteils könne in Anwendungsfragen nicht wiederum durch einen Universalisierungsgrundsatz gesichert werden. Wie kann aber ein neuer Relativismus vermieden werden, wenn ein sogenanntes Angemessenheitsprinzip in allen Zusammenhängen der kontextsensitiven Anwendung von Normen als Ersatz dient?

HABERMAS In der normativen Einstellung des Philosophen oder des Rechtstheoretikers läßt sich die Logik von Anwendungsdiskursen untersuchen; R. Dworkin liefert dafür Beispiele und eine Theorie, Klaus Günther gibt diesem Ansatz eine überzeugende diskurstheoretische Fassung.[8] Er zeigt, daß das Prinzip der Angemessenheit ebenso wie der Universalisierungsgrundsatz die Unparteilichkeit der Beurteilung praktischer Fragen zur Geltung bringt und somit ein rational begründetes Einverständnis ermöglicht. Auch in Anwendungsdiskursen verlassen wir uns auf Gründe, die nicht nur für mich und dich, sondern prinzipiell für jedermann gelten können. Man muß sich vor einem Kurzschluß hüten: ein analytisches Vorgehen, das Kontextsensibilität verlangt, muß nicht selber kontextabhängig sein und zu kontextabhängigen Ergebnissen führen.

NIELSEN In der »Howison Lecture« machen Sie klar, daß ethische Fragen im Gegensatz zu moralischen keinen vollständigen Bruch mit der egozentrischen Perspektive erfordern, weil sie auf das Telos je meines oder je unseres guten Lebens bezogen bleiben. Sie führen auch Handlungsmaximen als eine Art Brücke zwischen Moral und Ethik ein, weil diese sowohl unter moralischen als unter ethischen Gesichtspunkten beurteilt werden könnten. Wie verhalten sich diese Maximen zu normativen Geltungsansprüchen? Beanspruchen Maximen nicht irgendwie gleichzeitig empirische und normative Geltung?

HABERMAS Ja, ethische Fragen, Fragen der Selbstverständigung orientieren sich am Ziel je meines oder unseres guten, sagen wir lieber: nicht-verfehlten Lebens. Wir schauen auf unsere Lebensgeschichte oder unsere Traditionen zurück und fragen uns mit jener für starke Präferenzen kennzeichnenden Zweideutigkeit, wer wir sind und sein möchten. Die Antworten müssen sich deshalb auf den Kontext einer besonderen, für bestimmte Personen oder bestimmte Kollektive als verbindlich

---

8 K. Günther, »Ein normativer Begriff der Kohärenz«, *Rechtstheorie*, Bd. 20, 1989, 163-190.

unterstellten Lebensperspektive beziehen. Solche Antworten können nicht beanspruchen, eine exemplarische, für alle verbindliche Lebensform auszuzeichnen – so wie Aristoteles die Polis ausgezeichnet hat. Aber relativ auf den gegebenen Kontext können ethische Fragen rational, d. h. so beantwortet werden, daß sie jedermann einleuchten – keineswegs nur den unmittelbar Betroffenen, aus dessen Perspektive die Frage gestellt wird.

Sie berühren noch einen anderen Punkt: Was sind Maximen? Darunter verstehen wir mit Kant Handlungsregeln oder Gewohnheiten, die Praktiken oder gar eine Lebensführung im ganzen konstituieren, indem sie die Aktoren von alltäglichem Entscheidungsaufwand entlasten. Kant hatte vor allem die Maximen der frühbürgerlichen, berufsständisch stratifizierten Gesellschaft vor Augen. Nun habe ich in meiner Vorlesung gesagt, daß sich Maximen sowohl unter *ethischen* wie auch unter *moralischen* Gesichtspunkten beurteilen lassen. Was für mich, so wie ich mich sehe und gesehen werden möchte, gut sein mag, muß nicht gleichermaßen gut sein für alle. Daß Maximen aus einer doppelten Perspektive beurteilt werden können, verleiht ihnen selbst aber noch keinen Doppelcharakter.

Wiederum muß man die normative Diskussion, die wir soeben führen, von einer soziologischen Diskussion unterscheiden. Aus dem Blickwinkel eines soziologischen Beobachters mögen sich Maximen als eine Klasse von Phänomenen empfehlen, an denen sich die konkrete Sittlichkeit einer Gruppe gut studieren läßt. Maximen genießen soziale Geltung; damit sind sie, soweit es sich nicht um schiere Konventionen handelt, für die Aktoren selbst auch normativ verbindlich. Deshalb können wir die Perspektive wechseln und von der Betrachtung zur Beurteilung übergehen, nämlich überlegen, ob die Gründe, aus denen *sie* ihre Maximen gewählt haben, auch noch *für uns* gute Gründe sind.

NIELSEN Den ethischen Kognitivismus verteidigen Sie gegen den Skeptiker, aber die moralischen Gefühle lassen Sie beiseite. Diese kommen jedoch spätestens bei der Anwendung von

Normen wieder ins Spiel. Welche Stellung nehmen moralische Gefühle ein? Haben nicht Gefühle und »Herzensneigungen« einen intrinsischen Wert? Oder haben sie nur eine katalysatorische Funktion für die Entwicklung des moralischen Bewußtseins, so daß sie überflüssig werden, wenn eine bestimmte moralische Kompetenz erst einmal ausgebildet ist?

HABERMAS Moralische Gefühle sind ein großes Thema und ein weites Feld zugleich. Dazu nur ein paar Bemerkungen. Erstens spielen moralische Gefühle eine wichtige Rolle für die *Konstituierung* moralischer Phänomene. Wir werden bestimmte Handlungskonflikte überhaupt nicht als moralisch relevante wahrnehmen, wenn wir nicht *empfinden*, daß die Integrität einer Person bedroht oder verletzt wird. Gefühle bilden die Basis unserer *Wahrnehmung* von etwas als etwas Moralischem. Wer blind ist gegenüber moralischen Phänomenen, ist gefühlsblind. Ihm fehlt das Sensorium, wie wir sagen, für das Leiden einer versehrbaren Kreatur, die einen Anspruch darauf hat, daß ihre Integrität gewahrt wird, ihre personale nicht weniger als ihre leibliche. Und dieses Sensorium ist offensichtlich mit Sympathie oder Mitgefühl verschwistert.

Zweitens und vor allem geben uns moralische Gefühle, wie Sie mit Recht erwähnen, eine Orientierung für die *Beurteilung des moralisch relevanten Einzelfalls*. Gefühle bilden die Erfahrungsbasis für unsere ersten intuitiven Urteile: Scham- und Schuldgefühle sind die Basis für Selbstvorwürfe, Schmerz und das Gefühl der Kränkung für den Vorwurf gegenüber einer zweiten Person, die mich verletzt, Empörung und Wut für die Verurteilung einer dritten Person, die eine andere verletzt. Moralische Gefühle reagieren auf Störungen intersubjektiver Anerkennungsverhältnisse oder interpersonaler Beziehungen, an denen die Aktoren in der Einstellung einer ersten, zweiten oder dritten Person beteiligt sind. Deshalb sind moralische Gefühle so strukturiert, daß sich in ihnen das System der Personalpronomina spiegelt.

Drittens spielen freilich moralische Gefühle nicht nur bei der Anwendung moralischer Normen eine wichtige Rolle, sondern auch bei deren *Begründung*. Mindestens Empathie, also die Fähigkeit, sich über kulturelle Distanzen hinweg in fremde und prima facie unverständliche Lebensumstände, Reaktionsbereitschaften und Deutungsperspektiven einzufühlen, ist eine emotionale Voraussetzung für eine ideale Rollenübernahme, die von jedem verlangt, die Perspektive aller anderen einzunehmen. Etwas unter dem moralischen Gesichtspunkt zu betrachten heißt ja, daß wir nicht unser eigenes Welt- und Selbstverständnis zum Maßstab der Universalisierung einer Handlungsweise erheben, sondern deren Verallgemeinerbarkeit auch aus den Perspektiven aller anderen prüfen. Diese anspruchsvolle kognitive Leistung wird kaum ohne jenes generalisierte Mitgefühl möglich sein, das sich zur Einfühlungsfähigkeit sublimiert und über die Gefühlsbindungen an die nächsten Bezugspersonen hinausweist, uns die Augen öffnet für die »Differenz«, d. h. für die Eigenart und das Eigengewicht des in seiner Andersheit verharrenden Anderen.

Freilich haben moralische Gefühle, so sehr sie auch eine unverzichtbare kognitive Funktion erfüllen, die Wahrheit nicht gepachtet. Am Ende sind es die moralischen Urteile, die eine emotional nicht mehr auszufüllende Kluft überbrücken. Letztlich müssen wir uns auf moralische *Einsichten* verlassen, wenn alles, was Menschenantlitz trägt, Anspruch auf moralische Schonung haben soll. Daß alle Menschen Brüder – und Schwestern – sind, ist als ein kontrafaktischer Gedanke schon schwer genug zu vollziehen; als noch fragiler erweist sich der weit gespannte Horizont der Menschheit, wenn er durch spontane Gefühle ausgefüllt werden sollte. Deswegen ist Ihre Frage gar nicht so leicht zu beantworten. Gewiß, Gefühle sensibilisieren erst für moralische Phänomene; in Fragen der Begründung von Normen und deren Anwendung haben sie zudem eine unschätzbare heuristische Funktion. Aber für die Beurteilung der Phänomene, die sie erschließen, können sie nicht *letzte* Instanz sein.

NIELSEN Sie haben oft betont, daß ein enges Moralkonzept eine bescheidene Selbsteinschätzung der Moraltheorie verlangt. Nach Ihrer Auffassung soll der Philosoph den »moral point of view« erklären und soweit wie möglich dessen Universalitätsanspruch rechtfertigen. Alles weitere wollen Sie den moralischen Argumentationen der Beteiligten selbst überlassen. Mir scheint jedoch, daß diese Bescheidenheit und diese Rollentrennung in Ihren letzten Schriften durch eine neue Dreiteilung ersetzt wird, wo eine neokantische Moralität (die Diskursethik) durch einen erweiterten Begriff der praktischen Vernunft oder gar Kierkegaards »radikale Wahl« mit einer reduzierten Form der Hegelschen Sittlichkeit (einer pragmatischen Ethik) vermittelt werden soll. Wie sehen Sie das?

HABERMAS Ich halte es für die Aufgabe der Philosophie, die Bedingungen zu klären, unter denen sowohl moralische wie ethische Fragen von den Beteiligten selbst rational beantwortet werden können. Dem moralischen Gesichtspunkt, der uns gemeinsam die verallgemeinerungsfähigen Interessen sehen läßt, entspricht ein ethischer Entschluß zur bewußten Lebensführung, der eine Person oder eine Gruppe erst die rechte Einstellung gibt, um sich die eigene Lebensgeschichte oder die identitätsbildenden Traditionen im Lichte eines authentischen Lebensentwurfes kritisch anzueignen. Aber die Beantwortung substantieller Fragen der Gerechtigkeit oder eines authentischen, nicht-verfehlten Lebens kann die Philosophie den Beteiligten nicht abnehmen. Sie kann Konfusionen vermeiden helfen; sie kann etwa darauf dringen, daß moralische und ethische Fragen nicht miteinander verwechselt und aus einer unangemessenen Perspektive beantwortet werden. Aber wenn sie materiale Beiträge zu einer Theorie der Gerechtigkeit entwirft – wie Rawls in Teilen seines Buches – oder wenn sie sich an normativen Entwürfen zu einer emanzipierten Gesellschaft beteiligt – wie Ernst Bloch oder Agnes Heller –, dann tritt der philosophische Autor zurück in die Rolle eines Experten, der aus der Perspektive der beteiligten Bürger seine Vorschläge unterbreitet.

Wer über die prozeduralen Fragen einer Diskurstheorie der Moral und der Ethik hinausgeht und sich in normativer Einstellung *geradewegs* auf eine Theorie der wohlgeordneten oder gar emanzipierten Gesellschaft einläßt, wird übrigens sehr schnell an die Grenzen des eigenen historischen Standortes und seines unreflektierten Entstehungskontextes stoßen. Deshalb plädiere ich für ein asketisches Verständnis der Moraltheorie und sogar der Ethik, überhaupt der Philosophie, um Platz zu gewinnen für eine kritische Gesellschaftstheorie. Diese kann auf ganz andere Weise der wissenschaftlichen Vermittlung und Objektivierung von Selbstverständigungsprozessen dienen; diese sollten weder einem hermeneutischen Idealismus anheimfallen noch zwischen philosophischem Normativismus und soziologischem Empirismus hindurchfallen. Das ist ungefähr die Architektonik, die mir negativ, d. h. unter Vermeidungsgesichtspunkten vor Augen steht.

4. Erläuterungen zur Diskursethik

Die Diskursethik wird mit Einwänden konfrontiert, die sich einerseits gegen deontologische Ansätze überhaupt und andererseits gegen den speziellen Versuch einer Erklärung des moralischen Gesichtspunkts aus allgemeinen Kommunikationsvoraussetzungen der Argumentation richten. Einige dieser Bedenken werde ich aufgreifen und metakritisch erörtern, um auf diesem unsystematischen Wege den theoretischen Ansatz, den K.-O. Apel und ich in wesentlichen Zügen gemeinsam vertreten, noch einmal zu erläutern.

In den folgenden Abschnitten beziehe ich mich auf Thesen von B. Williams, J. Rawls, A. Wellmer, K. Günther, E. Tugendhat, St. Lukes, Ch. Fried, Ch. Taylor, K.-O. Apel, T. McCarthy, A. MacIntyre und G. Patzig. In dieser Reihenfolge behandle ich:

(1) das Verhältnis von theoretischer und praktischer Vernunft,

(2) Verwandtschaften und Differenzen von Wahrheitsgeltung und Sollgeltung,

(3) einige Beziehungen zwischen Rationalität und Moralität,

(4) das Verhältnis von Normenbegründung und Normanwendung,

(5) das Verhältnis von Normgeltung, Sanktion und Selbstachtung,

(6) die diskurstheoretische Deutung des moralischen Gesichtspunktes,

(7) die Rolle von Idealisierungen bei dieser Erklärung des moralischen Gesichtspunktes,

(8) die Unterscheidung zwischen negativen und positiven Rechten und Pflichten,

(9) den Versuch einer nachmetaphysisch ansetzenden Güterethik,

(10) den Sinn von »Letztbegründungen« in der Moraltheorie,

(11) die Priorität des Gerechten vor dem Guten,
(12) das für den Begriff des »postkonventionellen moralischen Bewußtseins« konstitutive Verhältnis von Tradition und Moderne und
(13) die Herausforderung der ökologischen Ethik für eine anthropozentrisch ansetzende Konzeption.

1. Der Kognitivismus der Kantischen Ethik trifft seit langem auf das Unverständnis derer, die die praktische Vernunft an den Maßstäben des Verstandesdenkens messen. So bestreitet der Empirismus, daß sich moralische Fragen überhaupt rational entscheiden lassen. Schon der normale Sprachgebrauch, so lautet ein prima facie Einwand, müsse den Kognitivisten stutzig machen: wenn wir unmoralisch handeln, verhalten wir uns nicht notwendigerweise irrational. Das ist unbestreitbar, sobald wir ›rational‹ im Sinne eines klugen, pragmatisch verständigen, eben zweckrationalen Handelns verstehen. Dann ist freilich unser Sprachgebrauch kein unschuldiger Zeuge mehr. Er ist bereits durch eine Sicht geprägt, die das Vernünftige auf den Bereich des Zweckmäßigen beschränkt. Gewiß dürfen wir moralische Einsichten nicht ohne weiteres an epistemisches Wissen angleichen, sagen sie uns doch, was wir tun sollen, während wir nur dann im strikten Sinne etwas erkennen, wenn wir wissen, wie sich die Dinge verhalten. Praktische Fragen scheinen nicht theoriefähig zu sein. Tatsächlich sind unsere moralischen Alltagsintuitionen weder auf eine ethische Theorie angewiesen, noch können sie davon normalerweise viel profitieren. Daraus folgt aber nicht, daß das intuitiv beherrschte Alltagswissen überhaupt kein Wissen darstellt. Die Gewohnheit, unmoralisches Handeln zu kritisieren und uns über moralische Fragen mit Gründen zu streiten, spricht vielmehr dafür, daß wir mit moralischen Urteilen einen kognitiven Anspruch verbinden. Auch Kant achtet die »gemeine sittliche Vernunfterkenntnis« nicht gering; er ist sich darüber im klaren, »daß es keiner Wissenschaft und Philosophie bedürfe, um zu wissen, was man zu tun habe«.[1]

---

[1] I. Kant, *Grundlegung zur Metaphysik der Sitten*, in: *Werkausgabe*, hg. v. Wilhelm Weischedel, Frankfurt/M. 1968 ff., Bd. VII, 31.

Es fragt sich also, ob nicht in Ansehung der »moralischen Erkenntnis der gemeinen Menschenvernunft« der Moraltheorie selber enge Grenzen gezogen sind. Moralische Urteile geben Autoren wie Bernard Williams Anlaß, über die »Grenzen der Philosophie« nachzudenken.[2] Sie gestehen moralischen Überlegungen zwar eine kognitive Qualität zu, aber nur die schwache Kraft einer reflexiven Vergewisserung der vertrauten Verhältnisse, in denen wir jeweils leben und leben möchten. Das entspricht einer aristotelischen Betrachtungsweise, die die praktische Vernunft wesentlich auf ethische Selbstverständigung und damit auf die Sphäre des Guten beschränkt sieht. Aristoteles hatte die These vertreten, daß Ausdrücke wie »moralisches Urteil« und »moralische Begründung« einen spezifischen, und zwar nicht-epistemischen Sinn haben; Ethik sei keine Sache der Erkenntnis im strikten Sinne, sondern der praktischen Überlegung.

Dieses Vermögen der »phronesis« (prudentia, Klugheit) hatte Aristoteles im Kontrast zu den starken Ansprüchen der »episteme«, also einer auf das Allgemeine, Notwendige und Überzeitliche des Seienden, letztlich des Kosmos gerichteten Erkenntnis, negativ bestimmt, ohne ihm jeden kognitiven Wert abzusprechen. Aber die *modernen* Aristoteliker können sich nicht mehr unbesehen auf die Kontrastfolie eines solchen metaphysischen Erkenntnisvermögens beziehen. Der fallible Erkenntnismodus der Wissenschaften hat allen metaphysischen Aspirationen abgeschworen; und es ist nicht klar, wie man von diesem schwachen, nachmetaphysischen Wissen noch nennenswerte Abstriche machen könnte, ohne den kognitiven Kern selbst zu gefährden. Andererseits kann das im Sinne der modernen Erfahrungswissenschaften gesicherte theoretische Wissen nicht mehr in genuin praktischen Zusammenhängen benutzt werden; es ermöglicht bestenfalls Zweck-Mittel-Erwägungen, technische und strategische Empfehlungen, die moralisch indifferent sind. Unter diesen Prämissen wird es

---

[2] B. Williams, *Ethics and the Limits of Philosophy*, London 1985.

schwierig, unser ethisches Alltagswissen überhaupt noch als Wissen zu qualifizieren. Für die modernen Aristoteliker bietet sich als ein Ausweg die Unterscheidung zwischen einem kontextgebundenen, naiven Alltagswissen einerseits, dem theoretisch verallgemeinerten Reflexionswissen andererseits. B. Williams entwickelt die These, daß wir von ethischem ebenso wie von wissenschaftlichem *Wissen* sprechen dürfen, weil uns das eine in unserer sozialen Welt auf ähnliche Weise Orientierungen verschaffe wie das andere in der objektiven Welt der Dinge und Ereignisse. Das ethische Wissen soll freilich seinen informativen Wert nur innerhalb des Horizonts einer eingewöhnten und kulturspezifischen Alltagspraxis vergesellschafteter Individuen behalten, während das empirische Wissen gerade im Alltag von Täuschungen bedroht ist und erst aus der Distanz der wissenschaftlichen Reflexion als ein allgemein gültiges Tatsachenwissen etabliert werden kann. Die Erfahrungswissenschaften verhalten sich kritisch zu dem Typus von alltäglichen Intuitionen, auf die wir uns in moralischen Urteilen gerade stützen. Wenn wir hingegen unser ethisches Wissen einer wissenschaftlichen Reflexion unterziehen wollten, würde es zerstört, weil es durch theoretische Vergegenständlichung seinen Sitz im Leben verlöre.

Williams sieht nun, daß diese Überlegung in eine Sackgasse führt. Moderne Lebensbedingungen sind durch einen Pluralismus von Lebensformen und konkurrierenden Wertüberzeugungen gekennzeichnet; dadurch – und nicht erst durch den leeren Zweifel der Moraltheoretiker – gerät das traditionell eingewöhnte Wissen der konkreten Sittlichkeit in einen Sog der Problematisierung, dem sich heute niemand mehr entziehen kann. Das Kontingenzbewußtsein ergreift auch das ethische Wissen und erzwingt Reflexion: »The urge to reflective understanding of society and our activities goes deeper than it has been before [...]. There is no route back from reflectiveness.«[3]

---

3 Williams (1985), 163.

Angesichts dieser Situation ist der Versuch, die Traditionsmächte und Institutionen beispielsweise im Sinne von A. Gehlen gegen den Reflexionsdruck abzuschirmen, hoffnungslos reaktionär. Ebenso unplausibel ist andererseits der Versuch des Dezisionismus, die wachsende Kontingenz von Überzeugungen dadurch zu parieren, daß die pure Entscheidung für Gewißheit sorgen muß. Wie andere nonkognitivistische Vorschläge ist auch der dezisionistische Vorschlag kontraintuitiv; denn Überzeugungen haftet immer auch ein Moment von Passivität an – sie *bilden* sich und werden nicht wie Entscheidungen von uns produziert. Wenn man schließlich die Phänomene, die sich aus der Beteiligtenperspektive aufdrängen, nicht zynisch zugunsten eines aus der Beobachterperspektive sich anbietenden Relativismus preisgeben und die deutliche Sprache unserer moralischen Gefühle auch nicht, wie Nietzsche und der Historismus, einfach dementieren möchte, stellt sich das Dilemma in ganzer Schärfe: wie kann das naive sittliche Alltagswissen kritisch angeeignet werden, ohne es gleichzeitig durch theoretische Vergegenständlichung zu zerstören? Wie kann ethisches Wissen aus der Perspektive der Beteiligten selber reflexiv werden?

Die Antwort, die B. Williams gibt, weist in die Richtung ethischer Selbstreflexion. Wie ein einzelner sich auf sich selbst und sein Leben im ganzen besinnen kann, um sich darüber klarzuwerden, welche Person er ist und sein möchte, so können sich auch die Mitglieder eines Kollektivs vertrauensvoll zu einer öffentlichen Beratung zusammenfinden, um sich einzig durch den zwanglosen Zwang des besseren Arguments über ihre gemeinsame Lebensform und ihre Identität zu verständigen. In solchen, wie ich sagen möchte, ethisch-politischen Diskursen können sie sich darüber klarwerden, wer sie als Angehörige einer Familie, als Bewohner einer Region oder Bürger eines Staates sind und sein wollen. Dabei stehen starke Wertungen zur Diskussion, die das Selbstverständnis der Person oder der Gemeinschaft im ganzen betreffen. Die individuelle Lebensgeschichte oder die intersubjektiv geteilte Lebensform bilden

den Horizont, innerhalb dessen sich die Beteiligten ihrer Herkunft mit dem Blick auf aktuelle Handlungsmöglichkeiten kritisch vergewissern können. Solche Selbstverständigungsprozesse zielen auf bewußte Entscheidungen, die sich am Maßstab authentischer Lebensführung bemessen. Soweit dabei Theorien überhaupt hilfreich sein können, handelt es sich eher um verallgemeinertes klinisches und nicht um philosophisches Wissen: »How truthfulness to an existing self or society is to be combined with reflection, self-understanding, and criticism is a question that philosophy, itself, cannot answer. It is the kind of question that has to be answered through reflective living. The answer has to be discovered, or established, as the result of a process, personal or social, which essentially cannot formulate the answer in advance, except in an unspecific way. Philosophy can play a part in the process, as it plays a part in identifying the question, but it cannot be a substitute for it.«[4] Die Philosophie kann allenfalls die allgemeinsten Züge ethischer Selbstreflexion und der ihr angemessenen Form der Kommunikation aufklären.[5]

Wenn das aber die Aufgabe ist, die Williams der Philosophie immerhin zubilligt, müßte diese auch in der Lage sein, die spezifisch moralische Fragestellung von der ethischen zu unterscheiden – und zu ihrem Recht kommen zu lassen. Nun räumt Williams den moralischen Fragen im engeren Sinne, Fragen also, die sich auf Rechte und Pflichten beziehen, einen besonderen Status und sogar Vordringlichkeit ein; aber die Differenzierungen bleiben blaß. Unklar bleibt, daß die Moral nicht auf das Telos eines gelungenen Lebens unter dem Aspekt der Frage, wer ich bin (oder wer wir sind) und sein möchte(n), abzielt, sondern auf die kategorial andere Frage, nach welchen Normen wir zusammenleben wollen und wie Handlungskonflikte im gemeinsamen Interesse aller geregelt werden können. Die spezifisch moralische Fragestellung löst sich vom ego- (bzw.

---

4 Ebd., 200.
5 Vgl. die Bemerkungen zum Typ der auf Vertrauensbasis geführten Diskussion: ebd., 170f.

ethno-)zentrischen Bezugspunkt je meines (oder unseres) Lebenskontextes und verlangt eine Beurteilung interpersoneller Konflikte unter dem Gesichtspunkt, was *alle* gemeinsam wollen könnten. Eine Moraltheorie kann im Hinblick auf diese Frage nicht weniger leisten, als was sie nach Williams auch für die ethische Fragestellung leisten soll: die Bedingungen zu explizieren, unter denen jeweils die Beteiligten selbst eine vernünftige Antwort finden könnten. In der Kantischen Tradition nennt man das die Erklärung des moralischen Gesichtspunktes, also eines Gesichtspunktes, der die unparteiliche Beurteilung von Fragen der Gerechtigkeit erlaubt. Wie im Falle ethischer Diskurse, so muß es auch in moralischen Argumentationen den Beteiligten selbst überlassen bleiben, im Einzelfall eine konkrete Antwort zu finden – niemand kann diese im voraus kennen. Wie ethische, so können auch moralische Fragen nur aus der Perspektive der Beteiligten behandelt werden, wenn Fragen und Antworten nicht ihrer normativen Substanz und Verbindlichkeit beraubt werden sollen. Für beide Diskurse gilt gleichermaßen der Satz: »If the agreement were to be uncoerced, it would have to grow from inside human life.«[6]
Allerdings erfordert der moralische Gesichtspunkt eine Operation der Verallgemeinerung von Maximen und strittigen Interessen, welche die Beteiligten nötigt, den sozialen und geschichtlichen Kontext ihrer je besonderen Lebensform und ihrer partikularen Gemeinschaft zu *überschreiten* und die Perspektive *aller* möglicherweise Betroffenen einzunehmen. Diese Abstraktionsleistung sprengt den kulturspezifischen lebensweltlichen Horizont, innerhalb dessen sich ethische Selbstverständigungsprozesse bewegen. Sie stellt die neoaristotelische Abgrenzung zwischen theoretischem und alltagspraktischem Wissen ein zweites Mal in Frage. Dem ethischen Wissen war schon die Naivität des Alltagswissens abgestreift und Reflexivität zugestanden worden. Ein Allgemeinheit beanspruchendes moralisches Wissen muß sich aber (natürlich mit

6 Ebd., 172, vgl. Fn.

den Vorbehalten, unter denen jedes diskursive Wissen steht) auch noch von den Kontexten lösen, in die das ethische Wissen eingebettet bleibt. Dieser Schritt ist mit Williams' paradoxem Versuch unvereinbar, dem praktischen Wissen einen Status einzuräumen, der es vom strikten Wissen auf eine ähnliche Weise distanziert wie einst die phronesis von der episteme. Heute ist vielmehr *alles* diskursive Wissen fallibel und mehr oder weniger kontextabhängig, mehr oder weniger generell, mehr oder weniger strikt; andererseits tritt nicht *allein* das nomologische Wissen der objektivierenden Erfahrungswissenschaften mit einem universellen Geltungsanspruch auf. Auch Logik, Mathematik und Grammatik sind Wissenschaften, die das intuitive Wissen kompetent urteilender und sprechender Subjekte nachkonstruieren. In analoger Weise betreibt die Moraltheorie ein Geschäft rationaler Nachkonstruktion, wenn sie aus moralischen Alltagsintuitionen den Gesichtspunkt der unparteilichen Beurteilung interpersoneller Handlungskonflikte herausarbeitet. Bei dieser Reflexion darf sie gewiß die performative Einstellung von Interaktionsteilnehmern nicht aufgeben; nur so behält sie den Kontakt mit jenem durch Sozialisation erworbenen intuitiven Wissen, das moralische Urteile möglich macht. Insofern bleibt die Verbindung zum vortheoretischen Wissen des Alltags intakt. Williams zieht diese Möglichkeit nicht in Betracht, weil er an einem empiristisch verkürzten Begriff von theoretischem Wissen festhält: »I do not believe, that we can understand reflexion as a process that substitutes knowledge for beliefs attained in unreflective practice. We must reject the objectivist view of ethical life as in that way a pursuit of ethical truth.«[7] Williams verkennt, daß nicht jede Theorie die Gestalt einer objektivierenden Erkenntnis annehmen muß, die das alltagspraktische Wissen aus Dispositionen erklärt, statt es aus

---

[7] Williams (1985), 152. Zur Kritik an Williams' Wissenschaftsverständnis vgl. H. Putnam, *Realism with a Human Face*, Cambridge (Mass.) 1990, Kap. 11, 163-178.

dem zugrundeliegenden generativen Wissen der Beteiligten zu rekonstruieren.

2. John Rawls hat mit seiner Methode des »reflektierten Überlegungsgleichgewichts« eine solche rekonstruktiv verfahrende, an Alltagsintuitionen *anschließende* Moral- und Gerechtigkeitstheorie entwickelt.[8] Auch ihn beschäftigt die Frage nach dem Verhältnis von theoretischer und praktischer Vernunft. Er möchte Prinzipien der Gerechtigkeit zwar begründen, diese Begründung aber nicht in einem streng epistemischen Sinne, sondern konstruktivistisch verstehen. Er erklärt den Geltungssinn moralischer Gebote vertragstheoretisch, weil er so die Frage »moralischer Wahrheit« ausklammern und die Alternative zwischen Wertrealismus und Wertsubjektivismus vermeiden kann. Aus seiner Sicht ist diese Alternative vollständig, weil Wahrheit eine Eigenschaft ist, die nur assertorischen Sätzen zukommt. Propositionale Wahrheit bezieht sich auf die Existenz von Sachverhalten; assertorische Sätze sagen, was der Fall ist. Wenn aber der Sinn des assertorischen Modus das einzige Muster wäre, nach dem wir den Verwendungssinn normativer Sätze, also den Sinn der Geltung »moralischer Wahrheiten« interpretieren könnten, würde uns eine kognitivistische Deutung der Moral vor die Wahl zwischen zwei gleichermaßen kontraintuitiven Deutungen stellen. Entweder müßten wir dann so etwas wie moralische Tatsachen annehmen und »moralische Wahrheit« im Sinn einer Korrespondenztheorie der Wahrheit als das Zusammenpassen von Sätzen mit einer vorgängig, letztlich unabhängig vom Selbstverständnis der Aktoren und ihren Bedürfnissen bestehenden Ordnung von Wertgegenständen verstehen. Das widerspricht der grammatischen Intuition, daß wir mit Hilfe normativer Sätze keineswegs ausdrücken, wie sich die Dinge verhalten oder wie sie zusammenhängen. Oder wir müßten bestreiten, daß normative Sätze überhaupt wahr oder falsch sein können, so daß sich hinter dem scheinbaren Geltungsanspruch morali-

---

8 J. Rawls, *Eine Theorie der Gerechtigkeit*, Frankfurt/M. 1975.

scher Wahrheit etwas bloß Subjektives verbergen würde – Gefühle, Einstellungen oder Entscheidungen, die wir uns selbst zurechnen. Diese Alternative widerspricht der anderen grammatischen Intuition, daß wir mit Hilfe normativer Sätze keineswegs nur ausdrücken, was wir fühlen, wünschen, beabsichtigen oder vorziehen. Rawls hält diese Alternative mit Recht für unannehmbar, denn moralische Gebote beziehen sich nicht wie konstative Äußerungen auf etwas in der objektiven Welt und richten sich doch wie diese auch auf etwas Objektives. Das Gesollte ist weder eine Entität noch bloßes Erlebnis.

Bei dem Versuch, diese Alternative zu vermeiden, bringt Rawls neben der objektiven und der subjektiven Welt eine *soziale Welt* ins Spiel. Diese wird von den Aktoren selbst hervorgebracht, aber nach Maßstäben, die ihnen nicht zur Disposition stehen, sondern auf eine ähnliche, wenn auch weniger rigide Weise *unverfügbar* sind wie die Existenz von Sachverhalten: »What justifies a conception of justice is not its being true to an order antecedent to and given to us, but its congruence with our deeper understanding of ourselves and our aspirations, and our realization that, given our history and the traditions embedded in our public life, it is the most reasonable for us. We can find no better charter for our social world. Kantian constructivism holds that moral objectivity is to be understood in terms of a suitably constructed social point of view that all can accept. Apart from the procedure of constructing the principles of justice, there are no moral facts.«[9] Beide Momente, die der Vernunft eingeschriebene Passivität und die dem Willen zuzuschreibende Aktivität, müssen sich verbinden lassen – im Begriff einer prozeduralen Moralität. Das Verfahren, nach dem wir Normen beurteilen und als gültig akzeptieren können, steht uns nicht zur Disposition, sondern drängt sich uns auf; gleichzeitig dient die Verfahrenspraxis ebensosehr der *Erzeugung* oder Konstruktion wie der *Entdeckung*, also der

---

9 J. Rawls, »Kantian Constructivism in Moral Theory«, *Journal of Philosophy*, Sept. 1980, 519.

moralischen Erkenntnis von Prinzipien eines richtig geregelten Zusammenlebens. Das Verfahren wird freilich verschieden charakterisiert und erhält einen jeweils anderen Sinn, je nachdem ob wir an der Verfahrenspraxis das eine oder das andere Moment hervorheben. Wird das Verfahren nach dem Modell der Vereinbarung zwischen Verträge schließenden Privatrechtssubjekten gedeutet, tritt das Moment der willentlichen Konstruktion in den Vordergrund, während das Modell der begründenden Argumentation eine vorschnelle Assimilation an Erkenntnisse nahelegt.

Rawls wählt das Modell des Gesellschaftsvertrages und entwickelt einen Konstruktivismus der vernunftgeleiteten Erzeugung von Gerechtigkeitsprinzipien: »It recasts ideas from the tradition of the sociel contract to achieve a practicable conception of objectivity and justification founded on public agreement in judgement on due reflection. The aim is free agreement, reconciliation through public reason.«[10] Dieser Satz ist, wie manche frühere aus der ›Theorie der Gerechtigkeit‹ bekannte Formulierungen, auf eine interessante Weise zweideutig. Rawls teilt diese Zweideutigkeit mit der vernunftrechtlichen Tradition, in der die Begründung naturrechtlicher Prinzipien, je nach dem wie die Autonomie der vertragschließenden Parteien verstanden worden war, eine andere Bedeutung erhalten hatte. Parteien, die, wie von Hobbes, nur mit Willkürfreiheit ausgestattet werden, können ihre vertraglichen Vereinbarungen ausschließlich mit zweckrationalen Überlegungen begründen, so daß ihre Gründe auf die zufälligen Interessenlagen und Präferenzen der Beteiligten bezogen bleiben. Die Übereinkunft, die sie erzielen, ist entsprechend dem privatrechtlichen Modell wesentlich ein Akt des Willens machthabender Subjekte. Parteien hingegen, die, wie von Kant, mit freiem Willen ausgestattet werden, müssen ihre vertraglichen Vereinbarungen unter dem moralischen Gesichtspunkt – also mit Rekurs auf das Sittengesetz – begründen, so daß die Gründe von der egozentri-

---

10 J. Rawls, »Justice as Fairness: Political not Metaphysical«, *Philosophy & Public Affairs*, 14, Summer 1985, 230.

schen Perspektive der Beteiligten unabhängig werden und auf die Entdeckung allgemein zustimmungsfähiger Normen und diesen zugrundeliegender gemeinsamer Interessen bezogen sind. Die Übereinkunft stützt sich dann auf die Einsicht moralisch urteilsfähiger Subjekte in das, was alle gemeinsam wollen könnten.

Rawls hatte sich in der »Theorie der Gerechtigkeit« noch über die Unvereinbarkeit beider Lesarten getäuscht, sich dann aber klar für die Kantische Lesart entschieden.[11] Tatsächlich waren ja die Bestimmungen praktischer Vernunft in das Verfahren der Willensbildung eingegangen, und zwar in Gestalt jener spezifischen Beschränkungen, denen die Parteien im Urzustand unterliegen.

Dennoch rückt Rawls nicht ab vom *voluntaristischen* Sinn eines reinen Vertragsmodells der Begründung von Gerechtigkeitsprinzipien. Da diese eher konstruiert als entdeckt werden, soll das entsprechende Verfahren nicht *epistemologisch*, d. h. als ein Verfahren der Wahrheitssuche verstanden werden dürfen. Rawls unterscheidet das Verfahren rationaler Willensbildung nicht nur von theoretischer Erkenntnis; er setzt es von der wahrheitsorientierten Meinungsbildung sogar auf eine ähnliche Weise ab wie die Neoaristoteliker Klugheit oder praktische Überlegung von Erkenntnis überhaupt. Was ihn vom Neoaristotelismus zunächst noch trennt, ist ein starker Kantischer Begriff von praktischer Vernunft; nach seiner heutigen Auffassung soll dieser aber nicht mehr als ein Verfahren rationaler Willensbildung eingeführt werden. Das vorgeschlagene Verfahren verdankt seine Rationalität nicht mehr unmittelbar, wie noch in der »Theorie der Gerechtigkeit«, idealisierten Bedingungen einer Kommunikationspraxis, die Übereinkunft im Sinne eines rational motivierten Einverständnisses ermög-

11 »It was an error in ›Theory of Justice‹ – and a very misleading one – to describe a theory of justice as part of the theory of rational choice, as on pp 16 and 583. What I should have said is that the conception of justice as fairness uses an account of rational choice subject to reasonable conditions to characterize the deliberation of the parties as representatives of free and equal persons.« (Rawls (1985), 237, Fn. 20).

licht. Vielmehr soll dieses Verfahren seine Rationalität nun den vernünftigen Kompetenzen der daran beteiligten Personen entlehnen. Infolgedessen trägt jetzt das *Personenkonzept* die ganze Erklärungslast für den normativen Gehalt der praktischen Vernunft. Die moralischen Alltagsintuitionen rechnen mit Personen, die von Haus aus einen Sinn für Gerechtigkeit haben, eine Konzeption des Guten ausbilden, sich selbst als Quelle von legitimen Ansprüchen verstehen und sich auf die Bedingungen fairer Kooperation einlassen. Kurzum, das theoretische Begründungsproblem verschiebt sich von Verfahrensmerkmalen auf Personeneigenschaften. Da sich aber ein normativ gehaltvoller Personenbegriff nicht ohne weiteres anthropologisch begründen läßt, schwankt Rawls in seinen jüngeren Publikationen, ob er den moraltheoretischen Begründungsanspruch zugunsten einer politischen Ethik aufgeben soll. Viele verstehen Rawls so, daß er seinen politischen und nachmetaphysischen Begriff von Gerechtigkeit nur noch auf die Selbstvergewisserung einer bestimmten politischen Tradition – eben der in den USA seit zweihundert Jahren eingespielten Tradition des Verfassungsstaates – stützen möchte.[12]

Wie immer man zu dieser Frage steht, ein neoaristotelischer Rückzug von den starken Begründungsansprüchen einer Kantischen Theorie der Gerechtigkeit würde jedenfalls mit Rawls' Furcht vor einer epistemologischen Angleichung der praktischen Vernunft an die theoretische zusammenpassen. Diese Befürchtung wird aber gegenstandslos, sobald wir die Idee eines vernünftig begründeten Konsenses von einem falsch verstandenen Wahrheitskonzept lösen.[13] Ich kann hier auf die Schwierigkeiten einer Korrespondenztheorie der Wahrheit,

---

12 Rawls (1985), 223. Mit der schon in den Dewey Lectures vorgenommenen Verlagerung normativer Prämissen vom Verfahren ins Personenkonzept bietet übrigens Rawls den bekannten neoaristotelischen Einwänden eine ungeschützte Flanke dar; vgl. M.J. Perry, *Morality, Politics, and Law*, Oxford 1988, 57 ff.
13 Zu einer diskurstheoretischen Deutung des Rawlsschen Konstruktivismus siehe K. Baynes, *The Normative Ground of Social Criticism, Kant, Rawls and Habermas*, New York 1991, 68-76.

die seit Peirce immer wieder vorgetragen worden sind, nicht eingehen. Wenn wir aber propositionale Wahrheit als einen mit konstativen Sprechakten erhobenen Anspruch verstehen, der nur diskursiv, also unter den anspruchsvollen Kommunikationsvoraussetzungen einer Argumentation eingelöst werden kann, braucht der mit regulativen Sprechakten erhobene wahrheitsanaloge Anspruch auf normative Richtigkeit nicht länger mit Korrespondenzvorstellungen belastet zu werden. Das auf einer höheren Allgemeinheitsstufe angesiedelte Konzept des *Geltungsanspruchs* läßt Raum für die Spezifizierung verschiedener Geltungsansprüche. Ein Geltungsanspruch besagt, daß die jeweiligen Bedingungen der Gültigkeit einer Äußerung – einer Behauptung oder eines moralischen Gebotes – erfüllt sind. Daß sie erfüllt sind, läßt sich freilich nicht in direktem Zugriff auf schlagende Evidenzen, sondern nur auf dem Wege der diskursiven Einlösung des Anspruchs – auf propositionale Wahrheit oder normative Richtigkeit – zeigen. Die einem direkten Zugriff entzogenen Gültigkeitsbedingungen werden durch die Gründe, die im Diskurs angeführt werden können, interpretiert. Und die Art der Gründe, die für die diskursive Einlösung eines Geltungsanspruchs relevant sind, wirft ein Licht auf den spezifischen Sinn des jeweils erhobenen Geltungsanspruchs selbst. Wie sich der assertorische Modus durch das Existieren der behaupteten Sachverhalte erläutern läßt, so der deontologische Modus dadurch, daß die gebotenen Handlungen im gleichmäßigen Interesse aller möglicherweise Betroffenen liegen.
Im übrigen kann sich diese argumentationslogische Deutung des Geltungssinns auch auf erkenntnistheoretische Überlegungen stützen. Die Epistemologie, die zu der angedeuteten Theorie der Geltungsansprüche am ehesten paßt, ist gewiß eine konstruktivistische; aber *dieser* Konstruktivismus erstreckt sich gleichermaßen auf die praktische wie auf die theoretische Vernunft. Auch die objektivierende Erkenntnis der Erfahrungswissenschaften hängt ab von konstitutiven und sinnerschließenden Leistungen der Expertengemeinschaft der *For-*

scher; konstitutive und sinnerschließende Leistungen sind keine Prärogative der öffentlichen Kommunikationsgemeinschaft der *Bürger*. Der Pragmatismus, der genetische Strukturalismus und die Erkenntnisanthropologie haben je auf ihre Weise das Moment hervorgehoben, welches Heidegger ontologisch als das »Sich-vorweg-sein« im geworfenen Entwurf charakterisiert hat. Die Vor-Struktur des Verstehens ist universell – in *allen* kognitiven Leistungen ergänzen sich die Momente von Entwurf und Entdeckung. Peirce, Piaget und Merleau-Ponty können sich dabei auf Kant, Marx und Nietzsche berufen. Gewiß, die Konstellationen sind verschieden: mal überwiegt das passive Moment der Erfahrung, mit der uns die Welt affiziert, mal das aktive eines Vorgriffs auf mögliche Affektionen; aber beide Momente, Entdeckung und Konstruktion, durchdringen sich – und die Anteile verschieben sich schon innerhalb des Bereichs der theoretischen Vernunft. Von der Physik bis zur Moral, von der Mathematik bis zur Kunstkritik bilden unsere Erkenntnisleistungen ein Kontinuum auf dem gemeinsamen, und schwankenden, Boden von Argumentationen, in denen Geltungsansprüche zum Thema gemacht werden.

3. Ein Teil der empiristischen Einwände gegen kognitivistische Ansätze in der Moraltheorie erklärt sich aus verengten, an den modernen Erfahrungswissenschaften orientierten Begriffen von Wissen, Rationalität und Wahrheit, die für die praktische Vernunft im Kantischen Sinne keinen Platz mehr lassen. Aus dieser Sicht werden moralische Urteile entweder auf Gefühle, Einstellungen oder Entscheidungen reduziert oder an starke Wertungen, die aus Selbstverständigungsprozessen hervorgehen, assimiliert.[14] Eine andere Sorte von Bedenken richtet sich gegen den *spezifischen* Begründungsvorschlag einer Diskursethik, die das Moralprinzip auf den unserer Argumen-

---

14 H.-G. Gadamer stellt selbst den Anschluß zwischen seiner philosophischen Hermeneutik und einer historisch gebrochenen Aristotelischen Ethik her: »Über die Möglichkeit einer philosophischen Ethik«, in: ders., *Kleine Schriften I*, Tübingen 1967, 179ff.; vgl. dazu E. Tugendhat, »Antike und moderne Ethik«, in: R. Wiehl, *Die antike Philosophie in ihrer Bedeutung für die Gegenwart*, Heidelberg 1981, 55ff.

tationspraxis innewohnenden normativen Gehalt stützt. A. Wellmer meint, daß sich moralische Verpflichtungen aus solchen implizit vorausgesetzten Rationalitätsbedingungen nicht gewinnen lassen, denn: »Rationalitätsverpflichtungen beziehen sich auf Argumente ohne Ansehen der Person; moralische Verpflichtungen beziehen sich auf Personen ohne Ansehen ihrer Argumente«.[15] Diese Formulierung ist suggestiv, aber sie läßt sich nur dann als Einwand verwenden, wenn man der Diskursethik eine unzutreffende Prämisse und eine falsche Konsequenz zuschreibt.[16]

Niemand kann ernsthaft in eine Argumentation eintreten, wenn er nicht eine Gesprächssituation voraussetzt, die im Prinzip Öffentlichkeit des Zugangs, gleichberechtigte Teilnahme, Wahrhaftigkeit der Teilnehmer, Zwanglosigkeit der Stellungnahme usw. garantiert. Die Beteiligten können einander nur überzeugen wollen, wenn sie pragmatisch unterstellen, daß sie ihr »Ja« und »Nein« einzig durch den Zwang des besseren Arguments bestimmen lassen. Davon muß man die institutionellen Arrangements unterscheiden, die bestimmte Personengruppen dazu verpflichten, sich bei bestimmten Themen und Gelegenheiten auf Argumentationen und damit auf die genannten Rationalitätsunterstellungen einzulassen – in Universitätsseminaren, vor Gericht, bei einer parlamentarischen Anhörung usw. Solche Institutionen, so könnte man mit Wellmer sagen, erlegen »Rationalitätsverpflichtungen« auf, denn nur Normen, hier also solche, mit denen Diskurse *institutionalisiert* werden, können Verpflichtungen zu einem mehr oder weniger rationalen Verhalten begründen. Wellmer verwischt einen wichtigen Unterschied. Jene allgemeinen pragmatischen Voraussetzungen, die die Beteiligten beim Eintritt in Argumentationen, ob diese nun institutionalisiert sind oder nicht, stets machen müssen, haben keineswegs den Charakter von

---

15 A. Wellmer, *Ethik und Dialog*, Frankfurt/M. 1986, 108.
16 Eine Auseinandersetzung mit wichtigen Aspekten der Wellmerschen Studie enthält L. Wingert, *Moral und Gemeinsinn*, Diss. phil., Frankfurt/M. 1991.

Handlungsverpflichtungen; sie haben eher den Charakter einer transzendentalen Nötigung. Die Argumentationspraxis läßt ihren Teilnehmern bereits vor aller Institutionalisierung keine Wahl; sofern sie an einer solchen Praxis überhaupt teilnehmen wollen, kommen sie nicht umhin, in der Form von Kommunikationsvoraussetzungen bestimmte Idealisierungen vorzunehmen.

Diese haben einen *im weiteren Sinne* »normativen« Gehalt, der freilich nicht mit dem obligatorischen Gehalt von Interaktionsnormen gleichgesetzt werden darf. Kommunikationsvoraussetzungen haben nämlich auch dann keinen regulativen Sinn, wenn sie idealisierend über die tatsächlich erfüllten Bedingungen hinausschießen. Sie konstituieren vielmehr als *vorgreifende* Unterstellungen eine Praxis, die ohne sie nicht funktionieren, mindestens zu einer kaschierten Form strategischen Handelns degenerieren würde. Rationalitätsunterstellungen *verpflichten* nicht zu rationalem Handeln; sie *ermöglichen* die Praxis, die die Teilnehmer als Argumentation verstehen.

Das diskursethische Begründungsprogramm setzt sich zum Ziel, aus Rationalitätsunterstellungen dieser Art eine Argumentationsregel für diejenigen Diskurse zu gewinnen, in denen moralische Normen begründet werden können. Damit soll gezeigt werden, daß moralische Fragen überhaupt rational entschieden werden können. Zu den Prämissen einer solchen »Ableitung« gehören übrigens nicht nur die (in Regelform gebrachten) Rationalitätsunterstellungen der Argumentation überhaupt, sondern auch eine nähere Bestimmung dessen, was wir intuitiv in Anschlag bringen, wenn wir eine moralische Handlung oder eine zugrundeliegende Norm *begründen* wollen. Zu wissen, was »begründen« in diesem Kontext bedeutet, präjudiziert noch nicht die weitergehende Frage, ob moralische Begründungen und Begründungsdiskurse überhaupt möglich sind. Dieses Desiderat wird erst mit der Angabe einer Argumentationsregel erfüllt, die in praktischen Diskursen eine ähnliche Rolle spielen kann wie in empirisch-theoretischen Diskursen beispielsweise das Induktionsprinzip.

Aus dem Streit über Behauptungen ist bekannt, was Begründungen allgemein leisten sollen und woraus sie bestehen. Sie lösen einen Dissens über Tatsachen, d. h. über die Wahrheit entsprechender assertorischer Aussagen, mit Hilfe von Argumenten auf, führen also einen argumentativ erzielten Konsens herbei. Ferner wissen wir aus der Alltagspraxis, was ein Dissens über die Richtigkeit normativer Sätze bedeutet. Wir beherrschen intuitiv das Sprachspiel normenregulierten Handelns, in dem Akteure regelkonform oder abweichend handeln, während sie Rechte und Pflichten haben, die miteinander kollidieren und zu normativ wahrgenommenen Handlungskonflikten führen können. Wir wissen also auch, daß moralische Begründungen einen Dissens über Rechte und Pflichten, d. h. über die Richtigkeit entsprechender normativer Aussagen auflösen. Wenn dies der (schwache) Sinn von Normbegründung ist,[17] und wenn jeder, der in eine entsprechende Argumentationspraxis überhaupt eintritt, idealisierende Voraussetzungen der erwähnten Art machen muß, dann ergibt sich aus dem normativen Gehalt dieser Rationalitätsunterstellungen (der Öffentlichkeit, Gleichberechtigung, Wahrhaftigkeit und Zwanglosigkeit), daß er sich, sofern er nur Normen begründen will, auf Verfahrensbedingungen einläßt, die implizit der Anerkennung einer Argumentationsregel ›U‹ gleichkommt: jede gültige Norm muß der Bedingung genügen, daß die voraussichtlichen Folgen und Nebenwirkungen, die sich aus ihrer *allgemeinen* Befolgung für die Befriedigung der Interessen *eines jeden* voraussichtlich ergeben, *von allen* Betroffenen zwanglos akzeptiert (und den Auswirkungen der bekannten alternativen Regelungsmöglichkeit vorgezogen) werden könnten.[18]

Aus diesem Moralprinzip ergibt sich eine Präzisierung des Geltungsanspruchs, mit dem verpflichtende Interaktionsnor-

---

17 In *Moralbewußtsein und kommunikatives Handeln* (1983) hatte ich (102 f.) einen zu starken Begriff von Normbegründung verwendet. Diesen Fehler habe ich in der 2. Auflage (Frankfurt/M. 1984) korrigiert.
18 Einen detaillierten Vorschlag zur Durchführung dieses Begründungsprogramms macht W. Rehg, »Discourse and the Moral Point of View: Deriving a Dialogical Principle of Universalization«, *Inquiry*, 34, 1991, 27-48.

men auftreten. Mit der Sollqualität gerechtfertigter Normen verbinden wir den Sinn, daß diese Probleme des Zusammenlebens im allgemeinen Interesse regeln und somit »gleichermaßen gut« sind für alle Betroffenen. Insofern beziehen sich moralische Verpflichtungen einerseits »auf Personen ohne Ansehen ihrer Argumente«, wenn man darunter versteht: ohne Berücksichtigung egozentrischer Überzeugungen, die aus der Sicht jeweils einzelner Personen zu den allgemein einleuchtenden Argumenten hinzutreten könnten. Andererseits verdankt das Moralprinzip seinen streng universalistischen Gehalt gerade der Unterstellung, daß Argumente ohne Ansehung ihrer Herkunft, also auch »ohne Ansehen der Person«, gleiche Beachtung verdienen.

Des weiteren zieht die von Wellmer apostrophierte Gegenüberstellung von Rationalität und Moralität eine vordergründige Plausibilität aus der irrigen Annahme, kognitivistische Ethiken würden oder müßten behaupten, daß die moralische Einsicht schon ein hinreichendes Motiv für moralisches Handeln sei. Es gehört aber zum kognitivistischen Verständnis von Moral, daß begründete moralische Gebote und entsprechende moralische Einsichten nur die schwach motivierende Kraft guter Gründe mit sich führen. Dem »normativen« Gehalt von Argumentationsvoraussetzungen, die wir nicht ohne performativen Selbstwiderspruch bestreiten können, und dem darauf gestützten Moralprinzip darf (und braucht auch) keine *unmittelbar* handlungsregulierende Kraft außerhalb der Argumentationssituation zugeschrieben zu werden. Das Moralprinzip übernimmt nur die Rolle einer Argumentationsregel für die Begründung moralischer Urteile; als solche kann es weder zum Eintritt in moralische Argumentationen verpflichten, noch zur Befolgung moralischer Einsichten motivieren. Gewiß *bedeutet* ein gültiges moralisches Urteil auch eine Verpflichtung zu einem entsprechenden Verhalten; insoweit führt jeder normative Geltungsanspruch eine rational, durch Gründe motivierende Kraft mit sich. Deshalb gilt auch für Kant allein der durch moralische Einsicht bestimmte Wille als autonom. Aber Einsicht schließt Willensschwäche nicht aus. Ohne Rückendeckung durch entgegenkommende Sozialisationsprozesse und Identitäten, ohne den Hintergrund entgegenkommender Institutionen und normativer Kontexte kann ein moralisches Urteil, das als gültig akzeptiert wird, nur eines sicherstellen: der einsichtige Adressat weiß dann, daß er keine guten Gründe hat, *anders* zu handeln. Die schwach motivierende Kraft moralischer Einsichten zeigt sich empirisch daran, daß derjenige, der gegen besseres Wissen handelt, nicht nur mit den moralischen Vorwürfen der anderen rechnen muß, sondern auch der Selbstkritik, also seinem »schlechten Gewissen«, ausgesetzt ist. Deshalb ist es eine Konsequenz aus einem kognitivistischen Verständnis der Moral (und kein Einwand gegen die Diskurstheorie), wenn Wellmer behauptet, »daß die Wirksamkeit moralischer Argumente an Voraussetzungen nicht nur kognitiver, sondern auch affektiver Art gebunden bleibt. Ein rationales Äquivalent für ein sakral oder religiös gestütztes moralisches Einverständnis kann es nur geben, sofern die – kognitive und affektive – Einübung in Verhältnisse wechselseitiger Anerkennung gelingt.«[19]

Die Entkoppelung des moralischen Urteils vom moralischen Handeln mag zunächst kontraintuitiv erscheinen, weil Verpflichtungsurteile ebenso wie assertorische Urteile mit einem unbedingten Geltungsanspruch verknüpft sind. Wir sagen, daß moralische Gebote »richtig« oder »falsch« sind und verbinden damit einen wahrheitsanalogen Sinn. Wir sprechen nicht zufällig von »moralischen Wahrheiten«, um dem Kategorischen der Sollgeltung Rechnung zu tragen; aber mit diesem Geltungsanspruch affiziert die Vernunft einen Willen, dessen Kontingenz darin besteht, auch anders entscheiden zu können. Autonom ist der Wille, der sich durch moralische Einsichten *binden* läßt,

---

19 Wellmer (1986), 163. So auch der berechtigte Einwand von G. Patzig gegen weitergehende Behauptungen von K.-O. Apel; vgl. G. Patzig, »Principium diiudicationis und Principium executionis«, in: G. Prauss, *Handlungstheorie und Transzendentalphilosophie*, Frankfurt/M. 1986, 204 ff., bes. 214 ff.

obwohl er anders entscheiden könnte. Kant hat dieses Moment fälschlich gleichgesetzt mit dem Akt der Loslösung von allen empirischen Motiven. Dieser Rest von Platonismus verschwindet, wenn man die idealistische Vorstellung der Katharsis eines von irdischen Beimengungen sich reinigenden Willens verabschiedet. Dann ist der autonome Wille nicht eo ipso ein repressiver Wille, der Neigungen zugunsten von Pflichten eliminiert.

Seit Schiller ist die Rigidität der Kantischen Pflichtethik mit Recht immer wieder kritisiert worden. Aber Autonomie ist nur *zumutbar* in gesellschaftlichen Kontexten, die selber schon vernünftig sind in dem Sinne, daß sie dafür sorgen, daß eine Motivation durch gute Gründe nicht von vornherein in Gegensatz zu eigenen Interessen geraten muß. Die Gültigkeit moralischer Gebote ist an die Bedingung geknüpft, daß diese als Grundlage einer allgemeinen Praxis *generell* befolgt werden. Nur wenn diese Zumutbarkeitsbedingung erfüllt ist, bringen sie das zum Ausdruck, was alle wollen könnten. Nur dann liegen moralische Gebote im gemeinsamen Interesse und stellen – eben weil sie gleichermaßen gut für alle sind – keine supererogatorischen Ansprüche. Insofern besiegelt die Vernunftmoral die Abschaffung des Opfers. Gleichwohl verdient derjenige, der beispielsweise dem christlichen Liebesgebot folgt und im Interesse des Nächsten moralisch unzumutbare Opfer bringt, unsere moralische Bewunderung; denn supererogatorische Taten lassen sich als Versuche verstehen, in Fällen tragischer Verwicklung oder unter barbarischen Lebensbedingungen, die unsere moralische Empörung hervorrufen, gegen das schicksalhaft ungerechte Leiden anzugehen.

4. Einen anderen Aspekt des Verhältnisses von Rationalität und Moralität berührt Wellmer mit seinem Einwand gegen die vermeintliche Unanwendbarkeit des Universalisierungsgrundsatzes in der erwähnten diskursethischen Fassung. Der Universalismus scheint die begrenzten Kapazitäten unseres Vernunftvermögens zu überfordern und die Operationen eines göttlichen Intellektes nötig zu machen. Wenn wir die morali-

sche Grundfrage: »Was soll ich (was sollen wir) tun?« unmittelbar als eine konkrete Frage verstehen, die sich kontextabhängig für mich (oder uns) in einer bestimmten Situation stellt, dann ist allerdings nicht zu sehen, wie die Anwendung der Argumentationsregel ›U‹ eine eindeutige Antwort sollte liefern können. Wellmer geht davon aus, daß wir im direkten Durchgriff auf den Einzelfall herausfinden wollen, »wie unter den gegebenen Umständen richtig zu handeln sei«, und daß wir diese Frage nach einem entsprechenden singulären Gebot mit Hilfe einer diskursiv durchgeführten Verallgemeinerungsoperation beantworten möchten. Dann ist zuzugeben, daß »die Schwierigkeit der Aufgabe [...] ins Ungeheuerliche [...] wächst, [vorausgesetzt die Aufgabe besteht darin,] die Folgen und Nebenwirkungen einer allgemeinen Normbefolgung für jeden einzelnen zu bestimmen und dazu noch herauszufinden, ob alle diese Folgen und Nebenwirkungen, die sich für jeden einzelnen ergeben würden, zwanglos akzeptieren könnten«.[20]

Diese Vorstellung verkennt allerdings die argumentationslogische Rolle des Universalisierungsgrundsatzes, der ja nur dazu dienen kann, generalisierte Verhaltenserwartungen oder Handlungsweisen, also Normen, die einer allgemeinen Praxis zugrunde liegen, zu begründen. ›U‹ findet seinen Platz in *Begründungsdiskursen*, in denen wir die Gültigkeit universeller Gebote (bzw. deren einfacher oder doppelter Negationen – Verbote und Erlaubnisse) prüfen. Da Kant *Anwendungsprobleme* vernachlässigt, mögen seine Formulierungen eine andere Auffassung, mindestens ein Mißverständnis seiner Auffassung, nahelegen. Die Diskursethik hat daraus gelernt und unterscheidet zwischen der Gültigkeit – oder Gerechtigkeit – von Normen und der Richtigkeit singulärer Urteile, die aufgrund einer gültigen Norm eine bestimmte Handlung als geboten auszeichnen. »Wie unter gegebenen Umständen richtig zu handeln sei«, läßt sich, analytisch betrachtet, nicht mit einem *einzigen* Akt

---

20 Wellmer (1986), 64.

der Begründung – oder in den Grenzen eines einzigen Argumentationstypus – entscheiden, sondern erfordert die Sequenz von zwei Argumentationsschritten, nämlich der Begründung und der Anwendung von Normen.

Gestützt auf diese Konsequenz, hat K. Günther Wellmers Einwand überzeugend zurückgewiesen.[21] Moralische Regeln beanspruchen Geltung für einen abstrakten Sachverhalt – für eine Materie, die in bestimmter Weise geregelt werden soll. Der Sinn des Geltungsanspruchs läßt sich aber nach *zwei Hinsichten* differenzieren, nämlich einerseits im Hinblick auf jene rational motivierte Zustimmung aller möglicherweise Betroffenen, die eine gültige Norm verdient, und andererseits im Hinblick auf alle möglichen Situationen, in denen die derart zustimmungsfähige Norm Anwendung finden kann: »Bedeutet nicht die Anerkennung einer Norm als gültig für jeden Diskursteilnehmer, daß er ihre Befolgung in allen Situationen, in denen die Norm anwendbar ist, für angemessen hält?«[22] Die Idee der Unparteilichkeit, die sich im moralischen Gesichtspunkt ausdrückt und die dem Geltungsanspruch moralischer Urteile seinen spezifischen Sinn verleiht, verlangt deshalb die Berücksichtigung der rationalen Akzeptanz im Kreis aller möglicherweise Betroffenen mit Bezug auf alle passenden, der Norm *angemessenen* Situationen. Dieser doppelten Hinsicht trägt Günther mit der Formulierung Rechnung: »Eine Norm ist gültig und in jedem Fall angemessen, wenn die Folgen und Nebenwirkungen einer allgemeinen Normbefolgung in jeder besonderen Situation für die Interessen eines jeden einzelnen von allen akzeptiert werden können.«[23] Dem könnten Argumentationsteilnehmer freilich nur dann genügen, wenn sie unendlich viel Zeit hätten oder zum gegenwärtigen Zeitpunkt über ein absolutes Wissen verfügten, das ihnen eine sichere Prognose über alle möglicherweise eintretenden Situationen gestattet. Als Argumentationsregel muß aber der Universali-

---

21 K. Günther, *Der Sinn für Angemessenheit*, Frankfurt/M. 1988, 23-100.
22 Günther (1988), 62.
23 Ebd., 50.

sierungsgrundsatz für endliche, aus ihren jeweiligen Kontexten urteilende Subjekte einen vernünftigen, also operationalen Sinn behalten. Deshalb darf er lediglich fordern, daß bei der Normbegründung diejenigen Folgen und Nebenwirkungen zu berücksichtigen sind, die sich auf der Basis der zu einer Zeit verfügbaren Informationen und Gründe aus einer allgemeinen Normbefolgung für die Interessen eines jeden *voraussichtlich* ergeben.

In der Wenn-Komponente einer gültigen Norm können ersichtlich nur diejenigen Situationen Berücksichtigung finden, die zum Zweck der exemplarischen Erläuterung einer regelungsbedürftigen Materie von den Beteiligten auf der Basis ihres zeitgenössischen Wissensstandes herangezogen werden. Der Universalisierungsgrundsatz muß so formuliert werden, daß er nichts Unmögliches verlangt; er muß die Argumentationsteilnehmer davon entlasten, bei der Begründung von Normen bereits die Menge aller künftigen, gar nicht vorhersehbaren Situationsbezüge zu beachten. Günther schlägt deshalb die Formulierung vor: »Eine Norm ist gültig, wenn die Folgen und Nebenwirkungen einer allgemeinen Normbefolgung *unter gleichbleibenden Umständen* für die Interessen eines jeden einzelnen von allen akzeptiert werden können.«[24] Die »rebus sic stantibus«-Klausel bringt den Vorbehalt zum Ausdruck, daß der Geltungsanspruch einer Norm, die den diskursiven Verallgemeinerungstest bestanden hat, einen »Zeit- und Wissensindex« trägt. Begründungsdiskurse können wegen dieses Vorbehalts die Idee der Unparteilichkeit nicht vollständig, sondern nur in Hinsicht auf die universell-reziproke Anerkennungswürdigkeit ausschöpfen. Die prima facie gültigen Normen bleiben »ungesättigt« in Hinsicht auf den zusätzlichen Interpretationsbedarf, der aus den besonderen Konstellationen nicht vorhersehbarer Anwendungssituationen entsteht. Begründungsdiskurse lassen die Frage offen, ob die – im Hinblick auf die exemplarisch herangezogenen und als typisch vorausge-

---

24 Ebd., 53.

sehenen Situationen – gültigen Normen auch für ähnliche, im futurum exactum auftretende Situationen im Hinblick auf *deren* relevante Merkmale *angemessen* sind. Diese Frage kann nur in einem weiteren Schritt, und zwar aus der *veränderten* Perspektive eines Anwendungsdiskurses beantwortet werden.
Die Rolle, die der Universalisierungsgrundsatz in Begründungsdiskursen spielt, übernimmt in Anwendungsdiskursen das Prinzip der Angemessenheit. Erst beide Prinzipien zusammengenommen erschöpfen die Idee der Unparteilichkeit: »Für die Begründung ist nur die Norm selbst, unabhängig von ihrer Anwendung in einer einzelnen Situation, relevant. Es geht darum, ob es im Interesse aller liegt, daß jeder die Regel befolgt [...]. Für die Anwendung ist demgegenüber die einzelne Situation relevant, unabhängig davon, ob (wie die vorgängige Prüfung zeigt) auch eine allgemeine Befolgung im Interesse aller liegt. Es geht darum, ob und wie die Regel in einer Situation angesichts aller besonderen Umstände befolgt werden sollte [...]. Das Thema ist nicht die Geltung der Norm für jeden einzelnen und seine Interessen, sondern die Angemessenheit im Verhältnis zu allen Merkmalen einer einzelnen Situation.«[25] Im Anwendungsprozeß kommt die hermeneutische Einsicht zum Zuge, daß die angemessene Norm im Lichte der Situationsmerkmale konkretisiert und die Situation ihrerseits im Lichte der von der Norm vorgegebenen Bestimmungen beschrieben wird.
Auf das Prinzip der Angemessenheit und die Logik von Anwendungsdiskursen, die Günther im einzelnen untersucht hat, brauche ich hier nicht einzugehen.[26] Das Problem, auf das beide zugeschnitten sind, tritt im Falle von Normenkollisionen deutlich hervor. Dann muß nämlich geprüft werden, welche der prima facie gültigen Normen, die für die Anwendung *kandidieren*, sich als diejenige erweist, die einer in allen relevanten Merkmalen möglichst vollständig beschriebenen Situation

---

25 Ebd., 55 f.
26 Vgl. K. Günther, »Ein normativer Begriff der Kohärenz für eine Theorie der juristischen Argumentation«, *Rechtstheorie*, Bd. 20, 1989, 163-190.

angemessen ist. Die Normen, die hinter der jeweils angewendeten Norm zurücktreten, verlieren dadurch nicht ihre Gültigkeit, sondern bilden zusammen mit allen anderen gültigen Regeln eine *kohärente Ordnung*. Unter dem Gesichtspunkt der Kohärenz verändern sich freilich die Relationen dieser Ordnung mit jedem neuen Fall, der zur Selektion der »einzig angemessenen Norm« führt. So ist es das Regelsystem im ganzen, welches idealiter für jede Anwendungssituation genau eine richtige Antwort zuläßt. Zugleich ist es erst die einzelne Situation, deren angemessene Interpretation der ungeordneten Menge gültiger Normen die bestimmte Gestalt einer jeweils kohärenten Ordnung verleiht.

Diese Konsequenz gestattet übrigens die Erklärung einer beunruhigenden Asymmetrie zwischen der Bearbeitung moralisch-praktischer Fragen einerseits, empirisch-theoretischer Fragen andererseits. Bei der Begründung von Tatsachen stoßen wir auf kein Äquivalent für die merkwürdige Aufspaltung der unparteilichen Beurteilung eines moralischen Handlungskonflikts in die Sequenz der Begründung und Anwendung von Normen. Obgleich auch die diskursive Einlösung assertorischer Geltungsansprüche unter dem fallibilistischen Vorbehalt steht, daß wir nicht definitiv wissen können, ob die für wahr gehaltene Behauptung allen künftigen Einwänden standhalten wird, bleibt in diesem Fall eine Begründung nicht in derselben Weise ergänzungsbedürftig wie im Falle der primafacie-Geltung einer Norm; das gültige empirische Wissen ist nicht *intern* auf die Lösung von Anwendungsfragen angewiesen.

Nun ist das praktische Wissen im Unterschied zum empirischen von Haus aus handlungsbezogen. Dieser Umstand bietet für die erwähnte Asymmetrie freilich erst eine Erklärung, wenn man ihn in bestimmter Weise versteht. Aufgrund seines Handlungsbezuges wird das moralische Wissen davon, wie es sich in der sozialen Welt verhalten soll, auf eine andere Weise durch Geschichte affiziert als das empirische Wissen, wie es sich in der objektiven Welt verhält. Der Fallibilismus, der von

jedem Wissen, also auch von Ergebnissen moralischer Begründungs- und Anwendungsdiskurse gilt, bedeutet den Vorbehalt gegenüber einem kritischen Potential künftigen besseren Wissens, d. h. gegenüber der Geschichte in Gestalt unserer eigenen nicht antizipierbaren Lernprozesse. Jener *spezifische* Vorbehalt, mit dem wir gut begründete Handlungsnormen nur in einem ergänzungsbedürftigen Sinn für prima facie gültig halten, erklärt sich zwar auch aus der Begrenztheit unseres gegenwärtigen Wissens, jedoch nicht aus dessen Fallibilität. Der weitergehende Unvollständigkeitsvorbehalt erklärt sich nicht aus der kognitiven Provinzialität gegenüber künftigem besseren Wissen, sondern aus der existentiellen Provinzialität gegenüber geschichtlichen Veränderungen der Gegenstände selbst – also der Kontexte, in denen künftige Handlungen durch gegenwärtig akzeptierte Regeln bestimmt werden sollen.
Die soziale Welt, auf die wir uns in normativer Einstellung richten, ist auf eine andere Weise *historisch* als jene Regelmäßigkeiten und Gesetze, die den Kontext der beschreibbaren Ereignisse und Zustände in der objektiven Welt bilden. Die Unvollständigkeit dessen, was moralische Begründungsdiskurse leisten können, erklärt sich letztlich daraus, daß die soziale Welt als die Gesamtheit legitim geregelter interpersonaler Beziehungen ontologisch anders verfaßt ist. Anders als wir es in objektivierender Einstellung der objektiven Welt als der Gesamtheit existierender Sachverhalte unterstellen, hat die soziale Welt als solche einen geschichtlichen Charakter. Dieser sozusagen *intrinsischen* Geschichtlichkeit versucht Günthers normativer Begriff der Kohärenz gerecht zu werden: »Wenn jede gültige Norm auf eine kohärente Ergänzung durch alle anderen in einer Situation anwendbaren Normen angewiesen ist, ändert sich ihre Bedeutung in jeder Situation. Auf diese Weise sind wir von der Geschichte abhängig, da sie uns erst die unvorhersehbaren Situationen produziert, die uns zu einer jeweils anderen Interpretation aller gültigen Normen zwingt.«[27]

27 Günther (1989), 182.

Deontologische Ethiken unterstellen am Ende nur, daß der moralische Gesichtspunkt identisch bleibt; aber invariant bleiben weder unser Verständnis dieser grundlegenden Intuition noch die Interpretationen, die wir moralisch gültigen Regeln in der Applikation auf unvorhersehbare Fälle geben.

5. Allein kognitivistische Grundannahmen können den Phänomenen und Erfahrungen einer posttraditionalen, von ihren religiös-metaphysischen Entstehungskontexten unabhängig gewordenen Moral gerecht werden. Die Kantische Ethik zieht ja ihre Überzeugungskraft nicht aus der speziellen Begründung des Kategorischen Imperativs, nicht aus der Konstruktion eines Reichs der Zwecke und erst recht nicht aus der Architektonik der Zwei-Reiche-Lehre im ganzen, sondern aus moralischen Intuitionen, auf die sich eine kognitivistische Interpretation berufen kann. Moralische Erfahrungen reagieren auf die Beeinträchtigung dessen, was Kant als Pflicht, Achtung und freien Willen beschrieben hat; sie kristallisieren sich um jene Verletzungen, die einer Person durch unmoralisches Handeln zugefügt werden – um die Demütigung und Entwürdigung einer Person, die in ihrer Integrität verletzt wird, und um die Mißbilligung, die die verletzende Handlung ebenso wie der Missetäter selbst auf sich ziehen. Damit rückt die *Sollgeltung* moralischer Gebote als erklärungsbedürftiges Phänomen in den Mittelpunkt des Interesses. Die Deutung der Sollgeltung normativer Sätze in Analogie zur Wahrheitsgeltung assertorischer Sätze steht deshalb (a) in Gegensatz zur empiristischen Auffassung, daß sich im illokutionären Modus von Geboten lediglich Verpflichtungsgefühle widerspiegeln, die auf eine Internalisierung angedrohter Sanktionen zurückgehen, und (b) in Gegensatz zu der nonkognitivistischen Auffassung, daß das wechselseitige Interesse an der Einhaltung von Normen letztlich auf das Interesse an Selbstachtung zurückgeführt werden kann.

(a) Sollsätze sind die zentralen Elemente der Sprache, in der sich die Moral zu Wort meldet. Diese Sätze bringen Verpflichtungen zum Ausdruck. Pflichten gebieten Handlungen oder die Unterlassung von Handlungen. Verbote sind negierte Erlaubnisse, Erlaubnisse negierte Verbote. Verpflichtungen finden ihre Erfahrungsbasis nicht in Wahrnehmungen, sondern, wie Strawson gezeigt hat, in moralischen Gefühlen. Diese signalisieren in der Regel Pflichtverletzungen, Verstöße gegen Normen, aus denen Pflichten und Rechte, d. h. berechtigte Erwartungen pflichtgemäßen Verhaltens, abgeleitet werden können. Mit Gefühlen der Kränkung und der Beleidigung reagieren wir in der Einstellung einer 2. Person auf Verletzungen unserer Rechte durch andere; mit Gefühlen von Scham und Schuld reagieren wir auf eigene Verfehlungen; mit Empörung und Verachtung reagieren wir aus der Sicht eines Anwesenden, aber nicht unmittelbar Beteiligten auf die Verletzung einer von uns anerkannten Norm durch einen Dritten. Diese Gefühlseinstellungen entsprechen also den Perspektiven und Rollen von Interaktionsteilnehmern – Ego und Alter – und von Neuter, dem aktuell Unbeteiligten, dessen Perspektive freilich nicht mit der eines bloßen Beobachters verwechselt werden darf; sein Blick ist der eines Repräsentanten der Allgemeinheit. Sie alle gehören einer Gemeinschaft an, in der interpersonale Beziehungen und Handlungen durch Interaktionsnormen geregelt sind und im Lichte dieser Normen als gerechtfertigt oder ungerechtfertigt beurteilt werden können.

Diese auf Verletzungen reagierenden *Gefühlseinstellungen*, die wiederum in Vorwürfen, Geständnissen, Verurteilungen usw. ihren Ausdruck finden, und Anklagen, Rechtfertigungen oder Entschuldigungen zur Folge haben können, bilden zwar die *Erfahrungsbasis* von Verpflichtungen, erschöpfen aber nicht deren semantischen Sinn. Die normativen Sätze, in denen solche Verpflichtungen zur Sprache kommen, verweisen vielmehr auf einen Hintergrund normativ generalisierter Verhaltenserwartungen. Normen regeln Interaktionsverhältnisse in der Weise, daß sie die zusammenlebenden Akteure zu Handlungen in begründbarer Weise verpflichten. Interaktionsnormen, die gegenseitige Verhaltenserwartungen so festlegen, daß ihr Inhalt nicht begründet zu werden braucht, nennen wir Konventionen. »Bloße« Konventionen binden sozusagen grundlos, eben aus Gewohnheit; mit ihnen verknüpfen wir keine moralischen Ansprüche. Pflichten hingegen entlehnen ihren bindenden Charakter der Geltung von Interaktionsnormen, die sich ihrem Anspruch nach auf gute Gründe stützen. Verpflichtet fühlen wir uns nur durch Normen, von denen wir meinen, gegebenenfalls erklären zu können, warum sie Anerkennung im Kreise der Adressaten (und der Betroffenen) verdienen.

Die interne Verknüpfung von Normen mit rechtfertigenden Gründen bildet die *rationale Grundlage der Normgeltung*. Auch phänomenologisch läßt diese sich ausweisen am korrespondierenden Verpflichtungsgefühl. Pflichten *binden* den Willen der Adressaten, aber sie *beugen* ihn nicht. Sie weisen dem Willen eine Richtung, orientieren ihn, aber sie treiben ihn nicht wie Impulse an; sie motivieren durch Gründe und verfügen nicht über die Triebkraft ausschließlich empirischer Motive. Die empiristische Auffassung, daß Normen nur insoweit verpflichten, wie begründete Sanktionserwartungen bestehen, verfehlt daher die Grundintuition jener gewaltlos verbindenden Kraft, welche sich von der Sollgeltung einer gültigen Norm auf die Pflicht und den Akt des Sich-verpflichtet-Fühlens überträgt. In den auf die Normverstöße folgenden Sanktionen drücken sich nur die Gefühlsreaktionen auf Tat und Täter aus: Kränkung, Empörung und Verachtung.

Aber das, worauf diese Gefühle reagieren, die Verletzung einer legitimen Erwartung, setzt die Sollgeltung zugrundeliegender Normen schon voraus. Sanktionen (wie sehr sie auch verinnerlicht sein mögen) sind für die Sollgeltung nicht konstitutiv; sie sind vielmehr *symptomatisch* für eine bereits wahrgenommene, also vorgängige Verletzung eines normativ geregelten Lebenszusammenhangs. Deshalb geht Kant – wie übrigens auch Durkheim[28] – mit Recht vom Primat des Sollens vor der Sanktion aus, um das ursprüngliche Phänomen der Einsicht und

---

28 Zu Durkheim vgl. J. Habermas, *Theorie des kommunikativen Handelns*, Frankfurt/M. 1981, Bd. 2, 75 ff.

des moralischen Gefühls, zu etwas verpflichtet zu sein, aus dem Zusammenspiel zwischen Autonomie des Willens und praktischer Vernunft zu erklären. Aus Pflicht befolgen wir geltende Normen nicht, weil diese uns unter Androhung von Sanktionen *auferlegt* worden sind, sondern weil wir sie uns selbst *gegeben* haben. Diese erste Überlegung reicht freilich nicht aus, um die Idee der Selbstgesetzgebung zu entwickeln. Selbstgegebene Normen könnten beispielsweise eigene Befehle, also Willkür ausdrücken; dann entbehren sie genau der Qualität, die sie zu verpflichtenden Normen machen würde. Aus Pflicht befolgen wir geltende Normen nicht, weil sie durch Tradition und Gewohnheit *beglaubigt* sind, sondern weil wir sie für *begründet* halten. Auch diese Überlegung genügt für sich genommen noch nicht, um den Begriff einer normenprüfenden Vernunft zu entwickeln. Wir könnten beispielsweise Normen wie Tatsachen begründen wollen und hätten dann das Spezifische verfehlt, das die Vernunft zur praktischen macht. Erst aus der Verbindung beider Überlegungen gehen »autonomer Wille« und »praktische Vernunft« als gleichursprüngliche Konzepte hervor.
Autonom ist nur der Wille, der sich durch das, was alle gemeinsam wollen könnten, also durch moralische Einsicht leiten läßt; und praktisch ist die Vernunft, die alles, was ihrem unparteilichen Urteil gemäß gerechtfertigt ist, als Produkt eines gesetzgebenden Willens denkt. Auf eine bemerkenswerte Weise durchdringen sich in beiden Begriffen voluntas und ratio, ohne ineinander aufzugehen. Diese Momente stehen einander nicht mehr abstrakt gegenüber als das aktive, in die Welt eingreifende, und als das passive Vermögen, das die Tatsachen gleichsam abbildet. Ein autonomer Wille *gibt sich* nur vernünftig begründete Gesetze; und die praktische Vernunft *entdeckt* nur Gesetze, die sie zugleich entwirft und vorschreibt. Der Selbstbestimmung ist ein kognitives Moment ebenso eingesetzt wie der normprüfenden Vernunft ein konstruktives. Kant selbst hat diese irritierende Verschränkung letztlich nicht befriedigend erklären können; verständlich wird sie erst dann,

wenn wir Freiheit und Vernunft nicht mehr als bloß subjektive Vermögen begreifen.

Aus der Sicht der Intersubjektivitätstheorie bedeutet Autonomie nicht die Verfügungsgewalt eines Subjekts, das sich selbst zum Eigentum hat, sondern die durch Beziehungen reziproker Anerkennung ermöglichte Unabhängigkeit des Einen, die nur mit der symmetrischen Unabhängigkeit des Anderen zusammen bestehen kann. Der intersubjektive Charakter von Freiheit und praktischer Vernunft wird deutlich, wenn wir die Rollen analysieren, die ein Ausdruck wie »Achtung« im Sprachspiel der Moral übernimmt.

(b) Ernst Tugendhats Theorie ist in den verschiedenen Stadien ihrer Entwicklung durch die Tendenz gekennzeichnet, das eben behandelte empiristische Verständnis von Normgeltung über den Begriff der Selbstachtung mit einer intersubjektivistischen Konzeption von Moral zu vermitteln.[29] Moral versteht Tugendhat als ein »System von Normen, das in einer Gesellschaft aufgrund von sozialem Druck besteht«.[30] Diese Beschreibung will er nicht nur für die Beobachter-, sondern auch für die Teilnehmerperspektive gelten lassen. Deshalb glaubt er, das Phänomen der Sollgeltung mit einer angemessenen Beschreibung jener sozialen Sanktion aufklären zu können, die bei der Verletzung moralischer Normen erfolgt. Aus diesem Ansatz ergibt sich eine nonkognitivistische Auffassung der Moral insofern, als unmoralisches Handeln nicht als irrational gelten kann: »Was vielmehr passiert, wenn man eine Moral verletzt, ist, daß man eine soziale Sanktion erfährt.«[31] Tugendhat meint deshalb, auf eine Begründung der Moral im »eigent-

---

29 Auf Tugendhats Gauss-Lectures von 1983 bin ich an anderem Orte (Habermas (1988), 78 ff.) eingegangen. Hier beziehe ich mich einerseits auf die »Retraktationen« in: E. Tugendhat, *Probleme der Ethik*, Stuttgart 1984, 132-176, sowie andererseits auf einen Beitrag zur Festschrift Fahrenbach (»Zum Begriff und zur Begründung von Moral«) in: C. Bellut, U. Müller-Schöll (Hg.) *Mensch und Moderne*, Würzburg 1989, 145-163; den Weg von der einen zur anderen Position kennzeichnet ein interessantes Manuskript aus dem Jahre 1987: *A new Conception of Moral Philosophy*.
30 Tugendhat (1989), 146.
31 Ebd., 147.

lichen Sinne« verzichten zu müssen. Rationalität im Bereich praktischer Fragen ist für ihn gleichbedeutend mit Zweckrationalität. Andererseits ist Tugendhat auch mit den Theorien unzufrieden, die auf dieser empiristischen Grundlage die Moral allein auf zweckrationale Überlegungen zurückführen, um nachzuweisen, daß jedermann aus vormoralischen oder natürlichen Interessen gute Gründe hat, ein bestimmtes System äußerlich imponierter wechselseitiger Rücksichtnahmen zu akzeptieren. Mackie beispielsweise verfehlt mit dem Rekurs auf das aufgeklärte Eigeninteresse und die kluge Anpassung an extern in Aussicht gestellte bzw. verhängte Belohnungen und Bestrafungen den verpflichtenden Sinn von Normen, der in moralischen Gefühlen deutlich zum Ausdruck kommt. Die Intuition, die Tugendhat gegenüber diesem Reduktionismus zur Geltung bringen möchte, erläutert er folgendermaßen: »In dem einen Fall geht es um eine Gemeinschaft, die durch Normen konstituiert ist, die dem wechselseitigen Nutzen dienen, und in dem anderen Fall um eine Gemeinschaft, die durch (weitgehend dieselben) Normen konstituiert ist, deren Sinn jetzt aber ist, daß in ihnen die wechselseitige Achtung zum Ausdruck kommt.«[32]

Das Phänomen der *wechselseitigen Achtung* soll allerdings unter den von Tugendhat geteilten empiristischen Prämissen erklärt werden. Den Ansatz dazu bieten innere Sanktionen, also jene Scham- und Schuldgefühle, die auf dem Wege der Internalisierung äußerer Sanktionen zustande kommen. Moralische Scham und Schuld versteht Tugendhat als Reaktionen auf den Verlust des eigenen Wertes – letztlich ist es dann die Selbstachtung, die gefährdet wird, wenn ich mich unmoralisch verhalte. Wer gegen moralische Normen verstößt, setzt sich nicht nur der Verachtung anderer aus, sondern verachtet, da er diese Sanktion verinnerlicht hat, auch sich selbst. »Begründet« heißt dann eine Norm nur insoweit, wie jeder aus seiner Sicht ein Interesse daran haben kann, daß sich alle auf eine über den

---

32 Ebd., 163.

Austausch von Achtungsbezeugungen geregelte Praxis einlassen. Wenn man nun mit Tugendhat davon ausgeht, daß jeder ein Interesse daran hat, sich selbst zu achten und von anderen als Person geachtet zu werden, läßt sich erklären, warum moralische Normen nur dann gut für mich sind, wenn sie gut für alle sind. Selbstachtung erfordert nämlich *gegenseitige* Achtung, weil ich mich nur bejahen kann, wenn ich von solchen anderen geschätzt werde, die sich so verhalten, daß sie ihrerseits Achtung verdienen und auch von mir geschätzt werden können.[33] Das Ergebnis von Tugendhats Überlegung ist eine Moral des wechselseitigen Respekts, die auf den bekannten universalistischen Grundsatz des gleichen Respekts für jeden hinauszulaufen scheint. Aber die Prämissen dieses Ansatzes widerstreiten ebendieser Intuition. Wenn nämlich meine Wertschätzung für andere Personen und deren Achtung für mich letztlich auf den Umstand zurückgehen, daß jeder nur dann *sich selbst* achten kann, wenn er von Personen geachtet wird, die er selbst nicht verachtet, haftet der Gegenseitigkeit der Anerkennung etwas bloß Instrumentelles an: die Achtung des anderen wird durch Selbstachtungszwecke mediatisiert. Meine Achtung für andere darf aber nicht an die Kondition der Befriedigung meines Bedürfnisses nach Selbstachtung gebunden sein, wenn sich aus den reziproken Achtungsbeziehungen jenes *vollständig symmetrische* Anerkennungsverhältnis ergeben soll, das unserem intuitiven Verständnis von nicht-instrumentellen Beziehungen zwischen autonom handelnden Personen genügt. Die Egozentrik eines als vorrangig in Anschlag gebrachten Bedürfnisses, *selber* von anderen geachtet zu werden, teilt sich auch dem darauf basierenden Anerkennungsverhältnis mit; dieses dementiert die vollständige Reziprozität der Anerkennungsbeziehungen.[34]

Nur im Sinne *vollständiger* Reziprozität bildet gegenseitige Achtung eine pragmatisch notwendige Voraussetzung dafür,

---

33 Tugendhat (1984), 156 ff.
34 Vgl. die ausführliche Kritik bei Wingert (1991).

daß sich Interaktionsteilnehmer Rechte und Pflichten zuschreiben. Um den egozentrischen Rest zu tilgen, der der Aufklärung des Phänomens gegenseitiger Anerkennung aus der Perspektive je meines Selbstwertgefühls noch anhaftet, hat Tugendhat inzwischen einen weiteren Anlauf genommen. In seiner jüngsten Arbeit verknüpft er die zentrale Fähigkeit, moralische Scham und Schuld zu empfinden, *von vornherein* mit dem Status, Angehöriger einer Gemeinschaft zu sein. Mein Selbstverständnis als Person ist mit meiner sozialen Identität derart verwoben, daß ich mich selbst nur schätzen kann, wenn ich durch die für mich maßgebliche Autorität der Gemeinschaft, als deren Glied ich mich verstehe, im Status eines Angehörigen bestätigt werde. Was ich als Sanktion verinnerlicht habe, ist die Furcht vor der Exkommunikation aus einer Gemeinschaft, mit der ich identifiziert bin. Diese Fundierung der Selbstachtung in *vorgängigen* sozialen Anerkennungsverhältnissen führt Tugendhat mit der Überlegung ein, was es heißt, jemanden als Person zu achten.

Achtung im Sinne von Wertschätzung ist nicht immer ein moralisches Phänomen. Wir schätzen jemanden als Sportler oder als Wissenschaftler wegen seiner hervorragenden Leistungen. Wir schätzen jemanden als Mitarbeiter oder als Freund – wegen seiner Tüchtigkeit oder seiner Zuverlässigkeit, kurzum wegen einer hervorstechenden Eigenschaft. Das Beispiel des Freundes braucht nur um weniges variiert zu werden, bis wir erkennen, daß wir jemanden auch moralischer Eigenschaften wegen schätzen können – als jemanden, der sich selbst in belastenden Situationen nicht unanständig oder auch nur opportunistisch verhält, der etwas opfert oder im Extremfall sogar sich selbst opfert. In allen genannten Fällen kann sich Achtung zu Bewunderung steigern, denn Achtung bezieht sich hier auf ein Mehr oder Weniger an Wertschätzung von Leistungen und Eigenschaften. Demgegenüber verträgt die Achtung einer Person *als* Person keine Abstufung; eine Person achten wir als solche, nicht wegen dieser oder jener Vorzüge. Eine Person achten wir als solche wegen ihrer Fähigkeit, autonom zu handeln,

d. h. ihr Handeln an normativen Geltungsansprüchen zu orientieren; jetzt achten wir sie einzig wegen *der* Leistung oder Eigenschaft, die sie zur Person macht. Und diese konstitutive Fähigkeit kann niemand in mehr oder weniger großem Maße besitzen; sie charakterisiert vielmehr Personen überhaupt. Als Person achten wir jemanden nicht, weil er uns imponiert oder in dieser oder jener Hinsicht Wertschätzung verdient; nicht einmal weil er eine gute Person ist oder ein gutes Leben führt, sondern weil er grundsätzlich in der Lage ist und durch sein Verhalten bezeugt, »Glied einer Gemeinschaft zu sein«, d. h. *überhaupt* Normen des Zusammenlebens zu genügen. Damit nimmt der Begriff der *sozialen Zugehörigkeit* die privilegierte Stellung ein, die in der bisherigen Konstruktion der Begriff der Selbstachtung eingenommen hatte. Selbstachtung kann schon deshalb kein ursprüngliches Phänomen sein, weil nicht klar ist, worin denn der achtungswürdige Kern des einsamen Subjekts vor aller Vergesellschaftung bestehen könnte. Tugendhat hatte zunächst gemeint, daß dieser intrinsische Wert, der das Subjekt gleichsam von Haus aus zu einem Anspruch auf Achtung durch andere qualifiziert, als der Wert verstanden werden kann, den dieses Subjekt seinem Leben im ganzen zumißt.[35] Aber offensichtlich läßt sich die Würde einer Person nicht auf den Wert, den sie ihrem Leben beilegt, reduzieren; manchmal riskieren wir das Leben, um die Selbstachtung nicht zu verlieren. Das Selbst der Selbstachtung hängt in der Tat an einem höchst verletzbaren Persönlichkeitsstatus; dieser bildet sich aber erst in Verhältnissen reziproker Anerkennung aus. Die nichtkonditionalen Beziehungen gegenseitiger Achtung, die Personen einander als verantwortlich handelnden Personen entgegenbringen, sind *gleichursprünglich* mit dem Phänomen der Selbstachtung – des Bewußtseins also, die Achtung anderer zu verdienen. Deshalb entschließt sich Tugendhat zu der Annahme einer sozialen Konstitution des Selbst, woraus sich ergibt, daß niemand seine eigene Identität angemessen ver-

---

35 E. Tugendhat, *A new Conception of Moral Philosophy* (Ms. 1987).

steht, der nicht seine Selbstachtung aus dem von ihm ausgefüllten und von allen anderen anerkannten Status eines Angehörigen seiner Gemeinschaft zieht.[36]
Das Phänomen der gegenseitigen Anerkennung wird nun nicht mehr aus einem ursprünglichen Interesse an *Selbst*achtung oder aus einer primären Furcht vor der inneren Sanktion des *Selbst*wertverlustes erklärt. Denn das Selbst ist kein Erstes mehr. Es wird vielmehr als Resultat eines Vergesellschaftungsprozesses gedacht, der seinerseits die Struktur von Verhältnissen gegenseitiger Anerkennung schon voraussetzt. Das Erste ist die Idee einer Gemeinschaft, »in der jedes Glied sein eigenes Selbstwertgefühl mit dem Einhalten dieser Normen, die eine Gemeinschaft möglich machen, identifiziert und das gleiche von allen anderen fordert. Die Wechselseitigkeit besteht also hier nicht in einem Tauschgeschäft, sondern darin, sich wechselseitig in einer bestimmten Weise zu verstehen und voneinander wechselseitig zu verlangen, sich so zu verstehen.«[37]
Dann fragt es sich aber, ob der Sinn jedes moralischen Sollens, der in dem wechselseitigen Verlangen nach gegenseitiger Anerkennung fundiert ist, noch, wie Tugendhat ja zeigen will, »in der inneren Sanktion« liegen kann oder ob nicht die zentralen Gefühle von Scham und Schuld – gleichursprünglich mit Empörung und Verachtung – insofern etwas Sekundäres sind, als sie auf die Verletzung von legitimen Erwartungen *r*eagieren, die letztlich in der Reziprozität der Anerkennungsstruktur von Gemeinschaften überhaupt begründet sind. Tugendhat verwechselt Genesis und Geltung. Er läßt sich von der Beobachtung, daß sich im Sozialisationsprozeß eine Gewissensinstanz auf dem Wege der Internalisierung äußerer Sanktionen ausbildet, das falsche Bild suggerieren, als ob sich hinter dem moralischen Sollen auch noch für die derart sozialisierte gewissenhafte Person *aus deren Teilnehmerperspektive* eine Sanktion, nunmehr die innere Sanktion des Selbstwertverlustes, verberge – anstelle des zwanglosen Zwangs guter Gründe, mit

36 Tugendhat (1989), 158f.
37 Ebd., 157.

dem sich moralische Einsichten als Überzeugungen einprägen.
Tugendhats eigener Vorschlag für das Verständnis einer postkonventionellen Moral verrät einen kognitiven, keineswegs auf innere Sanktionen zurückführbaren Sinn der Sollgeltung moralischer Normen. Gewiß bleiben moralische Regeln in traditionalen Gesellschaften noch so weit mit religiösen Weltbildern und kollektiven Lebensformen verschränkt, daß die Einzelnen über die Identifikation mit den Inhalten dieser eingewöhnten konkreten Sittlichkeit lernen, was es heißt, den Status des Angehörigen einer derart fundierten Gemeinschaft zu erfüllen. Aber in modernen Gesellschaften müssen sich moralische Normen von den konkreten Inhalten der nun im Plural auftretenden ethischen Lebensorientierungen lösen; sie finden ihre einzige Grundlage in einer abstrakt gewordenen sozialen Identität, die nur noch durch den Status der Zugehörigkeit zu *einer*, nicht mehr zu dieser oder jener partikularen Gemeinschaft umschrieben ist. Daraus erklären sich die beiden hervorstechenden Merkmale einer säkularisierten, aus dem Kontext eines gesamtgesellschaftlichen Ethos *herausgetretenen* Moral. Eine Moral, die sich nur noch auf den normativen Gehalt allgemeiner Bedingungen für das Zusammenleben in einer (auf gegenseitige Achtung von Personen gegründeten) Gemeinschaft *überhaupt* stützen kann, muß, was Geltung und Anwendungsbereich ihrer Normen anbetrifft, universalistisch und egalitär sein; zugleich ist sie, was den Inhalt ihrer Normen angeht, formal. Aus diesem formalen und inhaltsleeren Charakter ergibt sich aber eine Konsequenz, die mit einem nonkognitivistischen Verständnis von Moral unvereinbar ist.
Die verallgemeinerte Struktur der gegenseitigen Anerkennung von Subjekten, die sich gleichzeitig als unvertretbar Einzelne und als Angehörige einer Gemeinschaft gegenübertreten, konstituiert nur noch den Gesichtspunkt einer unparteilichen Beurteilung praktischer Fragen, die den Argumentationen der Beteiligten selbst überlassen bleibt. Wenn am Ende auch Tugendhat von der »aufgeklärten Perspektive« spricht, aus der

für uns »nur das bestimmend sein kann, dem man zustimmen kann«; und wenn er zu dem Schluß gelangt, daß sich »der haltbare Kern aller Moralen reduzieren muß auf den natürlichen oder rationalen Grundbestand von Normen, auf den auch der Kontraktualismus rekurriert und ohne den es eine Gemeinschaft überhaupt nicht geben kann«;[38] dann gibt er seine empiristischen Prämissen preis und kehrt zu einem intersubjektivistisch begriffenen Kant zurück, sagen wir: zu einer Konstruktion wie der von John Rawls, der das moralische Sollen, also die Geltung moralischer Grundsätze und Institutionen, darauf zurückführt, daß diese unter Bedingungen unparteilicher Beurteilung rational gerechtfertigt werden können. Die allgemeine Struktur jener Anerkennungsverhältnisse, die das Selbstverständnis als Person und als Angehöriger einer Gemeinschaft überhaupt gleichursprünglich ermöglichen, wird im kommunikativen Handeln vorausgesetzt und bleibt in den Kommunikationsvoraussetzungen moralischer Argumentationen erhalten. Genau diese Struktur ist es, die uns erlaubt, etwas unter dem moralischen Gesichtspunkt zu beurteilen.

6. Das Faktum einer durch kommunikatives Handeln strukturierten Lebensform läßt sich beim moralischen Urteil ebenso wenig hintergehen wie im moralischen Handeln. Das zeigt sich bei der Analyse jener Regel, die besagt, wie man etwas »unter dem moralischen Gesichtspunkt« betrachten kann. So nennen wir ja den Standpunkt, von dem aus moralische Fragen unparteilich beurteilt werden können. Interessanterweise sind alle Versuche gescheitert, diesen Standpunkt als den eines *neutralen Beobachters* zu charakterisieren – ob dieser nun von einer transzendentalen Warte aus die moralische Welt im ganzen vor Augen hat (wie bei Kant), oder ob er als empirischer Beobachter einen Standort in der Welt einnimmt, aber mit idealen Kenntnissen ausgestattet wird (wie in utilitaristischen Theorien). Der Beobachterstandpunkt scheint aufgrund der Perspektive einer dritten Person ein besonderes Maß an Ob-

---

[38] Ebd., 159.

jektivität des Urteils zu gewährleisten; tatsächlich ist er für die Beurteilung der Frage, ob Handlungen oder Normen im allgemeinen Interesse liegen oder zum allgemeinen Wohl beitragen, ungeeignet. Der ideale Beobachter operiert nämlich als ein einsames Subjekt, sammelt und bewertet seine Informationen jeweils im Lichte seines eigenen Welt- und Selbstverständnisses. Die Unparteilichkeit des Urteils hängt jedoch wesentlich davon ab, ob die konfligierenden Bedürfnisse und Interessen *aller* Teilnehmer zur Geltung gebracht und aus der Sicht der Beteiligten *selber* berücksichtigt werden können. Die privilegierte Stellung, die zunächst von Vorteil zu sein schien, weil sie den Beobachter von den perspektivischen Deutungen der streitenden Parteien unabhängig zu machen verspricht, bringt den Nachteil mit sich, daß sie ihn monologisch von den Interpretationshorizonten der Beteiligten abschneidet und ihm den hermeneutischen Zugang zu einer nur *von innen* sich öffnenden und intersubjektiv geteilten moralischen Welt verschließt.

Wer etwas unter dem moralischen Gesichtspunkt betrachten will, darf sich nicht aus dem intersubjektiven Zusammenhang von Kommunikationsteilnehmern herausdrehen lassen, die interpersonale Beziehungen eingehen und sich einzig in dieser performativen Einstellung als Adressaten verpflichtender Normen verstehen können. Die kontroverse Gültigkeit von Normen läßt sich nur aus der Perspektive der ersten Person Plural, jeweils »von uns«, thematisieren; denn auf je »unsere« Anerkennung sind normative Geltungsansprüche angewiesen. Wir gewinnen einen unparteilichen Standpunkt nicht, indem wir den Kontext sprachlich vermittelter Interaktionen hinter uns lassen und Teilnehmerperspektiven überhaupt preisgeben, sondern allein durch eine *universelle Entschränkung* der individuellen Teilnehmerperspektiven.[39] Jeder von uns muß

39 Diese Perspektive der 1. Person Plural läßt sich durch ein Alternieren zwischen der 1. und der 3. Person-Perspektive nicht ersetzen, auch nicht umschreiben. Thomas Nagel, der sich in einer subjektphilosophischen Theorie-Architektonik bewegt, verwechselt den Standpunkt der unparteilichen Beurteilung moralischer Fragen mit dem »externen Standpunkt« eines Beobachters: *The View from Nowhere*, Oxford 1986, 138 ff. Unter

sich in die Lage all derjenigen versetzen können, die von der Ausführung einer problematischen Handlung oder von der Inkraftsetzung einer fraglichen Norm betroffen wären. Was G. H. Mead als ideale Rollenübernahme empfiehlt, darf nicht von jedem einzeln und privatim, sondern muß von uns als Teilnehmern eines öffentlichen Diskurses *gemeinsam* praktiziert werden.

Wenn man sich klar macht, daß das Ziel eines solchen inklusiven Verständigungsprozesses, nämlich zwangloses Einverständnis, nur über das Vehikel guter Gründe erreicht werden kann, tritt schärfer der reflexive Charakter dessen hervor, was Mead »universal discourse« nennt. Dieser darf nicht nur als ein alle potentiell Betroffenen umspannendes Netz kommunikativen Handelns vorgestellt werden; als Reflexionsform kommunikativen Handelns ist er vielmehr Argumentation im strikten Sinne.

Damit verliert die Meadsche Konstruktion den Stellenwert einer bloßen Projektion. In jeder tatsächlich durchgeführten Argumentation kommen nämlich die Teilnehmer selbst nicht umhin, eine solche »Projektion« vorzunehmen. In Argumentationen müssen sie pragmatisch voraussetzen, daß im Prinzip alle Betroffenen als Freie und Gleiche an einer kooperativen

dieser Prämisse ergibt sich das Dilemma zwischen einer objektivistischen Neutralisierung der Wertsphäre – »If we push the claims of objective detachment to their logical conclusion and survey the world from a standpoint completely detached from all interests, we discover that there is nothing – no values left of any kind: things can be said to matter at all only to individuals within the world« (146) – und der subjektivistischen Auflösung von Geboten und Werten in Präferenzen. Nagel glaubt, diesem Dilemma durch ein Verfahren der Erweiterung der subjektiven Perspektive durch die reflexive Einbeziehung objektiven Wissens entgehen zu können: »We simply aim to reorder our motives in a direction that will make them more acceptable from an external standpoint. Instead of bringing our thoughts into accord with an external reality, we try to bring an external view into the determination of our conduct.« (139) Die beibehaltene Bindung an die Perspektive der 1. Person präjudiziert aber den Blick zugunsten ethischer Fragestellungen und verschließt die Dimension des moralischen Urteils. Nagel scheitert am »obscure topic of deontological constraints« (175), wie man schon an der kontraintuitiven Behandlung seines Beispiels S. 176 ff. sehen kann.

Wahrheitssuche teilnehmen können, bei der einzig der Zwang des besseren Arguments zum Zuge kommen darf. Auf diesen universalpragmatischen Sachverhalt stützt sich der diskursethische Grundsatz: daß nur diejenigen moralischen Regeln Geltung beanspruchen dürfen, die die Zustimmung aller Betroffenen als Teilnehmer eines praktischen Diskurses finden könnten. Die Rolle eines den moralischen Gesichtspunkt explizierenden Verfahrens kann der rationale Diskurs kraft jener *idealisierenden* Unterstellungen spielen, die jeder, der ernsthaft in Argumentationen eintritt, *faktisch* vornehmen muß. Der praktische Diskurs läßt sich als ein Verständigungsprozeß begreifen, der seiner Form nach, d. h. allein aufgrund unvermeidlicher allgemeiner Argumentationsvoraussetzungen, alle Beteiligten *gleichzeitig* zur idealen Rollenübernahme anhält.

Diese Erklärung des moralischen Gesichtspunktes zeichnet den praktischen Diskurs als diejenige Form der Kommunikation aus, die mit der universellen Austauschbarkeit der Teilnehmerperspektiven zugleich die Unparteilichkeit des moralischen Urteils sichert. Das erklärt auch, warum die Aussicht besteht, ohne naturalistischen Fehlschluß den Grundsatz einer universalistischen Moral aus notwendigen pragmatischen Voraussetzungen der Argumentation überhaupt zu gewinnen. Diskurse sitzen dem verständigungsorientierten Handeln gleichsam als deren Reflexionsform auf; in den Symmetriebedingungen und Reziprozitätserwartungen des verständigungsorientierten Sprachgebrauchs der Alltagspraxis stecken bereits in nuce jene Grundvorstellungen von Gleichbehandlung und allgemeinem Wohl, um die alle Moralen, auch in vormodernen Gesellschaften, kreisen. In den idealisierenden Unterstellungen kommunikativen Handelns, vor allem in der reziproken Anerkennung von Personen, die ihr Handeln an Geltungsansprüchen orientieren können, sind die Ideen von Gerechtigkeit und Solidarität *angelegt*. Freilich weisen die normativen Verpflichtungen, die Kinder schon über die bloße Form sozialisatorischer Interaktion erwerben, nicht *von sich* aus über die

Grenzen einer konkreten Lebenswelt (der Familie, des Stammes, der Stadt oder der Nation) hinaus. Diese Schranken müssen erst in rationalen Diskursen durchbrochen werden. Denn Argumentationen reichen per se über einzelne partikulare Lebenswelten hinaus; in ihren pragmatischen Voraussetzungen ist der normative Gehalt der Voraussetzungen kommunikativen Handelns verallgemeinert, abstrahiert und entschränkt – ausgedehnt auf eine ideale, alle sprach- und handlungsfähigen Subjekte einbeziehende Kommunikationsgemeinschaft (wie Apel im Anschluß an Peirce sagt).
Der Standpunkt der Moral unterscheidet sich von dem der konkreten Sittlichkeit durch eine *idealisierende Entschränkung* und Umkehrung der an kulturell eingewöhnten partikularen Lebensformen haftenden und der aus individuellen Bildungsprozessen hervorgehenden Deutungsperspektiven. Diese Umstellung auf die idealisierenden Voraussetzungen einer räumlich, sozial und zeitlich unbegrenzten Kommunikationsgemeinschaft bleibt auch in jedem real durchgeführten Diskurs Vorgriff auf und Annäherung an eine regulative Idee. Gleichwohl gehört die reale Durchführung zur Idee selber, weil sich sonst der Solipsismus der »im einsamen Seelenleben« vorgenommenen Normenprüfung wiederholen würde. Noch der advokatorisch durchgeführte oder in mente durchgespielte Diskurs unterscheidet sich von der bereits *als monologisch vorgestellten* Maximenprüfung, die wir nach Maßgabe des Kategorischen Imperativs vornehmen. Er macht nämlich den Sinn und die Beweislast des Universalisierungsgrundsatzes deutlich. Gewiß, auch Kant unterscheidet (z.B. in der »Grundlegung der Metaphysik der Sitten«, BA 69, Anm.) zwischen einer ich-bezogenen Verallgemeinerung im laxen Sinn der Goldenen Regel und der streng universalistischen Verallgemeinerungsoperation, die den pragmatischen Sinn der Bildung eines allgemeinen Willens erfüllt. Aber solange sich das einsame Subjekt als Statthalter des transzendentalen befugt weiß, die Normenprüfung in eigener Person für alle anderen zu treffen, kommt die Differenz zwischen meiner Supposition eines *allgemeinen*

Willens und der intersubjektiven Verständigung über einen *gemeinsamen* Willen nicht zu Bewußtsein. Die Perspektive, aus der ich die Verallgemeinerbarkeit aller jeweils berührten Interessenlagen prüfe, bleibt unthematisch im Hintergrund. Denn solange sich jeder autonome Wille mit allen anderen intelligiblen Bewohnern des Reichs der Zwecke eins wissen darf, sind die Maximen gültig, die ich (aus der Sicht meines Selbst- und Weltverständnisses) als Regeln einer allgemeinen Praxis wollen kann. Sobald wir hingegen die Metaphysik der Zwei-Reiche-Lehre preisgeben, begegnen sich Subjekte, die sich nicht mehr auf diese transzendentale Vorverständigung verlassen können. Für sie, also für uns, stellt sich das Problem eines angemessenen intersubjektiven Verständnisses der Interessen eines jeden.

Das Prinzip »Was du nicht willst, daß man dir tu, das füg' auch keinem anderen zu« erweist sich in einer solchen Situation als unzureichend, weil es egozentrisch an das nicht thematisierte eigene Selbst- und Weltverständnis gebunden bleibt. Erst eine intersubjektiv durchgeführte Argumentation, an der alle möglicherweise Betroffenen sich beteiligen könnten, macht eine radikale Verallgemeinerung zugleich möglich und nötig, nämlich einen Test der Verallgemeinerungsfähigkeit von Handlungsweisen, der die stillschweigende Privilegierung je meiner Sicht der Dinge verhindert und die Koordinierung aller zumal in modernen Gesellschaften pluralistisch auseinanderweisenden und individualistisch ausgeprägten Deutungsperspektiven verlangt. Unter den Kommunikationsvoraussetzungen eines inklusiven und zwanglosen Diskurses unter freien und gleichberechtigten Partnern fordert der Grundsatz der Universalisierung, daß sich jeder der Beteiligten in die Perspektive aller anderen hineinversetzt; gleichzeitig behält jeder Betroffene die Möglichkeit, zu prüfen, ob er, auf der Grundlage einer wechselseitigen Kritik der Angemessenheit von Deutungsperspektiven und Bedürfnisinterpretationen, aus jeweils seiner Sicht eine strittige Norm als allgemeines Gesetz wollen kann.

Der Gedanke, daß diese ideale Rollenübernahme, also die Entschränkung und Reversibilität aller Deutungsperspektiven, durch die allgemeinen Kommunikationsvoraussetzungen der Argumentationspraxis zugleich möglich und nötig gemacht wird, verliert seine Befremdlichkeit, wenn man sich vor Augen führt, daß der Universalisierungsgrundsatz nur expliziert, was es heißt, daß eine Norm Gültigkeit beanspruchen kann. Schon bei Kant soll das Moralprinzip den Sinn der Sollgeltung von Normen erklären; in der speziellen Hinsicht auf normative Sätze bringt es die *allgemeine* Intuition zum Ausdruck, daß wahre oder richtige Aussagen nicht nur für dich und mich gelten. Gültige Aussagen müssen sich mit Gründen verteidigen lassen, die jedermann jederzeit und an allen Orten überzeugen können. Mit Geltungsansprüchen transzendieren Sprecher und Hörer die provinziellen Maßstäbe einer bloß partikularen Gemeinschaft von Interpreten mit ihrer hier und jetzt lokalisierten Verständigungspraxis.

Im Moralprinzip spricht sich ein Sinn von Transzendenz oder Selbstüberschreitung aus, der schon in assertorischen Geltungsansprüchen enthalten ist. In ähnlicher Weise erklärt Ch. S. Peirce den Begriff der Wahrheit mit Hilfe einer in der sozialen und zeitlichen Dimension ideal entschränkten Verständigungspraxis.[40]

Die Welt als Inbegriff möglicher Tatsachen konstituiert sich jeweils für eine Interpretationsgemeinschaft, deren Angehörige sich innerhalb einer intersubjektiv geteilten Lebenswelt miteinander über etwas in der Welt verständigen. »Wirklich« ist, was sich in wahren Aussagen darstellen läßt, wobei sich »wahr« wiederum mit Bezugnahme auf den Anspruch erklären läßt, den einer gegenüber Anderen erhebt, indem er eine Aussage behauptet. Mit dem assertorischen Sinn einer Behauptung erhebt der Sprecher einen kritisierbaren Anspruch auf die Gül-

---

40 K.-O. Apel, *Der Denkweg von Ch. S. Peirce*, Frankfurt/M. 1976; ders.: »Sprachliche Bedeutung, Wahrheit und normative Gültigkeit«, *Archivio di Filosofia*, LV. 1987, 51-88. Ferner C.J. Misak, *Truth and the End of Inquiry*, Oxford 1991.

tigkeit der behaupteten Aussage; und weil niemand über die Möglichkeit eines direkten Zugriffs auf uninterpretierte Geltungsbedingungen verfügt, muß »Gültigkeit« epistemisch verstanden werden als »Geltung, die sich für uns erweist«. Jeder berechtigte Wahrheitsanspruch eines Proponenten muß sich mit Gründen gegen die Einwände möglicher Opponenten verteidigen lassen und am Ende auf ein rational motiviertes Einverständnis der Interpretationsgemeinschaft im ganzen rechnen dürfen. Dabei genügt die Bezugnahme auf irgendeine besondere Interpretationsgemeinschaft allerdings nicht. Deshalb erklärt Peirce Wahrheit mit der kontrafaktischen Bezugnahme auf die Einlösung eines kritisierbaren Geltungsanspruchs unter den Kommunikationsbedingungen einer im sozialen Raum und in der historischen Zeit ideal erweiterten Gemeinschaft von Interpreten. Die Projektion einer *unbegrenzten* Kommunikationsgemeinschaft dient der Ersetzung des Ewigkeitsmomentes (oder des überzeitlichen Charakters) von »Unbedingtheit« durch die Idee eines offenen, aber zielgerichteten Interpretationsprozesses, der die Grenzen des sozialen Raums und der historischen Zeit von innen, aus der Perspektive einer in der Welt verorteten endlichen Existenz heraus transzendiert. In der Zeit sollen, Peirce zufolge, die Lernprozesse der unbegrenzten Kommunikationsgemeinschaft jenen Bogen bilden, der alle zeitlichen Distanzen überbrückt; in der Welt sollen sich jene Bedingungen realisieren lassen, die für den unbedingten Anspruch transzendierender Geltungsansprüche als hinreichend erfüllt vorausgesetzt werden müssen. Dabei gilt dasjenige Maß der Erfüllung als »hinreichend«, welches unsere jeweilige Argumentationspraxis zu einem raumzeitlich lokalisierten Bestandteil des unvermeidlich unterstellten universellen Diskurses einer entgrenzten Interpretationsgemeinschaft qualifiziert. Mit dieser Projektion verlagert sich die Spannung zwischen Faktizität und Geltung in Kommunikationsvoraussetzungen, die, auch wenn sie einen *idealen* und nur annäherungsweise zu erfüllenden Gehalt haben, alle Beteiligten *faktisch* jedesmal dann machen müssen, wenn sie überhaupt die

Wahrheit einer Aussage behaupten oder bestreiten und für die Rechtfertigung dieses Geltungsanspruchs in eine Argumentation eintreten.

Der Peircesche Diskursbegriff der Wahrheit läßt erkennen, warum der wahrheitsanaloge Begriff der Sollgeltung mit Hilfe eines Moralprinzips erklärt werden kann, welches die verlangte ideale Rollenübernahme an die Kommunikationsform praktischer Diskurse bindet. Richtige Sollsätze beziehen sich gewiß nicht wie wahre Aussagen auf existierende Sachverhalte in der objektiven Welt, sondern auf legitim geordnete interpersonale Beziehungen in einer sozialen Welt. Aber gerechte Ordnungen werden nicht nur konstruiert, sondern auch entdeckt. Erklärungsbedürftig ist freilich die Rolle der Idealisierungen, auf die eine intersubjektivistische Erklärung des Moralprinzips immer wieder zurückführt.

7. Wenn man normative Richtigkeit, wie Gültigkeit überhaupt, als dreistellige Relation der »Geltung-von-etwas-für-jemanden« begreift, darf der kontrafaktische Sinn rationaler Akzept*abilität* nicht auf den Sinn der Akzept*anz* innerhalb einer Interpretationsgemeinschaft reduziert werden. Andererseits ist der Begriff einer ideal entschränkten Kommunikationsgemeinschaft insofern widersinnig, als jede identifizierbare Gemeinschaft begrenzt ist und über Inklusionsregeln Mitglieder oder Angehörige von Fremden unterscheidet. Genau diese Differenz müßte durch eine gedachte Entschränkung im sozialen Raum und in der historischen Zeit getilgt werden. Auch das Bild des idealen Auditoriums (Perelmann) bleibt zu konkretistisch. Das Modell einer für alle Teilnehmer, Themen und Beiträge porösen Öffentlichkeit kommt der Intention am nächsten. Denn alle diese Bilder veranschaulichen nur Limesbegriffe für die Bestimmung einer idealen Kommunikations*struktur*. Die Idealisierungen beziehen sich auf die mögliche *Struktur* einer Verständigungspraxis, die selbstbezüglich operiert und sich selbst korrigiert – mit dem Erfolg einer immer weitergehenden Entrelativierung derjenigen Bedingungen, unter denen kontextabhängig erhobene, aber ihrem Sinne nach

transzendierende Geltungsansprüche eingelöst werden können.

Von »Idealisierung« sprechen wir in ganz verschiedenen Kontexten. Die ideale Allgemeinheit von Begriffen oder Bedeutungen macht auf den ersten Blick geringere Schwierigkeiten, weil sie sich im widerstandslosen Medium des Gedankens durchzusetzen scheint. Tatsächlich stützt sich aber die Bedeutungsallgemeinheit schon auf jene linguistische Idealisierung, die uns erlaubt, in singulären Zeichenereignissen denselben Zeichentypus und in verschiedenen Äußerungen denselben grammatisch gebildeten Satz wiederzuerkennen. Geometrische Figuren, die wir wie Euklid im Sand oder an der Tafel nur exemplarisch und annäherungsweise realisieren können, behaupten ideale Allgemeinheit in einem anderen Sinne. Damit verbindet sich die Idee der Vollkommenheit oder Perfektibilität – einen Kreis können wir mehr oder weniger exakt zeichnen. Auch physikalische Meßoperationen beruhen auf der kontrafaktischen Annahme, daß wir uns idealen Größen beliebig weit annähern können; praktisch gelingt es uns nicht, eine vollkommen ebene Fläche herzustellen. In ähnlichem Sinne stützen sich Experimente auf die Annahme eines idealen Gases, eines Vakuums usw. Einen anderen, aber verwandten Sinn haben Simulationen. Wir können uns die Einwirkung der Schwerkraft wegdenken und auf der Erde Zustände der Schwerelosigkeit simulieren, die wir im Weltraum tatsächlich antreffen. Mit dem Begriff der regulativen Idee wird schließlich dieses mathematische Modell der unendlichen Annäherung vom Bereich instrumentellen Handelns auf Interaktionen übertragen. Diese wenigen komparativen Hinweise müssen hier genügen, um plausibel zu machen, daß es nicht von vornherein sinnlos ist, *Kommunikationsformen zu idealisieren*, d. h. Vorgänge der Kommunikation so zu denken, als würden sie unter idealen Bedingungen ablaufen.

Die in der pragmatischen Dimension der Verständigungspraxis vorgenommenen Idealisierungen haben etwas Willkürliches nur aus der Sicht eines semantisch verkürzten Verständnisses von Sprache. Sobald wir in der performativen Einstellung von Sprechern und Hörern auf die Verwendung sprachlicher Ausdrücke reflektieren, stoßen wir nämlich auf Idealisierungen als jene zugleich unvermeidlichen und trivialen Leistungen, von denen das kommunikative Handeln und die Argumentation durchzogen sind. Wir schreiben Ausdrücken identische Bedeutungen zu, legen Geltungsansprüchen einen transzendierenden Sinn bei und unterstellen Sprechern Rationalität oder Zurechnungsfähigkeit. Diese und ähnliche Zuschreibungen haben ihren Ort in pragmatischen Voraussetzungen. Wir können im Vollzug einer Kommunikation selbstbezüglich eine pragmatische Bedingung für diese Kommunikation als erfüllt unterstellen, obgleich diese Unterstellung objektiv nicht zutreffen mag; wenn die Kommunikation die unterstellte Bedingung nicht erfüllt, haben wir unter einer *kontrafaktischen Voraussetzung* gehandelt.

Ein Gedanke, dessen Verständnis vor allem Schwierigkeiten bereitet, ist nun die transzendentalpragmatische Annahme, daß der verständigungsorientierte Sprachgebrauch, sei es im kommunikativen Handeln oder in der Argumentation, von den Beteiligten bestimmte formalpragmatische Voraussetzungen *immer* verlangt, wenn eine solche Praxis *überhaupt* zustande kommen soll, und zwar unabhängig davon, ob sie sich post hoc als kontrafaktisch herausstellen. Von einigen dieser Voraussetzungen wissen wir mindestens intuitiv, daß sie unter den üblichen empirischen Beschränkungen nicht erfüllt werden können; diese idealisierenden Voraussetzungen müssen wir gleichwohl als *hinreichend erfüllt* unterstellen. In diesem Sinne setzen wir im rationalen Diskurs, in der einer den anderen kraft besserer Argumente überzeugen will, eine Gesprächssituation voraus, die in mehreren Hinsichten idealen Bedingungen genügt. Dazu gehören, wie gesagt, Öffentlichkeit des Zugangs, gleichberechtigte Teilnahme, Wahrhaftigkeit der Teilnehmer, Zwanglosigkeit der Stellungnahme usw. Für jede dieser Bestimmungen einer sogenannten »idealen Sprechsituation« muß (auf dem Wege des Nachweises performativer Selbstwidersprüche) gezeigt werden, daß sie zu den *unvermeidlichen* Argumentationsvoraussetzungen gehört. Jeder Sprecher weiß intuitiv, daß eine vermeintliche Argumentation keine ernsthafte Argumentation ist, wenn entsprechende Bedingungen verletzt sind – beispielsweise bestimmte Teilnehmer nicht zugelassen, Themen und Beiträge unterdrückt, Ja/Nein-Stellungnahmen durch Suggestion oder Androhung von Sanktionen erzwungen werden usw. Nun sind die allgemeinen Argumentationsvoraussetzungen wegen ihres starken idealisierenden Gehalts nicht leicht zu erfüllen. Rationale Diskurse haben einen unwahrscheinlichen Charakter und heben sich wie Inseln aus dem Meer der alltäglichen Praxis heraus. Zugleich bilden sie eine selbstsubstitutive Ordnung: es gibt für sie keine funktionalen Äquivalente. Heute sind Diskurse auf bestimmte gesellschaftliche Funktionen wie Wissenserzeugung, Therapie, Kunstkritik, Rechtsprechung, politische Willensbildung usw. spezialisiert und bedürfen der Institutionalisierung. Die Regeln der Institutionalisierung sind in modernen Gesellschaften meistens Rechtsnormen, in erster Linie Organisations- und Verfahrensnormen, die Teilnahmequalifikationen und Zuständigkeiten, Themenbereiche, Beratungsprozesse, Entscheidungsmodalitäten, Begründungspflichten für Beschlüsse usw. festlegen. Am Beispiel von Geschäftsordnungsregeln für deliberierende Körperschaften läßt sich studieren, wie Beratungen mit dem Ziel normiert werden, unter zeitlichen, sozialen und sachlichen Beschränkungen die Wahrscheinlichkeit einer hinreichenden Erfüllung anspruchsvoller Kommunikationsvoraussetzungen sicherzustellen. Die Institutionalisierung von solchen Teildiskursen entlastet die Diskursteilnehmer von dem erheblichen motivationalen und kognitiven Aufwand, den jede pragmatisch voraussetzungsvolle kooperative Wahrheitssuche erfordert, wenn sie ad hoc in ungeregelten, spontan entstehenden Argumentationen durchgeführt wird. Aus der Sicht eines Gesetzgebers, der Diskurse institutionalisiert, bilden die degenerierten Erscheinungen einer solchen naturwüchsig-informellen Beratungspraxis gleichsam das widerständige Substrat, in dem die »geometrischen Formen« eines idealen Beratungsverlaufs approximativ verwirklicht werden sollen.

Die wichtigsten Bedenken richten sich freilich weniger gegen die Möglichkeit, überhaupt rationale Diskurse wirksam zu institutionalisieren – das sind Fragen einer Diskurstheorie des Rechts und der Politik; skeptische Einwände richten sich gegen die Idealisierungen selber, die mit dem Diskursmodell als solchem verbunden sind.[41]

(a) So fragt Steven Lukes, in welcher Gestalt Aktoren den Teilnahmebedingungen für einen praktischen Diskurs genügen können, der auf der Grundlage idealer Rollenübernahme die Aussicht auf ein rational motiviertes Einverständnis aller Betroffenen eröffnen soll. Ein Konsens über verallgemeinerungsfähige Interessen sei nur zu erwarten, wenn die Theorie entweder homogene Gesellschaften oder abstrakte Teilnehmer (wie beispielsweise die Rawlsschen Parteien im Urzustand) postuliert und damit rechnet, daß sich Aktoren aus Fleisch und Blut unter den Kommunikationsvoraussetzungen des rationalen Diskurses stillschweigend in intelligible Wesen verwandeln. Argumentationsteilnehmer, die ihre Identität so weit verändern, daß sie mit den Aktoren der regelungsbedürftigen Handlungskonflikte in keinem erkennbaren Zusammenhang mehr stünden, müssen aber den Kontakt mit eigenen Interessenlagen und Problemen verlieren. Die derart vom realen Leben entkoppelte Argumentation müßte ihren eigentlichen Gegenstand aus den Augen verlieren: »Even if it were so, the greater the distance from the actual agents to the ideally rational agents, capable of reaching the requisite consensus, the less relevant would be the deliberations of the latter to the purpose at hand – which is to establish how the actual participants would think and feel, were alleged structures of domination overthrown.«[42] In einem ähnlichen Zusammenhang moniert

---

41 Vgl. R. Alexy, »Probleme der Diskurstheorie«, *Zeitschrift für philosophische Forschung*, 43, 1989, 81-93.
42 St. Lukes, »Of Gods and Demons«, in: J. B. Thompson, D. Held (Hg.), *Habermas – Critical Debates*, London 1982, 141.

B. Williams, daß sich der Traum von einer idealen Kommunikationsgemeinschaft – gemeint ist Kants Reich der Zwecke – von der sozialen und historischen Wirklichkeit zu weit entfernt, um für konkrete Fragen noch irgendeine Bedeutung haben zu können.[43] Diesen Einwänden liegt ein falscher Begriff von Idealisierung zugrunde.

Nun muß, wer an Argumentationen ernsthaft teilnimmt, zwar voraussetzen, daß die erwähnten Bedingungen einer »idealen Sprechsituation« hinreichend erfüllt sind. Aber diese Idealisierungen beziehen sich nicht auf die darin behandelten Gegenstände; sie lassen die Identität der Teilnehmer und den aus der Lebenswelt stammenden Konfliktstoff unberührt. Der moralische Gesichtspunkt verlangt eine Entschränkung und Reversibilität der Deutungsperspektiven, damit die alternativen Standpunkte und Interessenlagen, die Differenzen im jeweiligen Selbst- und Weltverständnis der Aktoren gerade nicht ausgelöscht, sondern zur Geltung gebracht werden. Klaus Günthers operationale Deutung der Idee der Unparteilichkeit bringt die Pointe des Geltungssinnes singulärer moralischer Urteile heraus: genau eine von denjenigen Normen, die im gleichmäßigen Interesse aller liegen, muß der jeweils gegebenen Situation unter Berücksichtigung aller relevanten Merkmale angemessen sein. Im Begründungsdiskurs wird von den zufälligen Kontexteinbettungen einer vorgeschlagenen Norm nur abgesehen, damit diese, wenn sie den Verallgemeinerungstest besteht, für eine kontextsensible Anwendung hinreichend offen ist. Sie darf nicht so selektiv sein, daß sie nur Standardinterpretationen zuläßt und jene Differenzierungen einer möglichst erschöpfenden Situationsbeschreibung abschneidet, die im Anwendungsdiskurs zum Zuge kommen müssen.

(b) Ein weiteres Bedenken gegenüber einer prozeduralistischen Fassung des Moralprinzips geht dahin, daß der praktische Diskurs *kein hinreichend bestimmtes* Verfahren festlegen könne. Das Verfahren der Argumentation könne nicht allein

---

43 Williams (1985), 197.

aufgrund von Kommunikationsvoraussetzungen die Auswahl richtiger Antworten sicherstellen. Es müßten unabhängige Kriterien zur Bewertung der Gründe zur Verfügung stehen. Dafür könne die verfahrensgerechte Praxis eines intersubjektiven Austauschs von Argumenten nicht den Ausschlag geben. Denn am Ende zählten nur die substantiellen Gründe, die jeder Teilnehmer ebenso gut für sich alleine abwägen kann.[44] Einwände dieses Typs stützen sich entweder auf einen pragmatisch verkürzten Argumentationsbegriff oder auf einen semantisch verkürzten Begründungsbegriff oder auf beides.

Ich verstehe Argumentation als ein Verfahren für den Austausch und die Bewertung von Informationen, Gründen und Terminologien (bzw. neuen Vokabularen, die eine Revision von Beschreibungen möglich machen); natürlich kann das Verfahren diese Elemente nicht selbst erzeugen; es soll nur sicherstellen, daß der Argumentationsaustausch auf der Grundlage aller relevanten, zu einem Zeitpunkt erreichbaren Informationen und Gründe sowie innerhalb des jeweils fruchtbarsten und angemessensten Beschreibungssystems ablaufen kann. Mit Peirce nehme ich an, daß Argumentationen notwendige Bestandteile von reflexiven Lernprozessen sind, die sich gewiß ihrerseits nicht vollständig aus Argumentationen erklären lassen. Verfahren und Gründe sind aber derart miteinander verschränkt, daß es keine Evidenzen und keine Bewertungskriterien geben kann, die der Argumentation *vorauslägen*, also nicht wiederum in Argumentationen begründet, durch ein diskursiv erzieltes, unter Argumentationsvoraussetzungen rational motiviertes Einverständnis validiert werden müßten. Deduktive Argumente allein sind nicht informativ, und Erfahrungen bzw. moralische Gefühle bilden keine von Interpretationen unabhängige Basis. Weil es in substantiellen Fragen keine »letzten« Evidenzen und keine »schlagenden« Argumente gibt, müssen wir auf Argumentation als Verfahren rekurrieren, um aus dessen Pragmatik zu erklären, warum wir uns überhaupt zutrauen

---

44 B. Peters, *Rationalität, Recht und Gesellschaft*, Frankfurt/M. 1991, 227 ff.

dürfen, transzendierende Geltungsansprüche zu erheben und einzulösen.

(c) Schließlich stellt sich die Frage, ob wir in Argumentationen, insbesondere in praktischen Diskursen, *einzig richtige* Antworten erwarten dürfen.[45] Wegen des idealen Gehaltes zentraler Voraussetzungen von Argumentation überhaupt können wir niemals die Gewißheit haben, daß die Aussagen, die wir beim gegenwärtigen Stand der Diskussion für wahr oder richtig halten, der Menge von Aussagen angehören, die jeder künftigen Kritik standhalten werden. Dieser in die Diskurstheorie eingebaute Fallibilismus ist aber nur die Kehrseite des Postulats, daß jede hinreichend präzisierte Frage genau eine gültige Antwort zuläßt. Auch wenn uns das für assertorische Sätze einleuchtet, scheint es sich im Falle normativer Fragen anders zu verhalten. Läßt beispielsweise die Frage der Abtreibung nur eine richtige Antwort zu? Beim gegenwärtigen Diskussionsstand scheinen in dieser Frage beide Seiten gute, vielleicht gleichermaßen gute Argumente zu haben. Es handelt sich also, for the time being, um eine unentschiedene Frage. Sofern es sich tatsächlich um eine im strengen Sinne moralische Frage handelt, müssen wir davon ausgehen, daß sie, in the long run, mit guten Gründen so oder anders entschieden werden könnte. Allerdings ist a fortiori nicht auszuschließen, daß es sich bei der Abtreibung um ein Problem handelt, welches unter dem moralischen Gesichtspunkt überhaupt nicht gelöst werden kann. Unter diesem Gesichtspunkt suchen wir ja nach einer Regelung unseres Zusammenlebens, die gleichermaßen gut ist für alle. Es könnte sich aber herausstellen, daß Beschreibungen des Problems der Abtreibung stets mit einzelnen Selbstbeschreibungen von Personen und Gruppen, also mit deren Identitäten und Lebensentwürfen bzw. Lebensformen unauflöslich verwoben sind. Bei einem solchen internen Zusammenhang müßte die Frage anders, nämlich aus ethischer Sicht formuliert werden. Und dann würde es je nach Kontext,

45 R. Alexy, Nachwort zur Neuauflage der *Theorie der puristischen Argumentation*, Frankfurt/M. 1991, 399 ff.

Überlieferungshorizont und Lebensideal verschiedene gültige Antworten geben können. In der Konsequenz würde sich dann die eigentlich moralische Frage erst auf der allgemeineren Ebene der legitimen Ordnung koexistierender Lebensformen anschließen. Dann fragt es sich, wie die Integrität und gleichberechtigte Koexistenz der Lebensweisen und Weltauslegungen, aus denen sich verschiedene ethische Auffassungen von Abtreibung ergeben, gesichert werden können. In anderen Fällen kann man aus dem inkonklusiven Verlauf praktischer Diskurse auch den Schluß ziehen, daß im Hinblick auf das anhängige Problem und die regelungsbedürftige Materie verallgemeinerungsfähige Interessen gar nicht im Spiel sind; dann muß man nicht nach moralischen Antworten, sondern nach fairen Kompromissen suchen.

8. Die kommunikationstheoretische Deutung der Moral und die diskursethische Fassung des Moralprinzips haben den Vorzug, einen Individualismus zu vermeiden, der sich unter subjektphilosophischen Prämissen einschleicht. Aus der deontologischen Unterscheidung zwischen normativen Fragen des richtigen Handelns und evaluativen Fragen des guten Lebens ergibt sich nur dann ein enger, auf die Privatsphäre des Einzelnen zugeschnittener, von der öffentlichen Sphäre des gesellschaftlich organisierten Zusammenlebens zunächst abgehobener Moralbegriff, wenn man einen individualistisch verkürzten Personenbegriff zugrunde legt. Sobald wir hingegen vom Konzept des von Haus aus vergesellschafteten Individuums ausgehen und den moralischen Gesichtspunkt in der Struktur gegenseitiger Anerkennung kommunikativ handelnder Subjekte angelegt sehen, unterscheiden sich private Moral und öffentliche Gerechtigkeit nicht mehr im Prinzip, sondern nur noch im Hinblick auf den Organisationsgrad und die institutionelle Vermittlung der Interaktionen.[46] Es wird dann klar, daß die Personen als einander achtende *Individuen* auf dieselbe

---

46 Zum kommunikationstheoretischen Begriff der Person vgl. J. Habermas, »Individuierung durch Vergesellschaftung«, in *Studienausgabe*, Band 1, 243-302.

Weise moralisch verpflichtet sind wie die Personen als *Angehörige* einer kollektive Ziele verwirklichenden Gemeinschaft.

Der individualistisch verkürzte Moralbegriff stützt sich auf eine negatorische Lesart des monologisch angewendeten Kategorischen Imperativs. Dieser soll dazu dienen, moralische Gebote auf dem Wege des Verbots nicht-verallgemeinerungsfähiger Handlungsweisen zu begründen. Negative Pflichten wie »Du sollst nicht lügen« oder »Du sollst niemandem Schaden zufügen« bieten sich als Modell für diese Begründung an. Wenn ich nicht wollen kann, daß die Maxime, nach der ich zur Erlangung eigener Vorteile andere belügen und schädigen darf, zur allgemeinen Norm wird, dann haben wir die Pflicht, nicht so zu handeln. Wenn ich hingegen zu dem Schluß gelange, daß eine Maxime dazu taugt, als allgemeines Gesetz zu gelten, folgt daraus noch keine Verpflichtung, sondern lediglich die Erlaubnis, dieser Maxime gemäß zu handeln.[47] Diese Lesart zieht ihre Plausibilität aus dem Umstand, daß sie negative Pflichten vor den positiven auszeichnet und daß negative Pflichten den deontologischen Sinn moralischer Gebote mit besonderer Prägnanz zum Ausdruck zu bringen scheinen. Kategorische Verbote vom Typus »Du sollst nicht töten« oder »Du sollst nicht lügen« richten sich an alle handlungsfähige Subjekte in der zweiten Person und fordern, bestimmte Handlungen ohne Ansehung der Konsequenzen zu *unterlassen*. Diese Normen verdanken ihre Prägnanz (a) der Unbedingtheit ihrer Geltung, (b) der Bestimmtheit ihres Inhalts und (c) der Eindeutigkeit ihrer Adressaten. Nur wenn diese drei Bedingungen erfüllt sind, kann *jeder Einzelne umstandslos* erkennen, wodurch das Gebot erfüllt und wann es verletzt wird.

Jeder Pflicht entspricht aus der Perspektive des möglichen Opfers ein Recht, z. B. der Pflicht, nicht zu töten, das Recht auf Leib und Leben. Ein Moralprinzip, das allein die Begründung genereller Verbotsnormen ermöglicht, zeichnet die Klas-

---

47 Vgl. M. G. Singer, *Generalization in Ethics*, New York 1971, 240; Wellmer (1986), 21 ff.

se negativer Rechte und Pflichten als Kernbestand der Moral aus. Das entspricht liberalen Überzeugungen; denn die zu den negativen Pflichten spiegelbildlichen Rechte umschreiben jene Freiheitssphären, in denen, nach der Formulierung des Kantischen Rechtsprinzips, die Willkür eines jeden mit jedermanns Freiheit nach einem allgemeinen Gesetze zusammenbestehen kann. Wenn sich diese Konsequenz zwingend aus dem deontologischen Ansatz selbst ergäbe, wäre das diskursethische Prinzip, das sich ja nicht nur auf die Bildung eines gemeinsamen *negativen* Willens erstreckt, zu unspezifisch und in Wahrheit ein Grundsatz nicht der moralischen, sondern der politischen Willensbildung. Aus diesem Grunde unterscheidet beispielsweise A. Wellmer das negatorisch verstandene und privat anwendbare Moralprinzip von einem öffentlich-demokratischen, auf die Bildung eines gemeinsamen positiven Willens bezogenen Legitimitätsprinzip: »In beiden Fällen wird die Unterscheidung zwischen ›richtig‹ und ›falsch‹ verknüpft mit dem Bezug auf einen zwanglos gebildeten gemeinsamen Willen [...]. Dieser Bezug ist aber unterschiedlich zu verstehen. Beim moralischen Urteil geht es darum, in konkreten Situationen das zu treffen, was wir als eine verallgemeinerbare Handlungsweise – in der Terminologie von B. Gert – ›öffentlich vertreten‹ könnten [...]. Die Frage, die sich stellt, ist, ob wir – nämlich vernünftige Wesen – wollen können, daß eine bestimmte Handlungsweise allgemein wird. Und erst die *negative* Antwort auf diese Frage konstituiert ein moralisches ›muß‹.«[48] Gegenüber dieser Auffassung möchte ich zeigen, daß sich die Auszeichnung negativer Rechte und Pflichten nicht aus dem deontologischen Ansatz als solchem ergibt, sondern erst aus seiner Verbindung mit einem individualistisch verkürzten Personenkonzept.

Die deontologische Unterscheidung zwischen dem Gerechten und dem Guten entspricht der zwischen normativen Urteilen über das, was wir tun sollen, und evaluativen Urteilen über

---

48 Wellmer (1986), 120.

etwas in der Welt, das für uns mehr oder weniger gut oder schlecht ist. Ein erster Anhaltspunkt für diese Unterscheidung ist der Umstand, daß der Grammatik von Geboten eo ipso ein Handlungsbezug innewohnt, während das für die Grammatik von Bewertungen nicht gilt. Normative Urteile beziehen sich stets auf die Wahl zwischen alternativen Handlungsmöglichkeiten; Evaluationen beziehen sich auf Gegenstände oder Zustände auch unabhängig davon, ob diese aus der Perspektive eines zwecktätig Handelnden als Ziele oder Güter beschrieben werden. Wichtiger ist der nicht-teleologische Sinn von Geboten. Gewiß haben normengeleitete Handlungen für Beteiligte oder Betroffene gute oder schlechte Folgen. Aber ein moralisches Urteil über eine Handlung kann nur deshalb allgemeine Geltung beanspruchen, weil es mit Bezugnahme auf eine ihr zugrundeliegende gültige Handlungsnorm gefällt wird und nicht ad hoc abhängt von einer Bewertung derjenigen Handlungskonsequenzen, die nach Maßstäben einer beteiligten Person oder eines betroffenen Kollektivs mehr oder weniger wünschenswert sind. Bewertungen sagen, was jeweils »für mich« oder »für uns« mehr oder weniger gut und nützlich, schlecht und schädlich ist. Binär codierte Gebote schreiben vor, welche Handlungsweisen, ohne Bezug auf bestimmte Adressaten und ohne Rücksicht auf deren zufällige Präferenzen oder Wertorientierungen, richtig oder falsch sind. Mord oder Betrug sind nicht nur darum falsch, weil sie nicht gut sind für die, die *jeweils* darunter leiden. Als Verhaltensnormen sind sie *überhaupt* falsch, weil sie gegen ein *verallgemeinerbares* Interesse verstoßen. Der unbedingte oder kategorische Sinn der Sollgeltung würde also gefährdet, wenn die Verbindlichkeit von unparteilich begründeten Handlungen und Handlungsnormen nicht von Werten und Präferenzen entkoppelt wäre, die sich nur aus der Bewertungsperspektive bestimmter Personen oder Bezugsgruppen ergeben. Insofern sind normative Urteile an Regeln, nicht an Zielen orientiert.

Handlungsregeln koordinieren die Pläne verschiedener Aktoren, Ziele sind angestrebte Resultate von Eingriffen eines – einzelnen oder kollektiven – Aktors in die Welt. Wer moralisch handeln will, entscheidet sich zwischen Handlungsalternativen im Lichte von Normen, die er für richtig hält; und die Richtigkeit dieser Normen bemißt sich daran, ob sie im gleichmäßigen Interesse aller möglicherweise Betroffenen liegen. Wer zweckmäßig handeln will, entscheidet sich zwischen Handlungsalternativen im Hinblick auf präferierte Ziele; und die Ziele selegiert er unter Wertgesichtspunkten. Aus deontologischer Sicht liegt es daher nahe, moralische Überlegungen von zielorientierten Überlegungen ganz frei zu halten. Weil die generellen Verbotsnormen dieser Bedingung offensichtlich genügen, scheinen sie auf exemplarische Weise moralische Pflichten begründen zu können. Demgegenüber möchte ich unter den erwähnten Aspekten (a-c) zeigen, daß auch positive Handlungsnormen Pflichten im strengen Sinne begründen können.

ad (a) Verbotsnormen von der Art »Du sollst nicht töten« erwecken den Anschein, daß ein solches Verhalten »unbedingt« im Sinne strikter Allgemeinheit für jedermann unter allen Umständen und ein für allemal, eben *kategorisch*, untersagt ist. So hat Kant den Geltungssinn der durch den Kategorischen Imperativ als allgemeine Gesetze gerechtfertigten Maximen jedenfalls verstanden; in der *unbedingten* oder absoluten Geltung soll sich der Sinn moralischer Verpflichtung, der Sinn des »Sollens«, prägnant ausdrücken. Freilich belehrt uns schon der zweite Blick, daß negative Rechte und Pflichten genauso wenig »absolute« Geltung beanspruchen können wie positive.

Die unwahrhaftige Auskunft, die einem anderen das Leben rettet, ist moralisch ebenso geboten, wie die Tötung in Notwehr oder die unterlassene Hilfeleistung zur Vermeidung größerer Übel moralisch erlaubt sind. Gültige Normen sind eben nur »prima facie« gültig. Gleichviel, ob sie sich auf doppelte Negationen stützen oder nicht, *alle* Rechte und Pflichten spielen in Anwendungsdiskursen dieselbe Rolle, nämlich die von

Gründen. Im Falle von Normenkollisionen kann sich erst im Lichte einer möglichst vollständigen Beschreibung aller relevanten Merkmale einer gegebenen Situation zeigen, *welche der konkurrierenden Normen einem Fall jeweils angemessen ist*.[49] Die Normen, die hinter dieser »einzig angemessenen« Norm zurücktreten, verlieren nicht etwa deshalb, weil sie nicht »einschlägig« sind, ihre Gültigkeit. Sie bleiben gültig, auch wenn sie zum gegebenen Fall nicht passen. Schon aus diesem Grund kann der deontologische Sinn nicht *gesinnungsethisch* als schlechthin *unbedingtes* oder absolutes Sollen interpretiert werden.

Die Sollgeltung hat vielmehr den intersubjektiven Sinn, daß eine Verhaltenserwartung nicht für besondere Adressaten wünschenswerte Konsequenzen hat, sondern gleichermaßen gut ist »für alle«: der Bezug auf Gutes und Schlechtes ist zwar nicht kategorial abgeschnitten, aber durch Verallgemeinerung wird die Norm als eine für *alle gleichermaßen gute* Regelung qualifiziert. Wegen dieser, den moralischen Regeln eingeschriebenen intersubjektiven Bezüge läßt sich keine Norm, ob es sich nun um negative oder positive Rechte und Pflichten handelt, privatim, im einsamen Monolog der Seele mit sich selbst, begründen und anwenden. Es ist ja nicht ausgemacht, daß die aus meiner Perspektive verallgemeinerungsfähigen Maximen auch aus der Perspektive anderer, oder eben aller anderen, als moralische Verpflichtungen anerkannt werden müßten. Kant konnte das ignorieren, weil er, wie gesagt, davon ausging, daß im Reich der Zwecke alle Subjekte *dasselbe* Welt- und Selbstverständnis teilen. Dieser abstrakten Vorverständigung im »Bewußtsein überhaupt« korrespondiert in der Welt der Erscheinungen die Annahme einer abstrakten Gleichheit der Interessenlagen vereinzelter Personen, die im Sinne des possessiven Individualismus als Eigentümer ihrer selbst vorgestellt werden.[50] Sobald wir diese Prämissen fallenlassen, er-

---

49 Siehe oben Abschnitt (4).
50 J. Habermas, »Arbeit und Interaktion«, in: ders., *Technik und Wissenschaft als »Ideologie«*, Frankfurt/M. 1968, 9ff.

gibt sich die Notwendigkeit, alle Normen – und nicht nur die generellen Verbotsnormen – einem *öffentlichen* Verallgemeinerungstest zu unterziehen, der unter Diskursbedingungen steht und eine gegenseitige Perspektivenübernahme nötig macht.

ad (b) Verbotsnormen von der Art »Du sollst nicht töten« haben den Vorzug der *Bestimmtheit*. Mit positiven Pflichten wandern Zielsetzungen in die Moral ein, die vom Handelnden einen konsequenzenorientierten Eingriff in die Welt verlangen. Während es jederzeit in der Macht eines Aktors steht, eine Handlung zu unterlassen, ist die Hervorbringung eines bezweckten Zustandes niemals nur vom guten Willen des Aktors abhängig, sondern auch von den Kontingenzen der verfügbaren Mittel, der kausalen Verflechtung mit anderen Ereignissen und anderen Restriktionen einer Handlungssituation. Positive Handlungsnormen machen prognostisches Wissen und einen konkreten Aufwand an Leistungen, Energien, Zuwendungen usw. erforderlich; damit stellen sich das Problem der Zurechnung von Handlungsergebnissen und Nebenfolgen, das Problem der Zumutbarkeit und der moralischen Arbeitsteilung zwischen verschiedenen Aktoren, allgemein das Problem der Bewertung eines Resultats im Lichte von Zielen, die ein Mehr oder Weniger zulassen. Ob eine Hilfeleistung in geeigneter Weise vorgenommen wird, wem sie zugemutet werden kann und ob sie gegebenenfalls als ausreichend anzusehen ist, hängt eben von den Umständen ab. Die Problemlast, die in Anwendungsdiskursen abgearbeitet werden muß, wächst jedenfalls in dem Maße, wie (mehr oder weniger spezifische) Zielsetzungen in den Inhalt von Normen eingehen.

Mit der *relativen* Entlastung von Anwendungsproblemen läßt sich aber für negative Pflichten allenfalls ein heuristischer Vorzug begründen, nicht der Ausschluß positiver Pflichten aus dem Bereich des moralisch Begründbaren überhaupt. Denn Anwendungsprobleme können auch im Falle negativer Pflichten niemals ganz ausgeschaltet werden. Eine kategoriale Auszeichnung negativer Rechte müßte anders begründet werden.

Betrachten wir beispielsweise die Liste von negativen Pflichten, denen B. Gert einen ausgezeichneten Status einräumt:[51]
1. Du sollst nicht töten.
2. Du sollst keine Schmerzen zufügen.
3. Du sollst niemanden in seinen Fähigkeiten einschränken.
4. Du sollst niemandem Freiheiten und Handlungsmöglichkeiten entziehen.
5. Du sollst niemanden in den Möglichkeiten seiner Bedürfnisbefriedigung einschränken.
6. Du sollst niemanden täuschen.

Mit dem Blick auf solche intuitiv einleuchtenden Beispiele beschreibt Ch. Fried entsprechende kategorische Rechte als den Kernbestand einer universalistischen Moral. Nach seiner Auffassung sind negative Grundnormen durch genau diejenigen Pflichten definiert, die die Wahrung der Integrität einer Person als eines frei handelnden Wesens zum Inhalt haben: »What we may not do to each other, the things which are wrong, are precisely those forms of personal interaction which deny to our victim the status of a freely choosing, rationally valuing, specially efficacious person – the special status of moral personality.«[52]

Fried bringt damit eine tief in der liberalen Tradition verankerte Intuition zur Geltung: die Integrität einer Person scheint nur durch jene allgemeinen, unbedingten und negativen Pflichten geschützt zu werden, die durch das Gebot der *Unterlassung* von Handlungen jedermann die gleichen Zonen unantastbarer subjektiver Freiheit einräumen. Dieses Ergebnis kommt allerdings nur dadurch zustande, daß Fried einen individualistischen Begriff der Person zugrunde legt, der auf interessengeleitetes und wahlrationales Handeln, also auf einen in modernen Wirtschaftsgesellschaften tatsächlich privilegierten Handlungstypus zugeschnitten ist. Willkürfreiheit, rationale Zwecksetzung nach eigenen, analytisch geklärten Präferenzen, informierte Wahl und effizienter Einsatz geeigneter Mit-

---
51 B. Gert, *Die moralischen Regeln*, Frankfurt/M. 1983, 176.
52 C. Fried, *Right and Wrong*, Cambridge (Mass.) 1978, 29.

tel umschreiben Kompetenzen, die für das erfolgsorientierte Handeln eines egozentrisch auf sich gestellten Aktors erforderlich sind. Interessanterweise sind diese Bestimmungen aber für die Bestimmung des unter moralischen Gesichtspunkten schutzwürdigen Status einer Person keineswegs ausreichend. Denn auf den *moralisch* achtungswürdigen Kern einer Person treffen wir erst in der performativen Einstellung gegenüber zweiten Personen; erst wenn sich mindestens zwei Personen im Rahmen einer intersubjektiv geteilten Lebenswelt begegnen, um sich miteinander über etwas zu verständigen, also im kommunikativen Handeln, können sich – und müssen sich – Aktoren gegenseitig als *zurechnungsfähige Personen anerkennen*. Dann imputieren sie einander die Fähigkeit, sich in ihrem Handeln an Geltungsansprüchen zu orientieren.

Aus dieser Sicht erklärt sich die Auszeichnung eines Kernbestandes von Pflichten wie »Du sollst nicht lügen« auf andere Weise. Zu diesem Kernbestand gehören genau die Pflichten, die sich als Aspekte der allgemeinen Forderung: »Handle verständigungsorientiert und lasse jedem die kommunikative Freiheit, zu Geltungsansprüchen Stellung zu nehmen«. Sie sind fundamental, weil sie auf den Respekt vor der Zurechnungsfähigkeit kommunikativ handelnder Personen zugeschnitten sind. Diese Normen haben aber keineswegs nur den Sinn bloß negativer Pflichten. Indem ich mich wahrhaftig verhalte, *enthalte* ich mich nicht bloß einer Täuschung, sondern *leiste* zugleich einen Akt, ohne den die auf gegenseitige Anerkennung angewiesene interpersonale Beziehung zwischen performativ eingestellten Interaktionsteilnehmern zusammenbrechen müßte. Jene Normen, die die Erfüllung notwendiger pragmatischer Voraussetzungen kommunikativen Handelns zur Pflicht machen, sind gegenüber der Unterscheidung zwischen negativen und positiven Pflichten eigentümlich indifferent: indem ich dem anderen Achtung *entgegenbringe*, schütze ich zugleich den verletzbaren Kern seiner Person. Deshalb ist es kein Zufall, daß andere Normen dieser Art, z. B. solche, die uns auf die Beachtung normativer Geltungsansprüche verpflichten, in positiver Formulierung auftreten. B. Gerts zehn Gebote enthalten auch solche positiven Pflichten:

7. Du sollst Deine Versprechen halten.
10. Du sollst Deine Pflicht tun.

Der fundamentale Stellenwert jener Sorte von Geboten, die Gert in seinen Pflichtenkatalog aufgenommen hat, läßt sich nicht mit der Bestimmtheit von Unterlassungsnormen, sondern mit ihrem selbstbezüglichen Charakter erklären. Diese Pflichten normieren nämlich genau die notwendigen pragmatischen Voraussetzungen kommunikativen Handelns, in deren normativen Spuren die Diskursethik, indem sie die allgemeinen und notwendigen kommunikativen Voraussetzungen der Argumentationspraxis, und das heißt: der Reflexionsform kommunikativen Handelns, analysiert, den Grundgehalt von Moral überhaupt aufspürt. Gerts zehn Gebote zielen unmittelbar auf die Unversehrtheit der Person selbst als einer symbolischen Struktur, die sich in Verhältnissen reziproker Anerkennung bildet und reproduziert; mittelbar zielen sie auf die Erhaltung und Entfaltung des leiblichen Substrats der achtungswürdigen Person. Die konstitutionelle Gefährdung einer solchen an interpersonelle Beziehungen gleichsam ausgelieferten Persönlichkeitsstruktur ist der handgreiflicheren Versehrbarkeit der Integrität von Leib und Leben sogar vorgeordnet: die symbolische Gestalt der Identität kann schon zerfallen, wenn das physische Substrat noch intakt ist. Darum ziehen wir manchmal das Risiko des Todes einem Leben ohne Freiheit vor. Das ist eine Wahrheit, die sich zwar dem ideologischen Mißbrauch anbietet; aber sie wird dadurch nicht als solche dementiert.

ad (c) Weil sich eine Person nur auf dem Wege der Vergesellschaftung individuiert und ihr inneres Zentrum nur in dem Maße ausbildet, wie sie sich zugleich an kommunikativ hergestellte Reziprozitäten entäußert, spiegelt sich in der Moral, die dieser Verletzbarkeit entgegenwirkt, die intersubjektive Struktur der verletzbaren Identität selber. Darum läßt sich die Integrität der einzelnen Person, die gleichen Respekt für jeden erfordert, nicht wahren ohne die gleichzeitige Wahrung des sozialen Geflechts reziproker Anerkennungsverhältnisse. Wie Gerechtigkeit und Solidarität nur zwei Seiten derselben Medaille sind,[53] so entspringen auch negative und positive Pflichten *derselben* Quelle. Wenn Rechte und Pflichten die Integrität eines von Haus aus vergesellschafteten Individuums hegen sollen, dann ist der konstitutive gesellschaftliche Interaktionszusammenhang gegenüber denen, deren Leben und Identität er ermöglicht und erhält, nichts Sekundäres. Übergriffe, die nicht unterbleiben, bedrohen die persönliche Integrität nicht mehr als *versagte Leistungen*.

In komplexen Gesellschaften können freilich Ansprüche auf einen fairen Anteil an den knappen Ressourcen der Gesellschaft, d. h. positive Rechte auf Wohlfahrtsleistungen (auf Nahrung und Wohnung, auf Gesundheit, Erziehung und Arbeitsmöglichkeiten), nur über Organisationen befriedigt werden. In dieser Hinsicht verwandeln sich individuelle Rechte und Pflichten in institutionelle: verpflichtet ist die organisierte Gesellschaft im ganzen – gegen sie werden positive Rechte geltend gemacht.

Die Gesellschaft im ganzen ist ein anonymer Adressat. Das bringt Komplikationen mit sich, die über die bereits erwähnten Probleme hinausgehen. Bei positiven Pflichten stellen sich in besonderer Weise Probleme der Zumutbarkeit und der Zurechenbarkeit, die eine »moralische Arbeitsteilung« erforderlich machen.[54] Diese Probleme verschärfen sich, wenn der Einzelne als Mitglied eines organisierten Gemeinwesens gegenüber Institutionen Ansprüche auf Leistungen geltend macht, die aus institutionell vermittelten positiven Pflichten resultieren, während er umgekehrt auch die Rolle eines Adressaten für solche Ansprüche hat. Diese Probleme sind auf der Ebene moralischer Regeln nicht zu lösen; sie erfordern Koordinati-

---

53 Vgl. J. Habermas, »Gerechtigkeit und Solidarität. Zur Diskussion über ›Stufe 6‹«, in: ders., *Erläuterungen zur Diskursethik*, Frankfurt/M. 1991, 49-76.
54 H. Shoe, »Mediating Duties«, *Ethics*, 98, 1988, 687-704.

onsmechanismen wie Recht und politische Macht. Unter dem moralischen Gesichtspunkt interessiert mich hier nur der Umstand, daß sich das Verhältnis von negativen und positiven Rechten und Pflichten anders darstellt als in der liberalen Tradition, sobald wir das individualistisch verkürzte Personenkonzept fallenlassen.

Der deontologische Sinn des normativen Geltungsanspruchs kann nicht durch einen abstrakten Vorrang negativer Freiheitsrechte vor positiven Teilnahme- und Teilhaberrechten expliziert werden. Denn diese Kategorien von Rechten sind, wenn es um die Integrität von Haus aus vergesellschafteter Individuen geht, gleichursprünglich. Das sieht auch Ch. Fried: »Respect for our common humanity has provided the basis for the account of the categorical wrongs and the corresponding negative rights. Now, the same common humanity is the source of positive rights as well [...]. Common human nature is not merely something which each of us possesses singly [...]. It is also like a single thing we all share, like the common thread that runs through each bead in a string. There are aspects of common humanity which we share because of the efforts of others to produce them: the fruits of common labor, the security of civil society, the riches of culture and civilization, the fact of language.«[55] Wenn wir diesen Gedanken ernst nehmen und kommunikationstheoretisch entfalten, werden wir die negativen Rechte und Pflichten nicht mehr – wegen ihres vermeintlich kategorischen Charakters, der Bestimmtheit ihres Inhalts, der Eindeutigkeit des Adressaten und seiner nicht abgestuften Verpflichtung – gegenüber positiven Rechten und Pflichten privilegieren. Es genügt vielmehr der Rekurs auf eine gemeinsame diskursive Willensbildung, die *alle* Normen dem gleichen Maßstab allgemeiner Zustimmungsfähigkeit unterwirft und den deontologischen Sinn ihrer Geltung gegen unbegrenzte Konsequenzenorientierung dadurch sichert, daß sie nur Regelungen passieren läßt, die im gleichmäßigen Interesse

---

55 Fried (1978), 118.

aller liegen. Allein diese universalistische Auszeichnung des *für alle gleichermaßen* Guten bringt den moralischen Gesichtspunkt bei der Begründung von Normen zur Geltung.

9. Bisher habe ich die deontologische Unterscheidung zwischen dem Gerechten und dem Guten wie auch den Vorrang des moralisch Gebotenen oder Richtigen vor dem ethisch Erstrebenswerten oder Vorzuziehenden als unproblematisch unterstellt. Damit wird eine Vorentscheidung getroffen, und zwar gegen die Möglichkeit, die Moral als Teilaspekt einer umfassenden Güterethik zu begreifen – und in deren Rahmen erst zu begründen. In dieser Entscheidung könnte sich ein spezifisch modernes Vorurteil ausdrücken: so jedenfalls argumentieren die Verteidiger klassischer Ansätze. Charles Taylor beispielsweise behauptet, daß sich die moderne Gerechtigkeitsmoral einem selektiven Verständnis der modernen Identität verdanke. Sobald wir diese in ihrer ganzen Komplexität erfaßten, erschlösse sich die ethische Tiefenschicht der konkurrierenden Grundgüter, in denen die modernen Prinzipien von Gerechtigkeit und Solidarität ihrerseits wurzeln.[56] Aus dieser Sicht verliert das Gerechte den Primat gegenüber dem Guten; ja, die deontologische Unterscheidung zwischen Gerechtigkeitsfragen und Fragen des guten Lebens wird selbst problematisch. Indem Taylor unter modernen Bedingungen wieder eine Güterethik zur Geltung bringen will, stellt er nicht den universalistischen Anspruch der Gerechtigkeitsmoral, aber die Autonomie der Vernunftmoral in Frage. Zugleich stellt er zur Diskussion, welchen Ort die Moraltheorie im Ganzen der Philosophie einnehmen und welche Aufgaben die Philosophie als solche erfüllen soll. Wenn nämlich die Philosophie nach wie vor an ihrem klassischen Anspruch festhalten dürfte, über den Sinn eines guten oder nicht-verfehlten Lebens allgemeinverbindliche Aussagen zu machen, dann müßte sie sich auch zutrauen, eine bestimmte Lebensweise, z.B. das klassische Projekt einer bewußten Lebensführung, auszuzeichnen. Sie brauchte

---

[56] C. Taylor, *Sources of the Self: The Making of the Modern Identity*, Cambridge (Mass.) 1989. Seitenangaben beziehen sich auf diesen Text.

sich nicht auf eine formale Erklärung des moralischen Gesichtspunktes oder der ethischen Fragestellung zu beschränken, sondern würde das konkrete Ganze jener Lebensorientierungen erhellen, innerhalb dessen die begrenzte Rolle, aber auch die existentielle Bedeutung der Moral erst verständlich wird.[57]

Taylors Kritik bringt in der Tat bestimmte Hintergrundannahmen der modernen Vernunftmoral zu Bewußtsein. Deontologische Ansätze, die von der Sollgeltung moralischer Gebote und Normen als dem erklärungsbedürftigen Phänomen ausgehen, setzen nämlich voraus, daß sich moralische Gebote auf die konsensuelle Beilegung von Handlungskonflikten beziehen. Darin sind mindestens vier spezielle Annahmen enthalten. (1) Die Moral ist auf interaktive Beziehungen zwischen handlungsfähigen Subjekten zugeschnitten, nicht auf Güter, also auf etwas in der Welt, das für einzelne handlungsfähige Subjekte Wert und Bedeutung erlangen kann. So wird die Moral von vornherein als ein soziales Phänomen ausgezeichnet und gegenüber individuellen Glückserwartungen, Existenzproblemen und Sinnbedürfnissen abgegrenzt. (2) Die Moral bezieht sich auf Interaktionen, die durch Normen geregelt sind. Diese verpflichten die Adressaten zur Erfüllung reziprok miteinander verknüpfter Verhaltenserwartungen, indem sie aus einem breiteren Spektrum einige Wertorientierungen auswählen und generell verbindlich machen. Damit wird die Moral von vornherein auf das, was normativ gültig und ungültig sein kann, also auf Rechte und Pflichten, eingeschränkt und gegen den axiologischen Bereich des Vorzugswürdigen und Optimierbaren abgegrenzt. (3) Die Moral wird als friedliche Alternative zum gewaltsamen Austrag von Handlungskonflikten verstanden, für die es kein Äquivalent gibt. Moralische Gebote müssen die streitenden Parteien überzeugen können und selbst im Hinblick auf das, was sie zur Pflicht machen, als

---

57 Den gleichen Anspruch erhebt D. Henrich, *Fluchtlinien*, Frankfurt/M. 1982; vgl. auch den Anhang zu: ders., *Ethik zum nuklearen Frieden*, Frankfurt/M. 1990, 274 ff.

legitim oder anerkennungswürdig begründet werden. Damit wird die Moral gegen alle bloß naturalistischen Deutungen abgeschirmt. (4) Aus dieser Annahme ergibt sich unter Bedingungen, die den Rekurs auf kollektiv verbindliche religiöse oder metaphysische Weltbilder nicht mehr zulassen, die weitergehende Annahme, daß eine konsensfähige Begründung von Rechten und Pflichten nur noch argumentativ, d. h. durch die Überzeugungskraft guter Gründe, möglich ist.

Taylors Kritik entzündet sich nun an der Frage nach der Vernunft der Vernunftmoral. Kant hatte die Moral nachmetaphysisch begründen wollen, nicht mehr aus einem dem menschlichen Geiste vorgeordneten Ganzen, sondern aus der Vernunft selbst als der Quelle weltbildender Ideen. Auch Taylor möchte nicht zum traditionalen Naturrecht zurück; er will einen direkten Zugriff auf eine objektive Wesens- und Güterordnung vermeiden. Gleichzeitig hält er jedoch eine autonom aus Vernunft begründete Moral für unmöglich. Eine Moral, die sich nur noch auf ein vernünftiges Verfahren unparteilicher Urteilsbildung verläßt, muß sich nach seiner Auffassung subjektivistisch den Zugang zu Motivationen abschneiden und der Möglichkeit begeben, den Hintergrund zu beleuchten, vor dem allein die existentielle Bedeutung des Moralisch-Seins verständlich wird: »It has no way of capturing the background understanding surrounding any conviction that we ought to act in this or that way, the understanding of the strong good involved. And in particular, it cannot capture the peculiar background sense central to much of our moral life, that something incomparably important is involved.« (87). Wenn wir aber moralische Gebote nicht begründen können, bevor wir nicht im Umgang mit »Gütern höherer Ordnung« die Relevanz der *ganzen* Dimension erfahren haben, wird die Differenzierung zwischen dem Gerechten und dem Guten, vor allem der Primat des Gerechten vor dem Guten, problematisch. Dann sind auch die Gerechtigkeit der Gerechtigkeitsmoral und die Vernunft der Vernunftmoral kein Letztes, sondern beziehen ihre Inspiration, ihren Ansporn und ihr Pathos aus vorgängigen Bindungen und Affekten: »The more one examines the motives – what Nietzsche would call the genealogy – of these theories of obligatory action, the stranger they appear. It seems that they are motivated by the strongest moral ideals, like freedom, altruism, universalism; these are among the central moral aspirations of modern culture, the hypergoods which are distinctive to it. And yet what these ideals drive the theories toward is the denial of all such goods [...]. Impelled by the strongest metaphysical, epistemological and moral ideas of the modern age, these theories narrow our focus onto the determinants of action, and then restrict our understanding of these determinants still further by defining practical reason as exclusively procedural. They utterly mystify the priority of the moral by identifying it not with substance but with a form of reasoning around which they draw a firm boundary. They then are led to defend this boundary all the more fiercely in that it is their only way of doing justice to the hypergoods which move them although they cannot acknowledge them.« (88 f.)

Ich will die von Taylor vorgeschlagene Alternative vorstellen und prüfen, ob denn eine solche, auf die moderne Identität zugeschnittene, aber universalistisch angelegte Güterethik mit den nachmetaphysisch verfügbaren Denkmitteln überhaupt verteidigt werden kann.[58]

[58] Andere Neoaristoteliker bestreiten die Neutralität des Gerechtigkeitsprinzips gegenüber den in konkreten Lebensformen und Traditionen verwurzelten Konzeptionen des guten Lebens, ohne wie Ch. Taylor die Bedingung zu berücksichtigen, daß sich die Priorität des Gerechten vor dem Guten erst auf dem Niveau nachmetaphysischen oder nicht-fundamentalistischen Denkens herstellt. Erst in modernen Gesellschaften werden kulturelle Überlieferungen in dem Sinne reflexiv, daß sich konkurrierende Weltentwürfe nicht mehr in kommunikationsloser Koexistenz gegeneinander behaupten, sondern ihren Geltungsanspruch selbstkritisch im Lichte der argumentativen Auseinandersetzung mit den konträren Geltungsansprüchen aller anderen rechtfertigen müssen. Wir finden uns unter diesen modernen Lebensbedingungen ohne Alternative vor; sie stehen uns nicht zur Disposition und bedürfen daher retrospektiv keiner normativen Rechtfertigung. Dieses Faktum ist durch den Fall Rushdie dramatisch in Erinnerung gerufen worden: keine Kultur, die mit dem Übergang

Ch. Taylor ist weder im Ansatz Metaphysiker, noch im Ergebnis Antimodernist; aber seine katholische Skepsis gegenüber der Selbstgenügsamkeit einer prozeduralistischen und vollständig profan gewordenen Ethik läßt ihn am klassischen Anspruch der Philosophie festhalten. Er möchte über den Sinn eines erfüllten Lebens wenigstens in der Weise orientieren, daß er über »die moderne Identität« aufklärt. Taylor geht es nicht nur um eine deskriptive Geistesgeschichte der in der Moderne zur Herrschaft gelangten Wertekonfiguration, sondern um die Rechtfertigung unseres in der Moderne *unausweichlich* gewordenen Selbstverständnisses. Diese Analyse verfährt keineswegs wertneutral, sie bringt vielmehr fundamentale Wertorientierungen zu Bewußtsein und versteht sich als eine *Ethik des gegenwärtigen Zeitalters*. Daraus erklärt sich der güterethische Ansatz: Güter sind etwas Objektives, das in der Spie-

zur Moderne Begriffe zweiter Ordnung in ihre Alltagspraxis und in ihr kollektives Selbstverständnis eingeführt hat, kann fundamentalistisch *behaupteten* Ansprüchen dieselbe argumentative Rolle einräumen wie reflexiv *begründeten*. Diesem Umstand trägt Perrys Kritik (Perry [1988], 57 ff.) am sogenannten »liberalen Projekt« von B. Ackermann, R. Dworkin und J. Rawls nicht hinreichend Rechnung. Perrys eigenes Konzept ist insofern inkonsistent, als es einerseits Forderungen einer autonomen Gerechtigkeitsmoral den Ansprüchen religiös oder metaphysisch begründeter Lebensformen unterordnet, andererseits aber die Koexistenz dieser Lebensformen an kommunikative Formen bindet, in denen unschwer ein Moralprinzip, dessen Neutralität Perry doch leugnet, wiederzuerkennen ist: »If one can participate in politics and law [...] only as a partisan of particular moral (religious) convictions about the human, [...] then we who want to participate, whether as theorists or activists or both, must examine our convictions self-critically. We must be willing to let our convictions be tested in ecumenical dialogue with others who do not share them [...]. If necessary, we must revize our convictions until they are credible to ourselves, if not always or even often to our interlocutors« (183). Aber wie sollen sich die Befreiungstheologen, mit denen Perry sympathisiert, z. B. gegenüber einem Papst verhalten, der in einen ökumenischen Dialog gar nicht erst eintreten will? Wie können sie begründen, daß sich der andere solchen Argumentationen aussetzen soll, wenn die Berufung auf Authentizität Vorrang hat vor deontologischen Gesichtspunkten der Unparteilichkeit, des gleichen Respekts für jeden, der Autonomie usw.? »The relevant ontological category is not autonomy but authenticity. To have achieved some degree of (political) freedom is not necessarily to have achieved any degree of (human) authenticity« (182).

gelung subjektiver Wertsetzungen und Präferenzen nicht aufgeht. Das systematische Ergebnis der historisch reich instrumentierten Untersuchung läßt sich in vier Thesen zusammenfassen:

(a) Ethiken, die wir in verschiedenen Ausprägungen vorfinden, orientieren allgemein über den Sinn des Lebens, die Integrität des Nächsten und die eigene Würde; sie bieten Standards für starke Wertungen, d. h. eine Orientierung an etwas, das seinen Zweck in sich selbst birgt. Im Lichte solcher Endzwecke bewerten wir die eigenen Zwecksetzungen. Diese Objektivität rechtfertigt die ontologisierende Rede von »Gütern höherer Ordnung«: »These ends or goods stand independent of our own desires, inclinations or choices.« (14). Starke Wertungen gehören zur ontologischen Verfassung eines Wesens, das sich inmitten eines objektiven Kraftfeldes von Attraktionen und Abstoßungen vorfindet und in der Orientierung an höchsten Gütern den Sinn des Lebens aufspürt.

(b) Der güterethische Ansatz unterstellt eine Objektivität des Guten, über die die Subjekte nicht *verfügen* können. Allerdings erschließt sich den Subjekten der Horizont von Gütern und Werten nur über eine Sprache, in der sie ihre ethischen Gefühlseinstellungen und Urteile angemessen artikulieren können. Die »Vision des Guten« kann durch eine sprachmächtige Artikulation freilich nur erfahrbar gemacht, strenggenommen nicht begründet werden. Wir müssen *sagen* können, was uns im Tiefsten bewegt; wir müssen aussprechen können, was ein erfülltes Leben als solches ausmacht. Taylor überläßt sich dem Sog des ontologischen Denkens und fragt nach dem Guten hinter den Gütern, nach dem »konstitutiven Gut«, das den Gütern den affizierenden Charakter des Erstrebenswerten und Bindenden erst verleiht, das den Subjekten die Leidenschaft, das moralische Pathos erst einflößt. Platons Idee des Guten, deren wir uns komtemplativ vergewissern, oder die Agape des gnädigen christlichen Gottes oder die Quelle von Autonomie, der Kantischen Fähigkeit des Subjekts, aus Einsicht den eigenen Willen zu binden – diese Ideen sind moralische Kraftspen-

der – moral sources –, die modernen Moraltheorien aus dem Blick geraten.
(c) Freilich schöpft die moderne Identität gleichzeitig aus drei verschiedenen moralischen Quellen: aus der in der christlichen Überlieferung verankerten Liebe Gottes, an dessen Güte alle Geschöpfe teilhaben; aus der in der Aufklärung zur Geltung gebrachten Selbstverantwortung des Subjekts, das dank seiner Vernunft autonom handeln kann; schließlich aus dem romantischen Glauben an die Güte der Natur, die in den schöpferischen Hervorbringungen der menschlichen Imagination ihren Ausdruck findet: im Kunstwerk und in der (nach dem Muster künstlerischer Produktivität verstandenen) Selbstverwirklichung des Individuums. Zwar besteht weitgehend Konsens über die Grundwerte von Freiheit, Gerechtigkeit, Wohlfahrt und der Abschaffung von Leid – »but under this general agreement, there are profound rifts when it comes to the constitutive goods, and hence moral sources, which underpin these standards.« (495) Taylor sieht die moderne Identität durch ein flaches, unreflektiertes, insofern falsches *Selbstverständnis* gefährdet, das die Quellen des Enthusiasmus für das Gute zuschüttet. Heute bekämpfen sich selektive und verstümmelte Lesarten der Moderne. Dieser Kampf der Götter und Dämonen läßt sich nur durch eine Ethik schlichten, die die existentielle Spannung zwischen Gottes Wort, der Vernunft des Menschen und den schöpferischen Kräften seiner inneren Natur differenziert zu Bewußtsein brächte. Eben das versucht Taylor.
(d) Es ist eines, eine solche Diagnose vorzutragen und historisch zu erläutern, ein anderes, die Therapie durchzuführen. Taylor befindet sich in einem Dilemma, und er weiß es. Er will die moderne Identität nicht nur mit Mitteln der Ideengeschichte beschreiben, sondern die skizzierte Identität als die für uns (und jeden modernen Menschen) unausweichliche und maßgebliche Formation von Grundorientierungen rechtfertigen. Eine Güterethik, die die Ordnung konstitutiver Güter als eine öffentlich zugängliche Realität erschließt, kann dieses hoch-

gesteckte Argumentationsziel erreichen. Aber unter Prämissen nachmetaphysischen Denkens ist uns dieser Weg versperrt. Um den »wertblinden« Söhnen und Töchtern der Moderne die Wirksamkeit höchster Güter dennoch vor Augen zu führen, genügen Argumente nicht; dafür bedarf es der welterschließenden Kraft einer evaluativen Sprache, die uns die Augen erst öffnet: »There is no coherent place left for an exploration of the order in which we are set as a locus of moral sources, what Rilke or Pound, or Lawrence or Mann were doing in their radically different ways [...]. The order is only accessible through personal, hence subjective resonance.« (510) Die Philosophie muß also ihre Hoffnung auf die Kunst setzen. Nur in der ästhetischen Erfahrung, jenseits des Bannkreises anthropozentrischen Denkens, kann uns ein Objektives begegnen, an dem sich der Sinn für das Gute entzündet: »The great epiphanic work actually can put us in contact with the sources it taps« (512).

Die (a) bis (d) resümierten Überlegungen legen als Konsequenz eine Arbeitsteilung zwischen philosophischer Ethik, Kunst und Ästhetik nahe. Diese *Ausflucht* läßt die epistemologische Auswegslosigkeit einer nachmetaphysischen Güterethik erkennen. Die ästhetischen Betrachtungen, die Taylor selbst vorträgt, sind schon für sich genommen problematisch. Nach Adorno und Derrida[59] dürfte das, was das moderne Kunstwerk bewirken kann, kaum noch als »Epiphanie« zu begreifen sein. Im übrigen hat schon Friedrich Schlegel die Eigentümlichkeit des Modernismus darin gesehen, daß sich das »Ästhetische« vom Guten und Wahren losreißt. Die moderne Kunst läßt sich nicht mehr als Quelle des Moralischen anzapfen. Aber selbst wenn wir eine solche Ästhetik, die auf die ethische Relevanz der welterschließenden Kraft des Modernismus noch vertraut, akzeptieren dürften, ergäbe sich daraus für die Philosophie doch nur eine *abdankende* Konsequenz: die Philosophie müßte sich entweder mit der Rolle der ästhetischen Kritik bescheiden oder selber ästhetisch werden. Sie müßte allemal

---

59 C. Menke, *Die Souveränität der Kunst*, Frankfurt/M. 1988.

darauf verzichten, kraft *eigener* Argumente zu überzeugen. Adorno hat vor einer ähnlichen Konsequenz gestanden und versucht, ihr mit einer Negativen Dialektik zu begegnen. Unverträglich ist diese aber mit Taylors philosophischem Vorhaben, *innerhalb* des Diskurses der Fachgenossen eine moderne Güterethik zur Geltung zu bringen.

Unabhängig davon, wie wir die von Taylor angebotene Alternative beurteilen, bildet der Umstand, daß sich Gerechtigkeitsethiken gegenüber Motivationsfragen taub stellen müssen, ein Problem. Bisher habe ich die Frage: »Why be moral?« so verstanden, daß darauf eine triviale Antwort genügt: es ist eben kein sinnvolles Unterfangen, »einem Menschen durch rationale Argumente den ›guten Willen‹ anzudemonstrieren, d.h. ihn gewissermaßen definitiv dazu zu zwingen, die kognitive Einsicht in die moralische Pflicht in einen entsprechenden Willensentschluß umzusetzen«.[60] Aber Taylor hat der Frage einen anderen, weniger trivialen Sinn gegeben. Unabhängig vom Problem der Willensschwäche ist die Bereitschaft, eine Sache unter dem moralischen Gesichtspunkt zu betrachten, sowohl davon abhängig, daß man die Dimension des Moralischen überhaupt wahrnimmt, wie auch davon, daß man diese ernst nimmt. Deshalb soll uns die Philosophie davor bewahren, gegenüber moralischen Phänomenen blind oder zynisch zu sein. Die Philosophie soll uns, wie Taylor meint, von der unvergleichlichen Wichtigkeit der Orientierung am Guten überzeugen; sie soll uns für die verschüttete Dimension des Guten *sensibel machen* und zum leidenschaftlichen Engagement für das Gute *die Kraft geben*. Eine Philosophie, die nachmetaphysisch denkt, kommt jedoch für das eine, die Schärfung des moralischen Sinnes, zu spät; und vom anderen, der Aufgabe, den moralischen Zynismus zu überwinden, wird sie überfordert.

Überfordert wird die Philosophie von jener Frage, die Apel »die existentielle Frage nach dem Sinn des Moralischseins« nennt.[61]

60 K.-O. Apel, *Diskurs und Verantwortung*, Frankfurt/M. 1988, 348.
61 Apel (1988), 347.

Denn die moralische Verzweiflung verlangt eine Antwort auf die ethische Grundfrage nach dem Sinn des Lebens im ganzen, nach meiner oder unserer Identität. Aber die ethisch-existentielle Selbstverständigung des Einzelnen und die ethisch-politische Klärung eines kollektiven Selbstverständnisses fallen in die Zuständigkeit der Betroffenen, nicht der Philosophen. Im Anblick eines moralisch gerechtfertigten Pluralismus von Lebensentwürfen und Lebensformen können Philosophen nicht mehr in eigener Regie *allgemeinverbindliche* Instruktionen über den Sinn des Lebens geben. *Als* Philosophen bleibt ihnen nur der Rückzug auf die reflexive Ebene einer Analyse des Verfahrens, womit ethische Fragen *überhaupt* zu beantworten sind. Hinsichtlich der propädeutischen Aufgabe, die moralische Wahrnehmungsfähigkeit zu wecken, ist die Philosophie in keiner besseren Lage, wenn sie sich anschickt, mit den rhetorisch wirksamen, exemplarischen Darstellungen des Schriftstellers oder den lautlos arbeitenden Intuitionen des gesunden Menschenverstandes zu konkurrieren. Was moralisches und vor allem unmoralisches Verhalten bedeutet, erfahren wir und lernen wir *vor* aller Philosophie; das begegnet uns im Mitleiden mit der versehrten Integrität anderer nicht weniger aufdringlich als im Leiden an der verletzten eigenen Identität oder in der Angst um deren Gefährdung. Die unausdrücklichen Sozialisationserfahrungen von Schonung, solidarischer Hilfe und Fairneß prägen unsere Intuitionen und belehren uns darüber besser, als alle Argumente es vermöchten.

Theorien richten sich gegen andere Theorien; sie können schlechte Theorien, die uns von unseren besseren moralischen Intuitionen abschneiden, immerhin korrigieren. Der Nachweis, daß der moralische Gesichtspunkt, wie er durch ›U‹ expliziert wird, nicht nur kultur- oder schichtspezifische Wertorientierungen zum Ausdruck bringt, sondern allgemein gilt, kann vor einem Relativismus schützen, der moralische Gebote um ihren Sinn, moralische Verpflichtungen um ihre Pointe bringt. Die Moraltheorie taugt also zur Klärung des moralischen Gesichtspunktes und zur Begründung seiner Universalität; sie trägt aber nichts bei zur Beantwortung der Frage: »Warum überhaupt moralisch sein?«, ob diese nun in einem trivialen, in einem existentiellen oder im pädagogischen Sinne verstanden wird. Karl-Otto Apel stimmt dieser Auffassung zu. Gleichzeitig versteht er aber jene Frage in einem nochmals veränderten Sinn als »die Frage nach dem letzten rationalen Grund des ›Moralischseins‹«. Und in *diesem* Sinne soll sie eine philosophische Antwort verdienen und in Gestalt einer »Letztbegründung« auch erhalten.

10. Die Idee der Letztbegründung erläutert Apel intuitiv in folgender Weise: »Man geht von einer falschen Voraussetzung aus, wenn man meint, Fragen wie ›Warum moralisch sein?‹ oder ›Warum logisch sein?‹ oder ›Warum vernünftig sein?‹ müßten entweder im Sinne einer deduktiven Begründung oder durch eine irrationale Entscheidung beantwortet werden. In Wahrheit gibt es die vorausgesetzte Problemsituation gar nicht: die Situation, daß wir noch vor der Entscheidung zum Vernünftigsein, Logischsein, Moralischsein stünden und gleichwohl schon argumentieren – oder wenigstens die Warum-Frage aufwerfen könnten! [...] Wer ernsthaft eine dieser Warum-Fragen aufwirft, der hat spätestens damit den Boden des argumentativen Diskurses betreten, und das besagt: er kann sich durch Reflexion auf den Sinn seines Tuns davon überzeugen, daß er die Regeln [...] der kooperativen Argumentation und damit auch die ethischen Normen einer Kommunikationsgemeinschaft notwendigerweise schon anerkannt hat.«[62]

Ein ähnliches Argument habe ich selbst verwendet, um ›U‹ als Argumentationsregel zu begründen.[63] Damit soll der Nachweis für zwei nicht-triviale Aussagen geführt werden: (a) daß Gerechtigkeitsfragen überhaupt rational beantwortet und (b) wie, eben mit Hilfe welcher Argumentationsregel oder welchen Moralprinzips, sie beantwortet werden können. Transzendentalpragmatische Argumente eignen sich dazu, einen

---

62 Ebd., 352.
63 In diesem Band, 86-99.

jeden, der sich überhaupt auf Argumentationen einläßt, daran zu erinnern, daß er an einer normativ gehaltvollen Praxis bereits teilnimmt.

Dieser Satz darf freilich nicht mißverstanden werden. Der normative Gehalt der allgemeinen Argumentationsvoraussetzungen wird auf diese Weise nur in Anspruch genommen, um die *epistemische* Frage, wie moralische Urteile möglich sind, aber nicht um die *existentielle* Frage zu beantworten, was es heißt, moralisch zu *sein*. Trotz gegenläufiger Äußerungen scheint Apel die Begründung des Moralprinzips auch noch mit diesem weitergehenden Anspruch zu belasten. Ob wir uns moralische Einsichten zutrauen dürfen, soll davon abhängen, ob wir in gewisser Weise immer schon moralisch *sind*. Das erinnert an die aus Religion und Metaphysik vertraute Denkfigur, daß wir uns »die Wahrheit« zutrauen dürfen, weil wir schon »in der Wahrheit sind«. Dieser Gedanke könnte auch in unserem Kontext eine unverfängliche Bedeutung haben. Unsere Argumentationspraxis gehört ja einer durchgängig kommunikativ strukturierten Lebensform an; und schon der verständigungsorientierte Sprachgebrauch der Alltagspraxis ist an unvermeidliche pragmatische Voraussetzungen gebunden, die moralisch keineswegs neutral sind. Sofern wir überhaupt kommunikativ handeln, bewegen wir uns immer schon in einer sittlich gleichsam imprägnierten Lebenswelt. Ein Moralischsein in diesem Sinne kann Apel jedoch nicht meinen. Denn mit dem Aufweis normativ gehaltvoller Argumentationsvoraussetzungen erschließt sich noch keineswegs das Fundierungsverhältnis von Diskurs, verständigungsorientiertem Handeln und Lebenswelt; das ist die Sache einer formalpragmatischen Sprachanalyse und nicht der Moraltheorie. Zum anderen führt das »Moralischsein« bei Apel die Konnotationen einer Verbindlichkeit mit sich, die die Partikularität der lebensweltlich-konkreten Sittlichkeit gerade überschreitet – der universalistische Maßstab der Moralität »schneidet in die lebensweltliche Sittlichkeit ein«. Apel stattet die praktische Vernunft nicht nur mit einem epistemischen Anspruch, son-

dern mit einer weiterreichenden existentiellen Verbindlichkeit aus und stilisiert die Begründung des Moralprinzips zur »Letztbegründung«. Kants praktische Vernunft herrscht zwar nicht mehr im Reich des Intelligiblen, aber etwas von ihrer Omnipotenz soll sie doch noch behalten.
Machen wir uns zunächst klar, was dieser existentielle Anspruch bedeutet. Eine kognitivistische Ethik mutet der praktischen Vernunft ausschließlich epistemische Leistungen zu. Sie begnügt sich mit der Auskunft, daß die Beteiligten im Einzelfall Anwendungsdiskurse führen und erforderlichenfalls Begründungsdiskurse aufnehmen müssen, um moralische Fragen vom Typus ›Was soll ich tun?‹ mit singulären Urteilen zu beantworten. Und zum normativen Sinn eines jeden moralischen Gebots gehört es, daß es das im propositionalen Gehalt ausgedrückte Handeln zur Pflicht macht. Aber eine Supernorm, die es zur Pflicht machen würde, pflichtgemäß zu handeln, würde nicht *mehr* aussagen können, als was schon im Geltungssinn des einzelnen moralischen Urteils enthalten ist. Eine solche Supernorm, die die Verwirklichung von Gerechtigkeit *überhaupt* reflexiv zur Pflicht macht, wäre entweder redundant oder sinnlos – und bedürfte darum auch keiner Begründung. Ich fürchte, daß die von Apel reklamierte Letztbegründung auf genau dies hinauslaufen würde, nämlich auf die Begründung einer Supernorm, derzufolge Gerechtigkeit überhaupt existieren soll. So muß man Apel wohl verstehen, wenn er beispielsweise moniert, daß Rawls »nicht schon eine rationale Begründung dafür gegeben (hat), warum denn Gerechtigkeit [...] überhaupt sein soll«.[64] Bei Kohlberg vermißt er dementsprechend eine Begründung dafür, daß das »postkonventionelle Gewissen [...] von der Kompetenz des ›roletaking‹ einen moralischen und nicht etwa egoistisch-strategischen Gebrauch machen soll«.[65] Indem Apel auf diesen Forderungen beharrt, gibt er der Frage nach dem Moralischsein doch noch einen existentiellen Sinn.

64 Apel (1988), 350.
65 Ebd., 352.

Was könnte eine solche existentielle Verbindlichkeit der epistemischen Leistung der praktischen Vernunft hinzufügen? In der Alltagspraxis können wir gewiß die Voraussetzungen kommunikativen Handelns, sei es latent oder öffentlich, suspendieren; wir können jederzeit von der verständigungsorientierten Einstellung auf die am je eigenen Erfolg orientierte Einstellung eines strategisch Handelnden umschalten. In diesem Entscheidungsspielraum müssen sich alle Aktoren bewegen können, denen Willkürfreiheit zugeschrieben wird. Es ist aber eine andere Frage, ob strategisches Handeln in einer gegebenen Situation erlaubt ist oder unterbleiben sollte, also moralisch zulässig ist oder nicht. *Daß* moralisch unzulässige Handlungen unterbleiben sollen, das besagen schon die einschlägigen Normen. Dazu bedarf es keiner Supernorm, die die Befolgung moralischer Gebote in selbstbezüglicher Weise noch einmal zur Pflicht macht. Sie würde ja der Bindungskraft einfacher Verpflichtungen kein Gran an Bekräftigung hinzufügen. Das liegt so auf der Hand, daß die Letztbegründungsabsicht auf etwas anderes abzielen muß. Ich vermute, daß sich der Sinn von »Letztbegründung« nicht allein im Rahmen moraltheoretischer Überlegungen klären läßt, sondern erst aus der architektonischen Anlage der Apelschen Philosophie als ein (allerdings verleugnetes) fundamentalistisches Erbteil verständlich wird. Erst wenn sich die Philosophie eine Art von Problemen aufbürdet, die sie weder durch Selbstreflexion, noch durch selbstbezügliche Argumentation lösen kann, sieht sich der Philosoph mit der Notwendigkeit von »Letztbegründungen« konfrontiert.

Für Charles Taylor findet, wie wir gesehen haben, die Philosophie ihre eigentliche Bestimmung in der Ethik; denn er mutet der Ethik nach wie vor die Aufgabe zu, über den Sinn des Lebens aufzuklären. Demgegenüber hält Apel die deontologische Frage nach dem Prinzip der Gerechtigkeit für den Angelpunkt der Philosophie; freilich ist ihm bewußt, daß die Begründung des Moralprinzips nicht auch schon eine Antwort auf das Problem der Sinngebung und der individuellen

oder kollektiven Glücksverwirklichung bedeutet.⁶⁶ Nach seiner Auffassung besteht ein Ergänzungsverhältnis zwischen dem von Kant erstmals formulierten Maßstab der Moralität »und jenem aufs Konkret-Allgemeine einer Lebenstotalität bezogene Problem der persönlichen oder kollektiven Sittlichkeit«.⁶⁷ Die allgemeinen Aussagen der Philosophie, die das Wesentliche der Moralität sehr wohl erfassen, reichen an das Substantielle der Sittlichkeit traditioneller oder utopischer Lebensformen nicht heran. An dieser erklärten Abstinenz haftet indessen eine gewisse Zweideutigkeit. Die Philosophie soll nämlich den Sinn des Moralischen nicht nur in der Weise klären, daß sie verständlich macht, was es heißt, etwas unter dem moralischen Gesichtspunkt zu *beurteilen*. Sie soll sehr wohl den Sinn des »Moralisch*seins*«, nämlich die unvergleichliche Bedeutung des Moralischen im Ganzen des Lebens erklären, um damit dem Willen zu Gerechtigkeit überhaupt einen vernünftigen Impuls zu geben. Aber damit will Apel etwas philosophisch »begründen«, was durch Argumente nicht zu bewerkstelligen ist. Eher als durch Argumentation wird ein guter Wille durch die Sozialisation in eine Lebensform, die dem Moralprinzip entgegenkommt, geweckt und gefördert. Eine ähnliche Wirkung mag auch die welterschließende Kraft der prophetischen Rede, überhaupt jeder innovativen Sprache haben, die eine bessere Lebensform, eine bewußtere Lebensführung initiiert – oder auch jene Art wortmächtiger Kritik, die uns an Werken der Literatur und Kunst indirekt eben dies sehen läßt. Welterschließende Argumente, die uns dazu bringen, die Dinge in einem radikal anderen Licht zu sehen, sind aber nicht *wesentlich* philosophische Argumente – und erst recht keine der Letztbegründung.
Natürlich besteht ein interner Zusammenhang zwischen Moralbewußtsein und Ich-Identität. Eine postkonventionelle

---

66 Ebd., 69; ders., »Ist die Ethik der idealen Kommunikationsgemeinschaft eine Utopie?«, in: W. Voßkamp (Hg.), *Utopieforschung*, Stuttgart 1982, Bd. 1, 325 ff.
67 Apel (1983), 165.

Stufe des moralischen Bewußtseins verlangt die Ergänzung durch ein aufgeklärtes existentielles Selbstverständnis, wonach ich mich nur als jemanden *achten* kann, der in der Regel das auch tut, was er zu tun moralisch für richtig hält. Aber das Moralbewußtsein kann diese strukturelle Ergänzung nur in einem schwachen Sinne »fordern«, nicht garantieren. Es hängt nicht in erster Linie von der moralischen Urteilsfähigkeit und dem Niveau der Begründung moralischer Urteile ab, sondern von Persönlichkeitsstruktur und Lebensform, ob ich die Stärke habe, auch dann moralischen Einsichten gemäß zu handeln, wenn dem starke Interessen anderer Art entgegenstehen. Das Problem der Willensschwäche wird nicht durch moralische Kognition gelöst.

Apel könnte auf diesen Umstand die These stützen, daß die Philosophie eben mehr leisten müsse als ihr von einer spröden kognitivistischen Ethik zugetraut wird – sie müsse als philosophische Aufklärung wirksam werden und das existentiell relevante Selbst- und Weltverständnis der Töchter und Söhne moderner Gesellschaften mit ihrem Anspruch auf Allgemeinverbindlichkeit *verändern*. Diese These ist auf den ersten Blick unvereinbar mit der Absicht, nur solche Antworten zu suchen, die von der metaphysischen Auszeichnung einer der heute nur noch im Plural gleichberechtigt auftretenden Lebensdeutungen unabhängig sind. Nach meiner Vermutung will Apel diesem Widerspruch dadurch entgehen, daß er zum einen die kommunikative Vernunft in ihrem Kern als moralisch-praktische Vernunft begreift und daß er mit diesem Fichteschen Primat der praktischen Vernunft zum anderen dem philosophisch-explikativen, durch Selbstbezüglichkeit ausgezeichneten Diskurs eine Spitzenstellung in der Hierarchie der wissenschaftlichen Diskurse einräumt. Die Diskursethik soll gegenüber dem Pluralismus der Glaubensmächte Neutralität beanspruchen, aber für ihren Proceduralismus nicht den fälligen Preis des Verzichts auf bewegende substantielle Inhalte entrichten. Apel glaubt nämlich, dem philosophischen Denken mit der Zuständigkeit für das Diskursprinzip einen nicht-

hintergehbaren archimedischen Punkt der Selbstreflexion sichern zu können. Von dieser Warte aus soll die Philosophie, mit der Selbstaufklärung von Argumentation überhaupt, eine Theorie und Praxis umgreifende Letztbegründung leisten können.[68]
Apels Theoriearchitektonik stützt sich, wenn ich recht sehe, auf zwei problematische Grundannahmen. Die *erste Prämisse*, nämlich die fundamentalphilosophische Auszeichnung der Diskursethik, erkauft sich Apel mit einer Gleichsetzung von kommunikativer und praktischer Vernunft. Der Begriff der kommunikativen Vernunft läßt sich mit argumentationstheoretischen Mitteln auf dem Wege einer Analyse von Geltungsansprüchen und von Bedingungen ihrer diskursiven Einlösung entwickeln. Das schließt die Analyse allgemeiner Argumentationsvoraussetzungen ein. Die weitergehende Aufgabe der Untersuchung verschiedener Argumentationsformen und entsprechender Argumentationsregeln führt zu speziellen Theorien. Auf diesem Wege läßt sich auch ein Moralprinzip begründen und erklären, was es heißt, etwas unter dem moralischen Gesichtspunkt zu betrachten. Das betrifft dann einen speziellen Typus von Fragestellungen, einen speziellen Aspekt von Geltung überhaupt – eben ein Moment der umfassenden kommunikativen Vernunft.
Diese wiederum hat einen nur im weiteren Sinne normativen Gehalt insofern, als sich der kommunikativ Handelnde auf pragmatische Voraussetzungen kontrafaktischer Art einlassen muß. Er muß Idealisierungen vornehmen – z.B. Ausdrücken identische Bedeutungen zuschreiben, für Äußerungen einen kontextüberschreitenden Geltungsanspruch erheben, dem Adressaten Zurechnungsfähigkeit unterstellen usw. Dabei steht der kommunikativ Handelnde unter dem ›Muß‹ einer schwachen transzendentalen Nötigung, ohne dabei dem prä-

---

68 K.-O. Apel, »Normative Begründung der Kritischen Theorie durch Rekurs auf lebensweltliche Sittlichkeit?«, in: A. Honneth, T. McCarthy, C. Offe, A. Wellmer (Hg.), *Zwischenbetrachtungen. Im Prozeß der Aufklärung*, Frankfurt/M. 1989, 15-65.

skriptiven ›Muß‹ einer Handlungsregel zu begegnen – ob sich dieses nun deontologisch auf die Sollgeltung eines moralischen Gebots, axiologisch auf eine Konstellation bevorzugter Werte oder empirisch auf die Wirksamkeit eines technischen Imperativs zurückführen läßt. Die kommunikative Vernunft ist nicht wie die praktische Vernunft per se eine Quelle für Normen des richtigen Handelns. Sie erstreckt sich auf das *ganze* Spektrum von Geltungsansprüchen (der assertorischen Wahrheit, der subjektiven Wahrhaftigkeit und der normativen Richtigkeit) und reicht insofern über den Bereich moralisch-praktischer Fragen hinaus. Normativität im engeren Sinne der verpflichtenden Orientierung des Handelns fällt nicht mit der Rationalität verständigungsorientierten Handelns im ganzen zusammen. Normativität und Rationalität *überschneiden* sich auf dem Feld der Begründung von moralischen Einsichten, die in hypothetischer Einstellung gewonnen werden und, wie gezeigt, nur die schwache Kraft rationaler Motivation mit sich führen, jedenfalls nicht die Last eines existentiellen Selbst- und Weltverständnisses tragen können.

Die *zweite Prämisse*, nämlich die Privilegierung eines Grundlagendiskurses überhaupt, steht unmittelbar im Zusammenhang mit Apels Projekt, die Grundfragen einer Ersten Philosophie in das – nach der Ontologie und der Bewußtseinsphilosophie dritte – Paradigma der Sprachpragmatik zu überführen. Dieser »Transformation der Philosophie«[69] liegt die Idee zugrunde, daß sich die substantiellen Gehalte der Metaphysik heute nur noch in der Form wissenschaftlicher Globalhypothesen, die einen falliblen Status haben, bewähren können, während die transzendentale Reflexion auf die Bedingungen objektiv gültiger Erfahrung und Argumentation überhaupt einen Bereich genuin philosophischer Erkenntnis erschließt, die, selber infallibel, die Voraussetzungen des Fallibilismusprinzips erklärt – und insofern Letztbegründungsansprüchen genügt.[70] Diese

69 K.-O. Apel, *Transformation der Philosophie*, 2 Bde., Frankfurt/M. 1973.
70 K.-O. Apel, *Kann es in der Gegenwart ein postmetaphysisches Paradigma der Ersten Philosophie geben?* (Ms. 1991).

»steil von oben« vorgenommene Geltungsbegründung soll »in strikter Reflexion« auf die allgemeinen Argumentationsvoraussetzungen sozusagen mit einem Schlage durchgeführt werden können und einer Philosophie, die die Voraussetzungen allen möglichen Wissens klärt, die Voraussetzungslosigkeit ursprungsphilosophischen Denkens sichern. Die Rede von Letztbegründung signalisiert einen auf die transzendentale Bedingungsanalyse geschrumpften Restfundamentalismus, den Apel mit dem Hinweis verteidigt, daß der philosophischen Vergewisserung der Voraussetzungen von Argumentation überhaupt eine Sonderstellung zukomme. Demnach greift die Philosophie über die autarken und ausdifferenzierten Bereiche methodisch gesicherten Wissens hinaus und verfügt über eine Immunität besonderer Art; ihre Spitzenstellung in der Hierarchie der Wissensformen macht sie unangreifbar von seiten extern erzeugter kognitiver Dissonanzen. Damit wird die Philosophie zum letzten Hort von Gewißheiten, die unter dem allgemein gewordenen Fallibilismusvorbehalt sonst nicht mehr zu haben sind. Wenn das der *Sinn* des Letztbegründungsanspruchs ist, liegen zwei Bedenken auf der Hand. Erstens gehört die abstrakte Gegenüberstellung von Philosophie und Wissenschaft zum architektonischen Erbe einer Bewußtseinsphilosophie, die die erkenntnistheoretische Grundfrage als fundamental ansetzt. Nach der sprachpragmatischen Wende stehen statt dessen die Bedingungen möglicher Verständigung im Mittelpunkt des Interesses. Damit verlieren aber die objektivierenden Wissenschaften – als die Reflexionsformen unseres Wissens von etwas in der objektiven Welt – ihre singuläre Stellung. Sie treten zurück in den Horizont vielfältiger Wissensformen des Alltags und der Expertenkulturen, zwischen denen die Philosophie in der Rolle eines Interpreten vermittelt, ohne sie »begründen« zu müssen. Gleichzeitig ist die Philosophie innerhalb des Wissenschaftssystems nicht nur tatsächlich, sondern aus methodischen Gründen in vielseitige Kooperationen eingelassen. Ihren Platz als Richter und Platzanweiser hat sie schon deshalb eingebüßt, weil es eine hier-

archische Aufstufung von Diskursen mit »geborenen« Metadiskursen nicht gibt.⁷¹ Zwischen den autonom gewordenen Disziplinen und Wissensgebieten wird der metatheoretische Zusammenhang theoretischer Ergebnisse nur noch durch Kohärenz gesichert, nicht durch »Fundierung«.
Im übrigen begründet beides: sowohl der hermeneutisch-sinnverstehende Zugang zu den symbolisch vorstrukturierten Gegenständen wie auch das Verfahren der rationalen Nachkonstruktion vortheoretischen Wissens kompetent urteilender, sprechender und handelnder Subjekte, zwischen der Philosophie einerseits, Geistes- und Sozialwissenschaften andererseits eine enge Verwandtschaft. Insgesamt verbietet sich eine abstrakte Gegenüberstellung zwischen Philosophie und »der« (nach dem Vorbild nomologischer Erfahrungswissenschaften konzipierten) Wissenschaft.⁷² Die Einzigartigkeit der Philosophie besteht weder im begriffsanalytischen Vorgehen noch im universalistischen Charakter ihrer Fragestellungen. Die Philosophie zeichnet sich allenfalls durch die Selbstbezüglichkeit *einiger* ihrer Argumentationen aus. Allein, die Selbstbezüglichkeit der gewiß zentralen Analyse von allgemeinen Argumentationsvoraussetzungen, die wir ja nur als Argumentierende vornehmen können, sichert dem philosophischen Geschäft nicht jene Autarkie und Unfehlbarkeit, die Apel mit der Idee der Letztbegründung verbindet.
Dieses zweite Bedenken bezieht sich auf den Status und den Sinn transzendentaler Argumente, worauf ich hier nicht im einzelnen eingehen kann. Ich will nur daran erinnern, daß bisher ein Äquivalent für so etwas wie Kants transzendentale Deduktion der Verstandeskategorien fehlt – und auch nicht in Aussicht steht. Ohne ein solches Äquivalent sind wir aber auf schwache transzendentale Argumente im Sinne Strawsons an-

---

71 M. Seel, »Die zwei Bedeutungen kommunikativer Rationalität«, in: A. Honneth, H. Joas (Hg.), *Kommunikatives Handeln*, Frankfurt/M. 1986, 53 ff., und meine Antwort ebd., 337 ff.
72 J. Habermas, »Die Philosophie als Platzhalter und Interpret«, *Studienausgabe*, Band 5, 58-80.

gewiesen.[73] Sie leisten im Hinblick auf allgemeine und notwendige Präsuppositionen einer selbstsubstitutiven Ordnung wie des Argumentationsspiels nur den Nachweis der faktischen Nichtverwerfbarkeit. Weil wir für rationale Diskurse in der Tat keine funktionalen Äquivalente besitzen, haben wir keine Wahl: wir müssen uns auf die pragmatischen Voraussetzungen dieser anspruchsvollen Kommunikationsform *unausweichlich*, eben ohne Alternative einlassen. Dieser Nachweis der faktischen Nichtverwerfbarkeit von normativ gehaltvollen Präsuppositionen einer mit unserer soziokulturellen Lebensform *intern* verschränkten Praxis steht gewiß unter dem Vorbehalt der Konstanz dieser Lebensform. Wir können nicht a priori ausschließen, daß diese sich ändert. Aber das bleibt eine leere Alternative, da wir uns eine fundamentale Veränderung unserer Lebensform ohne science fiction, die Menschen in Zombies verwandelt, nicht einmal vorstellen können. Der im schwachen Sinne transzendentale Nachweis, wenn wir ihn denn, was ich mit Apel annehme, führen können, genügt freilich, um den universalistischen, nämlich für alle sprach- und handlungsfähigen Subjekte verbindlichen Geltungsanspruch eines prozedural gefaßten Moralprinzips zu begründen. Wenn dieses Prinzip aus dem normativen Gehalt faktisch nichtverwerfbarer Präsuppositionen begründet werden kann, ist gezeigt, daß es sinnvollerweise nicht als solches in Frage gestellt werden kann, sondern nur in diesen oder jenen Interpretationen. Dafür brauchen wir keine Letztbegründung. Eine auf fehlbaren Rekonstruktionsvorschlägen des normativen Gehalts faktisch unausweichlicher Argumentationsvoraussetzungen beruhende Erklärung des moralischen Gesichtspunkts bedeutet keineswegs die Preisgabe des moralischen Universalismus und die Rückbindung des Moralprinzips an Inhalte des Hintergrundwissens einer partikularen Lebenswelt.[74]
Eine Letztbegründung der Ethik ist weder möglich noch nötig.

---

73 M. Niquet, *Transzendentale, Argumente: Kant, Strawson und die sinnkritische Aporetik der Detranszendentalisierung*, Frankfurt/M. 1991.
74 Apel (1989), 51.

Natürlich kann man die Frage stellen, ob eine aus einem solchen archimedischen Punkt entfaltete Philosophie Antworten parat hätte, die eine streng kognitivistisch verstandene Diskursethik schuldig bleiben muß. Ich denke beispielsweise an Probleme, die sich daraus ergeben, daß eine Vernunftmoral auf die Grenzen ihrer Zumutbarkeit oder auf die rechtlich-institutionelle Vermittlung der Zuschreibung spezieller Pflichten reflektieren muß. Eine hierarchisch aufgebaute Philosophie, die einen höchsten Punkt der Reflexion auszeichnen könnte, würde womöglich bessere Voraussetzungen dafür bieten, daß sich die Moraltheorie noch einmal im ganzen einholen und selbst reflexiv überbieten kann.

Als eine reflexive Selbstüberbietung präsentiert Apel den sogenannten »Teil B« seiner Ethik. Dabei nimmt er die besondere Perspektive eines verantwortungsethisch handelnden Politikers ein und geht von Fällen aus, wo ein strikt moralisches Verhalten zu unverantwortlichen Folgen führen müßte, weil sich der strategisch handelnde Gegenspieler auf Bedingungen für die konsensuelle Lösung eines akuten Handlungskonfliktes nicht einläßt. Damit nun dieser einsame Repräsentant, der für die Interessen des Gemeinwesens politische Verantwortung trägt, nicht in die naturwüchsige Sphäre bloßer Machtpolitik zurückfallen muß, gibt ihm Apel ein Prinzip an die Hand, nach dem sich die Wahl von Gegenstrategien verantwortungsethisch rechtfertigen läßt. Er soll sich an dem längerfristigen Ziel orientieren, Verhältnisse herbeizuführen, unter denen eine generelle Befolgung moralischer Regeln und konsentierter Grundsätze allererst zumutbar würde – und das gegenwärtige Dilemma der Machtpolitik verschwände. Apel definiert das von Kant *geschichtsphilosophisch* entworfene Ziel eines weltbürgerlichen Zustandes als ein moralisch begründetes politisches Ziel repräsentativ handelnder Aktoren und erhebt kurzerhand dieses Ziel der Realisierung von Lebensbedingungen, die erfüllt sein müßten, damit moralisch angesonnenes Verhalten politisch zugemutet werden dürfte, in den Rang eines *moraltheoretisch zu begründenden* Ergänzungsprinzips. Er postuliert die Pflicht,

»den moralischen Fortschritt anzustreben und seine geschichtliche Realisierung in Anknüpfung an die geschichtlichen Vorbedingungen für denkbar zu halten und – in immer erneuter hypothetischer Rekonstruktion der Geschichte – als denkbar zu erweisen«.[75] Ich will hier nicht auf die paradoxe Unterwerfung des Denkens unter Forderungen der Moral eingehen; mich interessieren die mißlichen Konsequenzen, die sich daraus ergeben, daß Apel innerhalb der Moraltheorie Fragen und Antworten *vorwegnehmen* möchte, die erst *nach* dem Übergang zu normativen Fragestellungen der Politik- und Rechtstheorie sinnvoll bearbeitet werden können.

Das erwähnte Ergänzungsprinzip führt, wie Apel selbst bemerkt, einen teleologischen Gesichtspunkt in eine deontologisch angelegte Moraltheorie ein: die Verwirklichung der Moral selbst wird zum höchsten Gut stilisiert. Das sprengt den konzeptuellen Rahmen einer deontologischen Theorie. Zunächst stellt sich die Frage, auf welcher Ebene das Ergänzungsprinzip begründet werden soll. Sollte es auf der gleichen Ebene wie das Moralprinzip begründet werden, müßte man für die Analyse des Gehalts allgemeiner Argumentationsvoraussetzungen irgendein Äquivalent angeben können – was nicht der Fall ist. Es muß ferner irritieren, daß das Ergänzungsprinzip als eine an bestimmte Positionsinhaber adressierte *besondere* Pflicht formuliert wird. Eine analoge Umdeutung des Moralprinzips in eine konkrete Pflicht könnte nur die Form annehmen: »Handle stets nach richtig angewendeten gültigen Normen«, was soviel besagt wie die redundante Forderung »Handle moralisch«. Wenn das Ergänzungsprinzip als eine besondere Pflicht verstanden werden soll, muß es wie alle übrigen Normen auf einer anderen Ebene behandelt, nämlich in den Begründungsdiskursen der Beteiligten und Betroffenen selbst einem Verallgemeinerungstest ausgesetzt werden. Das würde jedoch bedeuten, daß das Prinzip unter genau den Argumentationsvoraussetzungen geprüft wird, deren Nicht-Er-

---

75 Apel (1987), 467.

füllung es doch explizit behauptet. Ich sehe nicht, wie eine Argumentation, die sich auf eine derart widersprüchliche Weise selbst thematisiert, möglich sein soll. Abgesehen davon fordert das Ergänzungsprinzip ein seiner Struktur nach paradoxes Handeln: etwas soll *zugleich* moralisch geboten sein und zweckrational angestrebt werden. Während Güterethiken ein an Werten orientiertes Handeln normativ empfehlen, können deontologische Ansätze eine Orientierung am Erfolg nicht zur Pflicht machen. Apel möchte mit dem Ergänzungsprinzip so etwas wie eine moralische Kompetenz-Kompetenz einführen und etwas in abstracto vorentscheiden, was sich nur auf der Stufe der politischen Willensbildung situationsabhängig und im Hinblick auf konkrete Möglichkeiten beurteilen läßt. Offenbar läßt sich Apel durch den hierarchischen Aufbau seiner Theorie dazu verleiten, mit einem Superprinzip »steil von oben« auf Fragen der politischen Ethik durchzugreifen, die sich gar nicht auf der gleichen Ebene wie die Begründung des Moralprinzips stellen. Hinter dem einsamen Politiker, der Apel vor Augen steht, verbirgt sich der Philosophenkönig, der die Welt in Ordnung bringen will – jedenfalls nicht der Staatsbürger eines demokratischen Gemeinwesens. Hier vollzieht sich nämlich die politische Willensbildung, auch eine politisch folgenreiche Reformpraxis, immer schon *innerhalb* der Institutionen einer rechtlich organisierten Herrschafts- und Gesellschaftsordnung. Jedenfalls unsere Politiker sind Inhaber demokratisch legitimierter Machtpositionen, deren Entscheidungen von rechtlich institutionalisierten Meinungs- und Willensbildungsprozessen abhängen.
Selbst die Beziehungen zwischen den Staaten sind durch supranationale Einrichtungen, vertragliche Beziehungen und Normen des Völkerrechts so dicht reguliert, daß sich die klassische Außenpolitik mehr und mehr in eine Weltinnenpolitik verwandelt, die für die heroischen Entschlüsse des einsamen Verantwortungspolitikers glücklicherweise immer weniger Platz läßt. Fragen der politischen Ethik bilden eine Sorte besonders komplizierter Anwendungsprobleme, für deren Be-

arbeitung rechtstheoretische, wenn nicht gar gesellschaftstheoretische Überlegungen nötig sind.
Schon mit dem ersten Zug der Unterscheidung zwischen »Teil A« und »Teil B« seiner Ethik stellt Apel die Weichen falsch, wenn er die eine als folgenneutrale Gesinnungsethik der anderen als folgensensible Verantwortungsethik gegenüberstellt. Denn innerhalb moralischer Diskurse ist nach Maßgabe des Universalisierungsgrundsatzes bereits bei der Begründung von Normen die Abwägung von Handlungsfolgen nötig. Und bei der Normanwendung fordert das Prinzip der Angemessenheit die Berücksichtigung aller relevanten Merkmale der gegebenen Situation. Gelegentlich sind sogar selbstbezügliche Reflexionen auf die Zumutbarkeit der Moral am Platz.
In extremen Fällen kann sich nämlich eine Spannung zwischen moralischer Einsicht und ethischem Selbstverständnis ergeben, die auch unter moralischen Gesichtspunkten nicht einfach zugunsten des moralisch Gebotenen aufgelöst werden darf – so als handele es sich nur um ein Problem der Willensschwäche.[76] So mag in einem existentiellen Konflikt die einzig angemessene Norm eine Handlung fordern, die die derart verpflichtete Person durchaus als moralisch gebotene Handlung anerkennt, aber nicht ausführen könnte, ohne sich als die Person, die sie ist und sein möchte, aufzugeben – sie bräche unter der Last dieser Verpflichtung zusammen. In einem solchen Grenzfall können die Bedingungen moralischer Selbstachtung mit dem Verhältnis zu sich als Person, die ihrem Lebensentwurf authentisch folgen will, nicht in Einklang gebracht werden. Eine Moraltheorie, die auf dem Vorrang des Gerechten vor dem Guten beharrt, wird dieses Phänomen nicht als solches leugnen, aber unter eine andere Beschreibung bringen. *Ein* Vorschlag zur Revision ist die bekannte Einführung von Pflichten gegen sich selbst, die mit anderen Pflichten konkurrieren können. Aber dieses Konzept ist mit der Symmetrie zwischen Pflichten und Rechten nicht vereinbar. Deshalb ist

---

[76] L. Wingert, *Gemeinsinn und Moral*, Frankfurt/M. 1991.

es plausibler, die Möglichkeit eines Reflexivwerdens von Anwendungsdiskursen einzuräumen: nachdem wir die dem Fall einzig angemessene Norm festgestellt haben, *kann* es erforderlich werden, zu prüfen, ob das daraus folgende singuläre Urteil eine Handlung fordert, die existentiell unzumutbar ist.

Im allgemeinen stellt sich freilich das Problem der Zumutbarkeit moralisch gebotener Handlung erst beim Übergang von der Moral- zur Rechtstheorie. Im modernen Vernunftrecht sind es spezifische Zumutbarkeitserwägungen, die den Übergang von der Moral zum Recht markieren. Im Lichte des Moralprinzips werden Normen nur unter der (in ›U‹ explizit genannten) Voraussetzung einer Praxis *allgemeiner* Normbefolgung als gültig ausgezeichnet. Wenn diese Bedingung nicht erfüllt ist, sind Normen unangesehen ihrer Gültigkeit nicht zumutbar. Damit rechtfertigt Kant die staatliche Monopolisierung der Ausübung rechtlichen Zwangs. Erst eine rechtliche Institutionalisierung kann die allgemeine Befolgung moralisch gültiger Normen sichern. Das ist ein moralischer Grund für Recht überhaupt. Für die Begründung einzelner Rechtsnormen ergeben sich wiederum moralische Gesichtspunkte, dem das demokratische Verfahren der Gesetzgebungspraxis Rechnung tragen muß. Da auch im Hinblick auf Rechtsnormen Anwendungsprobleme von Begründungsproblemen unterschieden werden müssen, ergibt sich die weitere Forderung nach einer Institutionalisierung von Anwendungsdiskursen in Gestalt einer unabhängigen Rechtsprechung. Auf diese Weise zeichnen sich die Konturen des Rechtsstaates ab, den Kant konsequenterweise in der Rechtslehre abhandelt; hier findet der moralische Gesichtspunkt nicht mehr *unmittelbar* auf Handlungsweisen, sondern auf Institutionen von Recht und Politik Anwendung. Die rechtstheoretische Betrachtung läßt sich schließlich bis zu dem Punkt weiterführen, an dem sich das klassische Problem der Grenzen des Rechtsgehorsams, also der Bedingungen für zivilen Ungehorsam und legitimen Widerstand, für ein »Recht auf Revolution« stellt. Dabei geht es um Bedingungen, unter denen ein politisch motivierter Verstoß gegen positives Recht moralisch gerechtfertigt oder legitim sein kann.[77] Diese wenigen Hinweise sollen plausibel machen, daß sich die normativen Beziehungen zwischen Moral, Recht und Politik mit Mitteln der Diskurstheorie besser *schrittweise*, ohne Rückgriff auf eine falsche Hierarchisierung von Diskursen erklären lassen.

11. Für die moraltheoretischen Grundlagen einer philosophischen Theorie der Gerechtigkeit ist es wichtig, die normative Begründung des Übergangs von der Moral zum Recht auf die richtige Weise vorzunehmen. Ich möchte (a) einen Einwand von Thomas McCarthy zum Anlaß nehmen, um die Perspektive wenigstens anzudeuten, die sich mit der Diskursethik für eine Theorie des Rechts und der Politik öffnet. Dem Einwand selbst liegt der Zweifel an der Priorität des Gerechten vor dem Guten zugrunde, deshalb werde ich (b) auf das von J. Rawls in seinen späteren Schriften entwickelte Konzept des »überlappenden Konsenses« eingehen.

(a) T. McCarthy begründet die Notwendigkeit einer rechtlichen Normierung von Verhaltenserwartungen, insbesondere die Notwendigkeit der rechtlichen Institutionalisierung der Meinungs- und Willensbildung eines politischen Gesetzgebers, mit der Unbestimmtheit des diskursiven Verfahrens unter Bedingungen der Konkurrenz verschiedener Weltanschauungen und der Vielfalt evaluativer Sprachen: »Disagreements [...] are likely to be a permanent feature of democratic public life. They are in general not resolvable by strategic compromise, rational consensus or ethical self-clarification, in Habermas's senses of these terms. All that remains in his scheme are more or less subtle forms of coercion, e. g. majority rule and the threat of legal sanctions.«[78] Interessanterweise führt McCarthy die Ergänzungsbedürftigkeit der Moral durch Recht mit einem

---

77 Vgl. meine Beiträge zur Problematik des zivilen Ungehorsams, in: J. Habermas, *Die Neue Unübersichtlichkeit*, Frankfurt/M. 1985, 79-120.
78 T. McCarthy, »Practical Discourse: On the Relation of Morality to politics«, in: ders., *Ideals and Illusions. On Reconstruction and Deconstruction in Contemporary Critical Theory*, Cambridge (Mass.) 1991, 198.

Argument ein, das, wenn es zuträfe, den diskurstheoretischen Begriff der Moral in seinem Kern berühren müßte. Zwar soll auch nach dieser Auffassung das zwingende Recht motivationale Schwächen und kognitive Unbestimmtheiten des auf Abstraktion und Idealisierung beruhenden moralischen Diskurses ausgleichen; aber jene rechtlich institutionalisierte Meinungs- und Willensbildung, an der sich die Rechtsetzung selber legitimieren muß, wird nicht etwa nur als ein komplexeres Netzwerk von Diskursen und Verhandlungen, sondern als eine Alternative zum Diskursmodell vorgestellt: »[...] We have to *modulate* the idea of rationally motivated agreement beyond Habermas's basic distinction between a strategically motivated compromise of interests and an argumentatively achieved consensus on validity.«[79]

Eine an die Diskursethik *anschließende* Diskurstheorie des Rechts wird hingegen am Diskursmodell festhalten. Sie erklärt die Differenz zwischen dem normativen Geltungsanspruch moralischer Regeln und dem Legitimationsanspruch von Rechtsnormen damit, daß in eine präsumtiv vernünftige politische Willensbildung des Gesetzgebers keineswegs nur moralische (und ethische) Gründe einfließen, sondern vor allem Programme und Zielsetzungen, die aus mehr oder weniger fairen Kompromissen, sowie Informationen und Voraussagen, die aus mehr oder weniger strittigen Expertendiskussionen hervorgehen. Eine kollektive Willensbildung dieser Art hätte in dem Maße die Vermutung der Vernünftigkeit für sich, wie sie sich allgemein in diskursiven Formen vollziehen könnte. Die Idee des Rechtsstaates läßt sich dann aus der Absicht verstehen, die anspruchsvollen Kommunikationsvoraussetzungen und Prozeduren eines nach Fragestellungen differenzierten Netzwerkes von Argumentationen und Verhandlungen rechtlich zu institutionalisieren. Dann muß nämlich die für die Durchsetzung des Diskursprinzips in Dienst genommene politische Macht selbst diskursiv gezähmt werden.

79 McCarthy (1991), 196.

Diesen theoretischen Ansatz werde ich an anderer Stelle ausführen; hier interessiert mich nur der Grund, warum McCarthy die Alternative zwischen Gewalt und rational motivierter Verständigung für unvollständig hält. Mit der demokratischen Meinungs- und Willensbildung einer pluralistischen Gesellschaft kommt nach seiner Meinung ein drittes Element ins Spiel, ebenjener legitime Zwang, den McCarthy allerdings nur mit dem Hinweis auf die rechtsförmige Natur einer institutionell geregelten majoritären Beschlußfassung illustriert. Als Grund nennt er vor allem die Inkommensurabilität von Wertstandards, Weltanschauungen, evaluativen Sprachen und Traditionen, die der in moralischen Begründungsdiskursen vorgenommenen Interessenverallgemeinerung enge Grenzen ziehen: »The success of Habermas's universalization principle in getting from multifarious ›I wants‹ to a unified ›we will‹ depends on finding ›universally accepted needs.‹ The argument [...] suggests that this may not be possible when they are fundamental divergences in value orientations. The separation of formal procedure from substantive content is never absolute: we cannot agree on what is just without achieving some measure of agreement on what is good. But practical discourse is conceived by Habermas to deal precisely with situations in which there is an absence of such agreement, that is, when there is a need to regulate matters concerning which there are conflicting interests and values, competing conceptions of the good.«[80]

Natürlich weiß McCarthy, wie man auf diesen Einwand aus der Sicht der Diskursethik erwidern kann. Bedürfnisinterpretationen sind kein Letztes, sondern hängen von evaluativen Sprachen und Traditionen ab, die intersubjektiv geteilt werden und niemandes Privateigentum sind. Deshalb ist auch die sprachkritische Erneuerung des Vokabulars, in dessen Licht wir unsere Bedürfnisse interpretieren, eine öffentliche, gegebenenfalls diskursiv zu verhandelnde Angelegenheit. Nun ha-

---

80 Ebd., 191 f.

ben wir es aber in modernen Gesellschaften mit einem nicht nur unvermeidlichen, sondern sogar wünschenswerten Pluralismus von Lebensformen – und einer fortschreitenden Individualisierung von Lebensentwürfen – zu tun; und die machen es, wie McCarthy betont, immer unwahrscheinlicher, daß wir uns in solchen Kontroversen auf gemeinsame Interpretationen einigen. Wir können immer seltener auf Erfahrungen und einleuchtende Beispiele rekurrieren, die für *verschiedene* Gruppen und Individuen *dieselbe* Bedeutung haben. Wir dürfen immer weniger damit rechnen, daß dieselben Gründe im Lichte verschiedener Relevanzsysteme für verschiedene Individuen und Gruppen dasselbe Gewicht haben.

Allerdings stellt dieser Umstand den universalistischen Ansatz der Diskursethik weniger in Frage, als er ihn bestätigt. Je mehr sich nämlich Gleichheitsgrundsätze in der gesellschaftlichen Praxis durchsetzen, um so vielfältiger differenzieren sich die Lebensformen und Lebensentwürfe voneinander. Und je größer diese Vielfalt, eine um so abstraktere Gestalt müssen die Regeln und Prinzipien annehmen, welche die Integrität und gleichberechtigte Koexistenz der füreinander immer fremder werdenden, auf Differenz und Andersheit beharrenden Subjekte und Lebensweisen schützen. Gewiß schrumpft das Universum derjenigen Fragen, die sich unter dem moralischen Gesichtspunkt rational beantworten lassen, im Zuge einer Entwicklung zur multikulturellen Gesellschaft im Inneren und zur Weltgesellschaft im internationalen Verkehr. Aber um so relevanter wird die Lösung dieser wenigen und nur um so schärfer fokussierten Fragen für das Zusammenleben, ja Überleben auf dem enger werdenden Globus. Wie umfangreich der Bereich strikt verallgemeinerbarer Interessen ist, bleibt eine empirische Frage. Nur wenn man grundsätzlich zeigen könnte, daß moralische Diskurse trotz des wachsenden Konsenses beispielsweise über Menschenrechte und Demokratie *leerlaufen* müssen, weil sich gemeinsame Interessen im Lichte inkommensurabler Sprachen *überhaupt nicht mehr* identifizieren lassen, wäre der Versuch einer deontologischen Entkoppelung der Gerechtigkeitsfragen von den je kontextabhängigen Fragen des guten Lebens gescheitert.

Diese Überlegung führt uns zu einem Thema zurück, das wir unter anderen Prämissen im Zusammenhang mit Taylors universalistischer Güterethik schon berührt haben. Der Vorrang des Gerechten vor dem Guten ist auch der zentrale Streitpunkt in der Auseinandersetzung der Kommunitaristen mit den Liberalen.[81] Unter *sozialontologischen* Aspekten braucht uns diese verzweigte Debatte hier nicht zu interessieren; denn die kommunitaristischen Einwände gegen individualistische Begriffe der Person oder gegen instrumentalistische Begriffe der Gesellschaft treffen nicht die der Theorie des kommunikativen Handelns entnommenen Grundbegriffe der Diskursethik. Diese nimmt insofern eine Zwischenstellung ein, als sie mit den »Liberalen« das aus der Kantischen Tradition hervorgehende deontologische Verständnis von Freiheit, Moralität und Recht, mit den Kommunitaristen das aus der Hegelschen Tradition hervorgehende intersubjektivistische Verständnis von Individualisierung als Vergesellschaftung teilt.[82] Die Priorität des Gerechten vor dem Guten wird aber vor allem unter *epistemologischen* Aspekten bestritten. In dieser Hinsicht setzt sich die Diskursethik nicht weniger als die liberalen Gerechtigkeitstheorien Einwänden aus, die sich auf die Kontextabhängigkeit und Traditionsverwurzelung *aller*, auch der prozeduralen Fassungen von Gerechtigkeit und praktischer Vernunft berufen. Die Kontextualisten behaupten, daß sich hinter den vermeintlich allgemeinen und neutralen Erklärungen des moralischen Gesichtspunktes und der Gerechtigkeitsperspektive *immer* besondere, von bestimmten evaluativen Sprachen und

---

81 C. Taylor, »The Liberal-Communitarian Debate«, in: N. Rosenblum (Hg.), *Liberalism and the Moral Life*, Cambridge (Mass.) 1989.
82 S. Benhabib, »Autonomy, Modernity and Community«, in: Honneth et al. (Hg.), *Zwischenbetrachtungen*, Frankfurt/M. 1989, 373-394; dies., »In the Shadow of Aristotle and Hegel: Communicative Ethics and the Current Controversy in Practical Philosophy«, *Philosophisches Forum*, 21, 1989/90, 1-31; K. Baynes, »The Liberal-Communitarian Controversy and Communicative Ethics«, *Philosophy and Criticism*, 14, 1988, 293-315.

Überlieferungen imprägnierte Weltdeutungen verbergen. Diese Kontextabhängigkeit dementiere die behauptete Unabhängigkeit des Allgemeinen vom Besonderen und damit die Priorität des Gerechten vor dem Guten.

(b) J. Rawls hat im Laufe der 80er Jahre und zusammenfassend in der kurzen »Neufassung« seiner Theorie[83] auf die kontextualistischen Bedenken zugleich in defensiver und in offensiver Weise reagiert. Einerseits hat er seinen unter Fundamentalismusverdacht geratenen Anspruch der Begründung eines universal gültigen Gerechtigkeitskonzepts zurückgenommen. Die Theorie der Gerechtigkeit soll jetzt nur noch die besten normativen Intuitionen der westlichen Überlieferungen politischen Denkens in systematischer Absicht rekonstruieren. Freilich läßt Rawls die Frage offen, ob die rekonstruktiv begründeten Gerechtigkeitsprinzipien nur für die durch *seine* politisch-kulturellen Traditionen geprägten Gesellschaften gelten sollen – oder für moderne Lebensverhältnisse überhaupt, also für *alle modernen* Gesellschaften, unangesehen ihrer kulturellen Prägung und Herkunft. Andererseits gesteht Rawls dem Kontext unserer Überlieferungen nur den Stellenwert eines informativen Hintergrundes zu. Dieser intuitive Hintergrund bestimmt die hermeneutische Ausgangssituation für die Beschreibung eines hypothetischen Urzustandes, unter dessen normativen Beschränkungen, wie schon erwähnt, die Parteien lebensformneutrale Gerechtigkeitsprinzipien begründen können. Diese Beschränkungen nötigen zur Abstraktion von allen umfassenden Selbst- und Weltdeutungen, in denen sich die je verschiedenen Konzeptionen des Guten artikulieren. Über die Spezifizierung der in die Bedingungen des Urzustandes eingebauten Gerechtigkeitsperspektive bleibt unsere Tradition sozusagen unthematisch im Rücken der Parteien wirksam. Aber weder eigene noch fremde Traditionen können innerhalb des Urzustandes zum Thema gemacht werden, es sei denn unter dem anonymen Begriff von »comprehensive doctrines« über-

---

83 J. Rawls, *Justice as Fairness: A Briefer Restatement*, Ms. 1989, Seitenzahlen in Klammern beziehen sich auf diesen Text; vgl. auch Rawls (1985).

haupt. Dies ist der inhaltlich unausgefüllte Komplementärbegriff zu dem Konzept von Gerechtigkeit, das Rawls wegen seiner Indifferenz gegenüber solchen Weltbildern »political, not metaphysical« nennt.

In einem weiteren Schritt prüft Rawls, ob diese Abstraktion möglich ist und ob sie sich auszahlt. Die im Urzustand begründeten Gerechtigkeitsprinzipien dürfen ja nicht in der Luft hängen, sie müssen auch praktiziert werden können – unter »die Kunst des Möglichen fallen«. Es gehört zum Design einer »wohlgeordneten Gesellschaft«, daß sich deren *ideale* Bürger gegenüber Institutionen, die sie nach Voraussetzung als legitim anerkennen, auch loyal verhalten – zumal dann, wenn die gerechten Praktiken einen Erfahrungskontext bilden, in dem sich mit jeder neuen Generation auch der Sinn für Loyalität erneuert. Aber die *realen* Bürger zeitgenössischer liberaler Gesellschaften sind Wesen aus Fleisch und Blut, die in je verschiedenen Traditionen und Lebensformen aufgewachsen sind und ihr Selbstverständnis konkurrierenden Weltdeutungen verdanken. Die politische Öffentlichkeit, in der sie sich zu einem Publikum von Staatsbürgern zusammenfinden, ist durch einen Pluralismus von Glaubensmächten und Interessenlagen, eben durch jenes Nebeneinander und Gegeneinander von kulturellen Lebensformen und individuellen Lebensentwürfen, gekennzeichnet, auf das McCarthy sein Bedenken stützt. So kann die Theorie der Gerechtigkeit erst dadurch einen realistischen Zuschnitt gewinnen, daß sie sich im ganzen reflexiv einholt und die Bedingungen ihrer eigenen Akzeptabilität klärt. In einem selbstbezüglichen Argumentationsschritt muß sie plausibel machen, daß die von ihr geleistete Begründung der Gerechtigkeitsgrundsätze in der Arena eines *vorgefundenen* Staatsbürgerpublikums auf Zustimmung rechnen darf: »justice as fairness is not reasonable unless in a suitable way it generates its own support by redressing each citizen's reason, as explained in its own framework.« (141).

Nach allem, was über die im Urzustand strukturell erzwungene Abstraktion von umfassenden Selbst- und Weltdeutungen gesagt worden ist, kann Rawls' Antwort nicht überraschen: ein in Unkenntnis des Inhalts konkurrierender Weltanschauungen entwickeltes Gerechtigkeitskonzept wird eine Schnittmenge von normativen Aussagen bilden, in der die divergierenden Wertorientierungen der umfassenden Doktrinen übereinkommen. Im öffentlichen Diskurs von Staatsbürgern, die sich gegenseitig von der Richtigkeit ihrer politischen Auffassungen zu überzeugen versuchen, wird sich im Hinblick auf die gerechtigkeitstheoretisch begründeten Grundsätze ein »overlapping consensus« herstellen.

Gegen diesen Vorschlag könnte ein Kontextualist einwenden, daß Rawls die zwischen ihnen kontroverse Frage präjudiziert, indem er zwei Voraussetzungen macht, die spezifisch mit dem Begriff »moderner« Gesellschaften verknüpft sind. Die eine Voraussetzung ist empirischer Art. In modernen Gesellschaften hat sich nicht nur eine *politische Ordnung* ausdifferenziert, die auf wahrnehmbare Weise gegenüber anderen sozialen Handlungssystemen selbständig ist; mit ihr hat sich auch eine auf Fragen der politischen Gerechtigkeit spezialisierte *Wertsphäre* herausgebildet. Diese Annahme ist empirisch gut belegt; sie hat freilich auch strittige konzeptuelle Implikationen: »Taking the political as a distinctive domain, let's say that a political conception formulating its basic characteristic values is a *free-standing* view. This means two things: first, that it is framed to apply in the first instance to the basic structures of society *alone*; and second, that it formulates the characteristic political values independent of non-political values and indeed of any *specific* relationship to them.« (133) Die andere Voraussetzung ist konzeptueller Natur und verdient in unserem Zusammenhang besonderes Interesse. Ein nachmetaphysisches Gerechtigkeitskonzept ist keineswegs mit allen umfassenden Doktrinen vereinbar, sondern nur mit nicht-fundamentalistischen Weltauslegungen: »While an overlapping consensus may obtain between not unreasonable comprehensive doctrines, when is a comprehensive doctrine not unreasonable or simply reasonable?

[...] A reasonable doctrine must recognize the burdens of reason.« (139)
Moderne Weltdeutungen müssen sich auf die Bedingungen nachmetaphysischen Denkens insofern einlassen, als sie den Umstand reflektieren, daß sie mit anderen Weltdeutungen innerhalb desselben Universums von Geltungsansprüchen konkurrieren. Dieses reflexive Wissen um die Konkurrenz gleichursprünglich miteinander kämpfender »Götter und Dämonen« erzeugt ein Bewußtsein ihrer Fallibilität und bricht die Naivität des geradehin auf absolute Wahrheitsansprüche gegründeten dogmatischen Glaubensmodus. Die »Bürden der Vernunft« anzuerkennen bedeutet zu wissen, daß Proponenten und Opponenten im Streit um substantielle Weltanschauungen – for the time being – gleichermaßen gute Gründe dafür haben können, daß sie keinen Konsens erzielen können und strittige Geltungsansprüche dahingestellt sein lassen. Dieser Fallibilismus stützt sich auf die Unbestimmtheit des diskursiven Verfahrens, auf die lokale Begrenztheit verfügbarer Informationen und Gründe, überhaupt auf die Provinzialität unseres endlichen Geistes gegenüber der Zukunft. Unter diesen Bedingungen besteht keine Gewähr dafür, daß jederzeit ein rational motiviertes Einverständnis erreicht werden könnte. Die Idee der »vernünftigen Nicht-Übereinstimmung« erlaubt ein Dahingestelltseinlassen von Wahrheitsansprüchen bei gleichzeitigem Festhalten an deren unbedingtem Charakter. Wer sich in diesem Bewußtsein auf die Koexistenz einstweilen konkurrierender Weltdeutungen einläßt, gibt keineswegs seine resignierte Zustimmung zu einem bloßen modus vivendi; bei Aufrechterhaltung der eigenen Geltungsansprüche verschiebt er lediglich die prinzipiell offengehaltene Möglichkeit des Konsenses auf eine unbestimmte Zukunft.
Das Modell, das Rawls vor Augen steht, ist freilich nicht die durch Standards wissenschaftlicher Rationalität geregelte Paradigmenkonkurrenz, also der Fallibilismus der Erfahrungswissenschaften, sondern die Entkoppelung religiöser Bekenntnisse von der Sanktionsgewalt des Staates und deren

Koexistenz unter Bedingungen religiöser Toleranz. Aber nicht dieses Prinzip, das ja im Urzustand begründet werden kann, muß Rawls voraussetzen. Was Rawls mit dem Begriff des »überlappenden Konsenses« tatsächlich präjudiziert, ist die Unterscheidung zwischen modernen und vormodernen Gestalten des Bewußtseins, zwischen »vernünftigen« und »dogmatischen« Weltdeutungen. Die modernen Bewußtseinsinformationen leisten nicht etwa Verzicht auf Interpretationen der Welt im ganzen, also auf »comprehensive doctrines« überhaupt. Sie sind aber durch jene Art von Reflexivität ausgezeichnet, die es uns erlaubt, eine Außenperspektive gegenüber eigenen Traditionen einzunehmen und diese zu anderen Traditionen in Beziehung zu setzen. Ob wir die Tradition, in der sich unsere eigene Identität gebildet hat, in dieser Weise *überschreiten* können, hängt von einer starken Prämisse ab, die keineswegs trivial ist und dem Kontextualisten Grund gibt, einzuhaken und seine Bedenken zu präzisieren. Es muß eine gemeinsame Basis geben, auf der eine Verständigung zwischen *füreinander* fremden Kulturen, Glaubensmächten, Paradigmen und Lebensformen möglich ist – also eine Übersetzung *zwischen* verschiedenen evaluativen Sprachen und nicht nur eine auf wechselseitige Beobachtung fremder Kulturen gestützte Kommunikation unter Angehörigen *derselben* Sprachgemeinschaft. Die Sprachen und Vokabulare, in denen wir unsere Bedürfnisse interpretieren und unsere moralischen Gefühle explizieren, müssen füreinander porös sein; sie dürfen nicht derart in monadisch geschlossene und von innen unüberschreitbare Kontexte eingelassen sein, daß sie die darin einsozialisierten und eingeborenen Subjekte *gefangensetzen*.
Rawls kann die These vom Vorrang des Gerechten vor dem Guten mit dem Konzept des überlappenden Konsenses nur verteidigen, wenn es zutrifft, daß die unter modernen Bedingungen reflexiv gewordenen nachmetaphysischen Weltdeutungen den dogmatisch befestigten fundamentalistischen Weltbildern epistemisch überlegen sind; ja, daß sich eine solche Unterscheidung überhaupt trennscharf ziehen läßt. Andernfalls ist jede

Disqualifizierung »unvernünftiger« Doktrinen, die mit dem vorgeschlagenen »politischen« Gerechtigkeitskonzept nicht in Übereinstimmung zu bringen sind, unzulässig. Diese Differenzierung zwischen einem modernen und einem traditionalen Weltverständnis ist nur möglich, wenn konkurrierende Weltauslegungen nicht überhaupt inkommensurabel sind, wenn wir uns wenigstens intuitiv auf kontextübergreifende Rationalitätsunterstellungen verlassen dürfen, die Übersetzungen von einem Kontext in den anderen überhaupt zulassen. Genau das bestreitet der starke Kontextualismus. Ihm zufolge gibt es keine »Rationalität« in der Einzahl. Nach dieser Auffassung wohnen verschiedenen Kulturen, Weltbildern, Traditionen oder Lebensformen je besondere »Rationalitäten« inne. Jede von ihnen soll mit dem Kontext eines besonderen Weltverständnisses intern verschränkt sein.

Das berührt eine zwischen Anthropologen, Soziologen und Philosophen seit zwei Jahrzehnten geführte Rationalitätsdebatte, an der sich auch Rorty, Davidson und Putnam beteiligt haben. In unserem Zusammenhang will ich mich auf das jüngste Buch von A. MacIntyre beschränken, der seine Version eines starken Kontextualismus anhand verschiedener in der philosophischen Tradition entfalteter Gerechtigkeitsbegriffe begründet.

12. A. MacIntyre untersucht die Gerechtigkeitskonzepte von drei, auf Aristoteles, auf Augustin und Thomas sowie auf die schottische Moralphilosophie zurückgehenden philosophischen Überlieferungen, um diese klassischen Begriffe den spezifisch modernen, etwas pauschal dem »Liberalismus« zugeschlagenen Grundvorstellungen von Moral und Politik gegenüberzustellen.[84] Der Liberalismus verhält sich nicht nur gegenüber den konkurrierenden Theorien, sondern gegenüber Tradition als solcher kritisch, um seine eigenen Rationalitätsbegriffe und Prinzipien als allgemeinverbindlich ausgeben zu können. Nach MacIntyres Auffassung verschleiert dieser

---

84 A. MacIntyre, *Whose Justice? Which Rationality?*, Notre Dame (Indiana) 1988. Seitenzahlen beziehen sich auf den angegebenen Text.

abstrakte Universalismus den Umstand, daß der Liberalismus inzwischen selbst zu einer – uneingestandenen – Tradition geworden ist. Jede dieser Traditionen ist aber mit einer besonderen Sprache und einer lokalen Lebensform so verwoben, daß sich praktische Vernunft und politische Gerechtigkeit jeweils nur aus einer der den verschiedenen Traditionen eingeschriebenen Perspektive begreifen lassen. Es gibt keinen Standpunkt außerhalb des Kontextes einer jeweils bestimmten Tradition, von dem aus eine vernünftige Bewertung dieser Explikationsvorschläge und Theorien vorgenommen werden könnte.
Blindheit gegenüber dieser Tatsache ist für moderne Bewußtseinsformen, wie MacIntyre am Beispiel des Liberalismus zeigen will, konstitutiv. Diese Befangenheit erklärt er aus der Struktur eines Sprachspiels, das den transzendentalen Schein des universalistischen Selbstmißverständnisses einer philosophischen Tradition erzeugt, welche Tradition als solche verleugnet. Den grammatischen Boden dieses bodenlosen Universalismus bildet eine der sogenannten »internationalen Sprachen«. Diese haben sich – wie das Wissenschafts-Amerikanisch – als lingua franca eingebürgert und führen die Suggestion mit sich, daß sie ein Medium darstellen, in das beliebige Äußerungen, auch aus noch so fremden Traditionen, umstandslos übersetzt werden können. Internationale Sprachen dieser Art üben auf ihre Benutzer einen grammatischen Zwang zur kontextneutralisierenden Aneignung fremder Traditionsgehalte aus. MacIntyre erklärt auch jenes historistische Bewußtsein, das schon Nietzsche in seiner zweiten »Unzeitgemäßen Betrachtung« als antiquarische Geschichtsschreibung denunziert hat, als grammatische Illusion: »When texts from traditions with their own strong, substantive criteria of truth and rationality, as well as with a strong historical dimension, are translated into such languages, they are presented in a way that neutralizes the conceptions of truth and rationality and the historical context [...]. The distortion by translation out of context – from which the distorted texts are taken – is of course apt to be invisible to those whose first language is one

of the international languages of modernity.« (384) Internationale Sprachen präjudizieren das Selbstverständnis der Lebensformen, für die sie konstitutiv sind. Die Reflexivität der modernen Weltdeutungen begründet deshalb nicht, wie Rawls und die liberale Tradition unterstellen, eine Überlegenheit gegenüber dem traditionalen Weltverständnis. Weil sie parasitär von *uneingestandenen* Traditionen leben, bilden sie ihrerseits degenerierte Formen der Weltauslegung. Sie stülpen den historistisch entwurzelten Söhnen und Töchtern der Moderne ein falsches ontologisches Vorverständnis über – einen »bodenlosen Kosmopolitismus«, der sie dazu bringt, ihre eigenen Rationalitätsmaßstäbe zu verabsolutieren und sich alles Fremde kontextblind zu assimilieren. Die liberalen Bewohner der modernen Welt haben keinen Sinn für das in fremden Traditionen schlechthin Unzugängliche und rechnen gerade deshalb nicht mit der Möglichkeit, daß sie von fremden Kulturen etwas *lernen* könnten. Der abstrakte Universalismus ist nur die Kehrseite eines alles objektivierenden Historismus.

MacIntyre verschweigt freilich seinerseits, daß sich diese Zeitdiagnose auf den ausgetretenen Pfaden der Kulturkritik deutscher Mandarine bewegt. Wenn die Diagnose mehr ausdrükken soll als nur das Unbehagen eines gebildeten europäischen Geistes an »Amerikanismus« und »flacher« Aufklärungskultur, bedarf sie einer systematischen Begründung. Dazu macht MacIntyre in den drei letzten Kapiteln seines Buches einen interessanten Vorschlag. Seine Argumentation ist durch eine doppelte Frontstellung gekennzeichnet. Auf der einen Seite geht MacIntyre, gegen den vermeintlich abstrakten Universalismus der Aufklärung, (a) von der These aus, daß es keine kontextübergreifende Rationalität gibt, sondern nur traditionsabhängige Rationalitäten. Auf der anderen Seite begründet er, gegen einen performativ selbstwidersprüchlichen Relativismus, (b) die These, daß eine fruchtbare Kommunikation zwischen derart in sich zentrierten Überlieferungen ebenso möglich ist wie das Lernen von fremden Traditionen überhaupt. Aus der Perspektive unserer je eigenen Kultur halten wir an der Unbedingtheit von Geltungsansprüchen fest; wir nehmen unsere Argumentations- und Forschungspraxis ernst und müssen unsere Praktiken der Rechtfertigung und Kritik nicht, wie Rorty es möchte, bloß als zufällige soziale Konventionen betrachten. Im folgenden möchte ich prüfen, ob die erste – kontextualistische – These mit der zweiten – antirelativistischen – These vereinbar ist.

MacIntyre geht in zwei Schritten vor. Zunächst zeigt er, in welchem Sinne wir von der Rationalität einer – jeweils einer – Tradition sprechen können, ohne jenes Moment Unbedingtheit leugnen zu müssen, das wir in jeder Tradition mit Geltungsbegriffen unvermeidlich verbinden. Sodann will er begründen, wie eine Kommunikation zwischen einander fremden Traditionen möglich ist, ohne dafür einen kontextübergreifenden Rationalitätsbegriff zu postulieren. MacIntyre entwirft von der Konkurrenz zwischen umfassenden Selbst- und Weltdeutungen ein *anderes Bild* als Rawls. An die Stelle einer gleichberechtigten Koexistenz von starken Doktrinen mit je eigenen Konzeptionen des Guten, die sich in einem nachmetaphysischen Gerechtigkeitskonzept überlappen können, sofern sie nur als moderne Gestalten des Geistes Bedingungen der Reflexivität gehorchen, tritt nun das Bild eines wahrheitsorientierten Streites um die Hegemonie der überzeugendsten Tradition, die sich mit ihrem Begriff von praktischer Vernunft, ihren Lebensidealen, ihren verschränkten Konzeptionen des Guten und des Gerechten als *überlegen* erweist. Aussicht auf rationale Überlegenheit hat eine Tradition nur, wenn sie wie alle historisch verwurzelten Traditionen über die Stärke substantieller Weltauslegungen verfügt und sich gegenüber modernen Bewußtseinsformen kritisch verhält.

ad (a) Die Rationalität eines Überlieferungszusammenhanges artikuliert sich in einer endogenen Forschungstradition von der Art, wie MacIntyre sie am Beispiel der vier genannten philosophischen Denkbewegungen untersucht. Forschungstraditionen gehören freilich erst zum dritten Stadium einer immer reflexiver werdenden Tradition. Während des ersten Stadiums wird die Autorität von Lehrmeinungen und Texten noch nicht in Frage gestellt; im zweiten Stadium ist die Arbeit der dogmatischen Durchgestaltung und Systematisierung soweit gediehen, daß Widersprüche und ungelöste Probleme zu Bewußtsein kommen, aber noch nicht methodisch aufgelöst werden können. Erst im dritten Stadium werden Problemlösungen als Lernprozesse wahrgenommen; eigene frühere Auffassungen können nun im Lichte der korrigierten Auffassungen als Fehler kritisiert werden. Aus dieser Perspektive der Aufklärung eigener Irrtümer bildet sich ein Kohärenzbegriff der Wahrheit: wahr ist, was sich im Kontext unserer Überlieferungen dazu eignet, Fehler zu verbessern. Obwohl sich in diesem Wahrheitsbegriff nur die Erfahrung traditionsimmanenter Lernprozesse spiegelt, erheben wir jeweils aus unserer Tradition heraus Wahrheitsansprüche, die für uns absolut gelten; diese besiegeln die Auflösung der einzigen Art von kognitiven Dissonanzen, die sich uns überhaupt aufdrängen können. So gewinnen zwar Rationalitätsmaßstäbe eine bestimmte Bedeutung nur im Kontext einer besonderen Forschungstradition; aber für deren Angehörige haben sie deshalb keine bloß lokale Bedeutung. Sie behalten, wie die Grundbegriffe des Argumentationsspiels im ganzen, einen transzendierenden Sinn: »The concept of truth is timeless.« (363)

Das Wahrheitskonzept ist entscheidend für den interessanten Grenzfall, wo *epistemologische Krisen* nicht mehr durch eine aus den Ressourcen der eigenen Tradition gespeiste Renovierung des grundbegrifflichen Vokabulars, sondern nur noch durch Lernen von einer anderen, als überlegen anerkannten Tradition gelöst werden können. Wenn auch für diesen Fall die Aussage über die Traditionsabhängigkeit von Rationalitäten zutreffen soll, muß die Belehrung durch fremde Traditionen als ein intern motivierter Gestaltwandel und zugleich als *Gestaltsprung* von der einen zur anderen Tradition beschrieben werden.

Die *endogene* Lösung einer epistemologischen Krise erfüllt drei Bedingungen. Sie wird erstens mit Hilfe eines neuen Paradigmas Erklärungen für die im alten Vokabular unlösbaren Probleme ermöglichen; sie wird zweitens aus der Retrospektive die Schranken erkennen lassen, die die Tradition bis zum Zeitpunkt dieser Innovation an einer fruchtbaren Bearbeitung der Probleme gehindert hat; und sie wird schließlich über den Paradigmenwechsel hinweg gewisse Kontinuitäten der Überlieferung sichern: »The first two tasks must be carried out in a way which exhibits some fundamental continuities of the new conceptual and theoretical structures with the shared beliefs in terms of which the tradition of inquiry had been defined up to this point.« (362) Genau diese dritte Bedingung kann aber ein *exogen* ermöglichter Lernprozeß nicht mehr erfüllen: »Derived as it is from a genuinely *alien* tradition, the new explanation does not stand in any sort of substantive continuity with the preceding history of the tradition in crisis. In this kind of situation the rationality of tradition requires an acknowledgement by those who have hitherto inhabited, and given their alegiance to, the tradition in crisis that the alien tradition is superior in rationality and in respect of its claims to truth of their own.« (365) Der Witz dieser Beschreibung besteht darin, daß sich die rationale Diskreditierung der eigenen Tradition noch nach Maßgabe der eigenen Rationalitätsstandards vollzieht, während das Lernen von einer rational überlegenen, fremden Tradition den Vorgang einer Konversion, nämlich die Unterwerfung unter *neue* Rationalitätsstandards voraussetzt. Wenn verschiedenen Überlieferungskontexten verschiedene Rationalitäten innewohnen, kann es zwischen ihnen keine Brücke geben. Der Wechsel zwischen einander ausschließenden Totalitäten erfordert die Veränderung der Identität der lernenden Subjekte. Diese müssen sich im Moment des Übergangs von sich selbst entfremden und im Zuge einer Konversion des Selbst- und Weltverständnisses ihre eigene Vergangenheit im Licht einer anderen, als überlegen anerkannten Tradition verstehen lernen.

Dieses Modell des Lernens von fremden Traditionen setzt sich mindestens drei Einwänden aus. Zunächst ist die Beschreibung zu selektiv. Das Modell trifft allenfalls auf Lernprozesse zu, bei denen der Übergang zu einem neuen Niveau der Begründung die kategoriale Entwertung der bis dahin gültigen *Sorte* von Gründen überhaupt bedeutet – wie etwa beim Übergang von mythischen Erzählungen zu monotheistischen oder kosmologischen Erklärungen aus obersten Prinzipien oder bei der Ablösung religiöser und metaphysischer Weltbilder durch nachmetaphysisches Denken. Die Ethiken, die MacIntyre vorstellt, konkurrieren aber innerhalb desselben Diskursuniversums der abendländischen Philosophie. Sie durchdringen sich immerhin soweit, daß sie voneinander auch ohne Identitätsverlust etwas lernen können. Ferner kann MacIntyre seine eigene – den Vorstellungen der neueren postempirischen Wissenschaftstheorie nachempfundene – Lerntheorie nicht ohne performativen Selbstwiderspruch behaupten. Entweder treffen diese metatheoretischen Aussagen über die Stadien zunehmender Reflexivität von Überlieferungen auf beliebige Traditionen zu; dann können sie nicht aus dem Kontext einer bestimmten Forschungstradition entwickelt worden sein, was der Voraussetzung widerspricht. Oder diese Aussagen verlieren ihren kontextübergreifenden Sinn und haben nur eine lokale Geltung; dann verstrickt sich MacIntyre in eben den Relativismus, dem er mit Hilfe seiner Lerntheorie gerade entgehen möchte. Schließlich ist das vorgeschlagene Konzept eines Lernens durch Konversion in sich selbst nicht konsistent. Die Anerkennung der rationalen Überlegenheit einer fremden Tradition läßt sich ja aus der Sicht der eigenen Tradition nur dann hinreichend motivieren, wenn die lernenden Subjekte die Erklärungskraft beider Traditionen im Hinblick auf *dieselben* Probleme vergleichen können. Genau das ist ihnen verwehrt, weil die Kontexte beider Überlieferungen ohne eine Zone rationaler Überlappung inkommensurabel sind.

ad (b) Diesem letzten Einwand möchte MacIntyre mit einer Theorie »dichter«, aber unvollständiger Übersetzung begegnen. Damit Lernen von einer fremden Tradition möglich ist, müssen beide ohne die Unterstellung gemeinsamer Rationalitätsmaßstäbe miteinander kommunizieren können. Nun dürfen sich »gute« Übersetzungen nicht mit einer wörtlichen Zuordnung von Ausdrücken der einen zu Ausdrücken der anderen Sprache begnügen. Sie müssen vielmehr dem Modell des Erwerbs einer zweiten Erstsprache insoweit folgen, daß sie die interne Vernetzung kommunikativer Äußerungen mit dem Ganzen einer Lebenspraxis berücksichtigen. Das Verständnis einer Sprache setzt mindestens eine virtuelle Teilnahme an den einheimischen Sprachspielen, wenn nicht gar eine zweite Sozialisation in der fremden Lebensform voraus. Die Bedeutung einer kommunikativen Äußerung erschließt sich aus ihren Kontexten. Deshalb vertieft sich das Verständnis einer kommunikativen Äußerung mit dem Eindringen in die kontextbildenden Horizonte der sprachlich strukturierten Lebenswelt, worin die Äußerung situiert ist.

Diese Art der Unterscheidung zwischen ›guten‹ und ›schlechten‹ Übersetzungen trägt alten hermeneutischen Einsichten Rechnung. Sie verliert ihre Trivialität erst mit der weiteren Aussage, daß der Interpret, je besser er seine zweite Sprache beherrschen lernt, um so deutlicher die *Unübersetzbarkeit* ihrer zentralen Bestandteile erkennt: »The characteristic mark [...] is to be able to recognize where and in what respect utterances in the one (language) are untransportable into the other.« (375) Mit Erwerb von mindestens zwei »ersten«, d. h. praktizierten Sprachen und mit dem Einleben in die entsprechenden Praktiken einer weiteren Lebensform wächst der »gute« Übersetzer in eine stereoskopische Doppelperspektive hinein, aus der er »Zonen des Übersetzbaren« soll wahrnehmen können. Er lernt, zwischen beiden Kontexten hin und her zu gehen und erfährt das Scheitern des Versuchs, konstitutive Ausdrücke der einen Sprache in die andere *angemessen* zu übertragen: »You cannot express some of Plato's key thoughts in the Hebrew of Jeremiah or even of the Wisdom literature, but you also cannot express them in Homeric Greek.« (375) Mit diesem intuitiven Hinweis auf »Zonen des Unübersetzbaren« *erläutert* MacIntyre zum einen, wie Angehörige verschiedener, um je eigene Rationalitätskerne kristallisierter Überlieferungen überhaupt miteinander kommunizieren können; und zum anderen will er damit *erklären*, warum sie, wenn sie solche Zonen betreten, die rationale Überlegenheit einer anderen Tradition erkennen können. Indem ein Interpret das Scheitern von Übersetzungsversuchen erfährt, muß er die beiden unvereinbaren Perspektiven einnehmen und die nicht ineinander transformierbaren Bedeutungen gleichwohl verstehen können.

Die Inkonsistenz dieser Erklärung zeigt sich, sobald wir überlegen, was MacIntyre sich selbst an Leistungen zutrauen muß, um seine These der Unübersetzbarkeit überhaupt an Beispielen illustrieren zu können. Die gleich gute Beherrschung zweier in ihrem Kern inkommensurabler Sprachwelten, sagen wir: des biblischen Hebräisch und des klassischen Griechisch, setzt ihn instand, Beispiele aus beiden Sprachen mit Hilfe des Englischen derart zu paraphrasieren, daß dem Leser die Schwierigkeit einer exakten oder wörtlichen Übersetzung plausibel wird. MacIntyre darf freilich solche Paraphrasierungen nicht *als* Übersetzungen verstehen; die umschreibenden Explikationen von unzugänglichen Bedeutungen sollen vielmehr die Unübersetzbarkeit zentraler Ausdrücke demonstrieren. Unter der Bedingung genuiner Zweisprachigkeit macht MacIntyre vermeintlich die Erfahrung einer prinzipiellen Unzugänglichkeit, die er dem Leser in einer dritten Sprache immerhin erläutert. Damit findet aber der Interpret für seine Erfahrung mit dem »schlechthin Anderen« in Zonen, wo sich die den verschiedenen Traditionen jeweils innewohnenden und einander ausschließenden Rationalitäten nicht mehr überlappen, durchaus eine Sprache. *Daß* die Erfahrung der Unübersetzbarkeit nicht sprachlos ist, muß uns stutzig machen.

MacIntyre selbst sieht den naheliegenden Einwand, »that only insofar as we can come to understand what it is that is allegedly inaccessable to us could we have grounds for believing in such inaccessability, and that the acquisition of such understanding is of itself sufficient to show what was alleged to be inaccessable is in fact not so.« Diesen Selbsteinwand weist er folgendermaßen zurück: »If it is the case, that a condition of discovering the unaccessable is in fact a matter of two stages, in the first of which we acquire a second language in-use as a second first language, and only in the second of which can we learn that we are unable to translate what we are now able to say in our second first language into our first first language, then this argument loses all its force.« (387). Die in *diese* Beschreibung ad hoc eingebaute Irreversibilität hat etwas Willkürliches; der für sich genommen zufällige Umstand, daß sich MacIntyre bei seinem eigenen Beispiel einer dritten Sprache, nämlich des Englischen bedient, um die präsumtiv unübersetzbaren Bedeutungen der Ausdrücke aus der ersten und der zweiten Sprache zu paraphrasieren, verrät bereits die konzeptuelle Notwendigkeit eines tertium comparationis, das uns erst erlaubt, die beiden Sprachwelten miteinander *in Beziehung zu setzen*.

Wie müßte ein Subjekt beschaffen sein, das in der Kommunikation mit Angehörigen einer fremden Tradition auf etwas schlechthin Unübersetzbares stößt? Nehmen wir zunächst an, daß sich die Identität des Sprechers, die sich durch primäre Sozialisation, durch das Hineinwachsen in Tradition und Lebensform seiner Muttersprache konstituiert hat, mit dem Erwerb einer zweiten Erstsprache nicht wesentlich ändert. Seine Identität ist, wie wir sagen wollen, inflexibel. Sobald ein Sprecher dieses Typs in Zonen vorstößt, wo sich die Rationalitäten verschiedener Sprachen und Traditionen füreinander als undurchlässig erweisen, sieht er sich vor eine Alternative gestellt. Entweder wechselt er seine Identität, indem er zu einer als rational überlegen anerkannten Sprache, Tradition und Lebensform konvertiert. Oder er erwirbt eine zweite Identität, die er aber mit seiner ersten, dem Herkunftskontext verhafteten Identität nicht vermitteln kann – er erleidet eine Persönlichkeitsspaltung. In beiden Fällen gäbe es kein Subjekt mehr, dem wir die *Erfahrung* des Identitätswechsels oder der Aufspaltung der Identität *zuschreiben* könnten. Etwas Analoges gilt für die Erfahrung der Inkommensurabilität der Sprachwelten und der Unübersetzbarkeit ihrer konstitutiven Ausdrücke – einem Sprecher mit inflexibler, wesentlich in einer Tradition verwurzelter Identität könnten wir eine solche Erfahrung nicht zuschreiben. Im Prozeß der ihm zugeschriebenen Erfahrung würde sich dieser Referent nämlich ändern. Damit der Referent gleichbleibt, müssen wir die Annahmen einer *starren Identität* fallenlassen. Wir machen statt dessen die realistischere Annahme, daß ein Subjekt, welches zwei Sprachen idealiter vollständig beherrschen lernt, aus dem Prozeß des Erwerbs der zweiten Erstsprache mit einer *bilingual erweiterten Identität* hervorgeht. Der Sprecher hat sein Selbst- und Weltverständnis so erweitert, daß er flexibel genug ist, beim Übergang von einer Sprachwelt zur anderen mit sich identisch zu bleiben – und dem Schicksal der Konversion oder gar der Persönlichkeitsspaltung zu entgehen. Eine flexibel aufrechterhaltene Identität setzt ihn in die Lage, die Sprachen und Rationalitäten seiner *beiden* Herkunftswelten, der primären und der sekundären, derart in Beziehung zu setzen, daß beide zu einem erweiterten Horizont möglicher Verständigung verschmelzen. Und nach dieser in eigener Person vollzogenen Horizontverschmelzung kann der bilinguale Sprecher die Schwierigkeiten der Übersetzung von einer Tradition in die andere durch *wechselseitige* Paraphrasierungen – auch in einer dritten Sprache – ausdrükken. Das Problem oder besser: Scheinproblem des schlechthin Unübersetzbaren muß sich aufgelöst haben, bevor wir Zonen mehr oder weniger radikaler Übersetzungs*schwierigkeiten* überhaupt identifizieren können. Das hat Davidson auf andere Weise mit seiner Kritik am Begriffsschema gezeigt.

MacIntyres Rehabilitierung eines starken Begriffs von Tradition speist sich aus kulturkritischen Motiven. Er möchte Studenten – who tend to live betwixt and between traditions – zu Bewußtsein bringen, daß sie ein authentisches Leben nicht führen können ohne die kritische Aneignung substantieller Gehalte einer Tradition, mit der sie sich identifizieren. Diese *pädagogische* Absicht erklärt freilich nicht die Position eines starken Kontextualismus. Dafür genügen auch die Einsichten, die beispielsweise Gadamer mit seiner philosophischen Hermeneutik vermittelt. Demgegenüber betont MacIntyre nicht nur die Bindung eines Interpreten an die Bedingungen seiner hermeneutischen Ausgangssituation, er behauptet darüber hinaus die eigentümliche Asymmetrie einer Verständigungssituation, in der eine Seite von der anderen nur aus einer dem eigenen Kontext verhaftet bleibenden Perspektive (oder durch die Unterwerfung unter eine fremde Perspektive) soll lernen können. MacIntyre scheint alle Interpretationsvorgänge auf *Prozesse der Selbstverständigung* zuzuschneiden. Seine pädagogische Absicht verleitet ihn zur Assimilation des Verstehens beliebiger symbolischer Ausdrücke an die Aufklärung eines existentiellen Selbstverständnisses. Diese *ethische Engführung* seines Begriffs von Interpretation erklärt die ethnozentrische Selbstzentrierung, aus der heraus eine unter MacIntyres Beschreibung fallende Tradition einer anderen nur begegnen kann.

Selbst in den exemplarischen Fällen des interkulturellen Verstehens, wo nicht nur rivalisierende Auffassungen, sondern widerstreitende Rationalitätsstandards aufeinanderprallen, erzwingt jedoch eine unvoreingenommene Verständigung zwischen »uns« und »ihnen« eine *symmetrische Beziehung*. Jene Verschmelzung der Interpretationshorizonte, auf die nach Gadamer jeder Verständigungsprozeß abzielt, darf nicht unter die falsche Alternative, sei es einer Assimilation »an uns« oder einer Konversion »zu ihnen«, gebracht werden. Sie muß als eine durch Lernen gesteuerte Konvergenz »unserer« und »ihrer« Perspektiven beschrieben werden – gleichviel, ob dabei »sie« oder »wir« oder beide Seiten ihre bisher gültigen Praktiken der Rechtfertigung mehr oder weniger reformieren müssen. Denn Konzepte wie Wahrheit, Rationalität oder Rechtfertigung spielen in *jeder* Sprachgemeinschaft, auch wenn sie verschieden interpretiert und nach verschiedenen Kriterien angewendet werden, *dieselbe* grammatische Rolle. Und das genügt, um dieselben universalistischen Begriffe von Moral und

Gerechtigkeit in verschiedenen, ja konkurrierenden Lebensformen zu verankern und mit verschiedenen Konzeptionen des Guten kompatibel zu halten – vorausgesetzt, daß sich die »umfassenden Doktrinen« oder »starken Traditionen« vorbehaltlos auf den Diskurs miteinander einlassen, statt fundamentalistisch auf ihrem Ausschließlichkeitsanspruch zu beharren. In diesem Sinne bietet Rawls' Konzept des überlappenden Konsenses eine mögliche Interpretation des Satzes, daß sich das Allgemeine und das Besondere wechselseitig voraussetzen.

13. Eine deontologisch ansetzende Moraltheorie, die sich auf Fragen der Gerechtigkeit konzentriert, erkauft die präsumtive Allgemeingültigkeit moralischer Urteile mit einem engen Moralbegriff. Damit relegiert sie aber die Fragen des guten oder nicht-verfehlten Lebens keineswegs in einen Bereich jenseits rationaler Erörterung. Sie muß nur behaupten, daß ethische Erörterungen anders als moralische Argumentationen immer schon in den Traditionszusammenhang einer identitätsprägenden, vorgängig akzeptierten Lebensform eingebettet sind. Moralische unterscheiden sich von ethischen Urteilen nur nach dem Grad ihrer Kontextabhängigkeit.

Schwerwiegender sind die Konsequenzen eines engen Moralbegriffs für Fragen der ökologischen Ethik. Der anthropozentrische Zuschnitt scheint Theorien des Kantischen Typs im Ansatz blind zu machen für Fragen, die sich aus der moralischen Verantwortung des Menschen für seine nicht-menschliche Umwelt ergeben. Diese Theorien gehen ja davon aus, daß sich moralische Probleme allein im Umkreis sprach- und handlungsfähiger Subjekte stellen, weil wir, wie Günther Patzig feststellt, »als Mitglieder einer Gemeinschaft von Menschen auf die Zusammenarbeit und den Konsens mit anderen bezogen und angewiesen sind«. Nun sind es aber nicht nur sprach- und handlungsfähige Subjekte, sondern auch Tiere, auf die sich unsere moralischen Gefühle, Urteile und Handlungen richten. Patzig hat das Verdienst, sich den drängenden ökologischen Fragen des Tierschutzes und der Erhaltung der

Arten zu stellen, ohne die Grenzen einer »Ethik ohne Metaphysik« zu überschreiten. Wie im Falle der Erweiterung des Spektrums der Gerechtigkeitsfragen um Fragen des guten Lebens geht es auch hier um eine Ergänzung der im engeren Sinne moralischen – auf vernünftige oder mindestens potentiell vernünftige Subjekte eingeschränkten – Fragen um Fragen eines anderen Typs. Gibt es eine Verantwortung gegenüber der Natur, die unabhängig von der Verantwortung für die lebende und zukünftige Menschheit besteht? Welcher Art ist insbesondere unsere Verpflichtung zum Schutz der Tiere?[85]

Patzig bezeichnet die Verlegenheit, in die eine anthropozentrische Moraltheorie beim Versuch, etwa den Tierschutz moralisch zu begründen, gerät: »Wie steht es mit der Erweiterung des Geltungsbereichs unserer moralischen Verpflichtungen über den Kreis der Menschheit hinaus auf alle Lebewesen, die Leid und Schmerz, aber auch Lust empfinden können? Hier liegt eine deutliche Schranke [...]. Denn Tiere können nicht mit uns in eine Beziehung prinzipieller Gegenseitigkeit eintreten, wie sie unser Verhalten zu Menschen bestimmt.«[86] Andererseits sprechen unsere moralischen Intuitionen eine unmißverständliche Sprache. Wir spüren untrüglich, daß die Vermeidung von Grausamkeit gegenüber allen leidensfähigen Kreaturen nicht nur aus Klugheitsgründen und auch nicht nur um unseres guten Lebens willen, sondern moralisch geboten ist. Wir können uns die Sache auch nicht mit Kant so zurechtlegen, daß wir zwar Pflichten in bezug auf, aber nicht *gegenüber* Tieren haben. Die Tiere treten uns als versehrbare Kreaturen entgegen, die wir in ihrer physischen Integrität *um ihrer selbst willen* schonen müssen.

85 D. Birnbacher, »Sind wir für die Natur verantwortlich?«, in: ders., *Ökologie und Ethik*, Stuttgart 1980, 72.
86 G. Patzig, »Ökologische Ethik – innerhalb der Grenzen bloßer Vernunft«, in: H.J. Elster (Hg.), *Umweltschutz – Herausforderung unserer Generation*, Studienzentrum Weikersheim, 1984, 67. Patzig vertritt in der Ethik einen utilitaristische Argumente einbeziehenden Kantischen Ansatz, vgl. ders., *Ethik ohne Metaphysik*, 2. Aufl., Göttingen 1983.

Dem Begründer des Utilitarismus, Jeremy Bentham, war die Antwort auf die Frage nach Umfang und Anwendungsbereich moralischer Verpflichtungen nicht schwergefallen: »The question is not, Can they reason? nor, Can they talk? but, Can they suffer?«[87] Allein, wie ist eine solche utilitaristische Antwort mit einem anthropozentrischen Ansatz zu vereinbaren, wenn Pflichten im strikten Sinne nur aus Regeln resultieren können, die sich vernünftige Subjekte aus Einsicht auferlegen? Gültige Normen verdienen die intersubjektive Anerkennung aller potentiell Betroffenen, weil diese sich als Argumentationsteilnehmer davon überzeugen könnten, daß diese Normen im gleichmäßigen Interesse aller liegen. Nun sind Tiere nicht Wesen von der Art, daß sie »mit uns in eine Beziehung prinzipieller Gegenseitigkeit treten könnten«. Welchen Status haben dann aber Pflichten, die uns als Adressaten gültiger Normen eine bestimmte Verantwortung nicht nur *für* oder *in Ansehung* von Tieren, sondern diesen Tieren selbst gegenüber auferlegen – wenn doch Tiere ihrerseits dem Kreis möglicher Normadressaten nicht angehören?

Patzig löst die Symmetrie zwischen Pflichten und Rechten, die auf der Basis einer wechselseitigen Anerkennung von mindestens potentiell freien und gleichen Subjekten eine begriffliche Notwendigkeit ist, kurzerhand auf und bestimmt den Status von Pflichten gegenüber Tieren asymmetrisch: »Tiere haben keine Rechte gegenüber dem Menschen, aber Menschen haben Pflichten gegenüber den Tieren.«[88] Zugleich öffnet er die Tür für eine Gradualisierung von Pflichten, die mit dem binär kodierten Geltungssinn strikter Pflichten unvereinbar ist. Pflichten sollen um so schwerer wiegen, je größer die Schmerzempfindlichkeit der Tiere ist. Damit verändert sich aber das Konzept der Pflicht: es geht nicht mehr um Pflichten im deontologischen Sinn, sondern um die komparative Vorzugswürdigkeit von Gütern. Deshalb liegt die Konsequenz nahe, Fragen

---

87 J. Bentham, *An Introduction to the Principles of Morals and Legislation*, Oxford 1789, Kap. 17, 1, §4, Fn.
88 Patzig (1984), 74.

der Umweltethik ebenso wie ethische Fragen der persönlichen Lebensführung einer anderen, nämlich teleologischen Betrachtungsweise zu überlassen – und allein die Probleme des wohlgeordneten Zusammenlebens von Personen dem deontologischen Ansatz vorzubehalten.

Nun leuchtet die Ausgliederung von ethischen Fragen aus dem Bereich von moralischen oder Gerechtigkeitsfragen gewiß ein, weil die Frage, was aufs ganze gesehen gut ist für mich oder für uns, bereits so formuliert ist, daß sie eine Antwort erwarten läßt, die einen auf vorgängige Lebensentwürfe und Lebensformen relativen Geltungsanspruch stellt. Identitätsprägende Werte und Ideale können uns nicht in demselben Sinne wie moralische Normen *verpflichten*; ihnen fehlt die *Unbedingtheit* eines kategorischen Sollens. Aber Tieren gegenüber fühlen wir uns kategorisch verpflichtet. Jedenfalls hat der Abscheu gegen Tierquälerei eine größere Verwandtschaft mit der Empörung über eine Verletzung moralischer Gebote als mit der bedauernden oder abschätzigen Einstellung gegenüber Personen, die, sagen wir, aus ihrem Leben nichts Rechtes machen oder ihr Leben, nach ihren eigenen Maßstäben der Authentizität, verfehlen. Wir »sollen« Tiere nicht brutal vernachlässigen oder gar grausam quälen.

Um dieser Intuition gerecht zu werden, macht Patzig den Versuch, das zunächst utilitaristisch begründete Gebot des Tierschutzes an die deontologische Theorie *anzuschließen*: »Unsere Theorie einer Vernunftmoral erklärt die Norm, unnötiges Leiden von Tieren zu vermeiden, auf andere Weise: Jeder von uns weiß, was Leiden und Schmerzen sind, und erwartet von allen anderen Menschen, daß sie sein lebhaftes Interesse, sie möglichst zu vermeiden, achten. Nun wäre es aber nicht vernünftig, einen radikalen Unterschied zwischen Menschen und nichtmenschlichen Lebewesen zu machen, solange diese sich so verhalten, daß wir annehmen müssen, auch sie können Leid und Schmerz empfinden. *So* erweitert sich das Verbot willkürlicher Schmerzzufügung und brutaler Vernachlässigung über den Bereich der Menschen hinaus auf das Gebiet nicht-menschlicher

Lebewesen.«[89] Bedauerlicherweise verdeckt das »So« ein Nonsequitur; aus dem Prinzip der Verallgemeinerung folgt nämlich nicht, daß ich die Norm, anderen keinen Schmerz zuzufügen, auf *alle* schmerzempfindlichen Kreaturen ausdehnen soll, solange dieses Prinzip nur die gleichmäßige Berücksichtigung der Interessen all derer verlangt, von denen wir unterstellen dürfen, daß jeder von ihnen die Perspektive aller anderen einzunehmen fähig ist. Denn ohne deren potentielles »Ja« oder »Nein« kann nicht geprüft werden, ob eine solche Norm die Zustimmung aller finden könnte und somit gültig ist. Tiere gehören nun einmal nicht, wie Patzig richtig betont, »zu den Partnern des Kontrakts auf Gegenseitigkeit, der der menschlichen Moral zugrunde liegt«.[90]

Andernfalls wäre kaum zu erklären, warum das Gebot, Tiere niemals zu quälen, nicht – wie gegenüber Menschen – auch die weitergehende Pflicht einschließt, ihr Leben zu achten, d.h. Tiere nicht zu töten. Wenn Tiere in *derselben* Weise wie Menschen einen moralischen Anspruch darauf hätten, von den durch Menschen zugefügten Schmerzen verschont zu bleiben, müßte es als paradox erscheinen, daß sie nicht erst recht einen Anspruch darauf haben sollten, von Menschen nicht getötet zu werden. Aber schon die Diskussion über die bedingte Zulässigkeit von Tierexperimenten mit tödlichem Ausgang belehrt uns darüber, daß wir bei der rational begründeten und schmerzlosen Tötung von Tieren den Tatbestand des Mordes nicht erfüllt sehen. Im übrigen scheinen sich alle Nicht-Vegetarier ohne größere Skrupel von Fleisch zu ernähren. Dieses Paradox läßt sich einer Lösung wenigstens näherbringen, wenn wir von der diskursethischen Lesart der Vernunftmoral ausgehen und uns daran erinnern, daß das Gefühl der Pflicht in jenen fundamentalen Anerkennungsverhältnissen seine Basis hat, die wir im kommunikativen Handeln immer schon voraussetzen.

Für soziokulturelle Lebensformen sind jene sozialen Interak-

---

[89] Ebd., 73.
[90] Ebd., 7.

tionen, die über einen verständigungsorientierten Sprachgebrauch laufen, konstitutiv. Diese Art der kommunikativen Vergesellschaftung, durch die die Einzelnen zugleich individuiert werden, begründet eine tiefe Versehrbarkeit, weil sich die Identität der vergesellschafteten Individuen nur auf dem Wege der Integration in immer weitläufigere soziale Abhängigkeiten entwickelt. Die Person bildet nur in dem Maße ein inneres Zentrum aus, kommt erst in dem Maße zu sich selbst, wie sie sich an die kommunikativ hergestellten interpersonalen Beziehungen auch entäußert und sich in ein immer dichteres und subtileres Netz von reziproken Verletzbarkeiten und exponierten Schutzbedürftigkeiten verstrickt. Unter diesem anthropologischen Gesichtspunkt können wir die Moral als diejenige Schutzvorrichtung begreifen, die eine in der soziokulturellen Lebensform selbst angelegte konstitutionelle Gefährdung kompensiert. Moralische Institutionen sagen, wie wir uns gemeinsam verhalten sollen, um durch Schonung und Rücksichtnahme der extremen Verletzbarkeit von Personen entgegenzuwirken. Niemand kann seine Integrität für sich alleine behaupten. Die Integrität der einzelnen Person erfordert die Stabilisierung eines Geflechts symmetrischer Anerkennungsverhältnisse, in denen unvertretbare Einzelne ihre zerbrechliche Identität als Angehörige einer Gemeinschaft *nur gegenseitig* sichern können. Die Moral zielt auf eine in der Struktur sprachlich vermittelter Interaktionen angelegte chronische Anfälligkeit einer persönlichen Integrität, die der handgreiflichen Versehrbarkeit der leiblichen Integrität noch vorausliegt, mit dieser aber verschränkt ist.

Gewiß, bei Tieren verschwindet diese Differenz zwischen personaler und leiblicher Integrität, weil wir Lebewesen, mit denen wir nicht sprechen, mit denen wir uns nicht über etwas in der Welt verständigen können, Personalität nicht zuschreiben. Gleichwohl kommunizieren wir mit Tieren auf andere Weise, sobald wir sie in unsere sozialen Interaktionen, wie immer auch asymmetrisch, einbeziehen. Solche Interaktionen gewinnen im Umgang mit Haustieren Kontinuität: »Gegenüber Tierarten, mit denen wir besonders leicht kommunizieren können«, schlägt unser Gewissen besonders deutlich.[91] Wie moralische Verpflichtungen überhaupt, so hat auch unsere *moralanaloge* Verantwortung gegenüber Tieren ihren Bezug und ihren Grund in jenem allen sozialen Interaktionen innewohnenden Gefährdungspotential. Soweit Lebewesen an unseren sozialen Interaktionen teilnehmen, begegnen sie uns in der Rolle des Alter ego als ein schonungsbedürftiges Gegenüber, das damit eine Anwartschaft auf unsere treuhänderische Wahrnehmung seiner Ansprüche begründet. Eine moralanaloge Verantwortung besteht gegenüber Tieren, die uns in der (wenn auch nicht *vollständig* ausgefüllten) Rolle einer zweiten Person entgegentreten – denen wir in die Augen sehen *wie* einem Alter ego. Für viele Tiere, aber wohl nicht für Pflanzen gilt, daß wir ihnen gegenüber eine performative Einstellung einnehmen können. Dann sind sie nicht länger ein Objekt unserer Beobachtung, nicht einmal nur Gegenstand unserer Einfühlung, sondern Wesen, die, indem sie mit uns interagieren, ihren Eigensinn auf andere Weise zur Geltung bringen als der Stein seine mineralische Härte oder die Pflanze die osmotische Abgrenzung des Organismus von ihrer Umwelt. Soweit Tiere an unseren Interaktionen teilnehmen, treten wir miteinander in einen Kontakt, der, weil er *von der Art* einer intersubjektiven Beziehung ist, über einseitige oder wechselseitige Beobachtung hinausreicht.

Bei solchen Aussagen müssen wir freilich Mystifizierungen vermeiden. Die Interaktionen zwischen Mensch und Tier sind durch nicht-sprachliche Gesten vermittelt, und die Verletzungen, die der Mensch dem Tier zufügen kann, berühren nicht so etwas wie eine personale Identität – sie greifen unmittelbar dessen seelisch-körperliche Integrität an. Auch empfindet ein Tier seinen Schmerz nicht reflexiv wie ein Mensch, der mit dem Wissen leidet, daß er Schmerzen hat. Solche und ähnliche

---

91 G. Patzig, »Der wissenschaftliche Tierversuch unter ethischen Aspekten«, in: W. Hardegg, G. Preiser (Hg.), *Tierversuch und medizinische Ethik*, Hildesheim 1986, 77.

Asymmetrien prägen die Teilnahme von Tieren an unseren Interaktionen. Gleichzeitig müssen die Interaktionen die Bedingung erfüllen, daß wir den Tieren nicht in der objektivierenden Einstellung einer dritten Person gegenübertreten, nicht nur über sie, sondern *mit ihnen* kommunizieren. Wir müssen den Tieren Aktoreigenschaften zuschreiben können, unter anderem die Fähigkeit, Äußerungen zu initiieren und an uns zu adressieren. Dann haben wir Pflichten, die unseren moralischen Pflichten *analog* sind, weil sie wie diese in den Voraussetzungen kommunikativen Handelns ihre Basis haben. Freilich sind sie ihnen nur in dem Maße analog, wie die in der Interaktion bestehenden Asymmetrien einen Vergleich mit den zwischen Personen hergestellten Anerkennungsverhältnissen noch zulassen.

Wenn diese intersubjektivitätstheoretische Begründung von Interaktionspflichten gegenüber Tieren die Phänomene nicht ganz verfehlt, läßt sich auch erklären, warum Tiere einerseits wegen der asymmetrischen Struktur möglicher Interaktionen sogar in besonderer Weise vom Menschen abhängig und schutzbedürftig sind, warum sie aber andererseits diese moralische Schonung nur innerhalb des intersubjektiven Horizonts *unserer* Art von Interaktionen genießen. Menschen finden sich in diesem Horizont immer schon vor und können ihn als Personen auch gar nicht verlassen, während Tiere einer anderen Spezies und anderen Lebensformen angehören und nur über eine Teilnahme an unseren Interaktionen in unsere Lebensform einbezogen werden. Die Grenzen unserer moralanalogen Verantwortung gegenüber Tieren sind erreicht, sobald Menschen in ihrer Rolle als Angehörige einer Spezies Tieren als Exemplaren einer anderen Spezies gegenübertreten. In welchen Situationen uns das erlaubt ist, stellt allerdings wieder eine heikle moralische Frage dar. Ich will nicht apriori ausschließen, daß bestimmte Vegetarier heute schon eine moralische Sensibilität zur Geltung bringen, die sich unter entlasteten sozialen Bedingungen allgemein als die richtige moralische Intuition erweisen könnte. Dann würden Tiere in allen Situationen als mögliche Interaktionsteilnehmer anerkannt; und die Schonung, zu der wir uns in der Interaktion mit Tieren verpflichtet fühlen, erstreckte sich auch auf deren Existenz.

Die Verantwortung des Menschen für Pflanzen und für die Erhaltung ganzer Arten[92] läßt sich nicht aus Interaktionspflichten, also *moralisch* begründen. Allerdings kann ich mir mit Patzig außer Klugheitsgründen auch gute *ethische Gründe* vorstellen, die für Pflanzen- und Artenschutz sprechen. Gründe also, die uns in den Sinn kommen, wenn wir uns ernsthaft fragen, wie wir als Angehörige einer zivilisierten Weltgesellschaft auf diesem Planeten leben und als Angehörige unserer Spezies mit anderen Arten umgehen wollen. In einigen Hinsichten haben *ästhetische Gründe* sogar ein noch stärkeres Gewicht als ethische. Denn in der ästhetischen Erfahrung der Natur ziehen sich die Dinge gleichsam in eine unnahbare Autonomie und Unberührbarkeit zurück; sie kehren dann ihre versehrbare Integrität so deutlich hervor, daß sie uns um ihrer selbst willen – und nicht bloß als erwünschter Bestandteil einer präferierten Lebensform – unantastbar erscheinen.

---

[92] Vgl. J. Feinberg, »Die Rechte der Tiere und zukünftiger Generationen«, in: Birnbacher (1980), 141 ff., hier 152-159.

5. Eine genealogische Betrachtung zum kognitiven Gehalt der Moral

I.

Moralische Sätze oder Äußerungen haben, wenn sie begründet werden können, einen kognitiven Gehalt. Um uns über den möglichen kognitiven Gehalt der Moral klarzuwerden, müssen wir also prüfen, was es heißt, etwas »moralisch zu begründen«. Dabei müssen wir den moral*theoretischen* Sinn dieser Frage, ob moralische Äußerungen überhaupt ein Wissen ausdrücken und wie sie gegebenenfalls begründet werden können, von der phänomenologischen Frage unterscheiden, welchen kognitiven Gehalt die an solchen Konflikten Beteiligten selbst mit ihren moralischen Äußerungen verbinden. Von »moralisch begründen« spreche ich zunächst deskriptiv im Hinblick auf die rudimentäre Begründungspraxis, die in den alltäglichen Interaktionen der Lebenswelt ihren Ort hat.

Hier äußern wir Sätze, die den Sinn haben, von anderen ein bestimmtes Verhalten zu fordern (also eine Verpflichtung einzuklagen), uns selbst auf eine Handlung festzulegen (eine Verpflichtung einzugehen), anderen oder uns Vorwürfe zu machen, Fehler einzugestehen, eine Entschuldigung vorzubringen, Wiedergutmachung anzubieten usw. Auf dieser ersten Stufe dienen moralische Äußerungen dazu, die Handlungen verschiedener Aktoren auf verbindliche Weise zu koordinieren. Die »Verbindlichkeit« setzt freilich die intersubjektive Anerkennung moralischer Normen oder eingewöhnter Praktiken voraus, die für eine Gemeinschaft *auf überzeugende Weise* festlegen, wozu die Aktoren verpflichtet sind und was sie voneinander zu erwarten haben. »Auf überzeugende Weise« soll heißen, daß sich die Angehörigen einer moralischen Gemeinschaft auf diese Normen immer dann, wenn die Handlungskoordinierung auf der ersten Stufe versagt, berufen, um sie als präsumtiv überzeugende »Gründe« für Ansprüche und kritische Stellungnahmen anzuführen. Moralische Äußerungen führen ein Potential von Gründen mit sich, das in moralischen Auseinandersetzungen aktualisiert werden kann. Moralische Regeln operieren selbstbezüglich; ihre handlungskoordinierende Kraft bewährt sich auf zwei miteinander rückgekoppelten Interaktionsstufen. Auf der ersten Stufe steuern sie soziales Handeln unmittelbar, indem sie den Willen der Aktoren binden und in bestimmter Weise orientieren; auf der zweiten Stufe regulieren sie deren kritische Stellungnahmen im Konfliktfall. Eine Moral sagt nicht nur, wie sich die Mitglieder der Gemeinschaft verhalten sollen; sie stellt zugleich Gründe für die konsensuelle Beilegung einschlägiger Handlungskonflikte bereit. Zum moralischen Sprachspiel gehören Auseinandersetzungen, die aus der Sicht der Beteiligten mit Hilfe eines allen gleichermaßen zugänglichen Begründungspotentials überzeugend geschlichtet werden können. Aufgrund dieses internen Bezuges zur sanften Überzeugungskraft von Gründen empfehlen sich moralische Verpflichtungen, soziologisch betrachtet, als Alternative zu anderen, nicht verständigungsorientierten Arten der Konfliktlösung. Anders ausgedrückt, wenn der Moral ein glaubwürdiger kognitiver Gehalt fehlen würde, wäre sie den kostspieligeren Formen der Handlungskoordinierung (wie der direkten Gewaltanwendung oder der Einflußnahme über die Androhung von Sanktionen bzw. die Aussicht auf Belohnungen) nicht überlegen.

Wenn wir den Blick auf moralische Auseinandersetzungen richten, müssen wir Gefühlsreaktionen in die Klasse der moralischen Äußerungen einbeziehen. Schon der zentrale Begriff der Verpflichtung bezieht sich nicht nur auf den Inhalt moralischer Gebote, sondern auf den eigentümlichen Charakter der Sollgeltung, der sich auch im Gefühl des Verpflichtetseins spiegelt. Kritische und selbstkritische Stellungnahmen zu Verstößen äußern sich in Gefühlseinstellungen: aus der Sicht dritter Personen als Abscheu, Empörung und Verachtung, aus der Sicht der Betroffenen gegenüber zweiten Personen als Gefühl der Kränkung oder als Ressentiment, aus der Sicht der ersten Person als Scham und Schuld.[1] Dem entsprechen Bewunderung, Loyalität, Dankbarkeit usw. als affirmative Gefühlsreaktionen. Weil diese Stellung nehmenden Gefühle implizit Urteile ausdrücken, korrespondieren ihnen Bewertungen. Wir beurteilen Handlungen und Absichten als »gut« oder »schlecht«, während sich das Tugendvokabular auf Eigenschaften der handelnden Personen bezieht. Auch in diesen moralischen Gefühlen und Bewertungen verrät sich der Anspruch, daß moralische Urteile begründet werden können. Von anderen Gefühlen und Bewertungen unterscheiden sie sich nämlich dadurch, daß sie mit rational einklagbaren Verpflichtungen verwoben sind. Wir verstehen diese Äußerungen eben nicht als Ausdruck bloß subjektiver Empfindungen und Präferenzen.

Aus dem Umstand, daß moralische Normen für die Angehörigen einer Gemeinschaft »in Geltung sind«, folgt freilich noch nicht, daß sie, an sich betrachtet, einen kognitiven Gehalt haben. Ein soziologischer Beobachter mag ein moralisches Sprachspiel als soziale Tatsache beschreiben und sogar erklären können, warum Angehörige von ihren moralischen Regeln »überzeugt« sind, ohne selbst in der Lage zu sein, die Plausibilität dieser Gründe und Interpretationen nachzuvollziehen.[2] Ein Philosoph kann sich damit nicht zufriedengeben. Er wird die Phänomenologie der einschlägigen moralischen Auseinandersetzungen vertiefen, um dahinterzukommen, was die Angehörigen tun, wenn sie (glauben) etwas moralisch (zu) begründen.[3] »Dahinterkommen« heißt freilich etwas anderes,

---

1 Vgl. P. F. Strawson, *Freedom and Resentment*, London 1974.
2 H. L. A. Hart hat diese Ansicht vertreten und die Einheit von Rechtssystemen auf Grund- oder Erkenntnisregeln zurückgeführt, die den Regelkorpus im ganzen legitimieren, ohne selbst einer rationalen Rechtfertigung fähig zu sein. Wie die Grammatik eines Sprachspiels, so wurzelt auch die »Erkenntnisregel« in einer Praxis, die ein Beobachter nur als Tatsache konstatieren kann, während sie für die Beteiligten eine einleuchtende kulturelle Selbstverständlichkeit darstellt, »die angenommen und als gültig unterstellt wird«. H. L. A. Hart, *Der Begriff des Rechts*, Frankfurt/M. 1973, 155.
3 Vgl. die glänzende Phänomenologie des Moralbewußtseins in: L. Wingert, *Gemeinsinn und Moral*, Frankfurt/M. 1993, Kap. 3.

als Äußerungen geradehin zu »verstehen«. Der reflektierende Nachvollzug der lebensweltlichen Begründungspraxis, an der wir als Laien selber teilnehmen, erlaubt rekonstruierende Übersetzungen, die ein kritisches Verständnis fördern. In dieser methodischen Einstellung erweitert der Philosoph die *festgehaltene* Beteiligungsperspektive über den Kreis der *unmittelbar* Beteiligten hinaus.

Anhand der in der Moderne entwickelten moralphilosophischen Ansätze lassen sich die Ergebnisse solcher Bemühungen inspizieren. Diese Theorien unterscheiden sich freilich im Grad der hermeneutischen Bereitwilligkeit. Je nachdem, wie weit sie sich auf das von den Beteiligten intuitiv verwendete moralische Wissen einlassen, gelingt es ihnen, mehr oder weniger vom kognitiven Gehalt unserer moralischen Alltagsintuitionen rekonstruktiv einzuholen.

Der *starke Nonkognitivismus* will den kognitiven Gehalt der moralischen Sprache insgesamt als Illusion entlarven. Er versucht zu zeigen, daß sich hinter den Äußerungen, die den Teilnehmern als begründungsfähige moralische Urteile und Stellungnahmen erscheinen, nur subjektiv zurechenbare Gefühle, Einstellungen oder Entscheidungen verbergen. Zu ähnlich revisionistischen Beschreibungen wie der Emotivismus (Stevensons) und der Dezisionismus (Poppers oder des frühen Hare) gelangt auch der Utilitarismus, der den »bindenden« Sinn von Wertorientierungen und Verpflichtungen auf Präferenzen zurückführt. Anders als der strenge Nonkognitivismus ersetzt er allerdings das unaufgeklärte moralische Selbstverständnis der Beteiligten durch eine aus der Beobachterperspektive vorgenommene Nutzenkalkulation und bietet insofern eine moraltheoretische Begründung für das moralische Sprachspiel an.

Insoweit berührt sich der Utilitarismus mit Formen eines *schwachen Nonkognitivismus*, der dem Selbstverständnis der moralisch *handelnden* Subjekte, sei es im Hinblick auf moralische Gefühle (wie in der Tradition der schottischen Moralphilosophie) oder im Hinblick auf die Orientierung an geltenden

Normen (wie im Kontraktualismus Hobbesscher Prägung), Rechnung trägt. Der Revision verfällt jedoch das Selbstverständnis der moralisch *urteilenden* Subjekte. In ihren vermeintlich objektiv begründeten Stellungnahmen und Urteilen sollen sich tatsächlich nur rationale Motive ausdrücken, seien es (zweckrational zu begründende) Gefühle oder Interessenlagen.

Der *schwache Kognitivismus* läßt das Selbstverständnis der im Alltag angetroffenen moralischen Begründungspraxis auch insoweit intakt, als er »starken« Wertungen einen epistemischen Status zuschreibt. Die reflexive Besinnung auf das, was für mich (bzw. uns) aufs ganze gesehen »gut« oder für meine (bzw. unsere) bewußte Lebensführung »maßgebend« ist, erschließt (im Gefolge von Aristoteles oder Kierkegaard) eine Art kognitiven Zugang zu Wertorientierungen. Was jeweils wertvoll oder authentisch ist, drängt sich uns gewissermaßen auf und unterscheidet sich von bloßen Präferenzen durch eine bindende, nämlich über die Subjektivität von Bedürfnissen und Präferenzen hinausweisende Qualität. Revidiert wird allerdings das intuitive Verständnis von Gerechtigkeit. Aus der Perspektive einer je eigenen Konzeption des Guten erscheint die auf interpersonale Beziehungen zugeschnittene Gerechtigkeit nur als ein (wie immer auch prononcierter) Wert neben anderen Werten, nicht als kontextunabhängiger Maßstab für unparteiliche Urteile.

Der *starke Kognitivismus* will auch noch dem kategorischen Geltungsanspruch von moralischen Verpflichtungen gerecht werden. Er versucht, den kognitiven Gehalt des moralischen Sprachspiels auf ganzer Breite zu rekonstruieren. In der Kantischen Tradition geht es nicht wie im Neoaristotelismus um die Klärung einer moralischen Begründungspraxis, die sich *innerhalb* des Horizonts fraglos anerkannter Normen bewegt, sondern um die Begründung eines moralischen Gesichtspunktes, unter dem solche Normen selbst unparteilich beurteilt werden können. Hier begründet die Moraltheorie die Möglichkeit moralischen Begründens, indem sie den Gesichtspunkt rekonstruiert, den die Mitglieder posttraditionaler Gesellschaften selber intuitiv einnehmen, wenn sie angesichts problematisch gewordener moralischer Grundnormen nur noch auf Vernunftgründe rekurrieren können. Aber im Unterschied zu empiristischen Spielarten des Kontraktualismus werden diese Gründe nicht als aktorrelative Motive begriffen, so daß der epistemische Kern der Sollgeltung intakt bleibt.

Ich werde zunächst die Ausgangssituation, in der die religiöse Geltungsgrundlage der Moral entwertet wird, charakterisieren (II). Das ist der Hintergrund für eine genealogische Fragestellung, unter der ich sodann die beiden Varianten des klassischen Empirismus (III), zwei interessante Versuche der Erneuerung des empiristischen Erklärungsprogramms (IV-V) und die beiden auf Aristoteles (VI) und Kant (VII) zurückgehenden Traditionen prüfen möchte. Das dient der Vorbereitung der beiden systematischen Fragen, welche moralischen Intuitionen sich vernünftig rekonstruieren lassen (VIII) und ob der diskurstheoretisch entfaltete Gesichtspunkt selbst begründet werden kann (IX).

II.

Die Versuche, den »moralischen Gesichtspunkt« zu erklären, erinnern daran, daß die moralischen Gebote nach dem Zusammenbruch eines »katholischen«, für alle verbindlichen Weltbildes und mit dem Übergang zu weltanschaulich pluralistischen Gesellschaften nicht mehr von einem transzendenten Gottesstandpunkt aus öffentlich gerechtfertigt werden können. Von diesem Standpunkt jenseits der Welt ließ sich die Welt als ganze vergegenständlichen. Der »moralische Gesichtspunkt« soll diese Perspektive innerweltlich rekonstruieren, d. h. in die Grenzen unserer intersubjektiv geteilten Welt selbst einholen, ohne die Möglichkeit der Distanzierung von der Welt als ganzer – und damit die Universalität des weltumspannenden Blickes – einzubüßen. Mit diesem Perspektivenwechsel zu einer »Transzendenz von innen«[4] stellt sich aber die Frage, ob aus der subjektiven Freiheit und der praktischen Vernunft des gottverlassenen Menschen die spezifisch bindende Kraft von Normen und Werten überhaupt begründet werden kann – und wie sich dabei gegebenenfalls die eigentümliche Autorität des Sollens verändert. Die moralischen Alltagsintuitionen sind in den profanen westlichen Gesellschaften noch durch die normative Substanz der gewissermaßen enthaupteten, rechtlich zur Privatsache erklärten religiösen Traditionen geprägt, insbesondere durch die Gehalte der jüdischen Gerechtigkeitsmoral des Alten und der christlichen Liebesethik des Neuen Testaments. Diese werden, wenn auch oft implizit und unter anderem Namen, über Sozialisationsprozesse weitergereicht. Eine Moralphilosophie, die sich als Rekonstruktion des alltäglichen Moralbewußtseins versteht, steht damit vor der Herausforderung zu prüfen, was von dieser Substanz vernünftig gerechtfertigt werden kann.

Die biblisch überlieferten prophetischen Lehren hatten Interpretationen und Gründe bereitgestellt, die den moralischen Normen öffentliche Überzeugungskraft verliehen haben; sie hatten erklärt, warum Gottes Gebote nicht blinde Befehle sind, sondern in einem kognitiven Sinn Geltung beanspruchen können. Nehmen wir einmal an, daß es für Moral als solche auch unter den modernen Lebensbedingungen kein funktionales Äquivalent gibt, daß also das moralische Sprachspiel nicht durch eine bloße – und als solche wahrgenommene – Verhaltenskontrolle ersetzt werden kann. Dann stellt uns der phänomenologisch belegte kognitive Geltungssinn von moralischen Urteilen und Stellungnahmen vor die Frage, ob die Überzeugungskraft akzeptierter Werte und Normen so etwas wie ein transzendentaler Schein ist oder ob er auch unter nachmetaphysischen Bedingungen gerechtfertigt werden kann. Die Mo-

---

4 J. Habermas, »Transzendenz von innen, Transzendenz ins Diesseits«, in *Studienausgabe*, Band 5, 417-450, dazu T. M. Schmidt, »Immanente Transzendenz«, in: L. Hauser, E. Nordhofen (Hg.), *Im Netz der Begriffe. Religionsphilosophische Analysen*, Freiburg 1994, 78-96.

ralphilosophie muß nicht selbst die Gründe und Interpretationen beibringen, die in säkularisierten Gesellschaften an die Stelle der – jedenfalls *öffentlich* – entwerteten religiösen Gründe und Interpretationen treten; aber sie müßte die Art der Gründe und Interpretationen bezeichnen, die dem moralischen Sprachspiel auch ohne religiöse Rückendeckung eine hinreichende Überzeugungskraft sichern können. Im Hinblick auf diese genealogische Fragestellung möchte ich (1) an die monotheistische Geltungsgrundlage unserer moralischen Gebote erinnern und (2) die Herausforderung der modernen Ausgangssituation näher bestimmen.

(1) Die Bibel führt moralische Gebote auf das geoffenbarte Wort Gottes zurück. Diesen Geboten ist unbedingt Gehorsam zu leisten, weil sie durch die Autorität eines allmächtigen Gottes gedeckt sind. Insoweit wäre die Sollgeltung nur mit der Qualität eines »Müssens« ausgestattet, in dem sich die unbeschränkte Macht eines Souveräns spiegelt. Gott kann Nachachtung erzwingen. Diese voluntaristische Deutung verleiht aber der Normgeltung noch keinen kognitiven Sinn. Den gewinnt sie erst dadurch, daß die moralischen Gebote als Willensäußerungen eines *allwissenden* sowie absolut *gerechten und gütigen* Gottes interpretiert werden. Die Gebote entspringen nicht der Willkür eines Allmächtigen, sondern sind Willensäußerungen eines ebenso weisen Schöpfer- wie gerechten und gütigen Erlösergottes. Aus den beiden Dimensionen der Schöpfungsordnung und der Heilsgeschichte können ontotheologische und soteriologische Gründe für die Anerkennungswürdigkeit der göttlichen Gebote gewonnen werden.

Die ontotheologische Rechtfertigung beruft sich auf eine Einrichtung der Welt, die sich der weisen Gesetzgebung des Schöpfergottes verdankt. Sie verleiht dem Menschen und der menschlichen Gemeinschaft inmitten der Schöpfung einen herausgehobenen Status und damit ihre »Bestimmung«. Mit der Schöpfungsmetaphysik kommt jene naturrechtliche Begrifflichkeit kosmologisch begründeter Ethiken ins Spiel, die auch aus den unpersönlichen Weltbildern der asiatischen Religionen und der griechischen Philosophie bekannt ist. Was die Dinge *ihrem Wesen nach* sind, hat einen teleologischen Gehalt. Auch der Mensch ist Teil einer solchen Wesensordnung; an ihr kann er ablesen, wer er ist und sein soll. Der vernünftige Gehalt der moralischen Gesetze erfährt auf diese Weise eine ontologische Beglaubigung aus der vernünftigen Einrichtung des Seienden im ganzen.

Die soteriologische Rechtfertigung moralischer Gebote beruft sich andererseits auf die Gerechtigkeit und Güte eines Erlösergottes, der am Ende aller Tage sein – an die Bedingung moralischen oder gesetzestreuen Lebenswandels geknüpftes – Heilsversprechen einlöst. Er ist Richter und Erlöser in einer Person. Im Lichte seiner Gebote beurteilt Gott die Lebensführung einer jeden Person nach Maßgabe ihrer Verdienste. Dabei verbürgt seine Gerechtigkeit ein Urteil, das der unvergleichlichen Lebensgeschichte jedes Einzelnen angemessen ist, während seine Güte zugleich der Fehlbarkeit des menschlichen Geistes und der Sündhaftigkeit der menschlichen Natur Rechnung trägt. Einen vernünftigen Sinn erhalten die moralischen Gebote durch beides: dadurch, daß sie den Weg zum persönlichen Heil weisen, wie auch dadurch, daß sie unparteilich angewendet werden.

Die Rede von moralischen »Geboten« ist freilich insofern irreführend, als der Heilsweg nicht durch ein System von Regeln, sondern durch eine göttlich autorisierte und zur Nachahmung empfohlene Lebensweise vorgezeichnet ist. Das ist beispielsweise der Sinn der Nachfolge Christi. Auch andere Weltreligionen, sogar die Philosophie mit ihrem Ideal des Weisen und der vita contemplativa, verdichten die moralische Substanz ihrer Lehren zu exemplarischen Lebensformen. Das bedeutet, daß in religiös-metaphysischen Weltdeutungen das *Gerechte* noch mit bestimmten Konzeptionen des *guten Lebens* verwoben ist. Wie wir uns in interpersonalen Beziehungen gegenüber jedermann verhalten sollen, ergibt sich aus einem Modell vorbildlicher Lebensführung.

Im übrigen erlaubt der Bezugspunkt eines in persona auftretenden Gottes, der am Jüngsten Tage über je individuelle Schicksale zu Gericht sitzt, eine wichtige Differenzierung zwischen zwei Aspekten der Moral. Jede Person hat eine doppelte kommunikative Beziehung zu Gott, sowohl als Glied in der Gemeinde der Gläubigen, mit der Gott einen Bund geschlossen hat, wie auch als lebensgeschichtlich individuierter Einzelner, der sich vor dem Angesichte Gottes durch niemanden vertreten lassen kann. Diese Kommunikationsstruktur prägt die – durch Gott vermittelte – moralische Beziehung zum Nächsten unter Gesichtspunkten der *Solidarität* und der (nun in einem engeren Sinne verstandenen) *Gerechtigkeit*. Als Mitglied der universalen Gemeinde der Gläubigen bin ich dem anderen als Genossen, als »einem von uns«, solidarisch verbunden; als unvertretbarer Einzelner schulde ich dem anderen gleichmäßige Achtung als »einer von allen« Personen, die als unverwechselbare Individuen eine gerechte Behandlung erwarten. Die auf Mitgliedschaft begründete »Solidarität« erinnert an das soziale Band, das alle vereinigt: einer steht für den anderen ein. Der unerbittliche Egalitarismus der »Gerechtigkeit« fordert hingegen Sensibilität für die Unterschiede, die das eine Individuum vom anderen trennen: jeder verlangt vom anderen, in seiner Andersheit geachtet zu werden.[5] Die jüdisch-christliche Tradition betrachtet Solidarität und Gerechtigkeit als zwei Aspekte derselben Sache: sie lassen dieselbe Kommunikationsstruktur von zwei verschiedenen Seiten sehen.

(2) Mit dem Übergang zum weltanschaulichen Pluralismus zerfällt in modernen Gesellschaften die Religion und das darin wurzelnde Ethos als *öffentliche* Geltungsgrundlage einer von allen geteilten Moral. Die Geltung *allgemein verbindlicher* moralischer Regeln kann jedenfalls nicht mehr mit Gründen und Interpretationen erklärt werden, welche die Existenz und die Rolle eines transzendenten Schöpfer- und Erlösergottes voraussetzen. Damit entfällt einerseits die ontotheologische

---

[5] Zu »Gerechtigkeit« und »Solidarität« vgl. J. Habermas, *Erläuterungen zur Diskursethik*, Frankfurt/M. 1991, 15 ff. und 69 ff.; eine andere Fassung schlägt Wingert (1993), 179 ff., vor.

Beglaubigung objektiv vernünftiger moralischer Gesetze, andererseits die soteriologische Verknüpfung ihrer gerechten Anwendung mit objektiv erstrebenswerten Heilsgütern. Die Entwertung metaphysischer Grundbegriffe (und der entsprechenden *Kategorie* von Erklärungen) hängt im übrigen auch mit einer Verlagerung der epistemischen Autorität zusammen, die von den religiösen Lehren auf die modernen Erfahrungswissenschaften übergeht. Mit den Wesensbegriffen der Metaphysik löst sich der interne Zusammenhang der assertorischen mit entsprechenden expressiven, evaluativen und normativen Aussagen auf. Was »objektiv vernünftig« ist, läßt sich nur so lange begründen, wie das Gerechte und das Gute im normativ imprägnierten Seienden selbst fundiert sind; was »objektiv erstrebenswert« ist, nur so lange, wie die Teleologie der Heilsgeschichte die Verwirklichung jenes Zustandes vollkommener Gerechtigkeit garantiert, der zugleich ein konkretes Gutes in sich trägt.

Unter diesen Umständen ist die Moralphilosophie auf ein »nachmetaphysisches Begründungsniveau« angewiesen. Das soll zunächst heißen, daß ihr methodisch der Gottesstandpunkt, inhaltlich der Rekurs auf Schöpfungsordnung und Heilsgeschichte und theoriestrategisch der Rückgriff auf jene Wesensbegriffe versagt ist, die die logische Differenzierung zwischen verschiedenen illokutionären Typen von Aussagen unterlaufen.[6] Die Moralphilosophie muß ohne dieses Rüstzeug den kognitiven Geltungssinn moralischer Urteile und Stellungnahmen rechtfertigen.

Vier Reaktionen auf diese Ausgangssituation erscheinen mir allerdings so unplausibel, daß ich darauf nicht weiter eingehen werde:

– Der moralische Realismus will die ontologische Rechtfertigung von Normen und Werten mit nachmetaphysischen Mitteln restaurieren. Er verteidigt einen kognitiven Zugang zu etwas in der Welt, das die eigentümliche Energie besitzt, unsere

---

6 J. Habermas, »Metaphysik nach Kant«, in *Studienausgabe*, Band 5, 155-174.

Wünsche zu orientieren und unseren Willen zu binden. Da diese Quelle des Normativen nicht mehr aus der Verfassung der Welt im Ganzen erklärt werden kann, verschiebt sich das Problem in den Bereich der Epistemologie: für die an Tatsachenaussagen assimilierten Werturteile muß eine wahrnehmungsanaloge Erfahrungsgrundlage, eine intuitive Erfassung oder ideale Anschauung von Werten postuliert werden.[7]

– Der Utilitarismus bietet zwar ein Prinzip zur Begründung moralischer Urteile an; aber die Orientierung am erwarteten Gesamtnutzen einer Handlungsweise erlaubt keine angemessene Rekonstruktion des Sinnes von Normativität überhaupt. Der Utilitarismus verfehlt insbesondere den individualistischen Sinn einer Moral der gleichen Achtung für jedermann.

– Die metaethisch begründete Skepsis führt, wie erwähnt, zu revisionistischen Beschreibungen des moralischen Sprachspiels, die den Kontakt mit dem Selbstverständnis der Betei-

---

[7] Zur Kritik vgl. J. L. Mackie, *Ethics*, New York 1977, 38 ff. Heute hat sich die Argumentationslage zugunsten des Realismus verändert. Die raffinierteste Version einer erkenntniskritisch eingeführten, aber naturphilosophisch begründeten Wertethik im Anschluß an Plato und Aristoteles entwickelt J. McDowell, *Mind and World*, Cambridge (Mass.) 1994, 82: »The ethical is a domain of rational requirements, which are there in any case, whether or not we are responsive to them. We are alerted to these demands by acquiring appropriate conceptual capacities. When a decent upbringing initiates us into the relevant way of thinking, our eyes are opened to this tract of the space of reasons.« Den Schritt zum objektiven Idealismus vollzieht McDowell mit der Annahme eines organisch fundierten Bildungsprozesses; in dessen Licht erscheint die praktische Vernunft als eine Naturanlage, die objektive Geltung beanspruchen darf: »Our *Bildung* actualizes some of the potentialities we are born with; we do not have to suppose it introduces a non-animal ingredient into our constitution. And although the structure of the space of reasons cannot be reconstructed out of facts about our involvement in the ›realm of law‹, it can be the framework within which meaning comes into view only because our eyes can be opened to it by *Bildung*, which is an element in the normal coming to maturity of the kind of animals we are. Meaning is not a mysterious gift from outside nature.« (88) McDowell verleugnet keineswegs den metaphysischen Anspruch dieser Konzeption, die ich hier nicht im einzelnen diskutieren kann: »The position is a naturalism of second nature, and I suggested that we can equally see it as a naturalized platonism. The idea is that the dictates of reason are there anyway, whether or not one's eyes are opened to them; that is what happens in a proper upbringing.« (91)

ligten verlieren. Sie können nicht erklären, was sie erklären wollen: moralische Alltagspraktiken, die zusammenbrechen würden, wenn die Teilnehmer ihren moralischen Auseinandersetzungen jeden kognitiven Gehalt absprechen würden.[8]
– Der moralische Funktionalismus ist nicht in dem Sinne traditionalistisch, als er zu vormodernen Begründungsmustern zurückkehrte. Er beschwört die Autorität erschütterter religiöser Traditionen um ihrer günstigen, das Moralbewußtsein stabilisierenden Folgen willen. Eine solche aus der Beobachtungsperspektive vorgenommene funktionale Rechtfertigung kann aber die Autorität jener Gründe, die die Gläubigen überzeugt haben, nicht nur nicht ersetzen; sie zerstört wider Willen den kognitiven Gehalt der religiös begründeten Moral, indem sie die epistemische Autorität des Glaubens *nur noch* als soziales Faktum behandelt.[9]

III.

Die religiösen Lehren von Schöpfung und Heilsgeschichte hatten epistemische Gründe dafür geliefert, warum die göttlichen Gebote nicht blinder Autorität entspringen, sondern vernünftig oder »wahr« sind. Wenn sich nun die Vernunft aus der Objektivität von Natur oder Heilsgeschichte in den Geist der handelnden und urteilenden Subjekte zurückzieht, müssen die »objektiv vernünftigen« Gründe für moralisches Urteilen und Handeln durch »subjektiv vernünftige« Gründe ersetzt werden.[10] Nachdem die religiöse Geltungsgrundlage entwertet ist, kann der kognitive Gehalt des moralischen Sprachspiels nur

8 Vgl. H. Lenk, »Kann die sprachanalytische Moralphilosophie neutral sein?« in: M. Riedel (Hg.), *Rehabilitierung der praktischen Philosophie*, Bd. 11, Freiburg 1974, 405-422.
9 Vgl. E. Tugendhat, *Vorlesungen über Ethik*, Frankfurt/M. 1993, 199 ff.
10 Zur Gegenüberstellung von objektiver und subjektiver Vernunft vgl. M. Horkheimer, *Zur Kritik der instrumentellen Vernunft*, Frankfurt/M. 1967; H. Schnädelbach, Artikel »Vernunft«, in: E. Martens, H. Schnädelbach (Hg.), *Philosophie*, Hamburg 1985, 77-115.

noch mit Bezugnahme auf Willen und Vernunft seiner Teilnehmer rekonstruiert werden. »Wille« und »Vernunft« sind denn auch die Grundbegriffe der moraltheoretischen Ansätze, die sich dieser Aufgabe stellen. Der Empirismus begreift praktische Vernunft als das Vermögen, die Willkür durch Maximen der Klugheit zu bestimmen, während Aristotelismus und Kantianismus nicht nur mit rationalen Motiven rechnen, sondern mit einer durch *Einsicht* motivierten Selbstbindung des Willens.

Der Empirismus begreift die praktische als die instrumentelle Vernunft. Es ist für einen Aktor vernünftig, so und nicht anders zu handeln, wenn das (erwartete) Handlungsresultat in seinem Interesse liegt, ihn befriedigt oder für ihn angenehm ist. In einer bestimmten Situation zählen solche Gründe für einen bestimmten Aktor, der bestimmte Präferenzen hat und bestimmte Ziele verfolgt. »Pragmatisch« oder präferentiell nennen wir diese Gründe, weil sie zum Handeln motivieren und nicht, wie epistemische Gründe, Urteile oder Meinungen stützen. Sie bilden rationale Motive für Handlungen, nicht für Überzeugungen. Sie »affizieren« freilich die Willkür nur in dem Maße, wie sich das handelnde Subjekt eine entsprechende Handlungsregel *zu eigen macht*. Dadurch unterscheidet sich vorsätzliches von spontan motiviertem Handeln überhaupt. Auch ein »Vorsatz« ist eine Disposition; aber diese kommt, etwa im Unterschied zur »Neigung«, nur durch Willkürfreiheit zustande, nämlich dadurch, daß der Aktor eine Handlungsregel adoptiert. Der Aktor handelt rational, wenn er aus *Gründen* handelt, und weiß, warum er einer Maxime folgt. Der Empirismus zieht nur pragmatische Gründe in Betracht, also den Fall, daß ein Aktor seine Willkür durch instrumentelle Vernunft an »Regeln der Geschicklichkeit« oder »Ratschläge der Klugheit« (wie Kant sagt) binden läßt. Damit gehorcht er dem Prinzip der Zweckrationalität: »Wer den Zweck will, will (sofern die Vernunft auf seine Handlungen entscheidenden Einfluß hat) auch das dazu unentbehrliche Mittel, das in seiner Gewalt ist.« (Grundlegung der Metaphysik der Sitten, BA 45)

Auf dieser Grundlage rekonstruieren die beiden klassischen Ansätze des Empirismus den rationalen Kern der Moral. Die schottische Moralphilosophie setzt bei moralischen Gefühlen an und versteht unter Moral das, was den solidarischen Zusammenhalt einer Gemeinschaft stiftet (a). Der Kontraktualismus nimmt sogleich auf Interessen Bezug und versteht unter Moral das, was die Gerechtigkeit eines normativ geregelten gesellschaftlichen Verkehrs sichert (b). Beide Theorien stoßen am Ende auf dieselbe Schwierigkeit: sie können die über die Bindungskraft der Klugheit hinausweisende Verbindlichkeit moralischer Verpflichtungen nicht allein mit rationalen Motiven erklären.

(a) Moralische Stellungnahmen drücken Gefühle der Billigung und Mißbilligung aus. Diese versteht Hume als die typischen Regungen eines Dritten, der handelnde Personen aus wohlwollender Distanz beurteilt. Eine Übereinstimmung in der moralischen Beurteilung eines Charakters bedeutet mithin eine Konvergenz von Gefühlen. Auch wenn Billigung und Mißbilligung Sympathie und Ablehnung ausdrücken, also emotionaler Natur sind, ist es für einen Betrachter rational, in dieser Weise zu reagieren. Denn wir schätzen eine Person als tugendhaft, wenn sie sich für uns und unsere Freunde als nützlich und angenehm (useful and agreeable) erweist. Diese Sympathiebekundung erfüllt wiederum die tugendhafte Person mit Stolz und Befriedigung, während Tadel den Gescholtenen kränkt, also Unlust in ihm hervorruft. Deshalb gibt es auch für altruistisches Verhalten pragmatische Gründe: Die von anderen gebilligte Benevolenz verschafft der für andere nützlichen und angenehmen Person selbst Befriedigung. Auf der Grundlage dieser Gefühlseinstellungen kann sich die sozialintegrative Kraft wechselseitigen Vertrauens herausbilden.

Diese pragmatischen Gründe für moralische Stellungnahmen und Handlungen leuchten freilich nur so lange ein, wie wir an interpersonalen Beziehungen in kleinen solidarischen Gemeinschaften, etwa Familien und Nachbarschaften, denken. Komplexe Gesellschaften können nicht allein durch Gefühle, die wie Sympathie und Vertrauen auf den Nahbereich eingestellt sind, zusammengehalten werden. Moralisches Verhalten gegenüber Fremden erfordert »künstliche« Tugenden, vor allem die Disposition zur Gerechtigkeit. Angesichts abstrakter Handlungsketten entgleiten den Angehörigen primärer Bezugsgruppen die überschaubaren Reziprozitäten zwischen Leistungen und Belohnungen – und damit die pragmatischen Gründe für Benevolenz. Verpflichtungsgefühle, die die Distanzen zwischen Fremden überbrücken, sind nicht in gleicher Weise »rational für mich« wie die Loyalität gegenüber Angehörigen, auf deren Entgegenkommen ich mich wiederum verlassen kann. Soweit Solidarität die Kehrseite von Gerechtigkeit ist, spricht nichts gegen den Versuch, die *Entstehung* moralischer Pflichten aus der Übertragung von Primärgruppenloyalitäten auf immer größere Gruppen (oder aus der Umwandlung von persönlichem Vertrauen in »Systemvertrauen«) zu erklären.[11] Aber eine normative Theorie bewährt sich nicht an Fragen der Moralpsychologie; sie muß vielmehr den normativen Vorrang von Pflichten erklären. Sie soll in Fällen des Konflikts zwischen einer benevolenten Gefühlsbindung einerseits und einem abstrakten Gebot der Gerechtigkeit andererseits erklären, warum es für Angehörige rational sein soll, ihre Loyalität gegenüber den von Angesicht zu Angesicht vertrauten Personen zugunsten einer Solidarität mit Fremden *zurückzustellen*. Für die Solidarität zwischen Angehörigen einer unübersichtlich gewordenen Gemeinschaft moralischer We-

---

11 A. C. Baier, *Moral Prejudices*, Cambridge (Mass.) 1994, 184ff. Statt auf Sympathie geht Baier auf das Phänomen des kindlichen Vertrauens zurück: »Trust [...] is letting other persons [...] take care of something the truster cares about, where such ›caring for‹ involves some exercise of discretionary powers« (105). Das hat den Vorzug, daß moralische Rücksicht phänomengetreu als eine facettenreiche Kompensation von Abhängigkeit und Verletzbarkeit beschrieben werden kann; aber zugleich den Nachteil, daß bei der Übertragung des an asymmetrischen Eltern-Kind-Beziehungen entwickelten Modells auf die symmetrischen Beziehungen unter Erwachsenen das Problem der Vertrauenswürdigkeit und des Vertrauensmißbrauchs auftritt (vgl. Kapitel 6, 7 und 8).

sen, die gleiche Achtung verdienen, bieten aber Gefühle offensichtlich eine zu schmale Basis.[12]

(b) Der Kontraktualismus blendet von vornherein den Aspekt der Solidarität aus, weil er die Frage nach der normativen Begründung eines Systems der Gerechtigkeit unmittelbar auf die Interessen des Einzelnen bezieht – und dabei die Moral von Pflichten auf Rechte umstellt. Die juristische Denkfigur des subjektiven Rechts auf gesetzlich gesicherte Spielräume der ungehinderten Verfolgung je eigener Interessen kommt einer Begründungstrategie entgegen, die mit pragmatischen Gründen operiert und auf die Frage abstellt, ob es für den Einzelnen rational ist, seinen Willen einem System von Regeln zu unterstellen. Weiterhin eignet sich die *verallgemeinerte* privatrechtliche Figur des Vertrages, der solche Rechte symmetrisch begründet, für die Konstruktion einer auf freier Vereinbarung beruhenden Ordnung. Eine solche Ordnung ist gerecht oder im moralischen Sinne gut, wenn sie die Interessen ihrer Mitglieder gleichmäßig befriedigt. Der Gesellschaftsvertrag entspringt der Idee, daß jeder beliebige Anwärter ein rationales Motiv haben muß, um aus freien Stücken Mitglied zu werden und sich den entsprechenden Normen und Verfahren zu unterwerfen. Der kognitive Gehalt dessen, was die Ordnung zu einer moralischen oder gerechten Ordnung macht, beruht also auf der aggregierten Zustimmung aller einzelnen Mitglieder; er erklärt sich genauer aus der Rationalität der Güterabwägung, die jeder von ihnen aus der eigenen Interessenperspektive vornimmt.

Dieser Ansatz begegnet zwei Einwänden. Zum einen hat die Angleichung von moralischen Fragen an die Fragen der politi-

---

12 Das Problem der Gefühlsbindung an Fremde kann auch nicht durch die Umstellung von Sympathie oder Vertrauen auf Mitleid gelöst werden. Obgleich unsere Fähigkeit, uns in leidensfähige Kreaturen einzufühlen, zweifellos weiter reicht als positive Gefühle gegenüber nützlichen, angenehmen und vertrauenswürdigen Personen, ist Mitleid keine ausreichende Basis, um den gleichen Respekt gegenüber anderen *auch und gerade in ihrer nicht einfühlbaren Andersheit* zu begründen.

schen Gerechtigkeit einer Assoziation von Rechtsgenossen[13] den Nachteil, daß auf dieser Basis ein gleichmäßiger Respekt gegenüber jedermann, also eine universalistische Moral nicht begründet werden kann. Nur für diejenigen, die ein Interesse an einer geregelten Interaktion miteinander haben, ist es rational, gegenseitig Verpflichtungen einzugehen. So kann sich der Kreis der Berechtigten nur auf Personen erstrecken, von denen, weil sie kooperieren wollen oder müssen, Gegenleistungen zu erwarten sind. Zum anderen kämpft der Hobbismus vergeblich mit dem bekannten Problem des Trittbrettfahrers, der sich auf die gemeinsame Praxis nur mit dem Vorbehalt einläßt, bei günstiger Gelegenheit von den vereinbarten Normen auch abweichen zu können. An der Figur des ›free rider‹ zeigt sich, daß eine Vereinbarung zwischen Interessenten nicht per se *Verpflichtungen* begründen kann.

Dieses Problem hat zu einer interessanten Verbindung der beiden empiristischen Erklärungsstrategien geführt. Ein innerer Vorbehalt gegenüber formell anerkannten Normen wird unmöglich, sobald Normenverstöße nicht mehr durch äußerlich imponierte, sondern durch *verinnerlichte* Sanktionen, also durch Gefühle der Scham oder Schuld, geahndet werden.[14] Dieser Erklärungsversuch scheitert aber prima facie an der Schwierigkeit, Gefühle der Selbstbestrafung rational zu erklären. Es kann kein rationales Motiv dafür geben, innere Sanktionen dieser Art »haben zu wollen«.[15] Schon aus begrifflichen Gründen kann es nicht »rational für mich« sein, ein schlechtes Gewissen unhinterfragt ernst zu nehmen und gleichzeitig zum Gegenstand einer praktischen Überlegung zu machen, also doch zu hinterfragen. Soweit wir moralisch handeln, handeln wir so, weil wir das für richtig oder gut halten, und nicht etwa, weil wir innere Sanktionen vermeiden möchten. »Verinner-

---

13 Vgl. Mackie (1977); ders., »Can there be a right-based Moral Theory?«, in: J. Waldron (Hg.), *Theories of Right*, Oxford 1984, 168-181.
14 Vgl. E. Tugendhat, »Zum Begriff und zur Begründung von Moral«, in: ders., *Philosophische Aufsätze*, Frankfurt/M. 1992, 315-333.
15 Tugendhat (1993), 75.

licht« heißen genau die Sanktionen, die wir uns zu eigen gemacht haben. Allein, das Zueigenmachen selbst ist nicht zweckrational zu erklären, jedenfalls nicht aus der Perspektive des Betroffenen: für ihn ist nicht schon rational, was für die Regulierung der Gemeinschaft im ganzen funktional sein mag.[16]

Sowenig wie von moralischen Gefühlen der Sympathie und der Ablehnung ein gerader Weg zur zweckrationalen Begründung von Pflichten führt, so wenig führt von der kontraktualistischen Begründung einer normativen Ordnung ein Weg zurück zu Gefühlen der internalisierten Mißbilligung. Moralische Gefühle drücken Stellungnahmen aus, die moralische Urteile implizieren; und über die Gültigkeit moralischer Urteile streiten wir im Konfliktfall nicht nur mit pragmatischen oder präferentiellen Gründen. Der klassische Empirismus wird diesem Phänomen nicht gerecht, weil er epistemische Gründe ausschließt. Er kann die verpflichtende Kraft moralischer Normen letztlich nicht aus Präferenzen erklären.

IV.

Auf diese Verlegenheit reagieren zwei neuere Versuche, die an empiristischen Voraussetzungen festhalten und gleichwohl der Phänomenologie verpflichtender Normen gerecht werden wollen. Allan Gibbard folgt eher der expressivistischen Linie der Erklärung eines solidarischen Zusammenlebens, Ernst Tugendhat eher der kontraktualistischen Linie der Rekonstruktion eines gerechten Zusammenlebens. Aber beide gehen von derselben Intuition aus. Jede Moral löst, funktional betrachtet, Probleme der Handlungskoordination zwischen Wesen, die auf soziale Interaktion angewiesen sind. Das moralische Bewußtsein ist Ausdruck der legitimen Forderungen, die kooperative Mitglieder einer sozialen Gruppe aneinander richten

---

16 Vgl. J. Elster, *The Cement of Society*, Cambridge 1989, Kap. 3.

dürfen. Moralische Gefühle regulieren die Einhaltung der zugrundeliegenden Normen. Scham und Schuld signalisieren einer ersten Person, daß sie, wie Tugendhat sagt, als »kooperatives Mitglied« oder als »guter Sozialpartner« versagt hat.[17] Gibbard sagt zu diesen Gefühlen: »(they are) tied to poor cooperative will – to a special way a social being can fail to be a good candidate for inclusion in cooperative schemes«.[18] Beide Autoren wollen die Rationalität der Entstehung bzw. der Wahl von Moral überhaupt, aber auch die einer universalistischen Vernunftmoral nachweisen. Während Tugendhat an der subjektiven Perspektive der Beteiligten festhält, schlägt Gibbard den objektivierenden Weg über eine funktionale Erklärung ein.

Anders als Kant, der Normen nur als Handlungsmaximen versteht, gebraucht Gibbard den Begriff der Norm für alle Arten von Standards, die sagen, warum es für uns rational ist, eine Meinung zu haben, ein Gefühl zu äußern oder in bestimmter Weise zu handeln. Bestimmte Meinungen zu haben kann auf die gleiche Weise für mich rational sein, wie bestimmte Gefühle zu äußern oder Handlungsabsichten auszuführen. Daß etwas »für mich rational« ist, bedeutet, daß ich mir Normen zu eigen gemacht habe, in deren Licht es »sinnvoll« oder »angebracht«, »plausibel« oder einfach »am besten« ist, etwas zu glauben, zu fühlen oder zu tun. Moralisch nennt Gibbard sodann die Normen, die für eine Gemeinschaft festlegen, welche Klassen von Handlungen spontane Mißbilligung verdienen. Sie bestimmen, in welchen Fällen es für die Angehörigen rational ist, sich zu schämen oder schuldig zu fühlen oder sich über das Verhalten anderer zu empören. Der inklusive Gebrauch des Normbegriffs schließt aus, daß Gibbard wie Kant die Rationalität des Handelns (nach dem erwähnten Prinzip der Zweckrationalität) auf Gründe zurückführen kann, aus denen der Aktor seinen Willen an diese oder jene Maxime bindet. Wenn aber *alle* rationalen Motive auf bereits zugrundeliegende Standards verwei-

17 Tugendhat (1993), 29, 91.
18 A. Gibbard, *Wise Choices, Apt Feelings*, Harvard 1992, 296.

sen, kann nicht wiederum danach gefragt werden, warum es rational gewesen ist, solche Standards überhaupt zu verinnerlichen. Der Umstand, daß jemand etwas für rational hält, *bringt bloß zum Ausdruck*, daß die Standards, die dieses Urteil autorisieren, *seine* Standards sind. Deshalb versteht Gibbard die Äußerung von Rationalitätsurteilen, ob nun moralischer oder nicht-moralischer Art, als expressive Sprechhandlungen. Sie können nicht wahr oder falsch, sondern nur wahrhaftig oder unwahrhaftig sein. Auch die aktorrelative Verbindlichkeit von moralischen Regeln ist allein durch einen aufrichtig geäußerten mentalen Zustand beglaubigt.[19]

Nach dieser »expressivistischen« Erklärung von Normativität tut Gibbard zwei Züge. Er gibt aus der Perspektive eines Beobachters zunächst eine evolutionstheoretische Erklärung für moralische Normen überhaupt und versucht dann, den biologischen »Wert« der Moral wieder in die Teilnehmerperspektive einzuholen, d. h., aus der theoretischen Sprache einer »Biologie der Handlungskoordination« in die Sprache praktischer Überlegungen zu übersetzen.

Die vorgeschlagene neodarwinistische Erklärung besagt, daß sich moralische Gefühle wie Scham und Schuld als koordinationswirksame Regulatoren im Laufe der Evolution der menschlichen Gattung herausgebildet haben. Die Normativität der Regeln, die es für die Mitglieder kooperierender Gruppen rational erscheinen lassen, solche Gefühle zu haben, also normabweichendes Verhalten zu mißbilligen und korrespondierende Entschuldigungen als Reparatur für eine mißlungene Handlungskoordinierung anzubieten oder zu erwarten, besitzt keine für die Beteiligten selbst erkennbare Rationalität. Aber für einen Beobachter *erklärt* sich die Autorität, die sich in den Rationalitätsurteilen der Beteiligten *offenbart*, aus dem »Reproduktionswert« der verinnerlichten Normen und der entsprechenden Gefühlseinstellungen. Daß sie evolutionär vorteilhaft sind, soll in der Tatsache ihres subjektiv überzeu-

---

19 Gibbard (1992), 84.

genden Charakters zum Ausdruck kommen. Die eigentlich philosophische Aufgabe besteht nun darin, eine plausible Verbindung herzustellen zwischen dem, was für den Beobachter *funktional* ist, und dem, was vom Beteiligten für *rational* gehalten wird. Dieses Problem wird spätestens dann aktuell, wenn sich die Aktoren nicht länger auf verinnerlichte Normen verlassen, sondern sich explizit darüber auseinandersetzen, welche Normen sie als gültig akzeptieren sollten.

Die Sprache funktioniert ohnehin als wichtigstes Medium der Handlungskoordinierung. Moralische Urteile und Stellungnahmen, die sich auf verinnerlichte Normen stützen, äußern sich in einer emotionsgeladenen Sprache. Wenn aber der normative Hintergrundkonsens zusammenbricht und neue Normen erarbeitet werden müssen, bedarf es einer *anderen* Form der Kommunikation. Die Beteiligten müssen dann auf die orientierende Kraft »normativer Diskurse« vertrauen: »I shall call this influence *normative governance*. It is in this governance of action, belief and emotion that we might find a place for phenomena that constitute acceptance of norms, as opposed to merely internalizing them. When we work out at a distance, in community, what to do or think or feel in a situation we are discussing, we come to accept norms for the situation.«[20]

Es ist freilich nicht ganz klar, worauf sich die von solchen Diskursen erwartete »normative Anleitung« stützen kann. Gute Gründe können es nicht sein, denn diese entlehnen ihre rational motivierende Kraft verinnerlichten Standards, die nach Voraussetzung ihre Autorität eingebüßt haben – sonst wäre ein Bedarf an diskursiver Verständigung nicht entstanden. Was die Teilnehmer zum Gegenstand der Diskussion machen müssen, kann ihnen nicht zugleich in der Diskussion als Maßstab dienen. Die diskursive Verständigung über moralische Normen kann Gibbard nicht nach dem Muster kooperativer Wahrheitssuche begreifen, sondern als Prozeß der gegenseitigen rhetorischen *Beeinflussung*.

---

20 Ebd., 72 f.

Ein Proponent, der um Zustimmung für eine aus seiner Sicht anerkennungswürdige Norm wirbt, kann nichts anderes tun, als den subjektiven Zustand, in dem er selbst die Norm als verpflichtend *empfindet*, aufrichtig zum Ausdruck zu bringen. Wenn ihm das auf authentische Weise gelingt, kann er seine Gesprächspartner damit »anstecken«, bei ihnen also ähnliche Gefühlszustände induzieren. Auf diese Weise wird in normativen Diskursen die gegenseitige Überzeugung durch so etwas wie reziproke Einstimmung ersetzt. Interessanterweise sollen für diese Art der rhetorischen Beeinflussung die öffentlichen, egalitären und zwanglosen Kommunikationsbedingungen eines sokratischen Dialoges am günstigsten sein. Die »konversationellen Beschränkungen«, denen dieser Dialog unterliegt, sind (mit Ausnahme der geforderten Kohärenz der Beiträge) pragmatischer Natur.[21] Sie sollen Exklusion, also den unmotivierten Ausschluß von Betroffenen, sowie die Privilegierung von Sprechern und Themen, also Ungleichbehandlung, verhindern; sie sollen auch Repression und Manipulation, Einflußnahme mit nicht-rhetorischen Mitteln ausschalten. Diese Kommunikationsbedingungen gleichen den pragmatischen Voraussetzungen einer kooperativen Wahrheitssuche aufs Haar.[22] So nimmt es nicht wunder, daß die Normen, die unter diesen Bedingungen Zustimmung finden, am Ende auf eine Moral der gleichen solidarischen Verantwortung für jedermann hinauslaufen. Da der diskursive Prozeß nicht auf die Mobilisierung der besseren Gründe, sondern auf die Ansteckungskraft der eindrucksvolleren Expressionen zugeschnitten ist, kann von »Begründung« nicht die Rede sein.

Gibbard muß deshalb erklären, warum unter den pragmatisch ausgezeichneten Kommunikationsbedingungen genau die

---

21 Ebd., 193: »A speaker treats what he is saying as an objective matter of rationality if he can demand its acceptance by everybody. More precisely, the test is this: could he coherently make his demands, revealing their grounds, and still not browbeat his audience? What makes for browbeating in this test is a question of conversational inhibitions and embarassments.«

22 Ebd., 195, Fn. 2 verweist selbst auf die Diskurstheorie.

Normen Zustimmung finden sollten, die sich unter dem funktionalen Gesichtspunkt ihres objektiv hohen artspezifischen »Überlebenswerts« als die besten herausstellen: »In normative discussion we are influenced by each other, but not only by each other. Mutual influence nudges us towards consensus, if all goes well, *but not toward any consensus whatsoever*. Evolutionary considerations suggest this: consensus may promote biological fitness, *but only the consensus of the right kind*. The consensus must be mutually fitness-enhancing, and so to move toward it we must be responsive to things that promote our biological fitness.«[23] Gibbard erkennt das Problem, daß die aus der objektiven Untersuchungsperspektive gewonnenen Ergebnisse mit den Ergebnissen zusammengeführt werden müssen, von denen sich die Diskursteilnehmer aus ihrer Perspektive als vernünftig überzeugen. Aber eine Erklärung sucht man vergebens. Man erfährt nicht, warum die unwahrscheinlichen Kommunikationsbedingungen normativer Diskurse in demselben Sinne »selektiv« sein und zum gleichen Resultat einer Steigerung der kollektiven Überlebenswahrscheinlichkeit führen sollten wie die Mechanismen der natürlichen Evolution.[24]

V.

Ernst Tugendhat vermeidet den problematischen Umweg über eine funktionalistische Erklärung der Moral. Zunächst beschreibt er, wie moralische Regelsysteme *im allgemeinen* funktionieren und welche Motive wir haben können, *überhaupt* moralisch zu sein (a), um dann zu fragen, *welche* Art von Mo-

---

23 Gibbard (1992), 223.
24 Das kann auch nicht dadurch gesichert werden, daß sich die Diskursteilnehmer die biologische Beschreibung zu eigen machen; denn eine solche objektivierende Selbstbeschreibung würde entweder das praktische Selbstverständnis handlungsfähiger Subjekte zerstören – oder beim Wechsel von der Beobachter- zur Teilnehmerperspektive ihren Sinn wesentlich verändern.

ral wir unter nachmetaphysischen Bedingungen vernünftigerweise wählen sollten (b).

(a) Anders als der Kontraktualismus beginnt Tugendhat mit einem vollen Begriff der moralischen Gemeinschaft. Dazu gehört das Selbstverständnis derer, die sich an moralische Regeln gebunden fühlen, also »ein Gewissen haben«, moralische Gefühle äußern, sich über moralische Urteile mit Gründen streiten usw. Die Mitglieder glauben zu »wissen«, was im kategorischen Sinne jeweils »gut« und »böse« ist. Nachdem er dieses Paket geschnürt hat, prüft Tugendhat, ob es für einen beliebigen Anwärter rational ist, einer solchen *im ganzen* beschriebenen moralischen Praxis beizutreten, d. h., ein kooperationsbereites Mitglied *irgendeiner* moralischen Gemeinschaft zu werden: »Daß wir überhaupt einer moralischen Gemeinschaft angehören wollen [...], ist letztlich ein Akt unserer Autonomie, und dafür kann es nur gute Motive, keine Gründe geben.«[25] Tugendhat versteht unter »Autonomie« nur die Fähigkeit zu einem regelgeleiteten Handeln aus rationalen Motiven. Die praktischen Gründe, die er dann aufzählt, sprengen den empiristischen Rahmen von wertfreien Klugheitserwägungen. Tugendhat nennt nämlich keineswegs vormoralisch gegebene Interessen, sondern Wertorientierungen, die sich allein im Erfahrungszusammenhang einer moralisch verfaßten Gemeinschaft gebildet haben können. So ist es etwa rational für mich, einer moralischen Gemeinschaft beizutreten, weil ich es gegenüber dem Objektstatus gegenseitiger Instrumentalisierung vorziehe, Subjekt und Adressat von Rechten und Pflichten zu sein; oder weil balancierte Freundschaftsbeziehungen für mich besser sind als die strukturelle Einsamkeit eines strategisch handelnden Aktors; oder weil ich nur als Mitglied einer moralischen Gemeinschaft die Befriedigung erfahre, von moralisch achtenswerten Personen selber geachtet zu werden, usw.

Die Präferenzen, die Tugendhat für den Beitritt zu einer mora-

25 Tugendhat (1993), 29.

lischen Gemeinschaft nennt, sind bereits durch die Werte einer solchen Gemeinschaft imprägniert; sie sind von *vorgängigen*, intersubjektiv geteilten Wertorientierungen abhängig. Jedenfalls erklären diese Motive nicht, warum es für Aktoren, *die sich im vormoralischen Zustand befinden* und nur diesen kennen, rational sein könnte, in einen moralischen Zustand überzutreten. Wer sich für seinen Entschluß zu einem moralischen Leben Gründe zurechtlegt, die nur aus der Reflexion auf die bereits erfahrenen Vorzüge eines moralisch geregelten Interaktionszusammenhangs stammen können, hat die egozentrische Sicht rationaler Wahl aufgegeben und orientiert sich statt dessen an Konzeptionen des guten Lebens. Er stellt seine praktische Überlegung unter die *ethische* Fragestellung: welche Art von Leben er führen sollte, wer er ist und sein will, was im ganzen und auf lange Sicht »gut« für ihn ist usw. Gründe, die unter diesen Gesichtspunkten zählen, gewinnen motivierende Kraft nur insoweit, wie sie die Identität und das Selbstverständnis eines von einer moralischen Gemeinschaft bereits geformten Aktors berühren.

So versteht (und akzeptiert) auch Martin Seel das Argument. Obwohl das Glück eines gelingenden Lebens nicht in einem moralischen Leben liegt, gibt es aus der Sicht eines um sein gutes Leben besorgten Subjekts vernünftige Gründe, sich überhaupt auf moralische Verhältnisse (welcher Art auch immer) einzulassen. Schon aus der ethischen Perspektive läßt sich erkennen, daß es außerhalb einer *moralischen* Gemeinschaft kein *gutes* Leben geben kann. Freilich heißt das nur, »daß es notwendige Überschneidungen zwischen einem guten und einem moralisch guten Leben gibt, nicht hingegen, daß ein gutes Leben nur *in den Grenzen* eines moralisch guten Lebens möglich wäre«.[26] Aber Tugendhat interessiert sich weniger für das *Verhältnis* des guten Lebens zur Moral als vielmehr für die *ethische Begründung* des Moralischseins. Und diese muß, wenn man wie Tugendhat zu Recht auf der Differenz zwischen dem je

---

26 M. Seel, *Versuch über die Form des Glücks*, Frankfurt/M. 1995, 206.

eigenen Guten und der moralischen Rücksichtnahme auf die Interessen anderer beharrt, auf eine Paradoxie hinauslaufen: Soweit sich ein Aktor durch Gründe ethischer Art davon überzeugen läßt, daß er moralische vormoralischen Lebensumständen vorziehen sollte, relativiert er den verpflichtenden Sinn der moralischen Rücksichtnahme auf andere, dessen kategorische Geltung er unter diesen Umständen anerkennen müßte.

Seel registriert den Umstand, daß »moralische Rücksicht [...] gegenüber den präferentiellen Gründen, die wir haben, um *überhaupt* moralische Rücksicht zu üben, (transzendent ist)«,[27] aber er zieht daraus nicht die richtige Folgerung.[28] Eine ethische Begründung des Moralischseins bedeutet ja nicht, daß sich jemand durch präferentielle Gründe motivieren läßt, sich »mit Gründen einer ganz anderen Art zu konfrontieren«; vielmehr verlieren die Gründe, die innerhalb des moralischen Sprachspiels allein zählen, durch eine Relationierung zum selbstbezogenen Interesse am Sprachspiel als solchem ihren illokutionären Sinn – eben Gründe für moralische, und das heißt: unbedingte Forderungen zu sein. Falls der Aktor, der sich des Vorzugs einer moralischen Lebensweise vergewissert, derselbe ist, der sich infolge dieser Präferenz auf solche Verhältnisse einläßt, verändert seine ethische Begründung, die das moralische Sprachspiel im ganzen konditioniert, zugleich den Charakter der in ihm möglichen Züge. Denn ein moralisches Handeln »aus Achtung vor dem Gesetz« ist unvereinbar mit dem ethischen Vorbehalt, jederzeit zu prüfen, ob sich auch die Praxis im ganzen aus der Perspektive des je eigenen Lebensentwurfs lohnt. Aus begrifflichen Gründen kann der kategorische Sinn moralischer Verpflichtungen nur so lange intakt bleiben, wie den Adressaten die Möglichkeit verwehrt ist,

27 Seel (1995), 203 f.
28 Seel (1995), 203: »Zwar läßt sich auf die Frage ›Wozu moralisch sein?‹ durchaus noch – ja: allein – eine präferentiell begründete Antwort geben: weil nur das Moralischsein die Welt freundschaftlichen und solidarischen Zusammenseins mit anderen eröffnet; aber mit diesem präferentiell begründeten Schritt lassen wir uns auf Verhaltensmuster ein, die in keiner Weise auf präferentiell begründete Orientierungen rückführbar sind.«

auch nur virtuell jenen Schritt hinter die moralische Gemeinschaft zurückzutreten, der nötig ist, um aus dem Abstand und aus der Perspektive der ersten Person die Vor- und Nachteile einer Mitgliedschaft überhaupt abzuwägen. Ebensowenig führt umgekehrt von der ethischen Reflexion ein Weg zur Begründung der Moral.

(b) Selbst wenn sich der Traum des Empirismus erfüllen und wenn die Reflexion auf das eigene Interesse eine nachvollziehbare Dynamik entfalten würde, die – im Sinne unbedingter moralischer Rücksichtnahme – über die Verfolgung des eigenen Interesses »hinaustreibt«, wäre das eigentliche Problem noch nicht gelöst. Die erwähnten ethischen Gründe erklären bestenfalls, warum wir uns auf irgendein moralisches Sprachspiel einlassen sollen, aber nicht: auf welches. Tugendhat gibt diesem Problem die Form einer genealogischen Fragestellung. Nach dem Verlust der traditionalen Geltungsgrundlage ihrer gemeinsamen Moral müssen sich die Beteiligten gemeinsam überlegen, auf genau welche moralischen Normen sie sich verständigen sollten. In dieser Angelegenheit kann niemand mehr Autorität als irgendein anderer beanspruchen; alle Gesichtspunkte für einen privilegierten Zugang zur moralischen Wahrheit sind entwertet. Auf die Herausforderung dieser Situation hatte der Gesellschaftsvertrag keine befriedigende Antwort geben können, weil aus einer interessengeleiteten Vereinbarung zwischen Vertragspartnern bestenfalls eine von außen auferlegte soziale Verhaltenskontrolle, aber keine verpflichtende Konzeption des gemeinsamen, gar universalistisch begriffenen Guten hervorgeht. Tugendhat beschreibt die Ausgangssituation in ähnlicher Weise, wie ich es vorgeschlagen habe. Die Mitglieder einer moralischen Gemeinschaft fragen nicht nach einer für jeden vorteilhaften sozialen Verhaltenskontrolle, die *an die Stelle* von Moral treten kann; sie wollen nicht das moralische Sprachspiel als solches, sondern nur dessen religiöse Geltungsgrundlage ersetzen.

Diese Fragestellung führt zur Reflexion auf diejenigen Verständigungsbedingungen, die *nach* Religion und Metaphysik als einzige mögliche Ressource für die Begründung einer Moral des gleichen Respekts für jedermann übriggeblieben sind: »Wenn das Gute nicht mehr transzendent vorgegeben ist, scheint nur die Rücksicht auf Mitglieder der Gemeinschaft, die dann ihrerseits nicht mehr begrenzt werden kann, also auf alle anderen – und das heißt auf ihr Wollen, ihre Interessen –, das Prinzip des Gutseins abzugeben. Plakativ formuliert: die so verstandene Intersubjektivität tritt an die Stelle des transzendent Vorgegebenen [...]. Da die wechselseitigen Forderungen [...] die Form einer Moral überhaupt ausmachen, kann man auch sagen: indem nun der Inhalt, auf den sich die Forderungen beziehen, nichts anderes ist als die Rücksicht auf das, was alle wollen, *paßt jetzt der Inhalt zur Form.*«[29]

Auf diese Weise gewinnt Tugendhat das Kantische Prinzip der Verallgemeinerung aus den symmetrischen Bedingungen der Ausgangssituation, in der sich die aller Privilegien beraubten, insofern gleichgestellten Parteien begegnen, um sich auf Grundnormen zu einigen, die von allen Beteiligten vernünftigerweise akzeptiert werden können.[30] Er legt sich freilich keine Rechenschaft darüber ab, daß damit »rationale Akzeptabilität« einen anderen Sinn gewinnt als den, daß etwas »rational ist für mich«. Wenn es für Verhältnisse moralischer Anerkennung keine höhere Autorität gibt als der gute Wille und die Einsicht derer, die sich miteinander über Regeln ihres Zusammenlebens verständigen, muß der Maßstab für die Beurteilung dieser Regeln der Situation selbst entnommen werden, in der sich die Beteiligten *gegenseitig* von ihren Auffassungen und Vorschlägen *überzeugen* möchten. Indem diese sich auf eine kooperative Verständigungspraxis einlassen, akzeptieren sie bereits stillschweigend die Bedingung der symmetrischen oder gleichmäßigen Berücksichtigung der Interessen aller. Weil diese Praxis nur zum Ziele führt, wenn jeder bereit ist, andere zu überzeugen und sich vom anderen überzeugen zu lassen, muß

---

29 Tugendhat (1993), 87f.
30 Noch deutlicher in: E. Tugendhat, *Gibt es eine moderne Moral?* (Ms. 1995).

jeder ernsthafte Teilnehmer prüfen, was *unter jener Bedingung* symmetrischer und gleichmäßiger Interessenberücksichtigung für ihn rational ist. Mit der methodischen Bezugnahme auf die mögliche Intersubjektivität der Verständigung (die bei Rawls beispielsweise von der Struktur des Urzustandes erzwungen wird) wächst aber den pragmatischen Gründen ein epistemischer Sinn zu. Damit werden die Schranken instrumenteller Vernunft transzendiert. Als Geltungsgrundlage der Vernunftmoral dient ein Prinzip der Verallgemeinerung, das nicht aus der Perspektive je eigener Interessen (oder eigener Konzeptionen des Guten) begründet werden kann. Dieses Prinzips können wir uns nur durch eine Reflexion auf die unvermeidlichen Bedingungen unparteilicher Urteilsbildung vergewissern. Gibbard analysiert zwar solche Bedingungen als pragmatische Voraussetzungen für normative Diskurse; diese selbst betrachtet er aber nur unter dem funktionalistischen Gesichtspunkt ihres Beitrages zur sozialen Handlungskoordinierung. Demgegenüber hält Tugendhat daran fest, daß die Zustimmung zu moralischen Regeln aus der Perspektive der Beteiligten selbst begründet werden muß; aber auch er verleugnet den epistemischen Sinn, den diese Zustimmung unter Diskursbedingungen gewinnt.

VI.

Der schwache Nonkognitivismus geht davon aus, daß Aktoren ihre Willkür nur auf eine Weise durch praktische Vernunft affizieren lassen können, nämlich durch Überlegungen, die dem Prinzip der Zweckrationalität gehorchen. Wenn hingegen die praktische nicht mehr in der instrumentellen Vernunft aufgeht, verändert sich die Konstellation von Vernunft und Wille – und damit der Begriff der subjektiven Freiheit. Freiheit erschöpft sich dann nicht mehr in der Fähigkeit, die Willkür an Maximen der Klugheit zu binden, sondern äußert sich in der Selbstbindung des Willens durch Einsicht. »Einsicht«

bedeutet, daß ein Entschluß mit Hilfe epistemischer Gründe gerechtfertigt werden kann. Epistemische Gründe stützen im allgemeinen die Wahrheit assertorischer Aussagen; in praktischen Zusammenhängen bedarf der Ausdruck »epistemisch« der Erläuterung. Pragmatische Gründe beziehen sich auf die Präferenzen und Ziele einer bestimmten Person. Über diese »Daten« entscheidet letztlich die epistemische Autorität des Handelnden selbst, der ja wissen muß, was seine Präferenzen und Ziele sind. Zu »Einsichten« kann eine praktische Überlegung erst dann führen, wenn diese sich über die privilegiert zugängliche subjektive Welt des Aktors hinaus auf Sachverhalte einer intersubjektiv geteilten sozialen Welt erstreckt. So bringt die Reflexion auf gemeinsame Erfahrungen, Praktiken und Lebensformen ein ethisches Wissen zu Bewußtsein, über das wir nicht schon dank der epistemischen Autorität der ersten Person verfügen.

Das Bewußtmachen von etwas implizit Gewußtem ist nicht gleichbedeutend mit der Erkenntnis von Objekten oder Tatsachen.[31] »Erkenntnisse« sind kontraintuitiv, während reflexiv gewonnene »Einsichten« ein vortheoretisches Wissen explizit machen, in Kontexte einordnen, auf Kohärenz prüfen und auf diesem Wege auch kritisch sondieren.[32] Ethische Einsichten verdanken sich der Explikation jenes Wissens, das kommunikativ vergesellschaftete Individuen erworben haben, indem sie in ihre Kultur hineingewachsen sind. Im evaluativen Vokabular und in den Verwendungsregeln für normative Sätze sedimentieren sich die allgemeinsten Bestandteile des praktischen Wissens einer Kultur. Im Lichte ihrer evaluativ imprägnierten Sprachspiele entwickeln die Aktoren nicht nur Vorstellungen von sich selbst und dem Leben, das sie allgemein führen möchten; sie entdecken auch in der jeweiligen Situation anziehende und abstoßende Züge, die sie nicht verstehen können, ohne zu

---

31 B. Williams, *Ethics and the Limits of Philosophy*, London 1985, Kap. 8.
32 John Rawls spricht in diesem Zusammenhang von »reflective equilibrium«.

»sehen«, wie sie darauf reagieren *sollen*.³³ Weil wir das, was attraktiv und abstoßend, richtig oder falsch, was überhaupt relevant ist, intuitiv wissen, läßt sich hier das Moment der Einsicht vom rationalen Handlungsmotiv trennen. Es handelt sich um ein intersubjektiv geteiltes Gebrauchswissen, das sich in der Lebenswelt eingespielt und praktisch »bewährt« hat. Als der gemeinsame Besitz einer kulturellen Lebensform genießt es »Objektivität« aufgrund seiner sozialen Verbreitung und Akzeptanz. Deshalb verlangt die praktische Überlegung, die dieses intuitive Wissen *kritisch* aneignet, eine *soziale* Perspektive.

Wertorientierungen, auch das an Werten orientierte Selbstverständnis von Personen oder Gruppen, beurteilen wir unter dem *ethischen*, Pflichten, Normen, Gebote unter dem *moralischen* Gesichtspunkt. Zunächst zu den ethischen Fragen, die sich aus der Perspektive der ersten Person stellen. Aus der Sicht der ersten Person Plural zielen sie auf das gemeinsame Ethos: es geht darum, wie wir uns als Mitglieder einer moralischen Gemeinschaft verstehen, woran wir unser Leben orientieren sollen, was auf lange Sicht und im ganzen gesehen das Beste für uns ist. Aus der Perspektive der ersten Person Singular stellen sich ähnliche Fragen: wer ich bin und sein möchte, wie ich mein Leben führen soll. Auch diese existentiellen Überlegungen unterscheiden sich von Erwägungen der Klugheit nicht nur durch die zeitliche und sachliche Generalisierung der Fragestellung: was *auf lange Sicht und im ganzen gesehen* das Beste ist. Die Perspektive der ersten Person bedeutet hier nicht die egozentrische Beschränkung auf meine Präferenzen, sondern

33 McDowell wendet sich gegen eine objektivistische Deutung dieser »salient features« einer Situation: »The relevant notion of salience cannot be understood except in terms of seeing something as a reason for acting which silences all others.« J. McDowell, »Virtue and Reason«, *Monist*, 62, 1979, 345. Er erklärt ethische Einsichten aus der Interaktion zwischen Lebensorientierung und Selbstverständnis einer Person auf der einen, ihrem durch Werte imprägnierten Verständnis der jeweiligen Situation auf der anderen Seite. Diese Analysen können noch – diesseits des Realismus – im Sinne einer durch Wittgenstein belehrten neoaristotelischen Ethik verstanden werden.

sichert den Bezug zu einer Lebensgeschichte, die immer schon in intersubjektiv geteilte Traditionen und Lebensformen eingebettet ist.[34] Die Attraktivität der Werte, in deren Licht ich mich und mein Leben verstehe, läßt sich nicht in den Grenzen der mir privilegiert zugänglichen Welt subjektiver Erlebnisse klären. Denn meine Präferenzen und Ziele sind nicht länger etwas Gegebenes, sondern stehen selber zur Diskussion;[35] in Abhängigkeit von meinem Selbstverständnis können sie sich in der Reflexion auf das, was für *uns*, im Horizont unserer geteilten sozialen Welt einen intrinsischen Wert *hat*, auf begründete Weise ändern.

Unter dem ethischen Gesichtspunkt klären wir also klinische Fragen des gelingenden, besser: nicht-verfehlten Lebens, die sich im Kontext einer bestimmten kollektiven Lebensform oder einer individuellen Lebensgeschichte stellen. Die praktische Überlegung vollzieht sich in der Form einer hermeneutischen Selbstverständigung. Sie artikuliert starke Wertungen, an denen sich mein Selbstverständnis orientiert. Die Kritik an Selbsttäuschungen und an Symptomen einer zwanghaften oder entfremdeten Lebensweise bemißt sich an der Idee einer bewußten und kohärenten Lebensführung. Dabei läßt sich die Authentizität eines Lebensentwurfs in Analogie zum Wahrhaftigkeitsanspruch expressiver Sprechhandlungen als ein höherstufiger Geltungsanspruch verstehen.[36]

Wie wir unser Leben führen, ist mehr oder weniger dadurch bestimmt, wie wir uns selbst verstehen. Deshalb greifen ethische Einsichten über die Interpretation dieses Selbstverständnisses in die Orientierung unsres Lebens ein. *Als* Einsichten, die den Willen binden, bewirken sie eine *bewußte* Lebensführung. Darin manifestiert sich der im ethischen Sinne freie Wille. Unter dem ethischen Gesichtspunkt verwandelt sich die Freiheit,

---

34 Vgl. J. McDowell, »Are Moral Requirements Hypothetical Imperatives?«, *Proceedings of the Aristotelian Society*, suppl. 52, 1978, 13-29.
35 Vgl. C. Taylor, *Quellen des Selbst*, Frankfurt/M. 1994, Teil 1.
36 Auch Theorien stellen beispielsweise einen »höherstufigen« oder komplexeren Geltungsanspruch; sie können nicht in demselben Sinne »wahr« oder »falsch« sein wie die einzelnen aus ihnen ableitbaren Propositionen.

meine Willkür an Maximen der Klugheit zu binden, in die Freiheit, mich zu einem authentischen Leben zu entschließen.[37]
Die Grenzen dieser ethischen Betrachtungsweise zeigen sich freilich, sobald Fragen der Gerechtigkeit ins Spiel kommen: aus dieser Perspektive wird nämlich Gerechtigkeit zu einem Wert neben anderen herabgesetzt. Moralische Verpflichtungen sind für die eine Person wichtiger als für die andere, haben in dem einen Kontext eine größere Bedeutung als im anderen. Gewiß, auch unter dem ethischen Gesichtspunkt mag man der semantischen Differenz zwischen Wertbindung und moralischer Verpflichtung mit einer gewissen Priorität von Fragen der Gerechtigkeit gegenüber Fragen des guten Lebens Rechnung tragen: »Ethical life itself is important, but it can see that things other than itself are important [...]. There is one kind of ethical consideration that directly connects importance and deliberative priority, and this is obligation.«[38] Aber solange Verpflichtungen *allein* unter dem ethischen Gesichtspunkt betrachtet werden, läßt sich ein *absoluter* Vorrang des Gerechten vor dem Guten, der erst den kategorischen Geltungssinn moralischer Pflichten ausdrücken würde, nicht begründen: »These kinds of obligation very often command the highest deliberative priority [...]. However, we can also see how they need not always command the highest priority, even in ethically well disposed agents.«[39] Solange Gerechtigkeit als integraler Bestandteil einer jeweils bestimmten Konzeption des Guten gilt, gibt es keine Handhabe für die Forderung, daß in Kollisionsfällen Pflichten nur von Pflichten, Rechte nur durch Rechte »übertrumpft« werden dürfen (wie Dworkin sagt).
Ohne den Vorrang des Gerechten vor dem Guten kann es auch kein ethisch neutrales Gerechtigkeitskonzept geben. Das hätte für die Regelung der gleichberechtigten Koexistenz in weltan-

---

37 Die existentialistische Zuspitzung des Entschlusses auf eine radikale Wahl verkennt den Charakter dieser Freiheit als eines epistemisch gesteuerten *Prozesses*.
38 Williams (1985), 184f.
39 Ebd., 187.

schaulich pluralistischen Gesellschaften mißliche Folgen. Individuen und Gruppen mit je eigenen Identitäten könnte dann nämlich Gleichberechtigung nur nach Maßstäben garantiert werden, die ihrerseits Bestandteil einer gemeinsamen, von allen gleichmäßig anerkannten Konzeption des Guten sind. Dieselbe Bedingung gälte, mutatis mutandis, für eine gerechte Regelung des internationalen Verkehrs zwischen Staaten, des kosmopolitischen Verkehrs zwischen Weltbürgern und der globalen Beziehungen zwischen Kulturen. Das Unwahrscheinliche dieser Überlegung zeigt, warum die neoaristotelischen Ansätze den universalistischen Gehalt einer Moral der gleichen Achtung und solidarischen Verantwortung für jedermann nicht einholen können. Jeder globale Entwurf eines allgemein verbindlichen kollektiven Guten, auf das die Solidarität aller Menschen (unter Einschluß künftiger Generationen) gegründet werden könnte, begegnet einem Dilemma. Eine inhaltlich ausgeführte Konzeption, die hinreichend informativ ist, muß (zumal im Hinblick auf das Glück künftiger Generationen) zu einem unerträglichen Paternalismus führen; eine substanzlose, von allen lokalen Kontexten abgehobene Konzeption muß den Begriff des Guten zerstören.[40]

40 Martin Seel (1995) bemüht sich um einen solchen formalen Begriff des Guten. Aber die Idee einer – von Moral im Kantischen Sinne unterschiedenen – formalen Bestimmung des Guten ist ein hölzernes Eisen. Seels Versuch, Verfassung und Bedingungen des gelingenden Lebens zu explizieren, kommt um die Auszeichnung von Grundgütern (Sicherheit, Gesundheit, Bewegungsfreiheit), von Inhalten (Arbeit, Interaktion, Spiel und Kontemplation) und Zielen der Lebensführung (weltoffene Selbstbestimmung) nicht herum. Das sind fallible anthropologische Grundannahmen und Wertungen, die nicht nur zwischen verschiedenen Kulturen kontrovers sind, aber hier, im interkulturellen Dialog, aus guten Gründen kontrovers bleiben. Auch ein nicht-kriteriales Verständnis eines solchen Projekts menschlicher Möglichkeiten hat paternalistische Konsequenzen, selbst dann, wenn es nur gut gemeinte Ratschläge anleiten soll: »Wenn aber eine dieses Gute nicht will? – So werden wir ihr sagen, daß sie auf das Beste verzichtet.« (189) Der Aussagengehalt einer Anthropologie des Guten, die über die argumentationslogische Klärung von Bedingungen hermeneutischer Selbstverständigungsdiskurse hinausgreift, bleibt dem Kontext ihrer Entstehung auf besondere Weise verhaftet – wie das Beispiel Heideggers zeigt, dessen Existentialontologie jedem aufmerksamen Leser

Wenn wir der *präsumtiven* Unparteilichkeit moralischer Urteile und dem kategorischen Geltungs*anspruch* verpflichtender Normen Rechnung tragen wollen, müssen wir die horizontale Perspektive, in der interpersonale Beziehungen geregelt werden, von der vertikalen Perspektive der je eigenen Lebensentwürfe entkoppeln und die Beantwortung der genuin moralischen Fragen auf eigene Beine stellen. Die abstrakte Frage, was im gleichmäßigen Interesse aller liegt, *übersteigt* die kontextgebundene ethische Frage, was das Beste für uns ist. Die Intuition, daß Fragen der Gerechtigkeit aus einer idealisierenden Erweiterung der ethischen Fragestellung hervorgehen, behält dennoch einen guten Sinn.

Wenn wir Gerechtigkeit als das für alle gleichermaßen Gute interpretieren, bildet das in Moral aufgehobene »Gute« eine Brücke zwischen Gerechtigkeit und Solidarität. Auch die universalistisch verstandene Gerechtigkeit verlangt nämlich, daß einer für den anderen einsteht – daß nun allerdings ein jeder auch für einen Fremden einsteht, der seine Identität in ganz anderen Lebenszusammenhängen ausgebildet hat und sich im Lichte von Traditionen versteht, die nicht die eigenen sind. Das Gute im Gerechten erinnert daran, daß das moralische Bewußtsein auf ein bestimmtes Selbstverständnis moralischer Personen angewiesen ist: diese wissen sich der moralischen Gemeinschaft *zugehörig*. Dieser Gemeinschaft gehören alle an, die in einer – irgendeiner – kommunikativen Lebensform sozialisiert worden sind. Vergesellschaftete Individuen sind, weil sie ihre Identität nur in Verhältnissen reziproker Anerkennung stabilisieren können, in ihrer Integrität auf besondere Weise verletzbar und daher auf einen spezifischen Schutz angewiesen. Sie müssen an eine Instanz jenseits der eigenen Gemeinschaft appellieren können – G. H. Mead spricht von der »ever wider community«. Aristotelisch ausgedrückt, ist in jeder konkreten Gemeinschaft, sozusagen als ihr »besseres Selbst«, die morali-

aus dem historischen Abstand von ein, zwei Generationen nicht nur den Jargon, sondern auch die politischen Vorteile ihrer Zeit preisgibt (vgl. dazu R. Wolin, *The Politics of Being*, New York 1990).

sche Gemeinschaft angelegt. Als Mitglieder dieser Gemeinschaft erwarten die Individuen voneinander eine Gleichbehandlung, die davon ausgeht, daß jede Person jede andere als »eine von uns« behandelt. Aus dieser Perspektive *bedeutet* Gerechtigkeit zugleich Solidarität.

An dieser Stelle muß das Mißverständnis vermieden werden, als verhalte sich das Gerechte zum Guten wie die Form zum Inhalt: »Der formale Begriff des Guten benennt den materialen Kern einer universalistischen Moral – das, worum es der moralischen Rücksicht geht.«[41] Diese Auffassung verrät den selektiven Blick eines Liberalismus, der die Rolle der Moral – als handele es sich um den Inbegriff negativer Freiheitsrechte – im Schutz fürs individuelle Gute aufgehen läßt und daher die Moral auf dem Unterbau der Ethik errichtet.[42] Dann müßte freilich dieses Worumwillen der Moral – also die Kenntnis der »Übel und Güter«, die in moralischen Konflikten für alle gleichermaßen »auf dem Spiel stehen« – der Moral als feststehende Größe vorgegeben sein. Die Beteiligten müßten vor jeder moralischen Überlegung bereits wissen, was denn das für alle gleichermaßen Gute ist – wenigstens müßten sie sich von Philosophen einen Begriff des formalen Guten entleihen. Aber niemand kann aus der Beobachterperspektive schlicht feststellen, was eine beliebige Person für gut halten soll. In der Bezugnahme auf »beliebige« Personen steckt eine Abstraktion, die auch den Philosophen überfordert.[43] Gewiß, die Moral läßt sich als Schutzvorrichtung gegen die spezifische Verletzbarkeit von Personen verstehen. Aber das Wissen um die konstitutionelle Versehrbarkeit eines Wesens, das seine Identität nur in der Entäußerung an interpersonale Beziehungen ausbilden und in Verhältnissen intersubjektiver Anerkennung stabilisieren kann, entspringt der intuitiven Vertrautheit mit den allgemei-

---

41 Seel (1995), 223.
42 Eine ähnliche Theoriearchitektonik bei R. Dworkin, *Foundations of Liberal Equality, The Tanner Lectures on Human Values*, XI, Salt Lake City 1990.
43 Vgl. Fn. 40.

nen Strukturen unserer kommunikativen Lebensform überhaupt. Es ist ein tief verankertes generelles Wissen, das sich als solches erst in Fällen der klinischen Abweichung aufdrängt – aus Erfahrungen, wie und wann die Identität eines vergesellschafteten Individuums in Gefahr gerät. Der Rekurs auf ein Wissen, das sich aus solchen negativen Erfahrungen bestimmt, ist nicht mit dem Anspruch belastet, positiv anzugeben, was ein gutes Leben überhaupt bedeutet. Nur die Betroffenen selbst können sich aus der Perspektive von Beteiligten an praktischen Beratungen jeweils darüber klarwerden, was gleichermaßen gut ist für alle. Das unter dem moralischen Gesichtspunkte relevante Gute zeigt sich von Fall zu Fall aus der elargierten Wir-Perspektive einer Gemeinschaft, die niemanden ausschließt. Was als das Gute im Gerechten aufgehoben wird, ist die Form eines intersubjektiv geteilten Ethos überhaupt und damit die Struktur der Zugehörigkeit zu einer Gemeinschaft, die freilich die ethischen Fesseln einer exklusiven Gemeinschaft abgestreift hat.

Dieser Zusammenhang von Solidarität und Gerechtigkeit hat Kant dazu inspiriert, den Gesichtspunkt, unter dem Fragen der Gerechtigkeit unparteilich beurteilt werden können, anhand des Rousseauschen Modells der Selbstgesetzgebung zu erläutern: »Demnach muß ein jedes vernünftiges Wesen so handeln, als ob es durch seine Maximen jederzeit ein gesetzgebendes Glied im allgemeinen Reich der Zwecke wäre.«[44] Von einem »Reich der Zwecke« spricht Kant, weil jedes seiner Glieder sich selbst und alle anderen niemals bloß als Mittel, sondern jederzeit zugleich als »Zweck an sich selbst« betrachtet. Als gesetzgebend ist niemand einem fremden Willen untertan; aber zugleich ist jeder den Gesetzen, die er sich selber gibt, wie alle anderen unterworfen. Indem Kant die privatrechtliche Figur des Vertrages durch die öffentlich-rechtliche der republikanischen Gesetzgebung ersetzt, kann er für die Moral die beiden im Recht getrennten Rollen – des an der Gesetzgebung betei-

---

44 I. Kant, *Grundlegung zur Metaphysik der Sitten*, in: *Werkausgabe*, hg. v. Wilhelm Weischedel, Frankfurt/M. 1968 ff., Bd. VII, 72.

ligten Staatsbürgers und des den Gesetzen unterworfenen Privatmannes – in ein und derselben Person *zusammenziehen*. Die moralisch freie Person muß sich zugleich als Autor der sittlichen Gebote verstehen können, denen sie als Adressat untersteht. Das wiederum ist nur möglich, wenn sie die gesetzgebende Kompetenz, an der sie ja bloß »Anteil hat«, nicht (im Sinne eines positivistischen Rechtsverständnisses) willkürlich, sondern im Einklang mit der Verfassung eines Gemeinwesens ausübt, dessen Bürger sich selbst regieren. Und dort dürfen nur solche Gesetze herrschen, die »ein jeder über alle und alle über einen jeden« hätten beschließen können.

VII.

Ein Gesetz ist im moralischen Sinne gültig, wenn es aus der Perspektive eines jeden von allen akzeptiert werden könnte. Weil nur »allgemeine« Gesetze die Bedingung erfüllen, eine Materie im gleichmäßigen Interesse aller zu regeln, bringt sich die praktische Vernunft in diesem Moment der Verallgemeinerungsfähigkeit der im Gesetz berücksichtigten Interessen zur Geltung. Mithin nimmt eine Person den moralischen Gesichtspunkt ein, wenn sie *wie* ein demokratischer Gesetzgeber mit sich zu Rate geht, ob die Praxis, die sich aus der allgemeinen Befolgung einer hypothetisch erwogenen Norm ergeben würde, von allen möglicherweise Betroffenen als potentiellen Mitgesetzgebern akzeptiert werden könnte. In der Rolle des Mitgesetzgebers nimmt jeder an einem *kooperativen* Unternehmen teil und läßt sich damit auf eine intersubjektiv erweiterte Perspektive ein, aus der geprüft werden kann, ob eine strittige Norm aus der Sicht eines jeden Beteiligten als verallgemeinerungsfähig gelten kann. In dieser Beratung werden auch pragmatische und ethische Gründe erwogen, die ihren internen Bezug zur Interessenlage und zum Selbstverständnis je einzelner Personen nicht verlieren; aber diese aktorrelativen Gründe *zählen* nun nicht länger als Motive und Wertorientierungen einzel-

ner Personen, sondern als epistemische Beiträge zu einem normenprüfenden Diskurs, der mit dem Ziel der Verständigung geführt wird. Weil eine Gesetzgebungspraxis nur gemeinsam ausgeübt werden kann, genügt dafür jene monologisch vorgenommene egozentrische Handhabung des Verallgemeinerungstests, die der Goldenen Regel entspricht, nicht.
Moralische Gründe binden die Willkür auf andere Weise als pragmatische und ethische Gründe. Sobald die Selbstbindung des Willens die Gestalt der Selbstgesetzgebung annimmt, *durchdringen* sich Wille und Vernunft vollständig. »Frei« nennt Kant deshalb nur den autonomen, vernunftbestimmten Willen. Frei handelt nur derjenige, der seinen Willen durch Einsicht in das, was alle wollen könnten, bestimmen läßt: »Nur ein vernünftiges Wesen hat das Vermögen, nach der Vorstellung der Gesetze, d. i. nach Prinzipien zu handeln, oder einen *Willen*. Da zur Ableitung der Handlungen aus Gesetzen *Vernunft* erfordert wird, so ist der Wille nichts anderes als praktische Vernunft.«[45] Gewiß, *jeder* Akt der Selbstbindung des Willens erfordert Gründe der praktischen Vernunft; aber solange noch subjektiv zufällige Bestimmungen im Spiel bleiben und der Wille nicht *nur aus* Gründen praktischer Vernunft tätig wird, sind nicht alle Momente der *Nötigung* getilgt, ist der Wille nicht wahrhaft frei.
Jene Normativität, die der Fähigkeit zur Selbstbindung des Willens *per se* entspringt, hat noch keinen moralischen Sinn. Wenn sich ein Handelnder technische Regeln der Geschicklichkeit oder pragmatische Ratschläge der Klugheit zu eigen macht, läßt er seine Willkür zwar durch praktische Vernunft bestimmen, aber die Gründe haben bestimmende Kraft nur im Hinblick auf zufällige Präferenzen und Zwecke. Das gilt in anderer Weise auch für ethische Gründe. Die Authentizität von Wertbindungen überschreitet zwar den Horizont bloß subjektiver Zweckrationalität; aber starke Wertungen gewinnen objektive, den Willen bestimmende Kraft wiederum nur

---

45 Ebd., 41.

im Hinblick auf zufällige, wenn auch intersubjektiv geteilte Erfahrungen, Praktiken und Lebensformen. In beiden Fällen können die entsprechenden Imperative und Empfehlungen nur eine bedingte Gültigkeit beanspruchen: sie gelten unter der Voraussetzung subjektiv gegebener Interessenlagen bzw. intersubjektiv geteilter Traditionen.

Eine unbedingte oder kategorische Geltung erlangen moralische Verpflichtungen erst dadurch, daß sie sich aus Gesetzen herleiten, die den Willen, wenn er sich auf sie festlegt, von allen zufälligen Bestimmungen emanzipieren und gleichsam mit der praktischen Vernunft selbst verschmelzen. Denn im Lichte dieser unter dem moralischen Gesichtspunkt begründeten Normen lassen sich auch noch jene zufälligen Ziele, Präferenzen und Wertorientierungen, die den Willen sonst von außen nötigen, einer kritischen Beurteilung unterziehen. Auch der heteronome Wille läßt sich durch Gründe dazu bestimmen, sich unter Maximen zu stellen; aber die Selbstbindung bleibt über pragmatische und ethische Gründe gegebenen Interessenlagen und kontextabhängigen Wertorientierungen verhaftet. Erst wenn diese unter dem moralischen Gesichtspunkt auf ihre Verträglichkeit mit den Interessen und Wertorientierungen aller anderen geprüft worden sind, hat sich der Wille von heteronomen Bestimmungen befreit.[46]

Die abstrakte Gegenüberstellung von Autonomie und Heteronomie verengt freilich den Blick aufs einzelne Subjekt. Kant schreibt aufgrund seiner transzendentalen Hintergrundannahmen den freien Willen einem im Reich der Zwecke angesiedelten intelligiblen Ich zu. Deshalb legt er die Selbstgesetzgebung, die nach ihrem ursprünglich politischen Sinn ein kooperatives Unternehmen ist, an dem das Individuum nur »Anteil« hat,[47] doch wieder in die alleinige Kompetenz des Einzelnen. Der Kategorische Imperativ richtet sich nicht zufällig an eine zweite Person im Singular und erweckt den Eindruck, als könne

---

46 Das verkennt C. M. Korsgaard, *The Sources of Normativity, The Tanner Lectures on Human Values*, XV, Salt Lake City 1994, 88 ff.
47 Vgl. Kant, *Werkausgabe*, Bd. VII, 69.

jeder für sich in foro interno die erforderliche Normenprüfung vornehmen. Tatsächlich verlangt aber die reflexive Anwendung des Verallgemeinerungstests eine Beratungssituation, in der jeder genötigt ist, die Perspektive aller anderen einzunehmen, um zu prüfen, ob eine Norm *aus der Sicht eines jeden* von allen gewollt werden könnte. Das ist die Situation eines auf Verständigung abzielenden *rationalen Diskurses*, an dem alle Betroffenen beteiligt sind. Auch dem einsam urteilenden Subjekt erlegt diese Idee einer diskursiven Verständigung größere Begründungslasten auf als ein monologisch zu handhabender Verallgemeinerungstest.

Die individualistische Verkürzung eines intersubjektivistisch angelegten Autonomiebegriffs mag Kant um so eher unterlaufen sein, als er die ethische Fragestellung nicht hinreichend von der pragmatischen unterscheidet.[48] Wer Fragen der ethischen Selbstverständigung ernst nimmt, stößt auf den interpretationsbedürftigen kulturellen Eigensinn des historisch variablen Selbst- und Weltverständnisses von Individuen und Gruppen. Kant, der als Sohn des 18. Jahrhunderts noch unhistorisch dachte, überspringt diese Schicht von Traditionen, in denen sich Identitäten ausbilden. Er geht stillschweigend davon aus, daß sich bei der moralischen Urteilsbildung jeder *kraft eigener Phantasie* hinreichend in die Lage eines jeden anderen versetzen kann. Wenn sich aber die Beteiligten nicht mehr auf eine transzendentale Vorverständigung über mehr oder weniger homogene Lebensumstände und Interessenlagen verlassen dürfen, kann sich der moralische Gesichtspunkt nur noch unter Kommunikationsbedingungen realisieren, die sicherstellen, daß *jeder*, auch aus der Sicht seines eigenen Selbst- und Weltverständnisses, die Akzeptabilität einer zur allgemeinen Praxis erhobenen Norm prüft. Der Kategorische Imperativ erhält damit eine diskurstheoretische Lesart. An seine Stelle tritt das Diskursprinzip ›D‹, wonach nur die Normen Geltung beanspruchen dürfen, die die Zustimmung aller Betroffe-

---

48 Das gleiche gilt für Tugendhat, siehe oben IV, 2.

nen als Teilnehmer eines praktischen Diskurses finden könnten.[49]

Wir sind von der genealogischen Frage ausgegangen, ob sich der kognitive Gehalt einer Moral der gleichen Achtung und solidarischen Verantwortung für jedermann nach der Entwertung ihrer religiösen Geltungsgrundlage noch rechtfertigen läßt. Ich möchte abschließend prüfen, was wir mit der intersubjektivistischen Deutung des Kategorischen Imperativs im Hinblick auf diese Frage gewonnen haben. Dabei müssen wir zwei Probleme auseinanderhalten. Zum einen muß geklärt werden, was eine Diskursethik von den ursprünglichen Intuitionen im ernüchterten Universum nachmetaphysischer Begründungsversuche überhaupt rettet und in welchem Sinn von einer kognitiven Geltung moralischer Urteile und Stellungnahmen dann noch die Rede sein darf (VIII). Zum anderen stellt sich die grundsätzliche Frage, ob nicht eine Moral, die aus der rationalen Rekonstruktion überlieferter, zunächst religiöser Intuitionen hervorgeht, ihrem Herkunftskontext, ungeachtet des prozeduralistischen Charakters, inhaltlich verhaftet bleibt (IX).

VIII.

Mit der epistemischen Autorität des Gottesstandpunktes verlieren die moralischen Gebote ihre soteriologische ebenso wie ihre ontotheologische Rechtfertigung. Dafür muß auch die Diskursethik einen Preis entrichten; sie kann weder den ganzen moralischen Gehalt der religiösen Intuitionen vollständig bewahren (1) noch den realistischen Geltungssinn moralischer Normen aufrechterhalten (2).

(1) Wenn sich die moralische Praxis nicht mehr über die Person des Erlösergottes – und dessen Funktion im Heilsplan – mit der persönlichen Heilserwartung und einem als exempla-

---

49 Siehe in diesem Band, 94 f.

risch ausgezeichneten Lebenswandel verschränkt, ergeben sich zwei mißliche Konsequenzen. Zum einen löst sich das moralische Wissen von den subjektiven Handlungsmotiven, zum anderen differenziert sich der Begriff des moralisch Richtigen von der Konzeption eines guten, eben gottgewollten Lebens. Die Diskursethik ordnet ethischen und moralischen Fragen verschiedene Formen der Argumentation zu, nämlich Selbstverständigungsdiskurse auf der einen, Normenbegründungs- (und Anwendungs-)diskurse auf der anderen Seite. Dabei reduziert sie aber Moral nicht auf Gleichbehandlung, sondern trägt beiden Aspekten, der Gerechtigkeit wie der Solidarität, Rechnung. Ein diskursiv erzieltes Einverständnis hängt gleichzeitig von dem nicht-substituierbaren »Ja« oder »Nein« eines jeden Einzelnen wie auch von der Überwindung der egozentrischen Perspektive ab, die eine aufs gegenseitige Überzeugen zugeschnittene Argumentationspraxis allen auferlegt. Wenn der Diskurs aufgrund seiner pragmatischen Eigenschaften eine einsichtsvolle Willensbildung ermöglicht, die beides garantiert, können die rational motivierten Ja-/Nein-Stellungnahmen die Interessen jedes Einzelnen zum Zuge bringen, ohne daß jenes soziale Band reißen müßte, das die an Verständigung orientierten Teilnehmer in ihrer transsubjektiven Einstellung vorgängig miteinander verknüpft.

Die kognitive Entkoppelung der Moral von Fragen des guten Lebens hat freilich auch eine motivationale Seite. Weil es keinen profanen Ersatz für die persönliche Heilserwartung gibt, entfällt das stärkste Motiv für die Befolgung moralischer Gebote. Die Diskursethik verstärkt die intellektualistische Trennung des moralischen Urteils vom Handeln noch dadurch, daß sie den moralischen Gesichtspunkt in rationalen Diskursen verkörpert sieht. Von der diskursiv gewonnenen Einsicht gibt es keinen *gesicherten* Transfer zum Handeln. Gewiß, moralische Urteile sagen uns, was wir tun sollen; und gute Gründe affizieren unseren Willen. Das zeigt sich am schlechten Gewissen, das uns »schlägt«, wenn wir wider bessere Einsicht handeln. Aber das Problem der Willensschwäche verrät auch,

daß sich die moralische Einsicht der schwachen Kraft epistemischer Gründe verdankt und nicht selbst ein rationales Motiv bildet. Wenn wir wissen, was zu tun moralisch richtig ist, wissen wir zwar, daß es keinen guten – epistemischen – Grund gibt, anders zu handeln. Das verhindert aber nicht, daß andere Motive nicht doch die stärkeren sind.[50]
Mit dem Verlust der soteriologischen Geltungsgrundlage verändert sich vor allem der Sinn normativer Verbindlichkeit. Bereits die Differenzierung zwischen Pflicht und Wertbindung, zwischen dem moralisch Richtigen und dem ethisch Erstrebenswerten verschärft die Sollgeltung zu einer Normativität, die allein durch unparteiliche Urteilsbildung gedeckt ist. Eine andere Konnotation verdankt sich dem Wechsel der Perspektive von Gott zum Menschen. »Gültigkeit« bedeutet jetzt, daß moralische Normen die Zustimmung aller Betroffenen finden könnten, sofern diese nur in praktischen Diskursen gemeinsam prüfen, ob eine entsprechende Praxis im gleichmäßigen Interesse aller liegt. In dieser Zustimmung drückt sich beides aus: die fallible Vernunft der *beratenden* Subjekte, die sich gegenseitig von der Anerkennungswürdigkeit einer hypothetisch eingeführten Norm überzeugen, und die Freiheit der *gesetzgebenden* Subjekte, die sich zugleich als Urheber der Normen verstehen, denen sie sich als Adressaten unterwerfen. Im Geltungssinn moralischer Normen hinterlassen sowohl die Fallibilität des entdeckenden wie die Konstruktivität des entwerfenden menschlichen Geistes ihre Spuren.
(2) Das Problem, in welchem Sinne moralische Urteile und Stellungnahmen Gültigkeit beanspruchen dürfen, zeigt sich von einer anderen Seite, wenn wir uns die Wesensaussagen in Erinnerung rufen, mit denen die moralischen Gebote einst als Teile einer vernünftig eingerichteten Welt ontotheologisch gerechtfertigt worden sind. Solange sich der kognitive Gehalt der Moral mit Hilfe von deskriptiven Aussagen angeben ließ, wa-

---

50 Daraus ergibt sich die Notwendigkeit einer Ergänzung der nur schwach motivierenden Moral durch zwingendes und positives Recht, vgl. J. Habermas, *Faktizität und Geltung*, Frankfurt/M. 1992, 135 ff.

ren moralische Urteile wahr oder falsch. Wenn sich aber der moralische Realismus nicht länger mit Berufung auf Schöpfungsmetaphysik und Naturrecht (oder deren Surrogate) verteidigen läßt, darf die Sollgeltung von moralischen Aussagen nicht länger an die Wahrheitsgeltung von deskriptiven Aussagen assimiliert werden. Die einen sagen, wie es sich in der Welt verhält, die anderen, was wir tun sollen.

Wenn man davon ausgeht, daß Sätze nur im Sinne von »wahr« oder »falsch« gültig sein können und daß »Wahrheit« im Sinne einer Korrespondenz zwischen Sätzen und Objekten oder Tatsachen zu verstehen ist, muß jeder Geltungsanspruch, der für eine nicht-deskriptive Aussage erhoben wird, problematisch erscheinen. Tatsächlich stützt sich die moralische Skepsis hauptsächlich auf die These, daß normative Aussagen nicht wahr oder falsch sein, mithin auch nicht begründet werden können, weil es so etwas wie moralische Gegenstände oder Tatsachen nicht gibt. Dabei verbindet sich allerdings ein traditionelles *Verständnis der Welt*, als der Gesamtheit von Objekten oder Tatsachen, mit einem korrespondenztheoretischen *Verständnis von Wahrheit* und einem semantischen *Verständnis von Begründung*. Ich kommentiere kurz diese fragwürdigen Prämissen in umgekehrter Reihenfolge.[51]

Nach der semantischen Konzeption ist ein Satz begründet, wenn er sich nach gültigen Schlußregeln aus Basissätzen ableiten läßt; dabei wird eine Klasse von Basissätzen nach bestimmten (logischen, erkenntnistheoretischen oder psychologischen) Kriterien ausgezeichnet. Aber die fundamentalistische Annahme einer solchen der Wahrnehmung oder dem Geiste unmittelbar zugänglichen Basis hat der sprachkritischen Einsicht in die holistische Verfassung von Sprache und Interpretation nicht standgehalten; jede Begründung muß von einem vorverstandenen Kontext oder Hintergrundverständnis *mindestens ausgehen*.[52] Deshalb empfiehlt sich eine pragmatische Auffas-

---

51 Vgl. zum folgenden J. Heath, *Morality and Social Action*, Diss. phil., Northwestern University 1995, 86-102.
52 Vgl. D. Davidson, *Wahrheit und Interpretation*, Frankfurt/M. 1986.

sung von Begründung als einer Praxis öffentlicher Rechtfertigung, worin kritisierbare Geltungsansprüche mit Gründen eingelöst werden. Dabei können die Rationalitätskriterien, welche Gründe als gute Gründe auszeichnen, selbst zur Diskussion gestellt werden. Letztlich müssen deshalb Verfahrenseigenschaften des Argumentationsprozesses selbst die Bürde der Erklärung dafür tragen, warum verfahrensgerecht erzielte Resultate die Vermutung der Gültigkeit für sich haben. Die kommunikative Verfassung rationaler Diskurse kann beispielsweise dafür sorgen, daß alle relevanten Beiträge zum Zuge kommen und allein der zwanglose Zwang des besseren Arguments das »Ja« oder »Nein« der Teilnehmer bestimmt.[53]

Das pragmatische Begründungskonzept bahnt den Weg zu einem epistemischen Wahrheitsbegriff, der aus den bekannten Verlegenheiten der Korrespondenztheorie heraushelfen soll. Mit dem Wahrheitsprädikat beziehen wir uns auf das Sprachspiel der Rechtfertigung, d. h. der öffentlichen Einlösung von Wahrheitsansprüchen. Andererseits ist »Wahrheit« mit Begründbarkeit – warranted assertibility – nicht gleichzusetzen. Die »warnende« Verwendung des Prädikats – ›p‹ mag noch so gut begründet und doch nicht wahr sein – macht uns auf die Bedeutungsdifferenz zwischen »Wahrheit« als einer unverlierbaren Eigenschaft von Aussagen und »rationaler Akzeptabilität« als einer kontextabhängigen Eigenschaft von Äußerungen aufmerksam.[54] Diese Differenz läßt sich innerhalb des Horizonts möglicher Rechtfertigungen als der Unterschied zwischen »gerechtfertigt in unserem Kontext« und »gerechtfertigt in jedem Kontext« verstehen. Dieser Differenz können wir wiederum durch eine schwache Idealisierung unserer – als fortsetzbar gedachten – Argumentationsprozesse Rechnung tragen. Indem wir ›p‹ behaupten und damit für ›p‹ Wahrheit be-

53 Vgl. J. Habermas, »Exkurs zur Argumentationstheorie«, in: ders., *Theorie des kommunikativen Handelns*, Frankfurt/M. 1981, Bd. 1, 44-71; ders. (1992), 276 ff.
54 R. Rorty, »Pragmatism, Davidson and Truth«, in: E. LePore (Hg.), *Truth and Interpretation*, London 1986, 333-353.

anspruchen, gehen wir die Argumentationsverpflichtung ein, ›p‹ - im Bewußtsein der Fallibilität - gegen alle künftigen Einwände zu verteidigen.⁵⁵

In unserem Zusammenhang interessiert mich weniger das komplexe Verhältnis von Wahrheit und Rechtfertigung als vielmehr die Möglichkeit, den von Korrespondenzkonnotationen gereinigten Begriff der Wahrheit als speziellen Fall von Gültigkeit zu begreifen, während dieser *allgemeine* Begriff von Gültigkeit mit Bezugnahme auf die diskursive Einlösung von Geltungsansprüchen eingeführt wird. Damit öffnet sich ein konzeptueller Raum, in dem der Begriff normativer, hier insbesondere moralischer Gültigkeit angesiedelt werden kann. Die Richtigkeit von moralischen Normen (bzw. allgemeinen Normaussagen) und singulären Geboten läßt sich dann in Analogie zur Wahrheit assertorischer Sätze verstehen. Was beide Geltungsbegriffe verbindet, ist das Verfahren der diskursiven Einlösung entsprechender Geltungsansprüche. Was sie trennt, ist der Bezug zur sozialen Welt bzw. zur objektiven Welt.

Die soziale Welt, die (als die Gesamtheit legitim geregelter interpersonaler Beziehungen) nur aus der Teilnehmerperspektive zugänglich ist, ist auf intrinsische Weise geschichtlich und insofern (wenn man will) ontologisch anders verfaßt als die aus der Beobachterperspektive beschreibbare objektive Welt.⁵⁶ Die soziale Welt ist mit den Intentionen und Auffassungen, mit der Praxis und der Sprache ihrer Angehörigen verwoben. Das gilt auf ähnliche Weise für die *Beschreibungen* der objektiven Welt, aber nicht für diese selbst. Deshalb hat die diskursive Einlösung von Wahrheitsansprüchen eine andere Bedeutung als

---

55 Dieser reaktive, nicht auf Idealzustände, sondern auf die Entkräftung potentieller Einwände bezogene Begriff der »diskursiven Einlösbarkeit« berührt sich mit dem der »superassertibility«: C. Wright, *Truth and Objectivity*, Cambridge 1992, 33 ff. Zur Kritik meiner früheren, noch an Peirce orientierten Wahrheitsauffassung vgl. A. Wellmer, *Ethik und Dialog*, Frankfurt/M. 1986, 102 ff.; ferner Wingert (1993), 264 ff.

56 Daraus erklärt sich übrigens die Ergänzungsbedürftigkeit moralischer Begründungsdiskurse durch Anwendungsdiskurse; vgl. K. Günther, *Der Sinn für Angemessenheit*, Frankfurt/M. 1988; dazu Habermas (1992), 141 f.

die von moralischen Geltungsansprüchen: im einen Fall *besagt* das diskursiv erzielte Einverständnis, daß die als Behauptbarkeitsbedingungen interpretierten Wahrheitsbedingungen eines assertorischen Satzes erfüllt sind; im anderen Fall *begründet* das diskursiv erzielte Einverständnis die Anerkennungswürdigkeit einer Norm und trägt damit selbst zur Erfüllung ihrer Gültigkeitsbedingungen bei. Während rationale Akzeptabilität die Wahrheit assertorischer Sätze *nur anzeigt*, leistet sie zur Geltung moralischer Normen einen *konstitutiven* Beitrag. In der moralischen Einsicht verschränken sich Konstruktion und Entdeckung auf andere Weise als in der theoretischen Erkenntnis.

Was sich unserer Disposition entzieht, ist der moralische Gesichtspunkt, der sich uns aufdrängt, nicht eine als von unseren Beschreibungen unabhängig existierend *unterstellte* moralische Ordnung. Nicht die soziale Welt als solche ist unserer Verfügung entzogen, sondern Strukturen und Verfahren eines Argumentationsprozesses, der zugleich der Erzeugung und Entdeckung von Normen eines richtig geregelten Zusammenlebens dient. Der konstruktivistische Sinn einer nach dem Modell der Selbstgesetzgebung gedachten moralischen Urteilsbildung darf nicht verlorengehen, aber er darf den epistemischen Sinn moralischer Begründungen auch nicht zerstören.[57]

IX.

Die Diskursethik rechtfertigt den Gehalt einer Moral der gleichen Achtung und solidarischen Verantwortung für jedermann. Das leistet sie freilich zunächst auf dem Wege der vernünftigen Rekonstruktion der Gehalte einer in ihrer religiösen Geltungsgrundlage erschütterten moralischen Überlieferung. Wenn die diskurstheoretische Lesart des Kategorischen Imperativs dieser Herkunftstradition verhaftet bliebe, stünde diese

---

57 Vgl. J. Rawls, »Kantian Constructivism in Moral Theory«, *Journal of Philosophy*, Sept. 1980, 519.

Genealogie dem Ziel im Wege, den kognitiven Gehalt moralischer Urteile *überhaupt* nachzuweisen. Es fehlt eine moraltheoretische Begründung des moralischen Gesichtspunktes selber.

Allerdings antwortet das Diskursprinzip auf eine Verlegenheit, in die Mitglieder *beliebiger* moralischer Gemeinschaften geraten, wenn sie beim Übergang zu modernen, weltanschaulich pluralistischen Gesellschaften des Dilemmas innewerden, daß sie sich über moralische Urteile und Stellungnahmen nach wie vor mit Gründen streiten, obgleich ihr substantieller Hintergrundkonsens über die zugrundeliegenden moralischen Normen zerbrochen ist. Sie sind – global und innergesellschaftlich – in regelungsbedürftige Handlungskonflikte verwickelt, die sie, obwohl das gemeinsame Ethos zerfallen ist, nach wie vor als moralische, also begründet lösbare Konflikte verstehen. Das folgende Szenario bildet keinen »Urzustand« ab, sondern einen idealtypisch stilisierten Verlauf, wie er unter realen Bedingungen hätte stattfinden können.

Ich gehe davon aus, daß die Beteiligten ihre Konflikte nicht durch Gewalt oder Kompromißbildung, sondern durch Verständigung beilegen wollen. So liegt als erstes der Versuch nahe, in Beratungen einzutreten und auf profaner Grundlage ein gemeinsames *ethisches* Selbstverständnis zu entwickeln. Unter den differenzierten Lebensbedingungen pluralistischer Gesellschaften muß ein solcher Versuch jedoch scheitern. Die Beteiligten lernen, daß die kritische Vergewisserung ihrer starken, in der Praxis bewährten Wertungen zu konkurrierenden Konzeptionen des Guten führt. Nehmen wir an, daß sie an ihrer Verständigungsabsicht festhalten und das gefährdete moralische Zusammenleben auch weiterhin nicht durch einen bloßen modus vivendi ersetzen wollen.

In Ermangelung eines substantiellen Einverständnisses über Norminhalte sehen sich die Beteiligten nun auf den gewissermaßen neutralen Umstand verwiesen, daß jeder von ihnen *irgendeine* kommunikative, durch sprachliche Verständigung strukturierte Lebensform teilt. Da solche Verständigungspro-

zesse und Lebensformen gewisse strukturelle Aspekte gemeinsam haben, könnten die Beteiligten sich fragen, ob in diesen normative Gehalte stecken, die die Grundlage für gemeinsame Orientierungen bieten. Die in der Tradition von Hegel, Humboldt und G. H. Mead stehenden Theorien haben diese Spur aufgenommen und gezeigt, daß kommunikative Handlungen mit reziproken Unterstellungen und kommunikative Lebensformen mit reziproken Anerkennungsbeziehungen verwoben sind und insofern einen normativen Gehalt haben.[58] Aus diesen Analysen geht hervor, daß die Moral aus der Form und Perspektivenstruktur der unversehrten intersubjektiven Vergesellschaftung einen genuinen, vom individuellen Guten unabhängigen Sinn bezieht.[59]
Freilich läßt sich aus Eigenschaften kommunikativer Lebensformen allein nicht begründen, warum die Angehörigen einer bestimmten historischen Gemeinschaft ihre partikularistischen Wertorientierungen überschreiten, warum sie zu durchgängig symmetrischen und unbegrenzt inklusiven Anerkennungsbeziehungen eines egalitären Universalismus übergehen *sollten*. Andererseits muß sich eine universalistische Auffassung, die falsche Abstraktionen vermeiden will, kommunikationstheoretische Einsichten zunutze machen. Aus der Tatsache, daß Personen einzig auf dem Wege der Vergesellschaftung individuiert werden, ergibt sich, daß die moralische Rücksichtnahme ebenso dem unvertretbar Einzelnen wie dem Angehörigen gilt,[60] also Gerechtigkeit mit Solidarität verbindet. Die Gleichbehandlung ist eine von Ungleichen, die sich ihrer Zusammengehörigkeit gleichwohl bewußt sind. Der Aspekt, daß Personen als solche mit allen übrigen Personen gleich sind, darf nicht *auf Kosten* des anderen Aspekts, daß sie als Individuen von al-

---

58 Vgl. A. Honneth, *Kampf um Anerkennung*, Frankfurt/M. 1992; R. Forst, *Kontexte der Gerechtigkeit*, Frankfurt/M. 1994.
59 Vgl. Wingert (1984), 295 ff. Zur Perspektivenstruktur des verständigungsorientierten Handelns vgl. den Titelaufsatz in J. Habermas, *Moralbewußtsein und kommunikatives Handeln*, Frankfurt/M. 1983, 144-152.
60 Die Implikationen dieses doppelten Aspekts hat Wingert (1993) energisch herausgearbeitet.

len anderen zugleich absolut verschieden sind, zur Geltung gebracht werden.[61] Der reziprok gleichmäßige Respekt für jeden, den der differenzempfindliche Universalismus verlangt, ist von der Art einer *nicht-nivellierenden* und *nicht beschlagnahmenden* Einbeziehung des Anderen *in seiner Andersheit*. Aber wie ist der Übergang zu einer posttraditionalen Moral überhaupt zu rechtfertigen? Die im kommunikativen Handeln verwurzelten und traditionell eingespielten Verpflichtungen reichen nicht *von sich aus*[62] über die Grenzen der Familie, des Stammes, der Stadt oder der Nation hinaus. Anders verhält es sich mit der Reflexionsform kommunikativen Handelns: Argumentationen weisen per se über alle partikularen Lebensformen hinaus. In den pragmatischen Voraussetzungen von rationalen Diskursen oder Beratungen ist nämlich der normative Gehalt der im kommunikativen Handeln vorgenommenen Unterstellungen *verallgemeinert, abstrahiert und entschränkt*, d. h. auf eine inklusive Gemeinschaft ausgedehnt, die im Prinzip kein sprach- und handlungsfähiges Subjekt, sofern es relevante Beiträge liefern könnte, ausschließt. Diese Idee zeigt den Ausweg aus jener Situation, wo die Beteiligten den ontotheologischen Rückhalt verloren haben und ihre normativen Orientierungen sozusagen ganz aus sich selber schöpfen müssen. Wie erwähnt, können die Beteiligten nur auf die Gemeinsamkeiten rekurrieren, über die sie *aktuell* bereits verfügen. Nach dem letzten Fehlschlag sind diese auf den Vorrat an formalen Eigenschaften der performativ geteilten Beratungssituation geschrumpft. Alle haben sich schließlich auf das kooperative Unternehmen einer praktischen Beratung schon eingelassen.

Das ist eine ziemlich schmale Basis, aber die inhaltliche Neutralität dieses gemeinsamen Bestandes kann angesichts der Verlegenheit des weltanschaulichen Pluralismus auch eine Chance

---

61 Deshalb wird die Bedingung der Unparteilichkeit nicht schon dadurch erfüllt, daß ein Unbeteiligter die Übel und Güter abwägt, die jeweils für eine »beliebige« Person auf dem Spiel stehen; anders Tugendhat (1993), 353.
62 Vgl. Seel (1995), 204.

bedeuten. Aussicht auf ein Äquivalent für die inhaltlich-traditionale Begründung eines normativen Grundeinverständnisses bestünde dann, wenn die Kommunikationsform, in der sich die gemeinsamen praktischen Überlegungen vollziehen, selber einen Aspekt hergäbe, unter dem eine alle Beteiligten überzeugende, weil unparteiliche Begründung von moralischen Normen möglich ist. Das fehlende »transzendente Gute« kann nur noch »immanent«, aufgrund einer der Beratungspraxis innewohnenden Beschaffenheit kompensiert werden. Von hier aus, denke ich, führen drei Schritte zu einer moraltheoretischen Begründung des moralischen Gesichtspunktes.

(a) Wenn die Beratungspraxis selbst als einzige mögliche Ressource für einen Gesichtspunkt der unparteilichen Beurteilung moralischer Fragen in Betracht kommt, muß die Bezugnahme auf moralische Inhalte durch die selbstreferentielle Bezugnahme auf die Form dieser Praxis ersetzt werden. Genau dieses Verständnis der Situation bringt ›D‹ auf den Begriff: nur die Normen dürfen Gültigkeit beanspruchen, die in praktischen Diskursen die Zustimmung aller Betroffenen finden könnten. Dabei bedeutet die »Zustimmung«, die unter Diskursbedingungen herbeigeführt wird, ein durch epistemische Gründe motiviertes Einverständnis; sie darf nicht als eine aus der egozentrischen Sicht eines jeden rational motivierte Vereinbarung verstanden werden. Allerdings läßt das Diskursprinzip die Art der Argumentation, also den Weg, auf dem ein diskursives Einverständnis erzielt werden kann, offen. Mit ›D‹ wird nicht schon unterstellt, daß eine Begründung moralischer Normen ohne ein substantielles Hintergrundeinverständnis überhaupt möglich ist.

(b) Das konditional eingeführte Prinzip ›D‹ gibt die Bedingung an, die gültige Normen erfüllen würden, wenn sie begründet werden *könnten*. Klarheit soll einstweilen nur über den Begriff der moralischen Norm bestehen. Auf intuitive Weise wissen die Beteiligten auch, wie man an Argumentationen teilnimmt. Obwohl sie nur mit der Begründung assertorischer Sätze vertraut sind und noch nicht wissen, ob sich moralische Geltungsansprüche in ähnlicher Weise beurteilen lassen, können sie sich (in nicht-präjudizierender Weise) vorstellen, was es heißen *würde*, Normen zu begründen. Was für die Operationalisierung von ›D‹ fehlt, ist aber eine Argumentationsregel, die angibt, wie sich moralische Normen begründen lassen.

Der Universalisierungsgrundsatz ›U‹ ist gewiß durch ›D‹ inspiriert, aber vorerst nicht mehr als ein abduktiv gewonnener Vorschlag. Er besagt,

– daß eine Norm genau dann gültig ist, wenn die voraussichtlichen Folgen und Nebenwirkungen, die sich aus ihrer allgemeinen Befolgung für die Interessenlagen und Wertorientierungen *eines jeden* voraussichtlich ergeben, *von allen* Betroffenen *gemeinsam* zwanglos akzeptiert werden könnten.

Dazu drei Kommentare. Mit »Interessenlagen und Wertorientierungen« kommen die pragmatischen und ethischen Gründe der einzelnen Teilnehmer ins Spiel. Diese Eingaben sollen einer Marginalisierung des Selbst- und Weltverständnisses einzelner Teilnehmer vorbeugen und allgemein die hermeneutische Sensibilität für ein hinreichend breites Spektrum von Beiträgen sichern. Des weiteren verlangt die verallgemeinerte gegenseitige Perspektivenübernahme (»eines jeden« – »von allen gemeinsam«) nicht nur Einfühlung, sondern auch interpretatorische Intervention in das Selbst- und Weltverständnis von Teilnehmern, die sich für Revisionen der (Sprache ihrer) Selbst- und Fremdbeschreibungen offenhalten müssen. Das Ziel des »gemeinsamen zwanglosen Akzeptierens« legt schließlich die Hinsicht fest, in der die vorgetragenen Gründe den aktorrelativen Sinn von Handlungsmotiven abstreifen und unter dem Gesichtspunkt der symmetrischen Berücksichtigung einen epistemischen Sinn annehmen.

(c) Die Beteiligten selbst werden sich mit dieser (oder einer solchen) Argumentationsregel vielleicht zufriedengeben, sofern sie sich als brauchbar erweist und nicht zu kontraintuitiven Ergebnissen führt. Es muß sich zeigen, daß eine derart angeleitete Begründungspraxis allgemein zustimmungsfähige Normen – Menschenrechte beispielsweise – auszeichnet. Aber

aus der Sicht des Moraltheoretikers fehlt ein letzter Begründungsschritt.
Wir dürfen zwar davon ausgehen, daß die Beratungs- und Rechtfertigungspraxis, die wir Argumentation nennen, in allen Kulturen und Gesellschaften (wenn auch nicht notwendig in institutionalisierter Form, so doch als eine informelle Praxis) anzutreffen ist und daß es für diese Art der Problemlösung keine Äquivalente gibt. Im Hinblick auf die universelle Verbreitung und Alternativenlosigkeit der Argumentationspraxis dürfte es schwierig sein, die Neutralität des Diskursprinzips zu bestreiten. Aber bei der Abduktion von ›U‹ könnte sich ein ethnozentrisches Vorverständnis, und damit eine bestimmte Konzeption des Guten, eingeschlichen haben, das von anderen Kulturen nicht geteilt wird. Dieser Verdacht auf die eurozentrische Befangenheit eines durch ›U‹ operationalisierten Verständnisses von Moralität läßt sich entkräften, wenn diese Erklärung des moralischen Gesichtspunktes »immanent«, nämlich aus dem Wissen, was man tut, wenn man sich überhaupt auf eine Argumentationspraxis einläßt, plausibel gemacht werden könnte. Die diskursethische Begründungsidee besteht also darin, daß sich der Grundsatz ›U‹, in Verbindung mit der in ›D‹ ausgesprochenen Vorstellung von Normenbegründung überhaupt, aus dem impliziten Gehalt allgemeiner Argumentationsvoraussetzungen gewinnen läßt.[63]
Intuitiv ist das leicht einzusehen (während jeder Versuch einer formalen Begründung umständliche Diskussionen über Sinn und Durchführbarkeit »transzendentaler Argumente« erfordern würde[64]). Ich begnüge mich hier mit dem phänomenologischen Hinweis, daß Argumentationen in der Absicht unternommen werden, sich gegenseitig von der Berechtigung von Geltungsansprüchen zu überzeugen, die Proponenten für ihre

63 Vgl. K. Ott, »Wie begründet man ein Diskussionsprinzip der Moral?«, in: ders., *Vom Begründen zum Handeln*, Tübingen 1996, 12-50.
64 Vgl. M. Niquet, *Transzendentale Argumente*, Frankfurt/M. 1991; ders., *Nichthintergehbarkeit und Diskurs*, Habilitationsschrift (Manuskript), Frankfurt/M. 1995.

Aussagen erheben und gegen Opponenten zu verteidigen bereit sind. Mit der Argumentationspraxis wird ein *kooperativer Wettbewerb* um bessere Argumente eingerichtet, wobei die Orientierung am Ziel der Verständigung die Teilnehmer a limine verbindet. Die Vermutung, daß der Wettbewerb zu »rational akzeptablen«, eben »überzeugenden« Ergebnissen führen kann, gründet sich auf die Überzeugungskraft der Argumente. Was als gutes oder schlechtes Argument zählt, kann freilich selbst zur Diskussion gestellt werden. Deshalb stützt sich die rationale Akzeptabilität einer Aussage letztlich auf Gründe in Verbindung mit bestimmten Eigenschaften des Argumentationsprozesses selber. Ich nenne nur die vier wichtigsten: (a) niemand, der einen relevanten Beitrag machen könnte, darf von der Teilnahme ausgeschlossen werden; (b) allen wird die gleiche Chance gegeben, Beiträge zu leisten; (c) die Teilnehmer müssen meinen, was sie sagen; (d) die Kommunikation muß derart von äußeren und inneren Zwängen frei sein, daß die Ja/Nein-Stellungnahmen zu kritisierbaren Geltungsansprüchen allein durch die Überzeugungskraft besserer Gründe motiviert sind. Wenn nun jeder, der sich auf eine Argumentation einläßt, mindestens diese pragmatischen Voraussetzungen machen muß, können in praktischen Diskursen, (a) wegen der Öffentlichkeit und Inklusion aller Betroffenen und (b) wegen der kommunikativen Gleichberechtigung der Teilnehmer, nur Gründe zum Zuge kommen, die die Interessen und Wertorientierungen eines jeden gleichmäßig berücksichtigen; und wegen der Abwesenheit von (c) Täuschung und (d) Zwang können nur Gründe für die Zustimmung zu einer strittigen Norm den Ausschlag geben. Unter der Prämisse der wechselseitig jedem unterstellten Verständigungsorientierung kann schließlich diese »zwanglose« Akzeptanz nur »gemeinsam« erfolgen.

Gegen den oft erhobenen Zirkeleinwand[65] sei darauf hingewiesen, daß der Gehalt der allgemeinen Argumentationsvor-

---

65 Vgl. Tugendhat (1993), 161 ff. Die Kritik Tugendhats bezieht sich auf eine bereits in der zweiten Auflage von *Moralbewußtsein und kommunikatives Handeln*, also 1984 (!), revidierte Fassung meines Arguments.

aussetzungen noch keineswegs im moralischen Sinne »normativ« ist. Denn Inklusivität bedeutet nur die Unbeschränktheit des Zugangs zum Diskurs, nicht die Universalität irgendeiner verpflichtenden Handlungsnorm. Die Gleichverteilung kommunikativer Freiheiten *im* und die Aufrichtigkeitsforderung *für* den Diskurs bedeuten *Argumentations*pflichten und -rechte, keineswegs *moralische* Pflichten und Rechte. Ebenso bezieht sich die Zwanglosigkeit auf den Argumentationsprozeß selber, nicht auf interpersonale Beziehungen *außerhalb* dieser Praxis. Die für das Argumentationsspiel konstitutiven Regeln bestimmen den Austausch von Argumenten und Ja-/Nein-Stellungnahmen; sie haben den epistemischen Sinn, die Rechtfertigung von Aussagen zu ermöglichen, nicht den *unmittelbar* praktischen Sinn, Handlungen zu motivieren.

Der Witz der diskursethischen Begründung des moralischen Gesichtspunktes besteht darin, daß sich der normative Gehalt dieses epistemischen Sprachspiels erst über eine Argumentationsregel auf die Selektion von Handlungsnormen überträgt, die – zusammen mit ihrem moralischen Geltungsanspruch – in praktische Diskurse *eingegeben* werden. Eine moralische Verbindlichkeit kann sich aus der gleichsam transzendentalen Nötigung unvermeidlicher Argumentationsvoraussetzungen alleine nicht ergeben; sie haftet vielmehr den speziellen Gegenständen des praktischen Diskurses an – den in ihn *eingeführten* Normen, auf die sich die in der Beratung mobilisierten Gründe beziehen. Diesen Umstand hebe ich mit der Formulierung hervor, daß sich ›U‹ aus dem normativen Gehalt von Argumentationsvoraussetzungen *in Verbindung mit einem* (schwachen, also nicht-präjudizierenden) *Begriff von Normenbegründung* plausibel machen läßt.

Die hier nur skizzierte Begründungsstrategie teilt sich die Bürde der Plausibilisierung mit einer genealogischen Fragestellung, hinter der sich gewisse modernitätstheoretische Annahmen verbergen.[66] Mit ›U‹ vergewissern wir uns auf reflexi-

---

66 Das betont W. Rehg, *Insight and Solidarity*, Berkeley 1994, 65 ff.; vgl. auch

ve Weise (das verrät auch die hier nicht zu erörternde Begründungsfigur des zur Identifizierung allgemeiner Argumentationsvoraussetzungen benützten Nachweises performativer Selbstwidersprüche[67]) einer in posttraditionalen Gesellschaften gleichsam übrigbleibenden, weil in Formen des verständigungsorientierten Handelns und der Argumentation bewahrten Rests von normativer Substanz.

Als Folgeproblem ergibt sich die Frage der Normanwendung. Mit dem (von K. Günther[68]) entwickelten Prinzip der Angemessenheit bringt sich nämlich der moralische Gesichtspunkt erst im Hinblick auf singuläre moralische Urteile *vollständig* zur Geltung. In der Konsequenz erfolgreich durchgeführter Begründungs- und Anwendungsdiskurse *zeigt sich* sodann, daß sich praktische Fragen unter dem scharf geschnittenen moralischen Gesichtspunkt differenzieren: moralische Fragen des richtigen Zusammenlebens trennen sich von pragmatischen Fragen der rationalen Wahl auf der einen, von ethischen Fragen des guten oder nicht-verfehlten Lebens auf der anderen Seite. Zudem ist mir rückblickend klargeworden, daß ›U‹ ein umfassenderes Diskursprinzip zunächst im Hinblick auf eine spezielle, nämlich moralische Fragestellung operationalisiert hat.[69] Das Diskursprinzip läßt sich auch für Fragen anderer Art operationalisieren, so z. B. für die Beratungen eines politischen Gesetzgebers oder für juristische Diskurse.[70]

S. Benhabib, »Autonomy, Modernity and Community«, in: dies., *Situating the Self*, Cambridge 1992, 68-88.

67 Vgl. K.-O. Apel, »Die transzendentalpragmatische Begründung der Kommunikationsethik«, in: ders., *Diskurs und Verantwortung*, Frankfurt/M. 1988, 306-369.

68 Siehe Fn. 56.

69 Vgl. Habermas (1992), 135 ff. und Nachwort zur 4. Auflage, 674 ff.

70 Vgl. R. Alexy, *Theorie der juristischen Argumentation*, Frankfurt/M. 1991; ders., *Begriff und Geltung des Rechts*, Freiburg 1992; ders., *Recht, Vernunft, Diskurs*, Frankfurt/M. 1995; K. Baynes, *The Normative Grounds of Social Criticism*, Albany 1992; S. Benhabib, »Deliberative Rationality and Models of Democratic Legitimacy«, *Constellations*, 1, 1994, 26-52; vor allem vgl. Forst (1994).

6. Vom pragmatischen, ethischen und moralischen Gebrauch der praktischen Vernunft

Für Judith

In der praktischen Philosophie speist sich die Diskussion nach wie vor aus drei Quellen – der Aristotelischen Ethik, dem Utilitarismus und der Kantischen Moraltheorie. Zwei Parteien knüpfen in diesem spannungsreichen Argumentationsfeld auch an Hegel an, der mit seiner Theorie des objektiven Geistes und der »Aufhebung« von Moralität in Sittlichkeit eine Synthese aus dem klassischen Gemeinschafts- und dem modern-individualistischen Freiheitsdenken hatte leisten wollen. Während sich die Kommunitaristen das Hegelsche Erbe aus der Sicht der Aristotelischen Güterethik aneignen und den vernunftrechtlichen Universalismus preisgeben, nimmt die Diskursethik Hegels Theorie der Anerkennung für eine intersubjektivistische Lesart des Kategorischen Imperativs in Anspruch, ohne dafür den Preis einer historistischen *Auflösung* von Moralität in Sittlichkeit zu entrichten. Sie beharrt wie Hegel auf dem internen Zusammenhang von Gerechtigkeit und Solidarität, aber im Kantischen Geiste. Sie versucht zu zeigen, daß sich der Sinn des Moralprinzips aus dem Gehalt unvermeidlicher Präsuppositionen einer nur mit anderen gemeinsam auszuübenden Argumentationspraxis erklärt. Der moralische Gesichtspunkt, unter dem wir praktische Fragen unparteilich beurteilen können, wird gewiß verschieden interpretiert. Aber er steht uns nicht zur beliebigen Disposition, weil er aus der Kommunikationsform des rationalen Diskurses selber hervorgeht. Intuitiv drängt er sich jedem auf, der sich überhaupt auf diese Reflexionsform des verständigungsorientierten Handelns einläßt. Mit dieser Grundannahme stellt sich die Diskursethik in die Kantische Tradition, ohne sich jenen Einwänden auszusetzen, die sich von Anbeginn gegen eine abstrakte Gesinnungsethik gerichtet hatten. Gewiß konzentriert sie sich mit einem eng gefaßten Begriff der Moral auf Fragen der Gerechtigkeit. Aber weder muß sie die vom Utilitarismus mit Recht eingeklagte Abschätzung der Handlungskonsequenzen vernachlässigen; noch muß sie die von der klassischen Ethik ausgezeichneten Fragen des guten Lebens aus dem Bereich diskursiver Erörterung ausschließen – und irrationalen Gefühlseinstellungen oder Dezisionen überlassen. In dieser Hinsicht mag der *Name* der Diskursethik ein Mißverständnis nahegelegt haben. Die Diskurstheorie bezieht sich in je anderer Weise auf moralische, ethische und pragmatische Fragen. Diese Differenzierungen möchte ich im folgenden klären.

Die klassische Ethik geht ebenso wie die modernen Theorien von der Frage aus, die sich dem orientierungsbedürftigen Einzelnen aufdrängt, wenn er in einer bestimmten Situation unschlüssig vor einer praktisch zu bewältigenden Aufgabe steht: wie soll ich mich verhalten, was soll ich tun?[1] Dieses »Sollen« behält einen unspezifischen Sinn, solange nicht das einschlägige Problem näher bestimmt ist und der Aspekt, unter dem es gelöst werden soll. Ich möchte zunächst am Leitfaden pragmatischer, ethischer und moralischer Fragestellungen den Gebrauch der praktischen Vernunft differenzieren. Unter den Aspekten des Zweckmäßigen, des Guten und des Gerechten werden von der praktischen Vernunft jeweils andere Leistungen erwartet. Entsprechend ändert sich die Konstellation von Vernunft und Willen in pragmatischen, ethischen und moralischen Diskursen. Schließlich stößt die Moraltheorie, sobald sie sich von der in der 1. Person singular gestellten Frageperspektive löst, auf eine Realität des fremden Willens, die eine andere Art von Problemen aufwirft.

---

1 U. Wolf, *Das Problem des moralischen Sollens*, Berlin 1984.

I.

Praktische Probleme drängen sich uns in verschiedenen Situationen auf. Sie »müssen« bewältigt werden, andernfalls treten Folgen ein, die im einfachsten Fall lästig sind. So etwa müssen wir entscheiden, was zu tun ist, wenn das täglich benutzte Fahrrad kaputtgegangen ist, wenn gesundheitliche Beschwerden auftreten oder wenn das Geld fehlt, um bestimmte Wünsche befriedigen zu können. Wir suchen dann nach Gründen für eine vernünftige Entscheidung zwischen verschiedenen Handlungsmöglichkeiten angesichts einer Aufgabe, die wir lösen *müssen*, wenn wir ein bestimmtes Ziel erreichen *wollen*. Auch die Ziele selbst können problematisch werden, z. B. wenn ein Plan für die bevorstehende Ferienzeit plötzlich scheitert oder eine Berufswahl getroffen werden muß. Ob man nach Skandinavien oder nach Elba reist oder zu Hause bleibt, ob man sogleich mit dem Studium beginnt oder erst eine Lehre macht, lieber Mediziner oder Verlagskaufmann wird, das hängt in erster Linie von unseren Präferenzen und den Optionen ab, die uns in einer solchen Situation offenstehen. Wiederum suchen wir nach Gründen für eine vernünftige Entscheidung – diesmal zwischen den Zielen selber.

In beiden Fällen ist das, was man vernünftigerweise tun soll, teilweise determiniert durch das, was man will: es geht um eine rationale Wahl der Mittel bei gegebenen Zwecken oder um die rationale Abwägung der Ziele bei bestehenden Präferenzen. Unser Wille ist faktisch durch Wünsche und Werte schon festgelegt; für weitere Bestimmungen offen ist er nur noch im Hinblick auf Alternativen der Mittelwahl bzw. der Zielsetzung. Es geht allein um geeignete Techniken, sei es der Fahrradreparatur oder der Behandlung von Krankheiten, um Strategien der Geldbeschaffung, um Programme für die Ferienplanung und die Berufswahl. In komplexen Fällen müssen sogar Strategien der Entscheidungsfindung entwickelt werden – dann vergewissert sich die Vernunft ihres eigenen Vorgehens und wird reflexiv, beispielsweise in der Gestalt einer Theorie rationaler

Wahl. Solange sich die Frage: Was soll ich tun? auf solche pragmatischen Aufgaben bezieht, sind Beobachtungen und Untersuchungen, Vergleiche und Abwägungen am Platz, die wir, gestützt auf empirische Informationen, unter Gesichtspunkten der Effizienz oder mit Hilfe anderer Entscheidungsregeln vornehmen. Die praktische Überlegung bewegt sich hier im Horizont der Zweckrationalität mit dem Ziel, geeignete Techniken, Strategien oder Programme zu finden.[2] Sie führt zu Empfehlungen, die in einfachen Fällen die semantische Form bedingter Imperative haben. Kant spricht von Regeln der Geschicklichkeit und von Ratschlägen der Klugheit, von technischen und pragmatischen Imperativen. Diese setzen Ursachen und Wirkungen nach Wertpräferenzen und Zwecksetzungen in Relation zueinander. Der imperativische Sinn, den sie ausdrücken, läßt sich als ein *relatives Sollen* verstehen. Die Handlungsanweisungen sagen, was man im Hinblick auf ein bestimmtes Problem tun ›soll‹ oder tun ›muß‹, wenn man bestimmte Werte oder Zwecke realisieren will. Sobald freilich die Werte selber problematisch werden, weist die Frage: Was soll ich tun? über den Horizont der Zweckrationalität hinaus.

Bei komplexen Entscheidungen wie z. B. der Berufswahl kann es sich herausstellen, daß es sich gar nicht um eine pragmatische Frage handelt. Wer ins Verlagsmanagement einsteigen will, mag überlegen, ob es zweckmäßiger ist, erst eine Lehre zu machen oder sogleich zu studieren; wer aber nicht recht weiß, was er überhaupt will, steht vor einer ganz anderen Situation. Dann verbindet sich die Wahl des Berufs bzw. der Studienrichtung mit der Frage nach den »Neigungen« oder danach, wofür man sich interessiert, welche Art von Tätigkeit einen befriedigen würde usw. Je radikaler sich diese Frage stellt, um so mehr spitzt sie sich auf das Problem zu, welches Leben man führen möchte, und das bedeutet: welche Person man ist und zugleich sein möchte. Wer in lebenswichtigen Entscheidungen nicht weiß, was er will, wird am Ende danach fragen, *wer er ist*

---

[2] H. Albert, *Traktat über kritische Vernunft*, Tübingen 1968.

und wer er sein möchte. Triviale oder schwache Präferenzentscheidungen erfordern keine Begründung; niemand schuldet sich oder anderen Rechenschaft darüber, welche Automarke oder welche Sorte von Pullovern er bevorzugt. »Starke« Präferenzen nennen wir hingegen mit Charles Taylor die Wertungen, die nicht nur zufällige Dispositionen und Neigungen, sondern das Selbstverständnis einer Person, die Art der Lebensführung, den Charakter berühren; sie sind mit der je eigenen Identität verwoben.[3] Dieser Umstand gibt den existentiellen Entscheidungen nicht nur ihr Gewicht, sondern auch einen Kontext, in dem sie einer Begründung sowohl bedürftig wie auch fähig sind. *Gravierende Wertentscheidungen* werden seit Aristoteles als klinische Fragen des guten Lebens behandelt. Eine illusionäre Entscheidung – die Bindung an den falschen Partner, die Wahl der falschen beruflichen Alternative – kann ein verfehltes Leben zur Folge haben. Die praktische Vernunft, die in diesem Sinn nicht nur auf das Mögliche und das Zweckmäßige, sondern auf das Gute abzielt, bewegt sich, wenn wir dem klassischen Sprachgebrauch folgen, im Bereich der Ethik.

Starke Wertungen sind eingebettet in den Kontext eines Selbstverständnisses. Wie man sich selbst versteht, hängt nicht nur davon ab, wie man sich beschreibt, sondern auch von den Vorbildern, denen man nachstrebt. Die eigene Identität bestimmt sich zugleich danach, wie man sich sieht und sehen möchte – als wen man sich vorfindet und auf welche Ideale hin man sich und sein Leben entwirft. Dieses existentielle Selbstverständnis ist im Kern evaluativ und trägt ein Janusgesicht wie alle Wertungen. In ihm sind beide Komponenten verwoben: die deskriptive der lebensgeschichtlichen Genese des Ich und die normative des Ich-Ideals. Darum verlangt die Klärung des Selbstverständnisses oder die klinische Vergewisserung der eigenen Identität ein *aneignendes* Verstehen – die Aneignung der eigenen Lebensgeschichte wie auch der Traditionen und Lebenszusam-

---

[3] C. Taylor, »The Concept of a Person«, in: ders., *Philosophical Papers*, 1, 97ff.

menhänge, die den eigenen Bildungsprozeß bestimmt haben.[4] Wenn hartnäckige Illusionen im Spiel sind, kann diese hermeneutische Selbstverständigung zu der Art von Reflexion verschärft werden, die Selbsttäuschungen auflöst. Das kritische Bewußtmachen der Lebensgeschichte und ihres normativen Kontextes führt nicht zu einem wertneutralen Selbstverständnis; vielmehr ist die hermeneutisch gewonnene Selbstbeschreibung intern mit einem kritischen Verhältnis zu sich selbst verknüpft. Ein vertieftes Selbstverständnis verändert die Einstellungen, die einen normativ gehaltvollen Lebensentwurf tragen oder mindestens implizieren. So können starke Wertungen auf dem Wege hermeneutischer Selbstverständigung begründet werden.

Zwischen einem betriebswirtschaftlichen Studium und einer Ausbildung zum Theologen wird man sich mit besseren Gründen entscheiden können, nachdem man sich darüber klargeworden ist, wer man ist und sein möchte. Ethische Fragen werden im allgemeinen mit unbedingten Imperativen der folgenden Art beantwortet: »Du mußt einen Beruf ergreifen, der dir das Gefühl gibt, anderen Menschen zu helfen.« Der imperativische Sinn dieser Sätze läßt sich als ein Sollen verstehen, das nicht von subjektiven Zwecken und Präferenzen abhängt und doch nicht absolut ist. Was du tun »sollst« oder tun »mußt« hat hier den Sinn, daß es für dich auf lange Sicht und im ganzen »gut ist«, so zu handeln. Aristoteles spricht in diesem Zusammenhang von Wegen zum guten und glücklichen Leben. Starke Wertungen orientieren sich an einem für mich absolut gesetzten Ziel, nämlich am höchsten Gut einer autarken, ihren Wert in sich tragenden Lebensführung.

Die Frage: Was soll ich tun? verändert ein weiteres Mal ihren Sinn, sobald meine Handlungen die Interessen anderer berühren und zu Konflikten führen, die unparteilich, also unter moralischen Gesichtspunkten geregelt werden sollen. Über die

---

4 H.-G. Gadamer, »Hermeneutik als Praktische Philosophie«, in: ders., *Vernunft im Zeitalter der Wissenschaften*, Frankfurt/M. 1976, 78 ff.

neue Qualität, die damit ins Spiel kommt, belehrt ein kontrastierender Vergleich.
Pragmatische Aufgaben stellen sich aus der Perspektive eines Handelnden, der von seinen Zielen und Präferenzen ausgeht. Aus dieser Sicht können sich moralische Probleme gar nicht stellen, weil andere Personen nur den Stellenwert von Mitteln oder einschränkenden Bedingungen für die Realisierung eines jeweils eigenen Handlungsplanes haben. Im strategischen Handeln unterstellen die Beteiligten, daß jeder egozentrisch nach Maßgabe eigener Interessen entscheidet. Unter dieser Prämisse besteht von vornherein ein mindestens latenter Konflikt zwischen den Gegenspielern. Dieser kann ausgetragen oder eingedämmt und unter Kontrolle gebracht, auch im gegenseitigen Interesse beigelegt werden. Ohne einen radikalen Wechsel der Perspektive und der Einstellung kann aber ein interpersoneller Konflikt von den Beteiligten nicht *als* ein moralisches Problem wahrgenommen werden. Wenn ich mir das fehlende Geld nur auf dem Wege der Verheimlichung relevanter Tatsachen beschaffen kann, zählt unter pragmatischen Gesichtspunkten allein der mögliche Erfolg eines Täuschungsmanövers. Wer dessen Zulässigkeit problematisiert, stellt *eine andere Art* von Frage – nämlich die moralische Frage, ob alle wollen könnten, daß in meiner Lage jedermann nach derselben Maxime verfährt.
Auch ethische Fragen verlangen noch keineswegs einen vollständigen Bruch mit der egozentrischen Perspektive; sie sind ja auf das Telos je meines Lebens bezogen. Aus dieser Sicht gewinnen andere Personen, andere Lebensgeschichten und Interessenlagen nur insofern Bedeutung, wie sie im Rahmen unserer intersubjektiv geteilten Lebensform mit meiner Identität, meiner Lebensgeschichte und meiner Interessenlage verschwistert oder verflochten sind. Mein Bildungsprozeß vollzieht sich in einem Kontext von Überlieferungen, die ich mit anderen Personen teile; meine Identität ist auch geprägt durch kollektive Identitäten, und meine Lebensgeschichte ist in übergreifende historische Lebenszusammenhänge eingelassen. In-

sofern berührt das Leben, das gut für mich ist, auch die Lebensformen, die uns gemeinsam sind.[5] So blieb für Aristoteles das Ethos des Einzelnen bezogen auf und eingebettet in die Polis der Bürger. Aber ethische Fragen zielen in eine andere Richtung als moralische: die Regelung interpersoneller Handlungskonflikte, die sich aus gegensätzlichen Interessenlagen ergeben, ist hier noch kein Thema. Ob ich jemand sein möchte, der sich in einer akuten Notlage auch einmal einen kleinen Betrug gegenüber einer anonymen Versicherungsgesellschaft leistet, ist keine moralische Frage – denn dabei geht es ja um meine Selbstachtung und eventuell um die Achtung, die andere mir entgegenbringen, aber nicht um den gleichen Respekt für jeden – also um die symmetrische Achtung, die jeder der Integrität aller anderen Personen entgegenbringt.

Wir nähern uns allerdings der moralischen Betrachtungsweise, sobald wir unsere Maximen auf die Vereinbarkeit mit den Maximen anderer prüfen. Maximen nennt Kant jene situationsnahen, mehr oder weniger trivialen Handlungsregeln, nach denen sich die Praxis eines Einzelnen gewohnheitsmäßig richtet. Sie entlasten den Aktor vom alltäglichen Entscheidungsaufwand und fügen sich mehr oder weniger konsistent zu einer Lebenspraxis zusammen, in der sich Charakter und Lebensführung spiegeln. Kant hatte vor allem die Maximen der berufsständisch differenzierten frühbürgerlichen Gesellschaft vor Augen. Allgemein bilden Maximen die kleinsten Einheiten eines Netzwerks von praktizierten Gewohnheiten, in denen sich die Identität und der Lebensentwurf einer Person (oder einer Gruppe) konkretisiert – sie regeln den Tagesablauf, den Umgangsstil, die Art und Weise, Probleme anzugehen, Konflikte zu lösen usw. Maximen bilden die Schnittfläche von Ethik und Moral, weil sie gleichzeitig unter ethischen wie moralischen Gesichtspunkten beurteilt werden können. Die Maxime, sich auch einmal ein kleines Betrugsmanöver zu leisten, mag *nicht gut* sein für mich – nämlich dann nicht, wenn sie zu dem Bild

---

[5] M. J. Sandel, *Liberalism and the Limits of Justice*, Cambridge 1982.

der Person, die ich sein möchte und als die ich anerkannt werden will, nicht paßt. Dieselbe Maxime mag zugleich *ungerecht* sein – nämlich dann, wenn ihre allgemeine Befolgung nicht gleichermaßen gut ist für alle. Eine Maximenprüfung oder eine maximenbildende Heuristik, die sich von der Frage leiten läßt, wie ich leben will, nimmt die praktische Vernunft auf *eine andere Weise* in Anspruch als die Überlegung, ob sich aus meiner Sicht eine allgemein befolgte Maxime dazu eignet, unser Zusammenleben zu regeln. Im einen Fall wird geprüft, ob eine Maxime für mich gut und der Situation angemessen ist; im anderen Fall, ob ich wollen kann, daß eine Maxime als allgemeines Gesetz von jedermann eingehalten wird.

Dort handelt es sich um eine ethische Überlegung, hier um eine Überlegung moralischer Natur – allerdings noch in einem eingeschränkten Sinne. Denn immer noch bleibt das Resultat dieser Überlegung an die persönliche Perspektive eines bestimmten Individuums gebunden. Meine Perspektive ist bestimmt durch mein Selbstverständnis; und mit der Art, wie ich leben möchte, mag eine lässige Einstellung zu Betrugsmanövern auch dann kompatibel sein, wenn sich die anderen in vergleichbaren Situationen ebenso verhalten und mich gelegentlich zum Opfer ihrer Manipulationen machen. Sogar Hobbes kennt die Goldene Regel, nach der eine solche Maxime gegebenenfalls gerechtfertigt werden könnte. Für ihn ist es ein »natürliches Gesetz«, daß ein jeder die Rechte, welche er für sich verlangt, auch jedem anderen zugestehe.[6] Aus einem egozentrisch durchgeführten Verallgemeinerungstest folgt noch nicht, daß eine Maxime *von allen* als moralische Richtschnur *ihres* Handelns akzeptiert werden würde. Dieser Schluß wäre nur dann richtig, wenn sich meine Perspektive mit der aller anderen a fortiori decken würde. Nur wenn meine Identität und mein Lebensentwurf eine allgemeingültige Lebensform reflektierte, läge das, was aus meiner Perspektive gleicherma-

---

6 T. Hobbes, *De Cive*, III, 14.

ßen gut für alle ist, tatsächlich im gleichmäßigen Interesse aller.[7]

Mit der Egozentrik der Goldenen Regel (»Füg keinem zu, was du nicht willst, daß er dir tu«) bricht erst der Kategorische Imperativ, demzufolge eine Maxime nur dann gerecht ist, wenn *alle* wollen können, daß sie in vergleichbaren Situationen von jedermann befolgt wird. *Jeder* muß wollen können, daß die Maxime unserer Handlung ein allgemeines Gesetz werde.[8] Nur eine aus der Perspektive aller Betroffenen verallgemeinerungsfähige Maxime gilt als eine Norm, die allgemeine Zustimmung finden kann und insoweit Anerkennung verdient, d. h. moralisch verbindlich ist. Die Frage: Was soll ich tun? wird moralisch mit Bezug auf das, was *man* tun soll, beantwortet. Moralische Gebote sind kategorische oder unbedingte Imperative, die gültige Normen ausdrücken oder auf sie implizit Bezug nehmen. Erst der imperativische Sinn dieser Gebote läßt sich als ein Sollen verstehen, das weder von subjektiven Zwecken und Präferenzen, noch von dem für mich absoluten Ziel eines guten, gelungenen oder nicht-verfehlten Lebens abhängig ist. Was man tun »soll« oder tun »muß«, hat hier vielmehr den Sinn, daß es gerecht und daher Pflicht ist, so zu handeln.

II.

Je nach Problemstellung gewinnt also die Frage »Was soll ich tun?« eine pragmatische, ethische oder moralische Bedeutung. In allen Fällen geht es um die Begründung von Entscheidungen zwischen alternativen Handlungsmöglichkeiten; aber pragmatische Aufgaben erfordern einen anderen *Typus von Handlungen*, die entsprechenden Fragen einen anderen *Typus von Antworten* als ethische und moralische. Die wertorientierte

---

7 E. Tugendhat, »Antike und moderne Ethik«, in: ders., *Probleme der Ethik*, Stuttgart 1984, 33 ff.
8 I. Kant, *Grundlegung zur Metaphysik der Sitten*, in: *Werkausgabe*, hg. v. Wilhelm Weischedel, Frankfurt/M. 1968 ff., Bd. VII, 54.

Abwägung von Zwecken und die zweckrationale Abwägung von verfügbaren Mitteln dient der vernünftigen Entscheidung darüber, wie wir in die objektive Welt eingreifen müssen, um einen erwünschten Zustand herbeizuführen. Dabei geht es wesentlich um die Klärung von empirischen Fragen und um Fragen rationaler Wahl. Terminus ad quem eines entsprechenden pragmatischen Diskurses ist die Empfehlung einer geeigneten Technologie oder eines durchführbaren Programmes. Etwas anderes ist die rationale Vorbereitung einer gravierenden Wertentscheidung, die die Richtung einer ganzen Lebenspraxis berührt. Dabei geht es um die hermeneutische Klärung des Selbstverständnisses eines Individuums und um die klinische Frage je meines geglückten oder nicht-verfehlten Lebens. Terminus ad quem eines entsprechenden ethisch-existentiellen Diskurses ist ein Ratschlag für die richtige Orientierung im Leben, für die Ausrichtung einer persönlichen Lebensführung. Wiederum etwas anderes ist die moralische Beurteilung von Handlungen und Maximen. Sie dient der Klärung legitimer Verhaltenserwartungen angesichts interpersoneller Konflikte, die das geregelte Zusammenleben durch widerstreitende Interessen stören. Dabei geht es um die Begründung und Anwendung von Normen, die gegenseitige Pflichten und Rechte festlegen. Terminus ad quem eines entsprechenden moralisch-praktischen Diskurses ist eine Verständigung über die gerechte Lösung eines Konflikts im Bereich normenregulierten Handelns.

Der pragmatische, ethische und moralische Gebrauch der praktischen Vernunft zielt also ab auf technische und strategische Handlungsanweisungen, auf klinische Ratschläge und moralische Urteile. Praktische Vernunft nennen wir das Vermögen, entsprechende Imperative zu begründen, wobei sich je nach dem Handlungsbezug und der Art der anstehenden Entscheidungen nicht nur der illokutionäre Sinn des »Müssens« oder »Sollens« verändert, sondern auch das *Konzept des Willens*, der sich jeweils durch vernünftig begründete Imperative bestimmen lassen soll. Das an subjektiven Zwecken und Werten relativierte Sollen der pragmatischen Empfehlungen ist an die *Willkür* eines Subjekts gerichtet, das kluge Entscheidungen auf der Basis der Einstellungen und Präferenzen trifft, von denen es kontingenterweise ausgeht: das Vermögen rationaler Wahl erstreckt sich nicht auf die Interessen und Wertorientierungen selber, sondern setzt diese als gegeben voraus. Das am Telos des guten Lebens relativierte Sollen klinischer Ratschläge ist adressiert an das Streben nach Selbstverwirklichung, also an *die Entschlußkraft* eines Individuums, das sich zu einem authentischen Leben entschließt: die Fähigkeit zu existentieller Entscheidung oder radikaler Selbstwahl operiert stets innerhalb des Horizonts der Lebensgeschichte, aus deren Spuren das Individuum lernen kann, wer es ist und sein möchte. Das kategorische Sollen moralischer Gebote ist schließlich an den im emphatischen Sinne *freien Willen* einer Person gerichtet, die nach selbstgegebenen Gesetzen handelt: einzig dieser Wille ist autonom in dem Sinne, daß er sich vollständig durch moralische Einsicht bestimmen läßt. Im Geltungsbereich des Sittengesetzes sind der Bestimmung des Willens durch praktische Vernunft weder durch zufällige Dispositionen noch durch Lebensgeschichte und persönliche Identität Grenzen gezogen. Autonom darf nur der durch moralische Einsicht gelenkte und insofern vollständig rationale Wille heißen. Aus ihm sind alle heteronomen Züge der Willkür oder des Entschlusses zu einem einzigartigen, wie immer auch authentischen Leben getilgt. Kant hat allerdings den autonomen Willen mit dem omnipotenten verwechselt; um ihn als den schlechthin herrschenden denken zu können, mußte er ihn ins Reich des Intelligiblen versetzen. In der Welt, wie wir sie kennen, erlangt aber der autonome Wille Wirksamkeit nur in dem Maße, wie sich die Motivationskraft guter Gründe gegen die Macht anderer Motive durchsetzen kann. So nennen wir in der realistischen Alltagssprache den richtig informierten, aber schwachen Willen den »guten« Willen.

Alles in allem richtet sich die praktische Vernunft, je nachdem ob sie unter Aspekten des Zweckmäßigen, des Guten oder des

Gerechten gebraucht wird, an die Willkür des zweckrational handelnden, an die Entschlußkraft des authentisch sich verwirklichenden oder an den freien Willen des moralisch urteilsfähigen Subjekts. Damit verändert sich jedesmal die Konstellation von Vernunft und Wille und der Begriff der praktischen Vernunft selber. Mit dem Sinn der Frage »Was soll ich tun?« verändert freilich nicht nur der Adressat, der Wille des Aktors, der eine Antwort sucht, seinen Status, sondern auch der Informant – das Vermögen praktischer Überlegung selber. Je nach dem gewählten Aspekt ergeben sich drei verschiedene Lesarten der praktischen Vernunft, die einander ergänzen. Aber in den drei großen philosophischen Traditionen ist jeweils nur eine dieser Lesarten thematisiert worden. Für Kant fällt praktische Vernunft mit Moralität zusammen; nur in der Autonomie sind Vernunft und Willen eins. Für den Empirismus geht die praktische Vernunft in ihrem pragmatischen Gebrauch auf; sie reduziert sich, mit Kantischen Worten, auf die zweckrationale Inanspruchnahme der Verstandestätigkeit. In der Aristotelischen Tradition übernimmt die praktische Vernunft die Rolle einer Urteilskraft, die den lebensgeschichtlichen Horizont eines eingewöhnten Ethos aufklärt. In jedem Fall wird der praktischen Vernunft eine *andere* Leistung zugemutet. Das zeigt sich an den verschiedenen Diskursen, in denen diese sich bewegt.

III.

Pragmatische Diskurse, in denen wir technische und strategische Empfehlungen begründen, haben eine gewisse Verwandtschaft mit empirischen Diskursen. Sie dienen dazu, empirisches Wissen auf hypothetische Zwecksetzungen und Präferenzen zu beziehen und die Konsequenzen von (unvollständig informierten) Entscheidungen nach zugrundegelegten Maximen zu bewerten. Technische oder strategische Empfehlungen entlehnen ihre Gültigkeit letztlich dem empirischen Wissen, auf das sie sich stützen. Ihre Gültigkeit ist unabhängig davon, ob sich ein Adressat entschließt, die Handlungsanweisungen zu adoptieren. Pragmatische Diskurse sind auf *mögliche* Verwendungszusammenhänge bezogen. Mit der faktischen Willensbildung von Aktoren stehen sie nur über deren subjektive Zwecksetzungen und Präferenzen in Verbindung. Es besteht keine *interne* Beziehung zwischen Vernunft und Willen. In ethisch-existentiellen Diskursen verändert sich diese Konstellation in der Weise, daß Begründungen ein rationales Motiv für den Wechsel von Einstellungen bilden.

In solchen Selbstverständigungsprozessen überschneiden sich die Rollen von Diskursteilnehmer und Aktor. Wer sich über sein Leben im ganzen Klarheit verschaffen, gravierende Wertentscheidungen begründen und sich seiner Identität vergewissern will, kann sich im ethisch-existentiellen Diskurs nicht vertreten lassen – weder als Bezugsperson noch als Bewährungsinstanz. Von einem Diskurs ist gleichwohl die Rede, weil auch hier die Argumentationsschritte nicht idiosynkratisch sein dürfen, sondern intersubjektiv nachvollziehbar bleiben müssen. Reflexiven Abstand gewinnt der Einzelne zur eigenen Lebensgeschichte nur im Horizont von Lebensformen, die er mit anderen teilt und die ihrerseits den Kontext für jeweils verschiedene Lebensentwürfe bilden. Die Angehörigen der gemeinsamen Lebenswelt sind potentielle Teilnehmer, die in Prozessen der Selbstverständigung die katalysatorische Rolle des unbeteiligten Kritikers übernehmen. Diese kann zur therapeutischen Rolle eines Analytikers ausdifferenziert werden, sobald verallgemeinerbares klinisches Wissen ins Spiel kommt. Freilich bildet sich dieses klinische Wissen selbst erst in solchen Diskursen.[9]

Die Selbstverständigung bezieht sich auf einen spezifischen lebensgeschichtlichen Zusammenhang und führt zu evaluativen Aussagen über das, was gut ist für eine bestimmte Person. Solche Bewertungen, die sich auf die Rekonstruktion einer zu-

---

9 Vgl. T. Maranhao, *Therapeutic Discourse and Socratic Dialogue*, Madison 1986.

gleich bewußtgemachten und angeeigneten Lebensgeschichte stützen, haben einen eigentümlichen semantischen Status. Denn »Rekonstruktion« bedeutet hier nicht nur die deskriptive Erfassung eines Bildungsprozesses, durch den man zu dem geworden ist, als den man sich vorfindet; sie bedeutet zugleich eine kritische Sichtung und reorganisierende Anordnung der aufgenommenen Elemente in der Weise, daß die eigene Vergangenheit im Lichte aktueller Handlungsmöglichkeiten als Bildungsgeschichte der Person, die man in Zukunft sein und bleiben möchte, akzeptiert werden kann. Die existentialistische Denkfigur des »geworfenen Entwurfs« beleuchtet den Januscharakter jener starken Wertungen, die auf dem Weg einer kritischen Aneignung der eigenen Lebensgeschichte begründet werden. Hier lassen sich Genesis und Geltung nicht mehr wie bei technischen und strategischen Empfehlungen voneinander trennen. Indem ich einsehe, was gut für mich ist, mache ich mir den Ratschlag in gewisser Weise auch schon zu eigen – das ist der Sinn einer bewußten Entscheidung. Indem ich mich von der Richtigkeit eines klinischen Ratschlages überzeuge, entschließe ich mich auch schon zu der angeratenen Umorientierung meines Lebens. Andererseits ist meine Identität gegenüber dem reflexiven Druck eines veränderten Selbstverständnisses nur dann nachgiebig, ja wehrlos, wenn diese denselben Maßstäben der Authentizität gehorcht wie der ethisch-existentielle Diskurs selber. Ein solcher Diskurs setzt auf seiten des Adressaten bereits das Streben nach einem authentischen Leben voraus – oder den Leidensdruck eines Patienten, der der »Krankheit zum Tode« inne wird. Insofern bleibt der ethisch-existentielle Diskurs auf das *vorgängige* Telos einer *bewußten* Lebensführung angewiesen.

IV.

In ethisch-existentiellen Diskursen bestimmen sich Vernunft und Wille gegenseitig, wobei dieser in den thematisierten lebensgeschichtlichen Kontext eingebettet bleibt. Die Beteiligten dürfen sich in Prozessen der Selbstverständigung nicht aus der Lebensgeschichte oder der Lebensform herausdrehen, in denen sie sich faktisch vorfinden. Moralisch-praktische Diskurse erfordern hingegen den Bruch mit allen Selbstverständlichkeiten der eingewöhnten konkreten Sittlichkeit wie auch die Distanzierung von jenen Lebenskontexten, mit denen die eigene Identität unauflöslich verflochten ist. Nur unter den Kommunikationsvoraussetzungen eines universell erweiterten Diskurses, an dem alle möglicherweise Betroffenen teilnehmen und in dem sie in hypothetischer Einstellung zu den jeweils problematisch gewordenen Geltungsansprüchen von Normen und Handlungsweisen mit Argumenten Stellung nehmen könnten, konstituiert sich die höherstufige Intersubjektivität einer Verschränkung der Perspektive eines jeden mit den Perspektiven aller. Dieser Standpunkt der Unparteilichkeit sprengt die Subjektivität der je eigenen Teilnehmerperspektive, ohne den Anschluß an die performative Einstellung der Teilnehmer zu verlieren. Die Objektivität eines sogenannten idealen Beobachters würde den Zugang zum intuitiven Wissen der Lebenswelt versperren. Der moralisch-praktische Diskurs bedeutet die ideale Erweiterung je unserer Kommunikationsgemeinschaft aus der Innenperspektive.[10] Vor diesem Forum können nur diejenigen Normvorschläge begründete Zustimmung finden, die ein gemeinsames Interesse aller Betroffenen ausdrücken. Insofern bringen diskursiv begründete Normen beides gleichzeitig zur Geltung: die Einsicht in das, was jeweils im gleichmäßigen Interesse aller liegt, wie auch einen allgemeinen Willen, der den Willen aller *ohne Repression* in sich aufgenommen hat. In diesem Sinne bleibt der durch moralische Gründe bestimmte Wille der argumentierenden Vernunft nicht äußerlich; der autonome Wille wird der Vernunft vollständig internalisiert.

10 K.-O. Apel, »Das Apriori der Kommunikationsgemeinschaft und die Grundlagen der Ethik«, in: ders., *Transformation der Philosophie*, Frankfurt/M. 1976, Bd. 2, 358 ff.

Deshalb glaubte Kant, daß die praktische Vernunft erst als diese normenprüfende Instanz ganz zu sich selber kommt und mit Moralität zusammenfällt. Die diskurstheoretische Deutung, die wir dem Kategorischen Imperativ gegeben haben, läßt jedoch die Einseitigkeit einer Theorie erkennen, die sich allein auf Begründungsfragen konzentriert. Sobald sich moralische Begründungen auf ein Prinzip der Verallgemeinerbarkeit stützen, das die Diskursteilnehmer nötigt, strittige Normen, losgelöst von Situationen und ohne Rücksicht auf vorhandene Motive oder bestehende Institutionen, daraufhin zu prüfen, ob sie die wohlerwogene Zustimmung aller Betroffenen finden könnten, verschärft sich das Problem, wie derart begründete Normen überhaupt *angewendet* werden können.[11] Gültige Normen verdanken ihre abstrakte Allgemeinheit dem Umstand, daß sie den Test der Verallgemeinerung nur in dekontextualisierter Gestalt bestehen. In dieser abstrakten Fassung können sie aber umstandslos nur auf jene Standardsituationen Anwendung finden, deren Merkmale als Anwendungsbedingungen in der Wenn-Komponente der Regel von vornherein berücksichtigt worden sind. Nun muß jede Normbegründung unter den normalen Beschränkungen eines endlichen, d. h. geschichtlich situierten und gegenüber der Zukunft provinziellen Geistes, operieren. Sie kann deshalb nicht a fortiori schon alle jene Merkmale explizit in Betracht ziehen, die in Zukunft einmal die Konstellationen unvorhergesehener Einzelfälle kennzeichnen werden. Aus diesem Grunde erfordert die Norm*anwendung* eine argumentative Klärung eigenen Rechts. Dabei kann die Unparteilichkeit des Urteils nicht wiederum durch einen Universalisierungsgrundsatz gesichert werden; bei Fragen der kontextsensiblen Anwendung muß vielmehr die praktische Vernunft mit einem Prinzip der Angemessenheit zur Geltung gebracht werden. Hier muß nämlich gezeigt werden, welche der als gültig bereits vorausgesetzten Normen einem gegebenen Fall im Lichte aller relevanten und

---

11 K. Günther, *Der Sinn für Angemessenheit*, Frankfurt/M. 1988.

möglichst vollständig erfaßten Situationsmerkmale angemessen ist. Anwendungsdiskurse bleiben freilich wie Begründungsdiskurse ein rein kognitives Geschäft und bieten darum keine Kompensation für die Entkoppelung des moralischen Urteils von den Motiven des Handelns. Moralische Gebote sind gültig, unabhängig davon, ob der Adressat die Kraft aufbringt, das Für-Richtig-Gehaltene auch zu tun. Die Autonomie seines Willens bemißt sich gewiß daran, ob er aus moralischer Einsicht zu handeln vermag; aber moralische Einsichten *bewirken* nicht schon autonomes Handeln. Der Geltungsanspruch, den wir mit normativen Sätzen verbinden, hat gewiß verpflichtende Kraft. Pflicht ist, in Anlehnung an Kants Sprachgebrauch, die Affektion des Willens durch den Geltungsanspruch moralischer Gebote. Und daß Gründe, die einen solchen Geltungsanspruch stützen, nicht schlechthin unwirksam sind, zeigt sich am schlechten Gewissen, das uns plagt, wenn wir wider besseres Wissen handeln. Schuldgefühle sind ein handgreiflicher Indikator für Pflichtverletzungen. Aber in ihnen drückt sich dann nur aus, daß wir wissen, daß wir keine guten Gründe haben, *anders* zu handeln. Schuldgefühle zeigen eine Spaltung des Willens an.

V.

Der vom autonomen Willen abgespaltene empirische Wille spielt eine bemerkenswerte Rolle in der Dynamik unserer moralischen Lernprozesse.[12] Denn die Spaltung des Willens ist nur dann ein Symptom der Willensschwäche, wenn die moralischen Forderungen, gegen die er verstößt, tatsächlich legitim und unter den gegebenen Bedingungen *zumutbar* sind. In der Revolte eines abweichenden Willens verrät sich aber auch, und nur zu oft, wie wir wissen, die Stimme des durch starre morali-

---

12 E. Tugendhat, *Probleme der Ethik*, Stuttgart 1984, 87 ff.

sche Prinzipien ausgegrenzten Anderen, die verletzte Integrität menschlicher Würde, die versagte Anerkennung, das vernachlässigte Interesse, die verleugnete Differenz.
Weil die Grundsätze einer autonom gewordenen Moral einen erkenntnisanalogen Anspruch stellen, treten hier Geltung und Genesis wiederum wie im pragmatischen Diskurs auseinander. Hinter der Fassade einer kategorischen Geltung kann sich ein bloß durchsetzungsfähiges Interesse verstecken und verschanzen. Diese Fassade läßt sich um so leichter errichten, als die Richtigkeit moralischer Gebote nicht, wie die Wahrheit technischer oder strategischer Empfehlungen, in einer kontingenten Beziehung zum Willen der Adressaten steht, sondern diesen rational, also von innen binden soll. Um die Fesseln einer falschen, bloß prätendierten Allgemeinheit selektiv ausgeschöpfter und kontextinsensibel angewendeter universalistischer Prinzipien zu zerbrechen, bedurfte es immer wieder, und bedarf es bis heute, sozialer Bewegungen und politischer Kämpfe, um aus den schmerzhaften Erfahrungen und den nicht wiedergutzumachenden Leiden der Erniedrigten und Beleidigten, der Verwundeten und Erschlagenen zu lernen, daß im Namen des moralischen Universalismus niemand ausgeschlossen werden darf – nicht die unterprivilegierten Klassen, nicht die ausgebeuteten Nationen, nicht die domestizierten Frauen, nicht die marginalisierten Minderheiten. Wer im Namen des Universalismus den anderen, der für den anderen ein Fremder zu *bleiben* das Recht hat, ausschließt, übt Verrat an dessen eigener Idee. Erst an der radikalen Freisetzung individueller Lebensgeschichten und partikularer Lebensformen bewährt sich der Universalismus der gleichen Achtung für jeden und der Solidarität mit allem, was Menschenantlitz trägt.
Diese Überlegung überschreitet schon die Grenzen der individuellen Willensbildung. Bisher haben wir den pragmatischen, ethischen und moralischen Gebrauch der praktischen Vernunft am Leitfaden der traditionellen Frage »Was soll *ich* tun?« untersucht. Wenn sich nun der Fragehorizont von der 1. Person Singular zur 1. Person Plural verschiebt, ändert sich mehr als

nur das Forum der Überlegung. Bereits die individuelle Willensbildung folgt ihrer Idee nach einer öffentlichen Argumentation, die sie in foro interno bloß nachvollzieht. Dort, wo die Moral an die Grenzen der Moralität stößt, geht es also nicht um einen Perspektivenwechsel von der Innerlichkeit des monologischen Denkens zur Öffentlichkeit des Diskurses, sondern um eine Veränderung der Problemstellung: was sich verändert, ist die Rolle, in der das andere Subjekt begegnet.
Gewiß löst sich der moralisch-praktische Diskurs von der auf den eigenen Erfolg und das eigene Leben zulaufenden Perspektive, der die pragmatischen und ethischen Überlegungen noch verhaftet bleiben. Aber auch der normenprüfenden Vernunft begegnet der Andere noch als Opponent in einer *vorgestellten*, weil kontrafaktisch erweiterten und virtuell durchgespielten Argumentation. Sobald der Andere als *reales* Gegenüber mit dem eigenen, unvertretbaren Willen auftritt, stellen sich neue Probleme. Zu den Bedingungen kollektiver Willensbildung gehört in erster Linie *diese* Realität des fremden Willens.
Aus dem Umstand der Pluralität der Handelnden und aus der Bedingung der doppelten Kontingenz, unter der die Realität des einen Willens mit der Realität des anderen zusammentrifft, ergibt sich das weitere Problem der gemeinsamen Verfolgung kollektiver Ziele; dann stellt sich auch das bisher behandelte Problem der Regelung des Zusammenlebens unter dem Druck sozialer Komplexität auf eine neue Weise. Pragmatische Diskurse verweisen, sobald das eigene mit dem fremden Interesse in Einklang gebracht werden muß, auf die Notwendigkeit von Kompromissen. In ethisch-politischen Diskursen geht es um die Klärung einer kollektiven Identität, die Raum lassen muß für die Mannigfaltigkeit individueller Lebensentwürfe. Das Problem der Zumutbarkeit moralischer Gebote motiviert zum Übergang von der Moral zum Recht. Und mit der Implementierung von Zielen und Programmen stellen sich schließlich Fragen der Übertragung und der neutralen Verwendung von politischer Macht.
Das moderne Vernunftrecht hat auf diese Problemstellungen

reagiert. Es hat freilich die intersubjektive Natur einer kollektiven Willensbildung verfehlt, weil diese nicht als eine individuelle Willensbildung im Großformat vorgestellt werden darf. Wir müssen die subjektphilosophischen Prämissen des Vernunftrechts aufgeben. Aus diskurstheoretischer Sicht verlagert sich das Problem der Verständigung zwischen Parteien, deren Willen und Interessen aufeinanderstoßen, auf die Ebene der institutionalisierten Verfahren und Kommunikationsvoraussetzungen für real durchzuführende Argumentationen und Verhandlungen.[13]

Erst auf dieser Ebene einer Diskurstheorie des Rechts und der Politik dürfen wir auch auf jene Frage, die sich nach unserer bisherigen Analyse aufdrängt, eine Antwort erwarten: Dürfen wir von der praktischen Vernunft noch im Singular sprechen, nachdem sie unter Aspekten des Zweckmäßigen, des Guten und des Gerechten in verschiedene Formen der Argumentation zerfallen ist? Wohl beziehen sich alle diese Argumente auf den Willen von möglichen Aktoren; aber wir haben gesehen, daß sich mit dem Typus der Fragen und Antworten auch die Konzepte des Willens verändern. Die Einheit der praktischen Vernunft läßt sich nicht mehr nach Kantischem Vorbild der Einheit des transzendentalen Bewußtseins in der Einheit der moralischen Argumentation begründen. Es gibt nämlich keinen Metadiskurs, auf den wir uns zurückziehen könnten, um die Wahl zwischen verschiedenen Formen der Argumentation zu begründen.[14] Bleibt es dann nicht dem Belieben, bestenfalls einer prädiskursiven Urteilskraft des Einzelnen anheimgestellt, ob wir ein gegebenes Problem unter Gesichtspunkten des Zweckmäßigen, des Guten oder des Gerechten auffassen und behandeln möchten? Der Rückgriff auf eine Urteilskraft, die es den Problemen »ansieht«, ob sie eher ästhetischer oder

---

13 Ich wähle damit einen anderen Weg als K.-O. Apel mit seinem »Ergänzungsprinzip«; siehe in diesem Band, 265 ff.; ferner: J. Habermas, »Volkssouveränität als Verfahren«, in *Studienausgabe*, Band 4, 35-69.
14 Diesen Einwand erhebt M. Seel, *Die Kunst der Entzweiung*, Frankfurt/M. 1976, 11 ff.

ökonomischer, eher theoretischer oder praktischer, eher ethischer oder moralischer, politischer oder juristischer Natur sind, muß für jeden unbefriedigend sein, der mit Kant gute Gründe hat, das unklare Aristotelische Konzept der Urteilskraft fallenzulassen. Ohnehin geht es hier nicht um eine reflektierende Urteilskraft, die Fälle auf Regeln bezieht, sondern um ein Gespür für die *Sortierung* von Problemen.

Wie Peirce und der Pragmatismus mit Recht betonen, haben wirkliche Probleme stets etwas Objektives; wir werden mit Problemen, die auf uns zukommen, konfrontiert. Diese selbst haben eine situationsdefinierende Kraft und nehmen sozusagen unseren Geist nach ihrer eigenen Logik in Anspruch. Dennoch – wenn sie jeweils einer eigenen Logik folgten, die sich mit der Logik des nächsten Problems nicht berühren würde, müßte jede neue Sorte von Problemen unseren Geist in eine andere Richtung ziehen. Die praktische Vernunft, die im blinden Fleck einer derart reaktiven Urteilskraft ihre Einheit fände, bliebe ein opakes, nur noch phänomenologisch aufzuklärendes Gebilde.

Die Moraltheorie muß diese Frage offenlassen und an die Rechtsphilosophie weiterreichen; denn auf unmißverständliche Weise kann sich die Einheit der praktischen Vernunft nur im Netzwerk jener staatsbürgerlichen Kommunikationsformen und Praktiken zur Geltung bringen, in denen die Bedingungen vernünftiger kollektiver Willensbildung institutionelle Festigkeit gewonnen haben.

7. Richtigkeit versus Wahrheit

Zum Sinn der Sollgeltung moralischer Urteile und Normen

> »There is an essential connection between freedom and truth, and any misconception of truth is, at the same time, a misconception of freedom.«
>
> *Herbert Marcuse (1939, aus dem Nachlaß)*

Seit den platonischen Anfängen ist der philosophische Idealismus davon überzeugt, daß wir das Gute »erkennen« können. Fast ebenso alt ist der Streit über die Art dieses Wissens. Die Antworten, die Plato, Aristoteles und Kant auf diese Frage gegeben haben, hängen davon ab, wie wir die Sphäre des Guten und Schlechten (bzw. Bösen) bestimmen: Ist das Gute mit dem Seienden im ganzen verschwistert? Bezieht es sich nur auf das gute Leben vernünftiger Lebewesen? Oder entspringt es allein dem guten Willen derer, die im Bewußtsein der Pflicht handeln? Drückt sich das Gute im Kosmos aus, verkörpert es sich im Ethos einer Gemeinschaft oder besteht es in der moralischen Gesinnung eines intelligiblen Ich? Die Antworten hängen auch davon ab, was wir unter Erkennen und Wissen verstehen: Wenn empirisch gestützte Begründungsschritte wesentlich der diskursiven Vorbereitung einer intellektuellen Anschauung dienen, empfiehlt sich die intuitive Erfassung des Guten als höchste Form der Erkenntnis. Wenn alle Erkenntnis diskursiv verfaßt ist, verliert die kluge Reflexion auf das gute Leben im Vergleich zur strengen, deduktiv begründeten Erkenntnis ihren zwingenden Charakter. Wenn die Vernunft als ein produktives Vermögen begriffen wird, das aus dem reflexiven Beisichselbstsein die höchste Gewißheit zieht, kann sich die Moral aus vernünftiger Selbstgesetzgebung begründen.

Kant folgt Aristoteles insofern, als er die praktische Vernunft von einer theoretischen Vernunft entkoppelt, der die Ermöglichung objektiver Erkenntnis vorbehalten bleibt; aber zugleich hält er wie Plato an der Einheit der spekulativen mit der reinen praktischen Vernunft fest und räumt diesem Vermögen der Prinzipien a priori des Begehrungsvermögens sogar Vorrang ein. In ihrem praktischen Gebrauch bewährt sich die Vernunft nämlich als das Vermögen von konstitutiven Ideen, die den Willen *bestimmen*, während sie sich im theoretischen Gebrauch als ein Vermögen regulativer Ideen erweist, das die Verstandeserkenntnis nur *anleitet*. Seitdem Aristoteles zwischen theoretischer und praktischer Philosophie unterschieden hat, verbindet sich der Streit über die Bestimmung des moralischen »Wissens« mit der Auseinandersetzung über das Verhältnis von theoretischer und praktischer Vernunft. Während Fichte die theoretische Vernunft aus der praktischen des sich selbst setzenden Ich ableitet und Hegel einer sich selbst einholenden spekulativen Vernunft den Vorrang sichert, beharrt Kant auf der Unterscheidung des praktischen vom theoretischen Vernunftgebrauch, ohne wie Aristoteles die praktische Vernunft als Urteilskraft zum niederen Erkenntnisvermögen herabzustufen. Diese Weichenstellung kommt zwei Intuitionen entgegen, die, wie mir scheint, schwer abzuweisen sind.

Einerseits zeichnen sich moralische Verhaltenserwartungen vor anderen sozialen Normen wie Sitten und Konventionen dadurch aus, daß sie erlauben, eine Handlung nicht nur als regelkonform oder abweichend, sondern hinsichtlich der Regel selbst als »richtig« oder »falsch« zu beurteilen: der präskriptive Sinn von »geboten« oder »verboten« verbindet sich mit dem epistemischen Sinn von »gerechtfertigt« und »ungerechtfertigt«. Normen, die im Einzelfall eine solche kognitive Beurteilung von Handlungen ermöglichen, müssen selbst in einem kognitiv relevanten Sinne Geltung beanspruchen. Aus diesem Grunde waren moralische Normen regelmäßig in den Kontext einer umfassenderen »Lehre« eingebettet, die erklärte, warum sie Anerkennung verdienen. Alle Hochkulturen sind durch Lehren dieser Art, durch Weltreligionen, geprägt worden. Als diese in der Moderne ihre allgemeine Verbindlichkeit und öffentliche Glaubwürdigkeit verloren, entstand ein Begründungsbedarf, der, wenn überhaupt, nur noch durch »Vernunft«, d. h. durch allgemein oder öffentlich einsehbare Gründe, gedeckt werden konnte. Wenn man von dieser Genealogie ausgeht, liegt ein erkenntnisanaloges Verständnis von moralischem Wissen nahe.[1] Die Analogie, die auf diese Weise suggeriert wird, ist sogar enger als die zwischen Phronesis und Episteme. Denn Aristoteles verbindet das kluge Wissen, das sich praktischer Urteilskraft verdankt, mit bloßer Wahrscheinlichkeit, so daß sich auf diesem Wege die Verbindlichkeit moralischer Pflichten nicht in die kategorische Geltung von moralischen Urteilen übersetzen läßt. Nur eine erkenntnisanaloge Auffassung der Moral scheint eine kognitivistische Deutung der Sollgeltung verpflichtender Normen zu erlauben, die dem unabweisbaren Gefühl der »Achtung vor dem Gesetz« als einem »Faktum der Vernunft« Rechnung trägt.

Andererseits ist die Rede von moralischem »Wissen« schief, weil mit diesem Wissen prima facie kein Tatsachenwissen gemeint sein kann. Gegen eine undifferenzierte Angleichung von moralischen Überzeugungen an Meinungen empirischen Gehalts spricht die offensichtliche Differenz ihres Geltungssinnes. Behauptungen sagen, was der Fall ist, Gebote bzw. Verbote sagen, was der Fall oder nicht der Fall sein soll. Zu wissen, wie die Dinge »tatsächlich« zusammenhängen, ist etwas anderes, als zu fordern, was getan werden soll – oder zu wissen, wie unsere Handlungen ineinandergreifen »müssen«, damit ein richtiges oder gerechtes Zusammenleben möglich ist. Das moralische Wissen unterscheidet sich vom empirischen schon durch seinen Handlungsbezug. Es besagt eben, wie Personen sich verhalten sollen, und nicht, wie es sich mit den Dingen verhält. Die »Wahrheit« von deskriptiven Sätzen bedeutet, daß die ausgesagten Sachverhalte »bestehen«, während die

---

[1] J. Habermas, »Eine genealogische Betrachtung zum kognitiven Gehalt der Moral«, in diesem Band, 302-359.

»Richtigkeit« von normativen Sätzen die Verbindlichkeit der gebotenen (bzw. verbotenen) Handlungsweisen widerspiegelt. Kant will diesem Unterschied zwischen epistemischem und praktischem Wissen dadurch gerecht werden, daß er im Hinblick auf Erkenntnis- und Begehrungsvermögen zwischen einem theoretischen und einem praktischen Vernunftgebrauch differenziert. Obwohl auch die theoretische Vernunft im transzendentalen Sinne produktiv ist, hat die praktische Vernunft in einem anderen, wie wir mit Rawls sagen können, konstruktiven Sinne »gesetzgebende« Kraft. Die vorausgesetzte Einheit einer spontan erzeugten Welt von Objekten möglicher Erfahrung stiftet Zusammenhang in der Mannigfaltigkeit empirischer Erkenntnisse, während das aus praktischer Vernunft entworfene »Reich der Zwecke« angibt, wie die handelnden Subjekte auf dem Wege einer einsichtigen Selbstbindung ihres Willens eine Welt wohlgeordneter interpersonaler Beziehungen – eine »allgemeine Republik nach Tugendgesetzen« – hervorbringen oder eben konstruieren sollen.

Die Kantische Bestimmung des Verhältnisses von theoretischer und praktischer Vernunft, auf die ich hier nicht näher eingehen kann,[2] hängt in besonderem Maße von jenen metaphysischen Hintergrundprämissen ab, die die Architektonik des transzendentalen Idealismus im ganzen tragen. Sie bietet für die gegenwärtige moraltheoretische Diskussion keine unmittelbar überzeugenden Anschlußmöglichkeiten. Während das instabile Verhältnis zwischen theoretischer und praktischer Philosophie um 1800 die Gedankenbewegung von Kant über Fichte zu Schelling und Hegel in Gang gesetzt hat, wird es heute kaum noch thematisiert. Die Sprachphilosophie hält sich an den von der theoretischen Philosophie ererbten Problembestand auch noch dort, wo sie beim normativen Vokabular und

---

2 Dazu immer noch wegweisend D. Henrich, »Der Begriff der sittlichen Einsicht und Kants Lehre vom Faktum der Vernunft«, in: D. Henrich, W. Schulz, K.-H. Volkmann-Schluck (Hg.), *Festschrift für Hans-Georg Gadamer zum 60. Geburtstag*, Tübingen 1960, 77-115, wiederabgedruckt in: G. Prauss (Hg.), *Kant*, Köln 1973, 221-254.

bei der Grundbegrifflichkeit der praktischen Philosophie Anleihen machen muß.³ Dem entspricht die komplementäre Zurückhaltung der praktischen Disziplinen. Die »freistehende«, von epistemologischen oder ontologischen Annahmen unabhängige Konzeption der Gerechtigkeit ist Programm, nicht nur Ergebnis einer fortschreitenden Spezialisierung.⁴ Wenn sich dann doch einmal explizit die Frage aufdrängt, wie sich Rechtfertigung und Geltung moralischer Normen zur Begründung und Gültigkeit deskriptiver Aussagen verhalten, wird sie durch mehr oder weniger dogmatische Weichenstellungen vorentschieden. So läßt etwa Tugendhat einen pragmatischen Begriff der Begründung (von etwas für jemanden) nur für den praktischen Gebrauch der Vernunft zu, während er den wahrheitsfähigen Aussagen einen semantischen Begriff der Begründung vorbehält.⁵

Demgegenüber möchte ich zunächst zeigen, warum Status und Sinn moralischen Wissens nach wie vor philosophische Aufmerksamkeit verdienen (I), um dann aus einer einschlägigen psychologischen Diskussion den Gesichtspunkt zu entwickeln, unter dem ich die klassische Fragestellung wiederaufnehmen will (II).

I.

Die Frage nach dem Verhältnis von theoretischer und praktischer Vernunft kann sich nur für Ansätze stellen, die zum einen der Moral überhaupt einen kognitiven Gehalt zubilligen und die zum anderen praktische Vernunft nicht auf die Rationalität von Mittel-Zweck-Überlegungen reduzieren. Die bekannten nonkognitivistischen Ansätze möchten den Gehalt moralischer Urteile direkt auf Gefühle, Dispositionen oder Entschei-

---

3 R. B. Brandom, *Making it Explicit*, Cambridge (Mass.) 1944, insbesondere Kapitel 1 und 4.
4 J. Rawls, *Political Liberalism*, New York 1993, § 2.
5 E. Tugendhat, *Probleme der Ethik*, Stuttgart 1983, 83 ff.

dungen Stellung nehmender Subjekte zurückführen.⁶ Diese Versionen eines ethischen Subjektivismus legen zwar einen klaren Schnitt zwischen Tatsachen- und Werturteile, sie können aber nur mit Hilfe einer »Irrtumstheorie« erklären, warum sich normative und evaluative Sätze grammatisch anders verhalten als Sätze der ersten Person. Den Gefühlsäußerungen, Präferenzen und Entscheidungen fehlt der weiterreichende Begründungsanspruch, den wir mit »starken« Wertungen (im Sinne von Ch. Taylor) und erst recht mit moralischen Urteilen verbinden. Die nonkognitivistische Beschreibung des moralischen Sprachspiels ist insofern revisionistisch, als die Teilnehmer selbst sehr wohl davon ausgehen, daß moralische Handlungskonflikte im Lichte intersubjektiv anerkannter normativer Verhaltenserwartungen mit Gründen beigelegt werden können. Diese Gründe, mit denen die streitenden Parteien ein Einverständnis erzielen wollen, verwandeln sich unter einer nonkognitivistischen Beschreibung in ebenso viele Irrtümer.

So weit muß der Kontraktualismus nicht gehen. Indem er die Geltung moralischer Normen auf die Vereinbarung rationaler Egoisten, d. h. auf eine glückliche Übereinstimmung ihrer jeweiligen Interessen, zurückführt, wahrt er bei moralischen Auseinandersetzungen einen kognitiven Gehalt. Aber aus der Summe der rationalen Motive, die jeden Einzelnen im Licht seiner je eigenen Präferenzen zur Zustimmung bewegen, erklärt sich noch nicht der spezifisch verpflichtende Charakter der vereinbarten Normen – also die deontische Verbindlichkeit, mit der wir als Mitglieder einer moralischen Gemeinschaft ein bestimmtes Verhalten voneinander erwarten. Für den kategorischen Sinn der Normgeltung, der sich im Phänomen der »Achtung vor dem Gesetz« spiegelt, hat Kant eine vernünftige Übersetzung vorgeschlagen. In der revisionistischen Beschreibung des Kontraktualismus verschwindet dieser unbedingte Geltungsanspruch von Maximen, die unter dem Ge-

---

6 H. Keuth, *Erkenntnis oder Entscheidung*, Tübingen 1993.

sichtspunkt der Universalisierung gerechtfertigt werden können.⁷

Auf den ersten Blick scheint sich freilich der Umstand, daß Gefühle für moralische Auseinandersetzungen eine konstitutive Rolle spielen, mit einer kognitivistischen Position schlecht zu vertragen. Das moralische Sprachspiel besteht im wesentlichen aus drei grammatisch aufeinander bezogenen Äußerungen: aus Urteilen, wie wir uns verhalten sollen (bzw. dürfen oder nicht

7 An der angemessenen Erklärung dieses Phänomens scheitert auch Tugendhats komplexer angelegte Theorie; vgl. E. Tugendhat, *Vorlesungen über Ethik*, Frankfurt/M. 1993. Dieser neokontraktualistische Ansatz trennt zwei Begründungsebenen. Begründet wird ein Normensystem zunächst gegenüber den potentiellen Adressaten mit dem Nachweis, daß jeder von ihnen ein gleichmäßiges Interesse an einer derart konstituierten gemeinsamen Praxis haben kann. Diese Operation läßt sich auch als Anwendung eines Universalisierungsgrundsatzes verstehen: »Hier werden die Normen in der Weise begründet, daß gezeigt wird, daß es im Interesse aller gleichermaßen ist, sie von allen zu fordern.« (E. Tugendhat, *Dialog in Leticia*, Frankfurt/M. 1997, 54). Aus der Innenperspektive einer Begründung gegenüber den Angehörigen einer moralischen Gemeinschaft zählen allein aktorunabhängige Gründe, die sich zwar auf die jeweiligen Interessen eines beliebigen Einzelnen beziehen, aber allen als epistemische Gründe müssen einleuchten können: »Das sind dann nicht mehr Gründe im Sinne von Motiven, sondern es sind Gründe für Aussagen.« (Ebd., 48). Das auf dieser Ebene sozusagen kantisch begründete Normensystem wird aber auf einer nächsten, und zwar vorgeschalteten Begründungsebene seines kognitivistischen Sinnes wieder beraubt. Auf dieser fundamentalen Ebene kommt nämlich die kontraktualistische Grundannahme zum Zuge, daß Handlungen (und normativ geregelte Handlungsweisen) letztlich nur aus der Ersten-Person-Perspektive eines handelnden Subjekts begründet werden können. Auch im Hinblick auf das Paket einer aus der Innenperspektive gut begründeten gemeinsamen Praxis muß letztlich jeder Einzelne nach eigenen Präferenzen entscheiden, ob er ein rationales Motiv hat – ob es »gut für ihn« ist –, einer solchen moralischen Gemeinschaft »beizutreten«. Wenn aber jeder jederzeit aus seiner egozentrischen Perspektive darüber befinden kann, ob es sich für ihn lohnt, sich überhaupt auf Moral einzulassen, verlieren die innerhalb des moralischen Sprachspiels möglichen Züge ihre kategorische Verbindlichkeit. Moralische Urteile und Normen verändern dadurch, daß sie nur relativ zum Ergebnis einer instrumentellen Überlegung Geltung beanspruchen dürfen, ihren illokutionären Sinn. Vgl. meine Kritik: »Eine genealogische Betrachtung zum kognitiven Gehalt der Moral«, in: Habermas (1996), 33-38; siehe auch L. Wingert, »Gott naturalisieren? Anscombes Problem und Tugendhats Lösung«, *Deutsche Zeitschrift für Philosophie*, 45, 4, 1997, 501-528.

dürfen); aus Reaktionen der Zustimmung oder Ablehnung; und vor allem aus Gründen, mit denen die streitenden Parteien ihre zustimmende oder ablehnende Haltung rechtfertigen können. Dabei tragen aber die positiven und negativen Stellungnahmen ein Janusgesicht. Auf der einen Seite drücken sie ein rational motiviertes »Ja« oder »Nein« zu Aussagen aus, die – in einem irgendwie wahrheitsanalogen Sinne – richtig oder falsch sein können; auf der anderen Seite haben sie gleichzeitig die Form von Gefühlsreaktionen gegenüber einem als richtig oder falsch bewerteten Verhalten. Bei Normverstößen kommen ja der Groll der gekränkten und beleidigten oder der Schmerz der erniedrigten und entwürdigten Opfer ebenso ins Spiel wie der Trotz und die Scham-, Schuld- und Reuegefühle der Täter oder die Entrüstung, gar Empörung der Angehörigen, die mit »Schimpf und Schande« reagieren. In Fällen eines eindrucksvoll integren Verhaltens oder eines couragierten Beistandes reagieren wir mit Gefühlen des Dankes, der Bewunderung und Hochachtung.

Weil diese Gefühle einen propositionalen Gehalt haben, der mit der moralischen Beurteilung des thematischen Verhaltens Hand in Hand geht, können wir sie – wie Wahrnehmungen – als implizite Urteile verstehen. Insbesondere negative Gefühle haben einen kognitiven Gehalt, der sich in der Form von Werturteilen auf ähnliche Weise explizit machen läßt wie der von Wahrnehmungen in der Form von Beobachtungsaussagen. Derart in sprachlich explizite Form gebracht, können auch Gefühle die Rolle von Gründen übernehmen, die in praktische Diskurse so eingehen wie Beobachtungen in empirische Diskurse. Gefühle von Beleidigung, Schuld und Entrüstung sind Evidenzen dafür, daß eine Handlung die unterstellte moralische Ordnung gegenseitiger Anerkennung stört. Als Warnsignale bilden sie eine intuitive Erfahrungsbasis, an der wir unsere reflektierten Begründungen für Handlungen und normativ geregelte Handlungsweisen kontrollieren.[8]

8 L. Wingert, *Gemeinsinn und Moral*, Frankfurt/M. 1993, 72 ff.

Ein solches Verständnis von Moral widerspricht der Auffassung, daß moralische Gefühle bloß Prämien oder Strafen sind, die eine Gemeinschaft auf die Einhaltung eines vorgängigen normativen Einverständnisses oder auf die Reproduktion einer bestehenden kulturellen Lebensform ausgesetzt hat. Diese Interpretation entspringt einem empiristischen Verständnis von Normgeltung. Nach dieser Lesart legen Normen zwingend fest, was die Mitglieder einer Gemeinschaft wechselseitig voneinander fordern dürfen, und zwar in der Weise, daß der präskriptive Sinn der Normen in ihrer Erzwingbarkeit besteht. Normen sind »in Geltung«, soweit sie mit Hilfe der Androhung äußerer oder innerer Sanktionen durchgesetzt werden können. Diese Auffassung paßt jedoch weder zur intrinsischen Geltung noch zur Begründungsbedürftigkeit *moralischer* Normen. Mit einer empiristischen Beschreibung kann nicht einmal der komplexe Geltungsmodus jener Rechtsnormen erfaßt werden, die ihr stillschweigend als Modell dienen. Es gehört nämlich zu den Legitimitätsbedingungen des positiv gesetzten und sanktionsbewehrten modernen Rechts, daß es aus »Achtung vor dem Gesetz« muß befolgt werden *können*.[9]

Auch der psychologische Befund, daß uns moralische Einsichten verpflichten, »das Richtige (zu tun), einfach weil es das Richtige ist«,[10] spricht für eine wahrheitsanaloge Deutung jenes Geltungsanspruchs, mit dem moralische Normen auftreten. Psychologische Untersuchungen belegen, daß Kinder schon früh lernen, unbedingte moralische Verbote von anderen sozialen Regeln und bloßen Konventionen zu unterscheiden.[11] Kant hatte den »freien Willen« als die Fähigkeit begriffen, die eigene Willkür an Normen zu binden, die aus moralischer Einsicht akzeptiert werden. In der Motivationsforschung eröffnet interessanterweise gerade diese Auffassung eine aktuelle Alter-

---

9 J. Habermas, *Faktizität und Geltung*, Frankfurt/M. 1992, 45 ff.
10 G. Nunner, »Zur moralischen Sozialisation«, *Kölner Zeitschrift für Soziologie und Sozialpsychologie*, 44, 1992, 252-272, hier 266.
11 E. Turiel, *The Development of Social Knowledge. Morality and Convention*, Cambridge (Mass.), 1983.

native zu den herkömmlichen Erklärungsmodellen.[12] Der Fähigkeit, wahre Urteile von für wahr gehaltenen zu unterscheiden, korrespondiert offenbar die Fähigkeit, gültige von bloß faktisch geltenden moralischen Urteilen zu unterscheiden.

II.

Mit einer solchen wahrheitsanalogen Auffassung richtiger moralischer Urteile operiert auch die kognitivistische Entwicklungspsychologie, die einen epistemischen Begriff des Lernens auf die Entwicklung des moralischen Bewußtseins ausdehnt. Hier kehrt das ehrwürdige Problem des Verhältnisses von theoretischer und praktischer Vernunft, das seine Dynamik einst im Deutschen Idealismus entfaltet hat, in einer deflationierten Fassung wieder. Eine Person hat etwas »gelernt«, wenn sie retrospektiv die neue Einsicht im Lichte der Korrektur einer früheren, nun als Irrtum durchschauten Überzeugung rechtfertigen kann. Wenn diese Phänomenologie des Lernens auch auf den Erwerb von moralischen Überzeugungen zutrifft, müssen wir davon ausgehen, daß moralische Urteile wahr oder falsch sein können – oder wenigstens mit einem ähnlichen, binär codierten Geltungsanspruch auftreten. Andererseits ist es zweifelhaft, ob es »Tatsachen« gibt, zu denen moralische Aussagen in derselben Weise »passen« oder denen sie so »entsprechen« wie deskriptiven Aussagen.

Lawrence Kohlberg spricht von einem »Isomorphismus« der Formen des »logischen« und des »moralischen« Urteils. Er betrachtet die Beherrschung kognitiver Operationen als eine notwendige Bedingung für das Erlernen entsprechender Stufen

12 G. Nunner (1992, 266) entwickelt daraus ein »Selbstbindungsmodell«, das »die Entkoppelung von formaler Motivstruktur und inhaltlicher Urteilsbildung erlaubt«, um so »das Spezifikum von Moral theoretisch festzuhalten, daß nämlich Individuen ihr moralisches Verhalten keineswegs als konditioniertes Reaktionsmuster, sondern sehr wohl als bewußte Umsetzung begründeter und rechtfertigungsfähiger moralischer Urteile begreifen.«

des moralischen Urteils. Das bedeute aber nicht, »that moral judgement is simply an application of a level of intelligence to moral problems. I believe moral development is its own sequential process rather than the reflection of cognitive development in a slightly different content area.«[13] Unbeschadet der Einheit der Vernunft, die die Analogie zwischen Erkenntnis und moralischer Einsicht sichert, hält Kohlberg an einer Unterscheidung zwischen theoretischer und praktischer Vernunft fest. Aber es bleibt unklar, worin sich beide voneinander unterscheiden.

Piaget betont vor allem die Gemeinsamkeiten, die in den Blick treten, wenn die Entwicklung kognitiver Fähigkeiten mit Hilfe derselben Lernmechanismen erklärt wird. Im Hinblick auf die Entwicklung von Kategorien des Verstandes und logischen Regeln einerseits, Grundbegriffen und Normen des Rechts sowie der Moral andererseits, spricht er von einem »Parallelismus«. Piaget hatte entdeckt, daß sich moralische Lernprozesse ebensowenig wie die kognitive Entwicklung im allgemeinen auf *Inhalte* zurückführen lassen, die der Heranwachsende in der Schule oder im Alltag aufnimmt: »Wenn das Kind in jedem Stadium gewisse Elemente auswählt und in einer gewissen Ordnung an seinen Verstand assimiliert, erleidet es den Druck des ›sozialen Lebens‹ ebensowenig passiv wie den der ›physikalischen Realität‹, sondern trennt aktiv das, was man ihm anbietet, von dem, was es auf seine Weise rekonstruiert.«[14] So rechnet Piaget damit, daß die soziale Welt für die Entwicklung des moralischen Bewußtseins eine ähnliche Rolle spielt wie die objektive Welt für die der Denkoperationen im allgemeinen. In der praktischen Auseinandersetzung mit seiner physischen Umgebung entwickelt das Kind durch reflektierende Abstraktion die Grundbegriffe und Operationen, die für die Erfassung der objektiven Welt angemessen sind. Auf demselben Wege erwirbt es im Umgang mit seiner sozialen Umgebung die Grund-

---

13 L. Kohlberg, »From ›Is‹ to ›Ought‹«, in: ders., *Essays in Moral development*, I, San Francisco 1981, 137f.
14 J. Piaget, *Die Entwicklung des Erkennens*, Bd. III, Stuttgart 1973, 179.

begriffe und Perspektiven, die für eine angemessene moralische Beurteilung von Handlungskonflikten nötig sind. Auf diese Weise behält die genetische Erkenntnistheorie trotz des konstruktivistischen Ansatzes einen realistischen Kern. Denn in der Universalität der reifen Erkenntnisformen spiegeln sich die invarianten *Beschränkungen* wider, die eine als unabhängig unterstellte objektive Welt bei den praktischen Versuchen der Realitätsbewältigung unserem aktiven Verstand auferlegt. Ebenso schlagen sich die invarianten Züge der sozialen Welt in den reifen Formen der moralischen Einsicht nieder und erklären die universale Geltung moralischer Urteile. Dieses erkenntnisanaloge Verständnis hat gewiß den Vorzug, daß es der intrinsischen Geltung moralischer Urteile und der Unterscheidung zwischen der Anerkennungswürdigkeit und der faktischen Anerkennung von moralischen Normen Rechnung trägt. Allein, wenn die soziale Welt für die Entwicklung des moralischen Bewußtseins eine ähnliche Rolle spielen soll wie die objektive Welt für die kognitive Entwicklung im allgemeinen, drängt sich die Frage auf, ob wir dann noch einem moralischen Realismus dieser oder jener Lesart entgehen können.[15] Der Zweifel läßt sich intuitiv auch so formulieren: Kann eine soziale Welt, die wir nicht in derselben Weise als »unabhängig gegeben« voraussetzen, unserer sozio-moralischen Kognition dasselbe Maß an Beschränkungen auferlegen wie die objektive Welt der Erkenntnis von Tatsachen? Wie kann die symbolisch strukturierte Welt interpersonaler Beziehungen, die wir doch in gewisser Weise selber hervorbringen, darüber entscheiden, ob moralische Urteile gültig sind oder nicht?

Das moralische Wissen wird offensichtlich auf eine andere Weise als das empirische von der Geschichte und der historischen Verfassung der sozialen Welt affiziert. Das ist nämlich der Grund für die eigentümliche Zweistufigkeit der moralischen Rechtfertigung von Handlungen. Hier beziehe ich mich auf

---

15 Siehe meine Auseinandersetzung mit der realistischen Lesart der Diskursethik, die C. Lafont vorschlägt, unten Abschnitt VII.

den bekannten Umstand, daß gut begründete moralische Normen nur »prima facie« Geltung beanspruchen dürfen. Denn ex ante werden allein Folgen und Nebenwirkungen von *typischen* Fällen berücksichtigt, die wir zum Zeitpunkt der Begründung vorhersehen können. Mit unvorhergesehenen Konstellationen später eintretender Konfliktsituationen entsteht ein weiterer Interpretationsbedarf, der aus der veränderten Perspektive eines *Anwendungs*diskurses befriedigt werden muß.[16] Im Anwendungsprozeß wird aus der Menge der begründeten Normen, die für einen gegebenen Fall nur kandidieren, die jeweils »angemessene« ausgewählt. Dabei kommt die hermeneutische Einsicht zum Zuge, daß die angemessene Norm im Lichte der gegebenen Situationsmerkmale konkretisiert und umgekehrt der Fall im Lichte der einschlägigen Normbestimmungen beschrieben wird. Jedenfalls unterscheidet sich das moralische Wissen vom empirischen dadurch, daß es *intern* auf die Lösung von Anwendungsproblemen bezogen ist.

Diese auffällige Asymmetrie zwischen der Rechtfertigung von Handlungen und der Erklärung von Ereignissen läßt sich nicht mit dem fallibilistischen Vorbehalt erklären, unter dem *alles* Wissen steht. Der spezifische Vorbehalt, wonach wir gut begründete moralische Normen nur in einem ergänzungsbedürftigen Sinne für gültig halten dürfen, erklärt sich nicht aus der allgemeinen kognitiven Provinzialität des endlichen Geistes gegenüber künftigem besseren Wissen, sondern aus einer gleichsam existentiellen Provinzialität gegenüber der geschichtlichen Variabilität der Handlungskontexte selbst. Weil eine symbolisch strukturierte Welt legitim geregelter interpersonaler Beziehungen und Interaktionen auf andere Weise historisch verfaßt ist als die objektive Welt beobachtbarer Ereignisse und Zustände, können allgemeine Normen künftige Handlungen nur in dem Maße bestimmen, wie sich typische, mit Wahrscheinlichkeit eintretende Um-

---

16 K. Günther, *Der Sinn für Angemessenheit*, Frankfurt/M. 1988, 23-100; dazu in diesem Band, 199-206.

stände antizipieren lassen – und das heißt prinzipiell unvollständig. Andererseits kommen solche Unterschiede zwischen moralischem und empirischem Wissen einer kulturalistischen Deutung entgegen, die die Analogie zwischen Wahrheit und Richtigkeit überhaupt in Frage stellt. So erklären etwa neoaristotelische und postwittgensteinianische Ansätze die mit wahrheitsfähigen Sätzen übereinstimmende grammatische Form und den kognitiven Appeal von Werturteilen aus einem in intersubjektiven Lebensformen und gemeinsamen Sprachspielen verwurzelten Hintergrundkonsens. Im Lichte ihres evaluativen Vokabulars entwickeln Mitglieder derselben Sprachgemeinschaft nicht nur normative Vorstellungen von sich und der Lebensform, mit der sie sich identifizieren; sie entdecken in alltäglichen Situationen anziehende und abstoßende Züge, die sie nicht verstehen können, ohne zu »wissen«, wie sie darauf reagieren sollen. Als der gemeinsame Besitz einer Lebensform gewinnen »dichte ethische Beschreibungen« der Dinge, die gegebenenfalls als grausam, liebevoll oder entwürdigend »wahrgenommen« werden, Objektivität aufgrund der zwanglosen Akzeptanz eingeübter Sprachspiele. Allerdings darf diese Objektivität, die dem ethischen Wissen aus dem »objektiven Geist« der sozialen Umgebung im Sinne verbreiteter Akzeptanz zuwächst, nicht mit wahrheitsanaloger Geltung im Sinne rationaler Akzeptabilität verwechselt werden.[17]

In der Kulturanthropologie und im geisteswissenschaftlichen Historismus herrschte immer schon die Auffassung, daß moralische Urteile nur die Wertstandards und Deutungen intersubjektiv geteilter Weltbilder, also *kulturspezifische* geschichtliche Konstruktionen, widerspiegeln. Damit kommt ein Empirismus zweiter Stufe zum Zuge, der Wertungen nicht auf mentale Episoden wie Gefühle und Einstellungen, sondern auf kulturelle Kontexte zurückführt. Aus dieser relativistischen Sicht kritisiert beispielsweise R. A. Shweder Kohlbergs moralischen

---

17 Vgl. den Beitrag von B. Williams in: B. Hooker (Hg.), *Truth in Ethics*, Cambridge 1996, 19-34.

Universalismus.[18] Freilich macht der kulturelle Konstruktivismus auch vor Wahrheitsfragen nicht halt; er tendiert zu einem radikalen Historismus, demzufolge verschiedenen Traditionen, Lebensformen und Kulturen nicht nur verschiedene Moralen und Wertmaßstäbe, sondern je eigene Rationalitätsstandards innewohnen.[19] Der heute einflußreiche Kontextualismus bestreitet Wahrheitsansprüchen nicht weniger als Richtigkeitsansprüchen den kategorischen Sinn.

Angesichts dieser Argumentationslage können wir nicht einmal den theoretischen Gebrauch der Vernunft als unproblematisch voraussetzen. Zudem empfiehlt es sich, die Frage des Verhältnisses von theoretischer und praktischer Vernunft nicht unter erkenntnistheoretischen oder begründungstheoretischen Gesichtspunkten, also auf ganzer Breite in Angriff zu nehmen. Die Diskussion von Piagets und Kohlbergs Annahmen zeigt die Relevanz der geltungstheoretischen Frage: Inwieweit verlangt ein kognitivistisches Verständnis moralischer Urteile die Assimilierung des Begriffs der ›Richtigkeit‹ an den der ›Wahrheit‹? Im Deutschen reden wir lieber von der »Geltung« als der »Gültigkeit« moralischer Urteile. Damit verwischt sich die klare Unterscheidung zwischen der »Geltung« eines Urteils, das faktisch Anerkennung findet, und der »Gültigkeit« eines Urteils, das intersubjektive Anerkennung *verdient*, weil es wahr ist. Dieser Sprachgebrauch verrät eine gewiße Zurückhaltung gegenüber einer vorbehaltlosen Analogisierung von Soll- und Wahrheitsgeltung. Ein wahrheitsanaloges Verständnis von moralischer Geltung wird sich um so eher plausibel machen lassen, je schwächer die ontologischen Konnotationen des zum Vergleich herangezogenen Wahrheitsbegriffs sind. Eine Konzeption, die der realistischen Intuition einer von uns unabhängig existierenden Welt auch ohne die Vorstellung einer *Korrespondenz* zwischen Sätzen und Tatsachen gerecht wird, kommt dem Vorhaben entgegen, diejenigen Aspekte zu klären, unter denen sich Wahrheit

18 R. A. Shweder, *Thinking through Cultures*, Cambridge (Mass.), 1991.
19 A. MacIntyre, *Whose Justice? Whose Rationality?*, Notre Dame 1988.

und Richtigkeit zugleich ähneln und voneinander unterscheiden.[20]

Die Intuition, die mich leitet, läßt sich wie folgt charakterisieren. Einerseits stellt sich die Richtigkeit moralischer Urteile auf demselben Wege heraus wie die Wahrheit deskriptiver Aussagen – durch Argumentation. Auf Wahrheitsbedingungen haben wir ebensowenig einen direkten, durch Gründe ungefilterten Zugriff wie auf die Bedingungen, unter denen moralische Normen allgemeine Anerkennung verdienen. In beiden Fällen kann sich also die Gültigkeit von Aussagen nur im diskursiven Durchgang durch das Medium verfügbarer Gründe *erweisen*. Auf der anderen Seite fehlt moralischen Geltungsansprüchen der für Wahrheitsansprüche charakteristische Weltbezug. »Wahrheit« ist ein rechtfertigungstranszendenter Begriff, der auch nicht mit dem Begriff ideal gerechtfertigter Behauptbarkeit zur Deckung gebracht werden kann.[21] Er verweist vielmehr auf Wahrheitsbedingungen, die gewissermaßen von der Realität selbst erfüllt werden müssen. Demgegenüber geht der Sinn von »Richtigkeit« in ideal gerechtfertigter Akzeptabilität auf. Zur Erfüllung der Gültigkeitsbedingungen moralischer Urteile und Normen tragen wir nämlich mit der Konstruktion einer Welt wohlgeordneter interpersonaler Beziehungen selber bei. Allerdings unterliegt diese Konstruktion Beschränkungen, die uns nicht zur Disposition stehen, sonst dürfte auch nicht von moralischer *Einsicht* die Rede sein. Die Abwesenheit ontologischer Konnotationen darf nicht den Anspruch auf universale oder unbedingte Geltung beeinträchtigen. Dieser bemißt sich an sozialen Verhältnissen und Beziehungen reziproker

---

20 So verstehe ich auch die Argumentationsstrategie von C. Wright, »Truth in Ethics«, in: Hooker (1996), 1-18.
21 Darin unterscheide ich mich von Crispin Wright, der sich mit einem epistemischen Wahrheitsbegriff zufriedengibt und von »superassertibility« spricht, wenn eine Aussage, die im gegebenen Kontext gerechtfertigt behauptet werden darf, unangesehen künftiger Informationen und Einwände, behauptbar bleibt. Vgl. C. Wright, *Truth and Objectivity*, Cambridge (Mass.) 1992.

Anerkennung, die von allen Beteiligten als gerecht akzeptiert zu werden verdienen.

Im Anschluß an eine Diskussion zum Verhältnis von ›Rechtfertigung‹ und ›Wahrheit‹ werde ich zunächst einen Diskursbegriff der Wahrheit einführen (III). Bevor wir eine Differenzierung zwischen Wahrheit und normativer Richtigkeit vornehmen können, bedarf dieser epistemische Wahrheitsbegriff freilich einer pragmatistischen Deutung (IV). Vor diesem Hintergrund wird sich zeigen, daß das Prädikat ›richtig‹ im Unterschied zum Wahrheitsprädikat seinen Sinn in ›ideal gerechtfertigter Akzeptabilität‹ erschöpft. Während der Sollgeltung von moralischen Aussagen die ontologischen Konnotationen der Wahrheitsgeltung fehlen, tritt an die Stelle des rechtfertigungstranszendenten Bezugs zur objektiven Welt die regulative Idee der gegenseitigen Einbeziehung von Fremden in eine inklusive – und insofern universale – Welt wohlgeordneter interpersonaler Beziehungen (V). Dieser Entwurf einer einzigen moralischen Welt ist in den Kommunikationsvoraussetzungen rationaler Diskurse verwurzelt; denn unter Bedingungen des modernen Weltanschauungspluralismus hat sich die Idee der Gerechtigkeit zum Begriff der Unparteilichkeit eines diskursiv erzielten Einverständnisses sublimiert (VI). In Auseinandersetzung mit einer realistischen Lesart der Diskursethik möchte ich zeigen, warum wir »Richtigkeit«, ungeachtet ihres rechtfertigungsimmanenten Sinnes, in Analogie zu »Wahrheit« als unbedingte Geltung verstehen dürfen. Für diese Erklärung bieten die anspruchsvollen Kommunikationsbedingungen, die den Teilnehmern praktischer Diskurse die Herstellung einer gemeinsamen Perspektive selbstkritischer Unparteilichkeit zumuten, den geeigneten Schlüssel (VII). Der Nachweis der Möglichkeit eines kognitivistischen Verständnisses von Moral genügt freilich nicht, um zu erklären, warum wir unter Bedingungen des weltanschaulichen Pluralismus am Begriff des moralischen Wissens festhalten *müssen*. In den kategorischen Sinn moralischer Geltung scheint ein konventionelles Moment insofern einzuziehen, als wir mit einer wahrheitsanalogen Auffassung der Dimension des Guten eine binäre Schematisierung gewissermaßen auferlegen und damit erst das Gerechte vom Guten abgrenzen. Aber dieser »Entschluß zur Freiheit« steht nicht in unserem Belieben, weil das der kommunikativen Lebensform eingeschriebene moralische Sprachspiel anders nicht intakt gehalten werden kann (VIII).

III.

Die kontextualistischen Zweifel an der realistischen, mit Begriffen wie Wahrheit, Wissen und Vernunft verknüpften universalistischen Intuition sind die Folge einer linguistischen Wende, die den Maßstab für die Objektivität der Erkenntnis von der privaten Gewißheit eines erlebenden Subjekts auf die öffentliche Praxis der Rechtfertigung einer Kommunikationsgemeinschaft verschoben hat.[22] Es besteht heute weitgehend Konsens darüber, daß sich Sprache und Realität auf eine für uns unentwirrbare Weise durchdringen. Was eine Tatsache ist, können wir nur im Rekurs auf eine Tatsachenaussage, und was wirklich ist, nur im Rekurs auf das, was wahr ist, erklären. Da sich die Wahrheit von Meinungen und Sätzen wiederum nur mit Hilfe anderer Meinungen und Sätze begründen oder bestreiten läßt, können wir – als Reflektierende – aus dem Bannkreis der Sprache nicht heraustreten. Dieser Umstand legt einen antifundamentalistischen Begriff von Erkenntnis und einen holistischen Begriff von Begründung nahe; und mit beiden scheint nur ein Kohärenzbegriff der Wahrheit verträglich zu sein. So empfiehlt es sich, erst zu klären, ob sich für den Wahrheitsbegriff selbst ein kontextunabhängiger Geltungssinn retten läßt, bevor wir auf das Problem der angemessenen Unterscheidung zwischen »Wahrheit« und »Richtigkeit« zurückkommen können.[23]

22 R. Rorty, *Philosophy and the Mirror of Nature*, Princeton 1979.
23 Ich beziehe mich im folgenden auf Diskussionen zwischen R. Rorty und H. Putnam, die ich hier nicht im einzelnen belege; vgl. aber J. Habermas,

Wir können unsere Sätze nicht direkt mit einer Wirklichkeit konfrontieren, die nicht selber schon sprachlich imprägniert ist; deshalb läßt sich keine Klasse von Basisaussagen auszeichnen, die sich »von selbst« legitimieren und somit als Anfang oder Ende einer linearen Begründungskette dienen könnten. Wenn aber der semantisch-deduktive Begründungsbegriff nicht greift, kann sich die Gültigkeit fallibler Aussagen immer nur für ein Publikum als begründete Geltung erweisen. Deshalb liegt der Versuch nahe, »Wahrheit« als epistemischen, also dreistelligen Geltungsbegriff zu erklären; Wahrheiten scheinen nur noch in Gestalt des rational Akzeptablen zugänglich zu sein. Damit drängt sich die Frage auf, ob die derart epistemisierte Wahrheit einer Aussage überhaupt noch einen vom jeweiligen Kontext ihrer Rechtfertigung unabhängigen »Wert« besitzt.[24] Innerhalb des linguistischen Paradigmas kann die Aussagenwahrheit jedenfalls nicht mehr als »Korrespondenz mit etwas in der Welt« begriffen werden. Sonst müßten wir mit der Sprache aus der Sprache heraustreten können. Wir können ja nicht einmal einen sprachlichen Ausdruck für präsumtiv »letzte« Evidenzen mit einem Stück der uninterpretierten oder »nackten« Wirklichkeit vergleichen – mit einem Referenten also, der sich unserer sprachverhafteten Inspektion entzieht. Die Wahrheit einer Aussage scheint nur noch von ihrer Kohärenz mit anderen Aussagen verbürgt werden zu können.

Die Bedingung der »Kohärenz« einer wahren Meinung mit bereits akzeptierten Meinungen ist jedoch unzureichend. Eine Kohärenz, die sich allein über Begründungsketten herstellt, kann nicht erklären, warum sich sogar glänzend gerechtfertigte Behauptungen als falsch herausstellen können. Wir betrachten »Wahrheit« offensichtlich als eine »unverlierbare« Eigenschaft von Aussagen. Beispielsweise erinnert der »warnende« Gebrauch des Prädikats »wahr« an den Umstand, daß die be-

»Wahrheit und Rechtfertigung. Zu Richard Rortys pragmatischer Wende«, in *Studienausgabe*, Band 2, 270-315.

24 Siehe R. Rorty, »Sind Aussagen universelle Geltungsansprüche?«, *Deutsche Zeitschrift für Philosophie*, 6, 1994.

sten Gründe im Lichte späterer Evidenzen entkräftet werden können. Deshalb können wir der mißlichen Frage nicht ausweichen: »Why does the fact that our beliefs hang together, supposing they do, give the least indication that they are true?«[25] Wir stehen vor dem Dilemma, daß wir über nichts anderes als über rechtfertigende Gründe verfügen, um uns von der Wahrheit einer Aussage zu überzeugen, obwohl wir das Wahrheitsprädikat in einem absoluten Sinne verwenden, der alle möglichen Rechtfertigungen transzendiert. Während sich unsere Rechtfertigungspraktiken mit den jeweils geltenden Standards ändern, verbindet sich »Wahrheit« mit einem über alle potentiell verfügbaren Evidenzen *hinausweisenden* Anspruch. Dieser realistische Stachel hindert uns an einem Sprachidealismus, der »Wahrheit« auf »gerechtfertigte Behauptbarkeit« reduziert.

Dennoch muß es zwischen Wahrheit und Rechtfertigung eine interne Beziehung geben. Obwohl Wahrheit kein Erfolgsbegriff ist, gehen wir davon aus, daß eine nach unseren Maßstäben erfolgreiche Rechtfertigung von ›p‹ für die Wahrheit von ›p‹ spricht. Daher die Frage: »Given only knowledge of what we believe about the world, and how our beliefs fit together, how can we show that those beliefs are likely to be true?«[26] Ein auf den ersten Blick plausibler Ausweg besteht darin, »Wahrheit« durch die Annahme idealer Rechtfertigungsbedingungen von bloßer Akzeptabilität zu unterscheiden: wahr ist, was unter idealen epistemischen Bedingungen (Putnam) oder in einer idealen Kommunikationsgemeinschaft (Apel) bzw. idealen Sprechsituation (Habermas) als gerechtfertigt akzeptiert würde. Das Moment Unbedingtheit, das wir intuitiv mit Wahrheitsansprüchen verbinden, wird hier im Sinne einer Überschreitung lokaler Kontexte gedeutet. Eine nach unseren Standards gerechtfertigte Aussage unterscheidet sich von einer wahren Aussage wie die im jeweiligen Kontext gerechtfertigte

---

25 M. Williams, *Unnatural Doubts*, Princeton 1996, 232.
26 M. Williams (1996), 249.

Aussage von der, die in allen möglichen Kontexten gerechtfertigt werden könnte.

Die auf Peirce zurückgehenden Versionen dieses Vorschlages, die mit angenommenen Ideal*zuständen* operieren,[27] stoßen allerdings auf Schwierigkeiten. Solche teleologischen Konstruktionen verfehlen ihren Zweck, weil sie die Bestimmung der »Wahrheit« entweder zu weit oder nicht weit genug von gerechtfertigter Behauptbarkeit distanzieren. Diesen Einwänden entgeht ein Diskursbegriff der Wahrheit, der die Form- und Prozeßeigenschaften der Argumentation, und nicht deren Ziele, idealisiert. Dieser Lesart zufolge muß die Argumentationspraxis, die als Bewährungsinstanz eingeführt wird, *in ihrem Verlauf* bestimmten idealen Anforderungen genügen. Die *Form* der Kommunikation soll die vollständige Inklusion sowie eine gleichberechtigte, zwanglose und verständigungsorientierte Teilnahme aller Betroffenen sichern, damit für die richtigen Themen alle relevanten Beiträge zur Sprache kommen und die besten Argumente den Ausschlag geben können. Demzufolge ist eine Aussage wahr genau dann, wenn sie unter den anspruchsvollen Kommunikationsbedingungen rationaler Diskurse allen Entkräftungsversuchen standhält.[28]

Auch dieser Vorschlag begegnet einem triftigen Einwand: Es ist kontraintuitiv, daß eine derart getestete Aussage *aufgrund* oder infolge ihrer diskursiven Überlebensfähigkeit wahr sein sollte. Epistemische Wahrheitsbegriffe tragen gewiß der linguistischen Einsicht Rechnung, daß wir angesichts kontroverser Wahrheitsansprüche ausschließlich auf bessere Gründe angewiesen sind, weil uns der direkte Zugriff auf uninterpretierte Wahrheitsbedingungen verwehrt ist. Aber die Wahrheit einer Aussage wird nicht schon dadurch selbst zu einem epistemisch vermittelten Umstand, daß wir nur auf dem Wege der Rechtfertigung, also der diskursiven Einlösung des entsprechenden Wahrheitsanspruches, feststellen können, ob die Wahrheitsbe-

---

27 K.-O. Apel, *Der Denkweg von Charles S. Peirce*, Frankfurt/M. 1975.
28 Dem entspricht C. Wrights Begriff der »superassertibility«, siehe oben Fn. 21.

dingungen (die wir im Lichte der jeweils geeigneten Sorte von Gründen interpretieren müssen) erfüllt sind. Die Lücke zwischen Wahrheit und Rechtfertigung wird auch durch eine Idealisierung der Bedingungen für aktuelle Rechtfertigungsprozesse nicht geschlossen. Weil alle realen, in der Zeit ablaufenden Diskurse gegenüber Lernprozessen in der Zukunft provinziell bleiben, können wir nicht wissen, ob sich Aussagen, die uns heute selbst unter annähernd idealen Bedingungen als gerechtfertigt erscheinen, in Zukunft gegen Entkräftungsversuche tatsächlich behaupten können. Gleichwohl müssen wir uns mit rationaler Akzeptabilität unter möglichst idealen Bedingungen als einem hinreichenden Beleg für Wahrheit zufriedengeben. Der Diskursbegriff der Wahrheit ist also nicht geradehin falsch, aber unzureichend. Er erklärt noch nicht, was uns dazu *autorisiert*, eine als ideal gerechtfertigt unterstellte Aussage für wahr zu halten.[29]

29 Im Anschluß an Durkheim gelangt übrigens Piaget ebenfalls zu einer sozialen Konzeption der Wahrheit: »Es bleibt nur die Übereinstimmung der Geister als (experimentelles oder formales) Wahrheitskriterium, wenn man jeden Bezug auf ein äußeres oder inneres Absolutes ablehnt.« (Piaget [1973], Bd. III, 237). Auch er steht vor dem Problem, wie der Anspruch auf Objektivität von Erkenntnis mit einem epistemischen Begriff der Wahrheit versöhnt werden kann: »Daraus, daß das Wahre auf einer Übereinstimmung der Geister beruht, hat man geschlossen, daß jede Übereinstimmung der Geister eine Wahrheit erzeuge, wie wenn die vergangene oder zeitgenössische Geschichte nicht an Beispielen von kollektiven Irrtümern überfließen würde.« Im Lichte seiner genetischen Erkenntnistheorie erklärt Piaget deshalb den internen Zusammenhang zwischen rationaler Akzeptabilität und Wahrheit – übrigens ähnlich wie Peirce mit seiner Lehre vom synthetischen Schließen – mit Hilfe formaler Operationen, die in einem sozial vermittelten praktischen Umgang mit der Realität verwurzelt sind: »Die wahrheitsbegründende Übereinstimmung der Geister ist also nicht der statische Einklang einer gemeinsamen Meinung: Es ist die dynamische Konvergenz, die sich aus der Verwendung von gemeinsamen Instrumenten des Denkens ergibt.« Piaget stützt sich hier auf die pragmatistische Annahme, daß jeder kognitive Fortschritt mit einem »Fortschritt in der Sozialisierung des Denkens«, nämlich mit einer fortschreitenden Dezentrierung der Gesichtspunkte des erkennenden Subjekts verknüpft ist: »Das Studium der Entwicklung der Vernunft zeigt eine enge Korrelation zwischen der Entstehung der logischen Operationen und der Ausbildung gewisser Formen der Zusammenarbeit.« (Ebd., 237f.)

Epistemische Wahrheitstheorien leiden allgemein daran, daß sie die Aussagenwahrheit im Sprachspiel der Argumentation, also dort aufsuchen, wo problematisch gewordene Wahrheitsansprüche *ausdrücklich* zum Thema gemacht werden. Wahrheitsansprüche avancieren aber erst zum hypothetischen Gegenstand einer Kontroverse, nachdem sie aus ihren alltäglichen Funktionszusammenhängen herausgelöst und gewissermaßen stillgestellt worden sind. Demgegenüber berücksichtigt die pragmatistische Auffassung, die ich im folgenden wenigstens skizzieren will, das Funktionieren von Wahrheitsansprüchen *innerhalb* der Lebenswelt. Der Diskursbegriff der Wahrheit muß in diesem Sinne ergänzt werden, damit er den schwachen ontologischen Konnotationen Rechnung tragen kann, die wir auch nach der linguistischen Wende mit dem »Erfassen von Tatsachen« verbinden. Mit dieser Lesart retten wir das Moment Unbedingtheit, das auch noch das Verständnis einer Wahrheit prägt, die für uns allein auf dem Wege der diskursiven Einlösung von Wahrheitsansprüchen zugänglich ist. Mit diesem Schritt gewinne ich eine Grundlage für den Vergleich zwischen Wahrheit und Richtigkeit. Das pragmatistisch interpretierte »Bestehen« von Sachverhalten bildet die Kontrastfolie, von der sich der deontologische Sinn der »Anerkennungswürdigkeit« von moralischen Normen abheben läßt.

IV.

Der Pragmatismus bringt zu Bewußtsein, daß die Alltagspraxis einen grundsätzlichen Wahrheitsvorbehalt ausschließt. Das Netzwerk eingewöhnter Praktiken stützt sich auf mehr oder weniger implizite Meinungen, die wir vor einem breiten Hintergrund intersubjektiv geteilter oder sich hinreichend überlappender Überzeugungen für wahr halten. Alltägliche Routinen und eingespielte Kommunikationen laufen über handlungsleitende Gewißheiten. Dieses performativ beanspruchte »Wissen« hat die platonische Konnotation, daß wir mit »Wahrheiten« – mit Sätzen, deren Wahrheitsbedingungen erfüllt *sind* – operieren. Solche Gewißheiten verwandeln sich in ebenso viele Fragwürdigkeiten, sobald sie ihren Halt im Korsett lebensweltlicher Selbstverständlichkeiten verlieren und aus ihrer Naivität aufgescheucht werden. Beim Übergang vom Handeln zum Diskurs büßt das zunächst naiv Für-wahr-Gehaltene den Modus der Handlungsgewißheit ein und nimmt statt dessen die Form einer hypothetischen Aussage an, deren Gültigkeit bis zum Ergebnis einer argumentativen Prüfung dahingestellt bleibt. Ein über die Ebene der Argumentation hinausgreifender Blick erfaßt die *pragmatische Rolle* einer janusköpfigen Wahrheit, die zwischen Handlungsgewißheit und gerechtfertigter Behauptbarkeit die gesuchte interne Verbindung herstellt.

Die Schiene, über die erschütterte Handlungsgewißheiten in bloße Hypothesen umgesetzt werden, gestattet nämlich auch eine Rückübersetzung rational akzeptabler Behauptungen in Handlungsgewißheiten. Aus der Perspektive von Handelnden, die nur *zeitweise* die reflexive Einstellung von Argumentationsteilnehmern einnehmen, um ein partiell erschüttertes Wissen auszubessern, gewinnt die diskursive Einlösung von Geltungsansprüchen den Sinn einer Lizenz zur Rückkehr in die Naivität der Lebenswelt. Erklärende Kraft mute ich dem Perspektivenwechsel als solchem zu: Was aus der Innenperspektive der Teilnehmer an Argumentationen Selbstzweck ist, wird aus der Außenperspektive handelnder Subjekte, die mit der Welt zurechtkommen müssen, ein Mittel zu anderen Zwecken. Die Funktion der »Entsorgung« von Handlungsunsicherheiten, die im Gefolge einer Problematisierung von Wissen entstehen, erklärt, warum für Argumentationsteilnehmer – in der keineswegs vollständig suspendierten Rolle handelnder Subjekte – eine Fortsetzung der Argumentation dann nicht länger sinnvoll ist, wenn sie sich in Kenntnis aller einschlägigen Informationen und nach Abwägung aller relevanten Gründe davon überzeugt haben, daß die Einwände gegen ›p‹ – bzw. gegen eine Ersetzung von ›p‹ durch ›q‹ – erschöpft sind. Der Handlungsbedarf der Lebenswelt, in der Diskurse verwurzelt *bleiben*, erzwingt gleichsam die zeitliche Interpunktion eines aus der Innenperspektive »endlosen Gesprächs«. Deswegen bedarf es hochartifizieller Vorkehrungen, um rationale Diskurse gegen diesen Sog der Lebenswelt abzuschotten und, wie beispielsweise im Wissenschaftssystem, so zu verselbständigen, daß das hypothetische Denken auf Dauer gestellt wird. Erst die institutionalisierte Wissenschaft kann sich auf den Umgang mit Hypothesen beschränken und sich einen radikalen Fallibilismus leisten, der den natürlichen Platonismus der Lebenswelt neutralisiert.

Andererseits ist gerade die dogmatische Verfassung der Lebenswelt eine notwendige Bedingung für das fallibilistische Bewußtsein von Argumentationsteilnehmern, die damit rechnen, daß sie sich auch noch im Falle gut begründeter Meinungen irren können. Denn mit dem Platonismus ihrer starken, auf Handlungsgewißheit bezogenen Konzepte von Wahrheit und Wissen liefert die in den Diskurs gewissermaßen hineinragende Lebenswelt den rechtfertigungstranszendenten, aber im Handeln immer schon vorausgesetzten Maßstab für eine Orientierung an kontextunabhängigen Wahrheitsansprüchen. Hier, innerhalb des Diskurses, hält die derart erzeugte Differenz zwischen Wahrheit und gerechtfertigter Behauptbarkeit das Bewußtsein der Fallibilität wach und nötigt zugleich die Argumentationsteilnehmer zur selbstkritischen Annäherung an ideale Rechtfertigungsbedingungen, d.h. zu einer immer weitergehenden Dezentrierung ihrer jeweiligen Rechtfertigungsgemeinschaft.

Die pragmatischen Wurzeln eines janusköpfigen, zwischen Lebenswelt und Diskurs vermittelnden Alltagskonzepts der Wahrheit erklären weiterhin die ontologischen Konnotationen, die wir mit dem assertorischen Sinn von Behauptungen verbinden. Mit wahren Sätzen wollen wir zum Ausdruck bringen, daß ein bestimmter Sachverhalt »gegeben« ist oder »besteht«. Und solche Tatsachen verweisen wiederum auf »die Welt« als die Gesamtheit der Gegenstände, von denen wir Tatsachen aussagen können. Die ontologische Redeweise stiftet einen Zusammenhang zwischen Wahrheit und Referenz, also zwischen der Wahrheit von Aussagen und der »Objektivität« dessen, worüber oder wovon etwas ausgesagt wird. Der Begriff der »objektiven Welt« umfaßt alles, was sprach- und handlungsfähige Subjekte, ungeachtet ihrer Eingriffe und Erfindungen, »nicht selber machen«, so daß sie auf Gegenstände referieren können, die sich auch unter verschiedenen Beschreibungen als dieselben Gegenstände identifizieren lassen. *Unverfügbarkeit* und *Identität* der Welt sind die beiden Bestimmungen von »Objektivität«, die sich aus der Erfahrung des »Coping« erklären: Überzeugungen »bewähren« sich im Handeln an etwas anderem als im Diskurs.

In der Argumentation hängt es einzig von guten Gründen ab, ob sich eine problematisch gewordene Überzeugung als rational akzeptabel erweist. Dabei orientieren sich die Beteiligten an rechtfertigungstranszendenten Wahrheitsansprüchen, weil sie auch als Argumentationsteilnehmer nicht vergessen haben, daß es sich mit wahren Meinungen in der Praxis der Lebenswelt anders verhält als im Diskurs. Solange sie noch handelten, hatte allein das vorreflexive »Zurechtkommen mit der Welt« darüber entschieden, ob eine Überzeugung funktioniert oder in den Sog der Problematisierung gerät. Sprachspiele und Praktiken bewähren sich am weitesten »Funktionieren«, also durch den gelingenden Vollzug selbst. Wenn sie scheitern, spielt die Welt nicht mehr in der erwarteten Weise mit. An diesem praktisch erfahrenen Dementi eines Mißerfolgs, mit dem die Welt performativ ihre Bereitschaft zum Mitspielen widerruft, bildet sich der Begriff der Objektivität. Dieser erstreckt sich einerseits auf die Resistenz einer unverfügbaren Welt, die unseren Manipulationen ihren Eigensinn entgegensetzt, andererseits auf die Identität einer für alle gemeinsamen Welt. Weil sich handelnde Subjekte in ihrer Kooperation gegenseitig unterstellen, daß sich jeder aus seiner Perspektive auf dieselbe Welt bezieht, »gibt es« die Welt nur im Singular.

Gewiß, diese Instanz der Vergewisserung wird auf der Ebene

handlungsentlasteter Diskurse, wo nur noch Gründe zählen, suspendiert (oder für Experimente, deren Ergebnisse nur noch als Argumente neben anderen Argumenten zählen, in Dienst genommen). In der interpersonalen Dimension, wo die Teilnehmer den objektivierenden Blick von der Welt abziehen und sich in performativer Einstellung den Einwänden der Opponenten zuwenden, können ebenso viele Welten wie Interpretationen miteinander im Streit liegen. Aber auch dann verbinden die Argumentationsteilnehmer mit dem Ziel der diskursiven Einlösung *unbedingter* Wahrheitsansprüche noch die Konnotation der »Erfassung von Tatsachen« – und *behalten* auf diese indirekte Weise die objektive Welt im Blick. Sie haben nicht *vergessen*, daß sie sich in ihrer Rolle als Aktoren wiederum gemeinsam auf *dieselbe* Welt beziehen werden, sobald sie nach der Beendigung ihres Interpretationsstreits in die Lebenswelt zurückkehren.

Wenn wir uns auf diese pragmatistische Weise den Zusammenhang zwischen der Wahrheit von Aussagen und der Objektivität dessen, wovon die Aussagen handeln, zurechtlegen, wird die Schwierigkeit eines an Wahrheit *assimilierten* Verständnisses der moralischen Geltung erst recht deutlich. Nun tritt neben der Verwandtschaft auch der Unterschied zwischen beiden Geltungsansprüchen hervor. Einerseits sind beide auf diskursive Einlösung und damit auf eine Praxis der Rechtfertigung angewiesen, in der sich die Beteiligten an der Idee der »einzig richtigen Antwort« orientieren, obwohl sie wissen, daß sie über eine »ideal gerechtfertigte Akzeptabilität« von Aussagen nicht hinausgelangen können. Andererseits besteht diese Analogie nur auf der Ebene der Argumentation. Sie läßt sich nicht auf die Ebene der vorreflexiven »Bewährung« von Meinungen übertragen. Moralische Überzeugungen scheitern nämlich nicht an der Resistenz einer von allen Beteiligten als identisch unterstellten objektiven Welt, sondern an der Unauflösbarkeit eines normativen Dissenses zwischen Gegenspielern in einer gemeinsamen sozialen Welt.

Gewiß, moralische Überzeugungen steuern normativ geregelte soziale Interaktionen auf ähnliche Weise wie empirische Überzeugungen zielgerichtete Interventionen in die objektive Welt. Aber sie *bewähren* sich implizit auf eine andere Weise – nicht am Erfolg der Manipulation eigensinnig ablaufender Prozesse, sondern an der konsensuellen Lösung von Handlungskonflikten, die nur vor dem Hintergrund *intersubjektiv geteilter* normativer Überzeugungen gelingen kann. Die Bewährung findet hier nicht in einer vom Diskurs wohlunterschiedenen Praxis statt, sondern von vornherein im Medium sprachlicher Kommunikation – auch wenn man die Folgen moralischer Verletzungen zunächst einmal »spürt«. Über den Mißerfolg handlungsleitender Gewißheiten entscheidet nicht die unbeherrschte Kontingenz enttäuschender Umstände, sondern der Widerspruch oder Aufschrei sozialer Gegenspieler mit dissonanten Wertorientierungen. Der Widerstand geht nicht von unbewältigten objektiven Gegebenheiten aus, sondern vom Fehlen einer normativen Übereinstimmung mit Anderen. Die »Objektivität« eines *fremden* Geistes ist aus einem anderen Stoff gemacht als die Objektivität der *überraschenden* Realität. Den Widerstand des »objektiven Geistes« überwinden moralische Lernprozesse, die die streitenden Parteien dazu bringen, die jeweils eigene soziale Welt zu erweitern und sich gegenseitig in eine gemeinsam konstruierte Welt derart *einzubeziehen*, daß sie ihre Konflikte im Lichte übereinstimmender Bewertungsstandards beurteilen und konsensuell lösen können.

V.

Moralischen Geltungsansprüchen fehlt der für Wahrheitsansprüche charakteristische Bezug zur objektiven Welt. Damit sind sie eines rechtfertigungstranszendenten Bezugspunktes beraubt. An die Stelle dieses Weltbezuges tritt die Orientierung an einer Erweiterung der Grenzen der sozialen Gemeinschaft und ihres Wertekonsenses. Wenn wir die Differenz zwischen

Richtigkeit und Wahrheit genauer bestimmen wollen, müssen wir prüfen, ob und gegebenenfalls wie diese Orientierung an einer immer weitergehenden Inklusion fremder Ansprüche und Personen den fehlenden Weltbezug ausgleichen kann.

Rationale Diskurse bewegen sich stets im rekursiv geschlossenen Kreislauf von Argumenten. Im Hinblick sowohl auf deskriptive wie auf moralische Fragen muß uns die rationale Akzeptabilität von Aussagen genügen, um kontroverse Geltungsfragen zu entscheiden. Aber der diskursiv erzielte Konsens hat für die Wahrheit von Aussagen eine andere Konnotation als für die Richtigkeit von moralischen Urteilen oder Normen. Weil unter der Voraussetzung annähernd idealer Bedingungen alle verfügbaren Argumente berücksichtigt und alle relevanten Einwände ausgeschöpft werden, berechtigt uns ein diskursiv erzieltes Einverständnis, eine Aussage für wahr zu halten. Die Wahrheit der Aussage bedeutet aber mit dem Blick auf die objektive Welt zugleich ein Faktum – das Bestehen eines Sachverhalts. Tatsachen verdanken ihre Faktizität dem Umstand, daß sie in einer Welt beschreibungsunabhängig existierender Gegenstände (von denen wir Tatsachen aussagen) wurzeln. Diese ontologische Deutung impliziert, daß sich ein noch so sorgfältig herbeigeführter Konsens über eine noch so gut begründete Aussage im Lichte neuer Evidenzen als falsch herausstellen kann. In Ansehung moralischer Geltungsansprüche wird genau diese Differenz zwischen Wahrheit und ideal gerechtfertigter Behauptbarkeit verwischt. Denn für die ontologische Deutung der Wahrheitsgeltung gibt es auf seiten der moralischen Geltung kein Äquivalent. Während Lernerfolge in der Dimension von Sachproblemen ein Einverständnis *zur Folge haben* können, *bemessen* sich moralische Lernerfolge an der inklusiven Natur eines solchen mit Gründen herbeigeführten Konsenses.

Wenn alle möglicherweise Betroffenen in praktischen Diskursen gemeinsam zu der Überzeugung gelangt sein sollten, daß in Ansehung einer regelungsbedürftigen Materie eine bestimmte Handlungsweise für alle Personen gleichermaßen gut ist, werden sie diese Praxis als verbindlich ansehen. Der diskursiv erzielte Konsens hat für die Beteiligten etwas vergleichsweise Definitives. Er stellt keine Tatsache fest, sondern »begründet« eine Norm, die in nichts anderem »bestehen« kann als darin, intersubjektive Anerkennung zu »verdienen« – und die Beteiligten gehen davon aus, daß sie genau das unter annähernd idealen Bedingungen eines rationalen Diskurses feststellen können. Die Gültigkeit einer normativen Aussage verstehen wir nicht im Sinne des *Bestehens* eines Sachverhalts, sondern als *Anerkennungswürdigkeit* einer entsprechenden Norm, die wir unserer Praxis zugrunde legen sollen. Eine anerkennungswürdige Norm kann nicht durch eine »Welt« dementiert werden, die sich weigert »mitzuspielen«. Einer Norm, deren Anerkennungswürdigkeit ideal gerechtfertigt ist, kann natürlich die faktische Anerkennung fehlen – oder von seiten einer Gesellschaft, in der *andere* Praktiken und Weltdeutungen etabliert sind, entzogen werden. Aber mit dem Bezug zur objektiven Welt entfällt für moralische Geltungsansprüche eine Instanz, die über den Diskurs hinausragt und die einsichtige Selbstbindung des Willens der Beteiligten transzendiert.

Ein unter idealen Bedingungen diskursiv erzieltes Einverständnis über Normen oder Handlungen hat mehr als nur autorisierende Kraft, es *verbürgt* die Richtigkeit moralischer Urteile. Ideal gerechtfertigte Behauptbarkeit *ist* das, was wir mit moralischer Geltung meinen; sie bedeutet nicht nur, daß das Für und Wider in Ansehung eines kontroversen Geltungsanspruchs erschöpft ist, sondern sie *selbst* erschöpft den Sinn von normativer Richtigkeit als Anerkennungswürdigkeit. Die ideal gerechtfertigte Behauptbarkeit einer Norm weist nicht – wie im Falle eines rechtfertigungstranszendenten Wahrheitsanspruchs – über die Grenzen des Diskurses hinaus auf etwas hin, das unabhängig von der festgestellten Anerkennungswürdigkeit »Bestand« haben könnte. Die Rechtfertigungsimmanenz von »Richtigkeit« stützt sich auf ein sinnkritisches Argument: weil die »Geltung« einer Norm darin besteht, daß diese unter idealen Rechtfertigungsbedingungen akzeptiert, d. h. als gültig anerkannt würde, ist »Richtigkeit« ein epistemischer Begriff. Diese Auffassung impliziert aber keineswegs, daß wir unseren jeweils bestmöglichen moralischen Einsichten Infallibilität zuschreiben müßten. Das in moralischen Begründungs- und Anwendungsdiskursen »zweistufig« erzielte Einverständnis steht sogar unter einem doppelten fallibilistischen Vorbehalt. Wir können retrospektiv sowohl darüber belehrt werden, daß wir uns über die angenommenen Argumentationsvoraussetzungen getäuscht, wie auch darüber, daß wir relevante Umstände nicht vorausgesehen haben.

Die Idealisierung der Rechtfertigungsbedingungen, die wir in rationalen Diskursen vornehmen, bildet den Maßstab für einen jederzeit aktualisierbaren Vorbehalt gegenüber dem jeweils erreichten Grad der Dezentrierung unserer Rechtfertigungsgemeinschaft.[30] Denn diese stößt, wie noch zu erörtern sein wird, in Ansehung moralischer Probleme auf Schwierigkeiten besonderer, d.h. nicht nur kognitiver Art. Wenn Betroffene von der Teilnahme ausgeschlossen oder Themen unterdrückt, relevante Beiträge verdrängt, einschlägige Interessen nicht aufrichtig artikuliert oder überzeugend formuliert, wenn Andere in ihrer Andersheit nicht respektiert werden, müssen wir damit rechnen, daß rational motivierte Stellungnahmen nicht zum Zuge kommen oder gar nicht erst geäußert werden. Diese Fallibilität ist durchaus vereinbar mit einem *für uns* definitiven Charakter eines Einverständnisses, von dem wir, ob nun zutreffenderweise oder nicht, *unterstellen*, daß es unter hinreichend idealen Rechtfertigungsbedingungen zustande gekom-

30 Der auf die Idealisierung des Verfahrens gestützte Fallibilitätsvorbehalt macht die Alternative gegenstandslos, mit der mich C.S. Nino, *The Constitution of Deliberative Democracy*, New Haven 1996, 113, konfrontiert: Man kann den rationalen Diskurs als »einzigen« – und nicht nur als den »aussichtsreichsten« oder »zuverlässigsten« – Zugang zu moralischen Einsichten auszeichnen, ohne das jeweils faktisch erzielte Einverständnis zum Kriterium für die Wahrheit bzw. Richtigkeit moralischer Urteile zu erheben. Die intersubjektivistisch gedeutete »rationale Akzeptabilität« fällt, wenn sie von einem idealen Verfahren abhängig gemacht wird, nicht mit intersubjektiv erzielter Akzeptanz zusammen.

men ist. Fehler können wir ja nur korrigieren, wenn wir die Möglichkeit einer begründeten Entscheidung zwischen »richtig« und »falsch« voraussetzen und uns unter Zugrundelegung des Bivalenzprinzips am Ziel der einzig richtigen »Antwort« orientieren. Eine andere Art von Fallibilität erklärt sich wie erwähnt daraus, daß alle als gültig anerkannten Normen, auch wenn sie noch so gut begründet sind, durch Anwendungsdiskurse ergänzt werden müssen. Dabei kann sich nämlich herausstellen, daß unvorhergesehene Umstände oder Neuerungen zu Revisionen nötigen, die rückwirkend Fragen der Normenbegründung wiederaufrollen. Das Bewußtsein dieser existentiellen Provinzialität gegenüber der Zukunft braucht aber unsere moralischen Überzeugungen so lange nicht zu irritieren, wie die in Begründungsdiskursen angenommenen Umstände nicht erkennbar dem Dementi der Geschichte verfallen.

Es ist freilich nicht ausgemacht, ob und gegebenenfalls wie der konstruktive Sinn der moralischen Meinungs- und Willensbildung das Fehlen eines rechtfertigungstranszendenten Bezugspunktes für »richtige« moralische Urteile ausgleichen kann. Kant hatte die absolute Verbindlichkeit moralischer Pflichten in die kategorische Geltung moralischer Urteile übersetzt. Wenn nun der Begriff der Richtigkeit den rechtfertigungstranszendenten Halt verliert, den der Begriff der Wahrheit seinen ontologischen Konnotationen verdankt, drängt sich die Frage auf, wie dem Anspruch auf Richtigkeit dieses Moment Unbedingtheit gewahrt wird.

Für eine gültige Aussage beanspruchen wir universale Geltung, also Anerkennung nicht nur in lokalen, sondern in allen Kontexten. Im Hinblick auf eine wahrheitsfähige Aussage ›p‹ lesen wir diesen Satz in einem realistischen Sinne von links nach rechts. Wenn ›p‹ wahr ist, gilt die Aussage unbedingt und verdient, von allen als wahr anerkannt zu werden. Damit ›p‹ tatsächlich diese allgemeine Anerkennung findet, müssen sich alle von der Wahrheit dieser Aussage überzeugen können und *wissen*, daß ›p‹. Ein solches Wissen kann sich wiederum auf die Wahrheit von ›p‹ stützen, weil (und soweit) sich wahre Aussagen gut begründen lassen. Diese Überlegung beruht auf dem bekannten Zusammenhang von Wahrheit und Wissen: eine Person weiß, daß ›p‹, wenn sie (a) ›p‹ glaubt und (b) dafür hinreichende Gründe hat und wenn (c) ›p‹ wahr ist. Moralisches Wissen kann diesen Bedingungen nicht genügen, wenn wir »Richtigkeit« als epistemischen Geltungsanspruch verstehen, weil dann die nicht-epistemische Forderung (c) nicht erfüllt werden kann. Wie läßt sich normative Richtigkeit noch im Sinne eines binär codierten unbedingten Geltungsanspruchs verstehen, wenn moralische Urteile nicht länger im Hinblick auf nicht-epistemische Bedingungen der Gültigkeit begründet werden können?[31]

Hier hilft die erwähnte Beobachtung weiter, daß sich die Geltung moralischer Urteile an der *inklusiven Natur* eines zwischen Konfliktparteien erzielten normativen Einverständnisses *bemißt*. Indem wir uns auch in moralischen Kontroversen am Ziel einer »einzig richtigen Antwort« orientieren, unterstellen wir, daß sich die gültige Moral auf eine einzige, alle Ansprüche und Personen gleichmäßig einbeziehende soziale Welt erstreckt. Diese Welt ist freilich wie Kants »Reich der Zwecke« weniger gegeben als vielmehr »aufgegeben«. Mit dem Begriff der objektiven Welt, die »nicht von uns gemacht« wird und »für alle dieselbe« ist, teilt das Projekt einer vollständig inklusiven Welt wohlgeordneter interpersonaler Beziehungen nur eine der beiden Bestimmungen – nicht Unverfügbarkeit, aber Identität. Diese ist allerdings nicht nach der »Selbigkeit« einer formal unterstellten objektiven Welt modelliert. Daß die moralische Welt »für alle dieselbe ist«, verdankt sich nicht der Koordination der verschiedenen Beobachterperspektiven durch den *gleichgerichteten* Weltbezug, der sich auch in der rechtfertigungstranszendenten Wahrheitsorientierung widerspiegelt; vielmehr müssen die Beteiligten in der sozialen Dimension durch *gegenseitige* Perspektivenübernahme eine inklusive Wir-

---

31 Aus ihrer – überzeugenden – Kritik an epistemischen Wahrheitsbegriffen zieht C. Lafont die Konsequenz, daß ein kognitivistisches Verständnis der Moral nur im Sinne des moralischen Realismus möglich ist.

Perspektive erst zustande bringen. Das hat G. H. Mead als den Prozeß der schrittweisen Erweiterung eines reversiblen Austauschs von Perspektiven beschrieben. Piaget spricht von fortschreitender Dezentrierung: die jeweils eigene Perspektive wird um so stärker »dezentriert«, je weiter sich der Prozeß der gegenseitigen Perspektivenverschränkung dem Limes vollständiger Inklusion nähert.

Folgt man dieser konstruktivistischen Auffassung,[32] läßt sich die Unbedingtheit moralischer Geltungsansprüche mit der Universalität eines *herzustellenden* Geltungsbereichs erklären: nur die Urteile und Normen sind gültig, die unter dem inklusiven Gesichtspunkt der gleichmäßigen Berücksichtigung der einschlägigen Ansprüche aller Personen von jedem Betroffenen aus guten Gründen akzeptiert werden könnten. Der Entwurf eines Universums der Selbstgesetzgebung freier und gleicher Personen erlegt der Rechtfertigung moralischer Aussagen die *Beschränkungen dieser Perspektive* auf. Soweit wir die Richtigkeit moralischer Aussagen unter einem solchen universalistischen Gesichtspunkt prüfen, kann der Bezugspunkt einer ideal entworfenen sozialen Welt legitim geregelter interpersonaler Beziehungen bei der präsumtiv vernünftigen Lösung moralischer Handlungskonflikte ein Äquivalent bilden für die fehlenden Beschränkungen einer objektiven Welt.

Allerdings verschiebt sich damit die Beweislast von der Frage, wie die Unbedingtheit eines rechtfertigungsimmanenten Geltungsanspruchs zu erklären ist, auf die Frage, warum wir den Begriff der »moralischen Geltung« überhaupt mit einem universalistischen Programm verknüpfen. Ich muß deshalb kurz auf die Umstände eingehen, unter denen sich universalistische Fragestellungen unausweichlich aufdrängen, um zu zeigen, wie sich die Idee der Gerechtigkeit im Lichte dieser Fragestellungen aus ihren konkreten Einbettungskontexten in die Formen einer inklusiven und unparteilichen Urteilsbildung zurück-

---

32 In diesem Sinne spricht auch J. Rawls von »Kantian Constructivism in Moral Theory«, *The Journal of Philosophy*, LXXVII, 1980, 515 ff.; vgl. ders., *Political Liberalism*, New York 1993, Lecture III, 89 ff.

zieht, also eine prozedurale Form annimmt. Dadurch gelangt die Perspektive der Gerechtigkeit mit einer Perspektive zur Deckung, die Teilnehmer an rationalen Diskursen allgemein einnehmen. Diese Konvergenz wird uns darauf aufmerksam machen, daß das Projekt einer die Ansprüche aller Personen gleichmäßig einbeziehenden moralischen Welt kein beliebig gewählter Bezugspunkt ist; er verdankt sich vielmehr einer *Projektion* der allgemeinen Kommunikationsvoraussetzungen von Argumentation überhaupt.

VI.

Zunächst müssen wir uns die Pointe klarmachen, um die es in moralischen Urteilen überhaupt geht. Die Grundfrage der Moral besteht darin, wie interpersonale Beziehungen legitim geregelt werden können. Es geht nicht um die Wiedergabe von Tatsachen, sondern um die Berufung auf anerkennungswürdige Normen. Das sind Normen, die im Kreise ihrer Adressaten Anerkennung *verdienen*. Natürlich bemißt sich diese Art der Legitimität je nach gesellschaftlichem Kontext an einem bestehenden Konsens über das, was als gerecht gilt. Die jeweils herrschende Interpretation von »Gerechtigkeit« bestimmt die Perspektive, aus der Handlungsweisen jedesmal daraufhin beurteilt werden, ob sie »für alle Mitglieder gleichermaßen gut« sind. Denn nur dann verdienen solche Praktiken allgemeine Anerkennung und können für die Adressaten einen verpflichtenden Charakter gewinnen. Aufgrund eines solchen Hintergrundeinverständnisses können Konflikte zwischen streitenden »Parteien« mit Gründen, die beide Seiten überzeugen, also im buchstäblichen Sinne »unparteilich«, beigelegt werden.
Der Legitimitätsglauben variiert mit einer Vielfalt substantieller Gerechtigkeitsvorstellungen. Historisch gesehen, ist ja die Erwartung, daß Praktiken für alle Miglieder »gleichermaßen gut« sind, keineswegs von vornherein in einem *egalitären* oder gar *universalistischen* Sinne verstanden worden. Diese beiden

Implikationen entfalten sich erst nach und nach aus konkreten, in umfassende Weltbilder und Lebensformen eingebetteten Gerechtigkeitskonzeptionen. Erst im Zuge der Verarbeitung wachsender gesellschaftlicher Komplexität wächst einer von Anwendungs- auf Begründungsfragen umgestellten »Unparteilichkeit« die Funktion zu, eine immer abstrakter gewordene Idee von Gerechtigkeit zu explizieren. Die konkreten Gerechtigkeitsvorstellungen, die zunächst die unparteiliche Beurteilung von Einzelfällen ermöglichen, sublimieren sich auf diesem Wege zu einem Verfahrensbegriff unparteilicher Beurteilung, der dann seinerseits Gerechtigkeit definiert. Das anfängliche Verhältnis von Inhalt und Form verkehrt sich im Laufe dieser Entwicklung. Waren zunächst inhaltliche Konzeptionen der Gerechtigkeit der Maßstab für die Anerkennungswürdigkeit von Normen, die der Beurteilung von Konflikten zugrunde liegen, so bemißt sich am Ende, was gerecht ist, umgekehrt an den Bedingungen für eine unparteiliche Urteilsbildung. Das läßt sich schematisch mit der folgenden Überlegung illustrieren.

Gehen wir von dem bereits entwickelten Typus einer Gesellschaft aus, die hierarchisch gegliedert ist und einen (nach heutigen Maßstäben) repressiven sowie ausbeuterischen Charakter hat. Zugleich sollen aber die Mitglieder ein gemeinschaftliches Ethos und ein Weltbild teilen, das die bestehende Kompetenzen- und Rollenverteilung auf eine für sie plausible Weise rechtfertigt. Unter den einschlägigen Beschreibungen findet alles, was die gesellschaftlichen Strukturen aufrechterhält, seine Erklärung als Beitrag zur Reproduktion des »allgemeinen Wohls«. Und da dieses Gemeinwohl per definitionem ausdrückt, was gleichermaßen gut ist für alle, wird sich unter diesen Umständen ein jeder in seiner Funktion und an seinem Platz – trotz der ungleichen Verteilung von Macht, Prestige, Wohlstand und Lebenschancen – gleich behandelt fühlen. Simulieren wir nun den Übergang von traditionalen zu modernen Gesellschaften. Die Mobilisierung sachlicher und persönlicher Ressourcen führt eine funktionale Differenzierung der

Gesellschaft herbei, die die Lebensverhältnisse radikal verändert. Eine Folge wird schließlich darin bestehen, daß immer mehr Personen immer häufiger andere Personen in anderen Rollen und verschiedenen Situationen als ein immer weniger vertrautes Gegenüber antreffen: sie begegnen einander als Fremde, als Personen anderer Art und verschiedener Herkunft.[33] Diese Veränderung hat wiederum zur Folge, daß die wahrgenommene Vielfalt der kollektiven Lebensformen und der individuellen Lebensentwürfe mit dem starren Rahmen des konkreten, allgemein verbindlichen Ethos einer mehr oder weniger homogenen Gemeinschaft nicht länger vereinbar ist. Während das intersubjektiv geteilte Weltbild zersplittert und die traditionelle Lebensform zerfällt, wird das mit beiden verwobene kollektive Gute problematisch.

Das Szenario von Weltanschauungspluralismus und zerfallendem Gemeinschaftsethos soll daran erinnern, warum den Mitgliedern moderner Gesellschaften zu Bewußtsein kommt, daß auch über fundamentale Wertstandards vernünftigerweise Dissens bestehen kann und warum sie mit der Aufgabe konfrontiert sind, *eigene* Anstrengungen zu unternehmen, um sich *gemeinsam* auf Normen eines gerechten Zusammenlebens zu einigen. Das moralische Universum verliert den ontologischen Schein eines Gegebenenen und wird als ein *Konstruiertes* durchschaut. Gleichzeitig nötigt der Pluralismus der Lebensformen und Lebensentwürfe zur Einigung auf abstraktere und allgemeinere Normen, die nicht schon von Haus aus auf spezielle Fälle zugeschnitten sind. Voraussetzungsgemäß können diese aber nur insoweit Legitimität beanspruchen, wie sie das erweiterte Spektrum und die größere Variation von Lebensumständen und Optionen im gleichmäßigen Interesse aller Betroffenen regeln. Spätestens jetzt kommen die *egalitären* Implikationen von Gerechtigkeit zum Vorschein. Der posttraditionale

---

[33] Zur Phänomenologie der unter den Druck gesellschaftlicher Komplexität geratenen Interaktionen vgl. C. Offe, »Moderne ›Barbarei‹: Der Naturzustand im Kleinformat«, in: M. Miller, H.-G. Soeffner (Hg.), *Modernität und Barbarei*, Frankfurt/M. 1996, 258-289.

Begründungsbedarf steigert die Erwartung an die moralische Urteilsbildung und verändert zugleich den Maßstab der Unparteilichkeit selbst. Solange ein gemeinschaftliches Ethos die gemeinsame Lebensform widerspiegelte, waren eigene moralische Urteile nur für den Einzelfall nötig. Das Ethos stellt im Hinblick auf typische Handlungskonflikte überzeugende Gründe für die »richtige« Lösung bereit, auf die sich streitende Parteien, erforderlichenfalls mit der Hilfe eines »unparteilichen Dritten«, einigen konnten. Der Diskurs des Richters, der ein schon bestehendes – und fallbezogen spezifiziertes – Recht anwendet, galt als Vorbild für unparteiliches Urteilen. Von diesem Modell muß sich aber der Begriff der Unparteilichkeit lösen, sobald die anzuwendenden Normen selbst einer Begründung bedürfen. Damit differenzieren sich die Stufen der Normenbegründung und Normanwendung voneinander. Die Neutralität des Richters gegenüber den Konfliktparteien – die Augenbinde der Justitia – ist nun als Modell für die geforderte Begründungspraxis unzureichend. Denn an dieser müssen alle Mitglieder als potentiell Betroffene gleichberechtigt teilnehmen, so daß es keine Rollentrennung mehr gibt zwischen einem privilegierten Dritten und den in casu betroffenen Parteien. Jetzt sind alle gleichermaßen zu Parteien geworden, die sich im Wettbewerb um das bessere Argument *gegenseitig* überzeugen möchten.

Allerdings konnte sich im modernen Naturrecht noch für einige Zeit die Vorstellung halten, daß selbst die der Anwendung doch zugrundeliegenden Normen aus der bloßen *Anwendung* einer umfassenden Konzeption des Guten hervorgehen. Tatsächlich zeigt ja das Beispiel demokratisch verfaßter Nationalstaaten, daß die gemeinsame nationale Lebensform und das in ihr verkörperte kollektive Gute auf die Gleichheitsnormen einer im Inneren egalitär verfaßten Gesellschaft mindestens abfärben. Aber diese konkreten Konzeptionen eines guten Lebens, in welche die abstrakten und allgemeinen Normen jeweils eingebettet sind, verlieren spätestens dann ihre Selbstverständ-

lichkeit, wenn Reibungen zwischen verschiedenen kulturellen Lebensformen – sei es international oder innerstaatlich – zu regelungsbedürftigen Konflikten führen. Dann vollzieht sich in interkulturellen Debatten ein erneuter Reflexions- und Abstraktionsschub, der nun auch die *universalistischen* Implikationen von Gerechtigkeit zum Vorschein bringt.[34]
Je stärker die Substanz eines vorgängigen Wertekonsenses verdampft ist, um so mehr verschmilzt die Idee der Gerechtigkeit selbst mit der Idee einer unparteilichen Begründung (und Anwendung) von Normen. Je weiter die Erosion naturwüchsiger Gerechtigkeitsvorstellungen fortschreitet, um so mehr läutert sich »Gerechtigkeit« zu einem prozeduralen, aber keinswegs weniger anspruchsvollen Begriff. Die Legitimitätserwartung – daß allein Normen, die »für alle gleichermaßen gut sind«, Anerkennung verdienen – läßt sich nun nur noch mit Hilfe eines Prozesses erfüllen, der unter Bedingungen der Inklusion aller potentiell Betroffenen Unparteilichkeit im Sinne der gleichmäßigen Berücksichtigung aller berührten Interessen sicherstellt.
Daß die Kommunikationsvoraussetzungen rationaler Diskurse den Anforderungen an einen solchen Prozeß genügen, ist nicht so überraschend. Denn moralisches Wissen wird, anders als empirisches Wissen, *von Haus aus* für Zwecke der Kritik und der Rechtfertigung gebraucht. Moralisches Wissen besteht aus einem Vorrat von überzeugenden Gründen für die konsensuelle Beilegung von Handlungskonflikten, die in der Lebenswelt auftreten. Deshalb paßt das kommunikative Arrangement für die Beratung und Begründung strittiger Aussagen zu einer posttraditional entschlackten Idee der Gerechtigkeit, die sich nach dem Zerfall umfassender Weltbilder und Ethiken nur noch formal als Unparteilichkeit der Meinungs- und Willensbildung einer inklusiven Rechtfertigungsgemeinschaft artikulieren kann. In praktischen Diskursen fällt »Unparteilichkeit« im Sinne einer diskursiven Einlösung kritisier-

---

34 J. Habermas, »Zum Verhältnis von Nation, Rechtsstaat und Demokratie«, in *Studienausgabe*, Band 4, 176-208.

barer Geltungsansprüche mit »Unparteilichkeit« im Sinne einer posttraditionalen Gerechtigkeitsidee zusammen. Wenn man sich an das Muster moralischer Lernprozesse erinnert, die nicht durch die Kontingenz enttäuschender Umstände, sondern durch den Widerspruch sozialer Gegenspieler mit dissonanten Wertorientierungen ausgelöst werden, begreift man besser den spezifischen Beitrag, den die Kommunikationsform rationaler Diskurse zur Überführung konkreter Gerechtigkeitsvorstellungen in einen egalitären Universalismus leistet. Eine Vergewisserung von Normen, die gleichermaßen gut für alle sind, ist auf die gegenseitige *Einbeziehung* von Personen, die füreinander Fremde sind (und gegebenenfalls bleiben wollen), so angewiesen wie auf die gleichmäßige Berücksichtigung ihrer Interessen.[35] Das erfordert genau die kognitive Perspektive, die Argumentationsteilnehmer ohnehin einnehmen müssen, wenn sie die rationale Akzeptabilität von Aussagen unter annähernd idealen Bedingungen prüfen wollen.

Im Argumentationsspiel konstituiert sich jene Perspektive, die Kohlberg im Hinblick auf moralische Fragen als »prior-to-society perspective« beschrieben hat. Damit ist eine Perspektive gemeint, die über die sozialen und historischen Grenzen der jeweiligen Zugehörigkeit zu einer konkreten Gemeinschaft sowie über die ihr eingeschriebene »member-of-society perspective« hinausweist.[36] Die sanfte Gewalt unvermeidlicher Argumentationsvoraussetzungen verlangt von den Beteiligten die Übernahme der Perspektiven und die gleichmäßige Berücksichtigung der Interessen *aller* Anderen. So erklärt sich die Universalität einer Welt wohlgeordneter interpersonaler Beziehungen – der Entwurf eines moralischen Universums, auf das hin argumentiert wird – aus der Widerspiegelung des egalitären Universalismus, auf den sich Argumentationsteilnehmer immer schon einlassen müssen, wenn ihr Unternehmen nicht seinen kognitiven Sinn einbüßen soll.

35 Ebd., 56 ff.
36 Zur Konzeption der »soziomoralischen Perspektiven« vgl. Kohlberg (1984), 170-180.

VII.

Die angedeutete Genealogie des nachmetaphysischen Rechtfertigungsbedarfs zeigt, wie sich der Gesichtspunkt posttraditionaler Gerechtigkeit mit einer in die Kommunikationsform rationaler Diskurse eingelassenen Perspektive deckt. Und dieser ideale Bezugspunkt sichert moralischen Geltungsansprüchen die Kontextunabhängigkeit und Universalität, die Wahrheitsansprüche den ontologischen Konnotationen ihrer Rechtfertigungstranszendenz verdanken. In dieser Hinsicht bilden der *Entwurf* einer moralischen Welt und die *Unterstellung* einer objektiven Welt funktionale Äquivalente. Das darf uns aber nicht dazu verleiten, die moralische Welt an die objektive zu assimilieren. Auf diese Weise hat C. Lafont versucht, den kognitivistischen Anspruch der Diskursethik zu begründen; sie meint, daß wir in praktischen Diskursen eine ähnliche Existenzunterstellung vornehmen wie in empirischen oder theoretischen Diskursen. Eine kurze Auseinandersetzung mit diesem interessanten Vorschlag kann uns den eigentümlich konstruktiven Charakter und die besondere epistemische Rolle praktischer Diskurse vor Augen führen.

Mit der Orientierung an einer »einzig richtigen Antwort« setzen wir ein Bivalenzprinzip voraus, das wir im Hinblick auf die Alternative von »wahr« und »falsch« ontologisch deuten: die Wahrheit einer Aussage hängt davon ab, ob der darin wiedergegebene Sachverhalt besteht oder nicht. C. Lafont behauptet nun, daß wir im Hinblick auf die Richtigkeit oder Falschheit moralischer Aussagen dasselbe Prinzip in ähnlicher Weise schematisieren: die Richtigkeit einer Norm soll davon abhängen, ob sie im gleichmäßigen Interesse eines jeden liegt. Dabei gehen wir von der Voraussetzung aus, daß es einen Bereich allgemeiner Interessen »gibt«, die allen Personen in gleicher Weise zugeschrieben werden können. Diese Existenzunterstellung soll eine ähnliche Rolle spielen wie die ontologische Unterstellung einer objektiven Welt existierender Sachverhalte: »Just as the presupposition of the existence of states of affairs in the objective world is the condition of possibility for a meaningful discussion about the truth of statements, the presupposition of the existence of a domain of generalizable interests is the condition of possibility for a meaningful discussion about the moral rightness of norms. The existence presupposition is unavoidable in practical discourse not because it is necessarily the case that there is such a domain among all human beings, but because if we came to the conclusion that this presupposition makes no sense (which is, obviously, an open empirical question) the discussion about the moral rightness of social norms would become meaningless.«[37] Gegenüber diesem Vorschlag drängen sich verschiedene Einwände auf.

Zunächst begreife ich nicht ganz, wie eine bestimmte Tatsache, die von Personen – also von etwas, auf das wir in der objektiven Welt Bezug nehmen können – gelten soll, ihrerseits ein Bezugssystem tragen könnte, das zwar nicht dieselbe Reichweite, aber dieselbe Funktion hat wie die Unterstellung einer objektiven Welt, ohne die auch von einem »Bereich verallgemeinerbarer Interessen« nicht die Rede sein kann. Ein solcher »Bereich« kann nicht gleichzeitig ein Analogon zur und ein Ausschnitt aus der objektiven Welt sein. Eine *bestimmte* Tatsache, die Existenz geteilter Interessen, kann für die Erklärung des Geltungssinnes von »Richtigkeit« nicht denselben Dienst tun wie *der Begriff* der Tatsache für die ontologische Deutung des Geltungssinns von »Wahrheit«.

Dem ontologischen Sinn des »Bestehens« von Sachverhalten entspricht sodann auf deontologischer Seite die »Anerkennungswürdigkeit« von Normen. Unter den erwähnten posttraditionalen Bedingungen kann dieser Sinn von Anerkennungswürdigkeit nicht mehr substantiell mit einem »Bestand« allgemeiner Interessen begründet, sondern nur noch mit Hilfe eines Verfahrens unparteilicher Urteilsbildung expliziert werden. Daraus ergibt sich eine andere Reihenfolge der Erklä-

---

[37] C. Lafont, »Pluralism and Universalism in Discourse Ethics«, in: A. Nascimento (Hg.), *A Matter of Discourse. Community and Communication*, Hampshire, Averbury, 1997.

rung.[38] Die Explikation von Gerechtigkeit als »gleichmäßige Berücksichtigung der Interessen eines jeden« steht nicht am Anfang, sondern am Ende. Der prozedurale Sinn von »Anerkennungswürdigkeit« wird zunächst durch das Diskursprinzip erläutert, wonach nur die Normen Geltung beanspruchen dürfen, die die Zustimmung aller Betroffenen in der Rolle von Diskursteilnehmern finden könnten. Erst wenn es um die Frage geht, wie sich dieser Gedanke operationalisieren läßt, kommt mit dem Universalisierungsgrundsatz jene Idee verallgemeinerungsfähiger Interessen ins Spiel, die C. Lafont von vorneherein für die Konstituierung eines weiteren Gegenstandsbereichs in Anspruch nimmt.

Schwerwiegender ist die Ontologisierung von verallgemeinerungsfähigen Interessen – ein Zug, der die Teilnehmerperspektive, aus der die geforderte Interessenverallgemeinerung vorgenommen werden muß, an die vergegenständlichende Perspektive von Beobachtern assimiliert. Die Welt legitim geordneter interpersonaler Beziehungen erschließt sich allein aus der Perspektive dessen, der eine performative Einstellung einnimmt – so wie sich geltende Normen nur zweiten Personen als etwas zu erkennen geben, gegen das Adressaten »verstoßen« können. Ein in normativer Absicht zum Thema gemachtes Interesse ist kein Gegebenes, für das einzelne Personen aufgrund ihres privilegierten Zugangs epistemische Autorität beanspruchen dürften. Die Interpretation von Bedürfnissen muß in Ausdrücken einer öffentlichen Sprache vorgenommen werden, die kein Privatbesitz ist. Die Interpretation von Bedürfnissen ist ebensosehr die kooperative Aufgabe einer diskursiven Auseinandersetzung wie die Bewertung konkurrierender Interessen (die im Hinblick auf mögliche Folgen und Nebenwirkungen in eine Rangordnung gebracht werden). Gemeinsame oder übereinstimmende Interessen *zeigen* sich erst im Lichte von Praktiken und Normen, in denen sie sich verkörpern können. Die Ontologisierung von verallgemeine-

---

38 Siehe in diesem Band, 344-359.

rungsfähigen Interessen verfehlt das Moment der *Erzeugung* einer Welt von Normen, die Anerkennung verdienen. Einsicht und Konstruktion verschränken sich in der diskursiven Verallgemeinerung von Interessen. Denn die Anerkennungswürdigkeit von Normen stützt sich nicht auf eine objektiv festgestellte Übereinstimmung gegebener Interessen, sondern ist abhängig von einer Interpretation und Bewertung der Interessen, die die Beteiligten aus der Perspektive der ersten Person Plural vornehmen. Die Beteiligten können Normen, in denen sich gemeinsame Interessen verkörpern, nur aus einer Wir-Perspektive entwickeln, die aus einem reversiblen Austausch der Perspektiven aller Betroffenen *aufgebaut* werden muß.[39]

Das widerspricht nicht der Annahme anthropologisch tiefsitzender Bedürfnisse (wie die nach köperlicher Unversehrtheit und Gesundheit, nach Bewegungsfreiheit und Schutz vor Betrug, Kränkung und Einsamkeit).[40] Der Kernbestand an moralischen Selbstverständlichkeiten, den wir in allen Kulturen antreffen, geht gewiß auch auf solche Interessen zurück, in denen beliebige Betroffene unschwer ihre eigenen wiedererkennen können. Aber jedes Interesse, das im Zweifelsfall in moralischer Hinsicht »zählen« soll, muß *aus der Sicht von Betroffenen*, die an praktischen Diskursen teilnehmen, überzeugend interpretiert und begründet sowie in einen relevanten Anspruch übersetzt werden, bevor es in der Diskursöffentlichkeit als ein allgemeines Interesse Berücksichtigung finden kann.

Eine ontologisierende Angleichung der moralischen Welt an die objektive versperrt schließlich den Blick auf diejenige Funktion, die rationale Diskurse in Ansehung praktischer Fragen *zusätzlich* übernehmen müssen – nämlich die gegenseitige

---

39 Der Einwand der Ontologisierung trifft auch Tugendhats Konzeption, wonach »wir« – als neutrale Beobachter oder Philosophen – feststellen können, ob ein gegebenes Normensystem im gleichmäßigen Interesse aller Beteiligten liegt. Was dann der Fall sein soll, wenn alle ein rationales Motiv haben, sich auf derart konstituierte Handlungsweisen einzulassen. Vgl. Tugendhat (1997), 42 f.
40 M. C. Nussbaum, »Human Functioning and Social Justice«, *Political Theory*, 20, 1992, 202-246.

Sensibilisierung der Teilnehmer für das Welt- und Selbstverständnis der jeweils anderen. Zu den notwendigen Argumentationsvoraussetzungen gehören eine vollständige Inklusion der Betroffenen, die Gleichverteilung von Argumentationsrechten und -pflichten, die Zwanglosigkeit der Kommunikationssituation und die verständigungsorientierte Einstellung der Teilnehmer. Unter diesen anspruchsvollen Kommunikationsbedingungen sollen nämlich alle verfügbaren Vorschläge, Informationen, Gründe, Evidenzen und Einwände, die relevant sind für die Wahl, Spezifizierung und Lösung eines einschlägigen Problems, so ins Spiel kommen, daß die besten Argumente zum Zuge gelangen und das jeweils bessere Argument den Ausschlag gibt. Diese epistemische Funktion bezieht sich auf die Sortierung möglicher Themen und auf die Mobilisierung *relevanter Beiträge*. Von den *Teilnehmern* wird nur die aufrichtige und unvoreingenommene Prüfung dieser Beiträge erwartet.

Diese letzte Voraussetzung, daß Leute, die in Argumentationen eintreten, um sich gegenseitig von etwas zu überzeugen, *wahrhaftig* und *unbefangen* sind, ist aber nur so lange unproblematisch, wie es um Tatsachenfragen geht. Der Streit um praktische Fragen berührt demgegenüber eigene und fremde Interessen; er erfordert deshalb von jedem Teilnehmer Aufrichtigkeit auch gegen sich selbst sowie Unbefangenheit auch gegenüber den Selbst- und Situationsdeutungen anderer. Weil in praktischen Diskursen die Teilnehmer zugleich die Betroffenen sind, verwandelt sich die vergleichsweise harmlose Voraussetzung einer aufrichtigen und unbefangenen Abwägung von Argumenten in die härtere Zumutung, *mit sich selbst* aufrichtig und *miteinander* unbefangen umzugehen. Angesichts von Materien, in die jeder gewissermaßen in propria persona verwickelt ist, verlangt »Aufrichtigkeit« die Bereitschaft zur Distanzierung von sich selbst und die Kraft zur Kritik an Selbsttäuschungen. Und im Hinblick auf die existentielle Relevanz dieser Fragen bedeutet »Unbefangenheit« gegenüber Argumenten eine anspruchsvolle Art von Unparteilichkeit:

Jeder soll sich in die Lage aller anderen hineinversetzen und deren Selbst- und Weltverständnis ebenso ernst nehmen wie das eigene. In Ansehung moralischer Fragen haben also die Kommunikationsbedingungen nicht mehr nur den epistemischen Sinn sicherzustellen, daß alle relevanten Beiträge ins Spiel kommen und durch die richtigen Argumentationskanäle geschleust werden. Die auf die Teilnehmer *selbst* bezogenen Kommunikationsbedingungen erfüllen unmittelbar eine *praktische* Funktion, die freilich mittelbar auch einen epistemischen Sinn hat. Die Struktur rationaler Diskurse, die allgemein Offenheit und gleichmäßige Einbeziehung, Zwanglosigkeit und Durchsichtigkeit garantieren und, nach der Seite der Diskussionsbeiträge, dem besseren Argument zum Zuge verhelfen soll, fungiert hier als ein Design, das von den Argumentationsteilnehmern eine selbstkritische Einstellung und den empathischen Austausch von Deutungsperspektiven fordert.[41] In dieser Hinsicht läßt sich die Kommunikationsform praktischer Diskurse auch als ein *befreiendes* Arrangement verstehen. Es soll die Selbst- und Fremdwahrnehmung dezentrieren und die Beteiligten instand setzen, sich von aktorunabhängigen Gründen – den rationalen Motiven *der anderen* – affizieren zu lassen. Der idealisierende Vorgriff erzeugt nicht nur den *Spiel*raum für das freie Flottieren von relevanten Gründen und Informationen, das Einsichten hervorruft, sondern gleichzeitig den *Frei*raum für die – wie immer auch interimistische – Reinigung des Willens von heteronomen Bestimmungen. Gewiß, moralische Einsichten ermöglichen eine Autonomie, die Kant als einsichtige Selbstbindung des Willens begreift. Aber gleichzeitig ist die im praktischen Diskurs erwartete, transitorische Überwindung von Heteronomie zugleich eine notwendige Bedingung für den *Erwerb*

---

[41] Auf diese Weise würde ich die von C.S. Nino ([1996], 112f.) angeführte »ontologische These« begründen: »Moral truth is constituted by the satisfaction of formal or procedural presuppositions of a discursive practice directed at attaining cooperation and avoiding conflicts.«

moralischer Einsichten: »There is an essential connection between freedom and truth.«
Das macht verständlich, warum die in der Diskurssituation unterstellte Unparteilichkeit ebensosehr eine motivationale wie eine kognitive Seite hat. Die Argumentationsteilnehmer sind dazu angehalten, jene kooperative Selbstgesetzgebung, die ihnen als handelnden Subjekten im »Reich der Freiheit« aktuell zugemutet würde, in Gedanken vorwegzunehmen. Diese den Teilnehmern strukturell angesonnene Antizipation erklärt wiederum, warum wir eine in ideal gerechtfertigter Akzeptabilität aufgehende »Richtigkeit« gleichwohl – in Analogie zur rechtfertigungstranszendenten Wahrheit – als unbedingte Geltung verstehen dürfen. Denn der Diskurs kann, dank seiner normativ gehaltvollen Kommunikationsvoraussetzungen, jene Beschränkungen, die der Rechtfertigungspraxis mit dem Entwurf eines moralischen Universums auferlegt werden, *aus sich selbst heraus* erzeugen. Um uns der kategorischen Verbindlichkeit moralischer Gebote zu vergewissern, brauchen wir nicht den Kontakt zu einer Welt jenseits des Horizonts unserer Rechtfertigungen aufzunehmen. Es genügt, den »weltlosen« Raum des Diskurses auszuschreiten, weil wir uns aus der Teilnehmerperspektive am Bezugspunkt einer inklusiven Gemeinschaft wohlgeordneter interpersonaler Beziehungen orientieren – an einem Bezugspunkt also, der uns, sobald wir in Argumentationen eintreten, *nicht mehr zur Disposition steht.*

VIII.

Was uns nicht zur Disposition steht, ist die kommunikative Lebensform, in der wir uns als sprach- und handlungsfähige Subjekte »immer schon« vorfinden – und die uns nötigt, über moralische Fragen mit Gründen zu streiten. Schon im Alltag verwickelt uns das moralische Sprachspiel in einen Streit mit Gründen. Dabei geht es normalerweise nur um die Frage, wie ein Konflikt im Lichte der geteilten normativen Grundüberzeugungen beurteilt werden soll. Sobald sich der Streit auf diesen gemeinsamen Hintergrund, auf die Anerkennungswürdigkeit der Normen selbst und damit auf die Ausbildung gemeinsamer Interessen erstreckt, lassen wir uns aber mit einer *Fortsetzung* der Argumentationspraxis zugleich auf Voraussetzungen ein, die uns zur gleichmäßigen Inklusion der Ansprüche aller betroffenen Personen anhalten. Dieser in rationale Diskurse eingelassene Bezugspunkt steht uns nicht zur Disposition – allerdings unter einer Bedingung: Wir müssen moralische Fragen auch dann noch als Wissensfragen verstehen, wenn der lebensweltliche Fundus an gemeinsamen ethischen Hintergrundüberzeugungen erschöpft ist.

Nur unter dieser Bedingung können wir angesichts des verstetigten Streits über moralische Grundsatzfragen den zuversichtlichen Versuch machen, ein diskursives Einverständnis *herbeizuführen*. Ob dies möglich sei, hat uns hier nicht unter begründungstheoretischen,[42] sondern unter wahrheitstheoretischen Gesichtspunkten interessiert. Unsere Überlegungen sollten zeigen, daß die Geltung moralischer Aussagen – ohne die Anerkennungswürdigkeit moralischer Gebote zu ontologisieren und damit »Richtigkeit« an »Wahrheit« zu assimilieren – wahrheitsanalog verstanden werden *kann*. Aber müssen wir sie so verstehen? Was *nötigt* uns dazu, moralische Geltungsansprüche in Analogie zu Wahrheitsansprüchen zu verstehen? Sind wir auch unter den posttraditionalen Bedingungen eines radikalen Wertepluralismus gehalten, *weiterhin* von moralischem *Wissen* zu sprechen? Gewiß, das moralische Sprachspiel drängt uns die Wahrheitsanalogie nach wie vor auf. Aber wie oft verbirgt sich hinter solchen grammatischen Tatsachen schiere Gewohnheit?

Weil wir unsere moralischen Ordnungen in gewisser Weise selber konstruieren, ist der praktische Diskurs gleichzeitig ein Ort der *Willens-* wie der Meinungsbildung. Muß nicht die Verschränkung von Konstruktion und Einsicht, die wir bis in die

---

42 Vgl. in diesem Band, 73-115.

diskursive Verallgemeinerung von Interessen hinein verfolgt haben, eine konventionelle Spur im kategorischen Sinn der moralischen Geltung hinterlassen? Auch bei Kant interpretieren sich die Begriffe der praktischen Vernunft und des freien Willens wechselseitig – jedoch in der intelligiblen Welt und nicht innerhalb der raumzeitlichen Grenzen, in denen reale Diskurse nun einmal ablaufen. In unserer sublunaren Welt muß die Unbedingtheit moralischer Geltung mit jener existentiellen Provinzialität gegenüber der Zukunft in Einklang gebracht werden, die sich beispielsweise in der revisionistischen Kraft von Anwendungsdiskursen verrät. Praktische Diskurse sind auf eine andere Weise in lebensweltliche Kontexte eingebunden als empirische oder theoretische – auch moraltheoretische – Diskurse. Moralische Einstellungen und Gefühle, über die sich die Interaktionskonflikte im Alltag regulieren, sind zwar intern mit Gründen und diskursiven Auseinandersetzungen verknüpft; aber diese Diskurse *unterbrechen* die Alltagspraxis nicht, sondern bilden einen Bestandteil von ihr. Das erklärt einerseits die unmittelbare soziale Wirksamkeit moralischer Urteile, stellt jedoch andererseits deren Kontextunabhängigkeit auf eine harte Probe. Angesichts dieser Einbettung ist die Unterstellung, daß jede moralische Frage *hier und jetzt* grundsätzlich eine »einzig richtige Antwort« finden kann, mindestens riskant. Daß eine kognitivistische Auffassung der Moral *möglich* ist, heißt ja nur, daß wir wissen können, wie wir unser Zusammenleben legitim regeln sollen, wenn wir *entschlossen* sind, aus dem breiten Spektrum der nicht mehr konsensfähigen Konzeptionen des Guten jene scharf geschnittenen Gerechtigkeitsfragen herauszulösen, die sich *wie* Wahrheitsfragen einem binären Code fügen.

Die binäre Codierung von Wahrheitsfragen ist, wie gezeigt, durch die ontologische Unterstellung einer objektiven Welt motiviert, mit der wir als Handelnde »zurechtkommen« müssen. Der sozialen Welt fehlt jedoch die Unverfügbarkeit, die der Grund für eine entsprechende Codierung in der Wertedimension sein könnte. Die binäre Schematisierung ist nicht einmal ohne weiteres mit dem rechtfertigungsimmanenten Sinn von »Richtigkeit« verträglich. Ohne einen rechtfertigungstranszendenten Bezugspunkt für die Erfüllung von Geltungsbedingungen behalten im praktischen Diskurs Gründe, auch der Idee nach, das letzte Wort. Nun gibt es aber stets bessere oder schlechtere Gründe, niemals den »einzig richtigen« Grund. Weil der Rechtfertigungsprozeß allein durch Gründe gesteuert wird, sind mehr oder weniger »gute« Resultate zu erwarten, jedoch keine eindeutigen. Die Alternative zwischen »richtig« und »falsch« droht unscharf zu werden, weil wir die Abwägung zwischen mehr oder weniger »guten« Argumenten nicht mehr im Hinblick auf den rechtfertigungstranszendenten Bezugspunkt des Bestehens von Sachverhalten vornehmen können. Unter der Prämisse, daß »Richtigkeit« in »rationaler Akzeptabilität« aufgeht, gewinnt die geforderte Eindeutigkeit einer binären Entscheidung etwas von einer Festsetzung. Offenbar bildet das »Gute« – was für mich oder für uns gut ist – ein Kontinuum von Werten, das keineswegs *von Haus aus* die Alternative von moralisch »richtig« und »falsch« nahelegt. Dann müssen wir aber evaluativen Fragen das binäre Schema gleichsam überstülpen.

In diesem Zusammenhang drängt sich ein Phänomen auf, welches dafür spricht, daß sich die Abgrenzung des »Gerechten« vom »Guten«, sagen wir, dem »Entschluß« verdankt, die verpflichtende Kraft moralischer Normen durch ein wahrheitsanaloges Verständnis moralischer Geltung über den Zerfall der starken Traditionen hinaus zu retten. Bestimmte Handlungen nennen wir *super*erogatorisch, weil »gute« Taten im Sinne dessen, was zu tun »richtig« ist, von exzellenten Taten überboten werden können. Ein Beispiel ist Kohlbergs life-boat-dilemma: Zwar wissen die drei Schiffbrüchigen, daß nur zwei von ihnen überleben können; aber von keinem kann moralisch *gefordert* werden, daß er sich opfert. Die Moral der Aufklärung hat das sacrificium abgeschafft. Aber supererogatorische Handlungen werden in derselben Dimension wie pflichtgemäße Handlungen als »gute«, ja als *besonders gute* Taten eingestuft. Sie exem-

plifizieren nur deshalb nicht genau das, was zu tun »richtig« ist, weil sie nicht *generell* zumutbar sind. Ungeachtet ihres hohen moralischen Wertes können solche Handlungen nicht aufgrund einer gültigen Norm eingeklagt werden. Weil supererogatorische Handlungen nicht allen Personen gleichermaßen zugemutet werden können, ist niemand *verpflichtet*, so zu handeln. Sonst würde der egalitäre Sinn von posttraditioneller Gerechtigkeit – das Verbot der Ungleichbehandlung – verletzt.
Das Phänomen des Supererogatorischen erweckt also den Anschein, als könne eine richtige Handlung mehr oder weniger gut sein. Demgegenüber muß sich »Richtigkeit« als ein Geltungsbegriff behaupten, der sich nicht wie ein Wertbegriff *steigern* läßt. Das spricht für die Annahme, daß der Unterscheidung zwischen moralisch gebotenen und supererogatorischen Handlungen gewissermaßen die »Festsetzung« zugrunde liegt, Richtigkeit als wahrheitsanalogen Geltungsbegriff binär zu codieren. Es scheint so, als ob das Faktum des Pluralismus (Rawls) den Entschluß herausfordere, das moralische Sprachspiel beizubehalten und gerechte Verhältnisse herzustellen, bevor sich begründen läßt, *wie* wir unser Zusammenleben legitim regeln können. Tatsächlich gelingt es ja trotz der suggestiven Kraft der eingewöhnten Praktiken nicht, den radikalen Skeptiker davon zu überzeugen, daß wir, wenn die ethischen Hintergrundüberzeugungen und Normen erst einmal strittig geworden sind, am Ziel einer »einzig richtigen Antwort« *festhalten* und unseren sozialen Interaktionen mit Hilfe eines binäres Codes eine bestimmte Ordnung *auferlegen* sollten.
Diese Überlegung führt jedoch nicht zu Konventionalismus, Dezisionismus oder Existentialismus zurück. Der »Entschluß«, an der Wahrheitsfähigkeit praktischer Fragen auch unter Bedingungen des modernen Weltanschauungspluralismus festzuhalten, ist zwar mit pragmatischen und ethischen Motiven verflochten. Wir haben gute Gründe dafür, angesichts hartnäckiger Handlungskonflikte ein zwanglos herbeigeführtes, eben rational motiviertes Einverständnis den Alternativen von Gewalt, Drohung, Bestechung oder Täuschung vorzuzie-

hen.⁴³ Dennoch weist die Rede von »Entschluß« und »Festsetzung« in die falsche Richtung. Die skeptische Option eines Ausstiegs aus dem Sprachspiel *begründeter* moralischer Erwartungen, Verurteilungen und Selbstvorwürfe besteht nur in der philosophischen Reflexion, aber nicht in der Praxis: sie würde das Selbstverständnis kommunikativ handelnder Subjekte zerstören. Weil vergesellschaftete Individuen im täglichen Umgang miteinander ebenso auf ein naiv für gültig gehaltenes »Wissen« von Werten angewiesen sind wie kooperativ handelnde Subjekte auf Tatsachenwissen im Umgang mit der Realität, sind sie gehalten, den moralischen Kerngehalt des entglittenen Traditionswissens aus eigener Kraft und Einsicht zu rekonstruieren. Sobald sie aber ohne weltanschauliche Rückendeckung ein universell verbindliches System von Regeln auszeichnen wollen, das aus intrinsischen Gründen verbindlich ist und eine sanktionsbewehrte Durchsetzung erübrigt, bietet sich ihnen *nur* der Weg zum diskursiv herbeigeführten Einverständnis. Die Fortsetzung kommunikativen Handelns mit diskursiven Mitteln gehört zur kommunikativen Lebensform, in der wir uns alternativenlos vorfinden.

In gewisser Weise erzeugt die perspektivische Struktur einer Lebenswelt, die in unseren aktuellen Interaktionen raumzeitlich zentriert ist, sogar den transzendentalen Schein eines moralischen Realismus.⁴⁴ Solange wir an normativ unproblematischen Sprachspielen und Praktiken teilnehmen, unterscheiden sich nämlich die moralischen Überzeugungen nicht *ihrer Struktur nach* von anderen Wertorientierungen – es sei denn durch ein »Gewicht«, das moralischen Wertorientierungen Vorrang einräumt. Die hypothetischen Grundsätze und Normen, über die wir uns als Argumentationsteilnehmer in reflexiver Einstellung streiten, werden gleichsam auf dem Wege der Rückübersetzung vom Diskurs in die Lebenswelt zurückverwandelt in Wertbindungen, d. h. in handlungsleitende Wertüberzeugun-

---

43 So auch Tugendhat (1997), 85 f.
44 Ich danke Axel Honneth für den kritischen Hinweis, den ich im folgenden aufnehme.

gen, die im evaluativen Vokabular einer jeweils besonderen Lebensform ihren Niederschlag finden. Im Lichte dieses Vokabulars werden die jeweils relevanten Züge von Personen, Handlungen und Situationen als »gute« oder »schlechte« Eigenschaften wahrgenommen und in der grammatischen Form indikativischer Sätze wiedergegeben.[45]

Diese Beobachtung gehört zu einer Alltagsphänomenologie, die bis heute Vorbehalte gegen prinzipienorientierte Pflichtethiken nährt. Freilich dürfte das in postkonventionellen Begründungsdiskursen angesammelte Prinzipienwissen inzwischen so tief in die Lebenswelt eingedrungen sein, daß das Netzwerk der konkreten Wertüberzeugungen von diesem Abstraktionsschub nicht unberührt geblieben ist. In unserem Zusammenhang gibt die Aristotelische Beschreibung des moralischen Alltags gleichwohl einen wichtigen Hinweis auf die Unentbehrlichkeit eines moralischen Sprachspiels, das jeder kommunikativ verfaßten Lebenswelt eingeschrieben ist. Es steht nicht in unserem Belieben, ob wir moralische Urteile binär codieren und Richtigkeit als wahrheitsanalogen Geltungsanspruch auffassen wollen; denn anders läßt sich das moralische Sprachspiel unter Bedingungen nachmetaphysischen Denkens nicht intakt halten.[46]

---

45 J. McDowell, »Virtue and Reason«, *Monist*, 62, 1979.
46 [Zusatz 2008] Dieser Grund für eine Übertragung des binären Wahrheitskodes auf das Gebiet von Werturteilen ist freilich selbst kein moralischer, sondern ein »gattungsethischer« Grund. Vgl. das Postskriptum zu meiner Replik auf Rudolf Langthaler und Herta Nagl-Docekal, in: dies. (Hg.), *Glauben und Wissen. Ein Symposium mit Jürgen Habermas*, Wien 2007, 381-383.

8. Zur Architektonik
der Diskursdifferenzierung

Kleine Replik auf eine große Auseinandersetzung

Ich werde meinem Freund Karl-Otto Apel eine auch nur halbwegs angemessene Antwort auf seine drei kritischen Gesprächsangebote schuldig bleiben.[1] Dieses Manko erklärt sich nicht nur aus dem schieren Umfang und der Komplexität seiner sorgfältigen und weit ausgreifenden Überlegungen, sondern vor allem aus der Art unserer Differenzen. Es geht um theoriearchitektonische Unterschiede, über die sich auf der Ebene der Prämissen schlecht streiten läßt, weil sich die Anlage von Theorien an der Fruchtbarkeit ihrer Konsequenzen bewähren muß. Das kann nicht Sache der beteiligten Autoren selber sein. Beim Vergleich von Theorien, die sich in ihren Intentionen so nahe berühren, fehlt den unmittelbar Beteiligten auch oft der lange hermeneutische Atem, der nötig ist, um den Argumenten des anderen aus der erforderlichen Distanz zunächst einmal zu folgen. Nach meinem Eindruck kommen die bestehenden Gemeinsamkeiten der Kritik so in die Quere, daß der eine dem anderen gleichsam zu früh ins Wort fällt und eigene Argumente auf vorschnelle Weise einbringt. Die freundschaftlich-kritischen Vorbehalte mögen sich in den Jahrzehnten zwischen *Erkenntnis und Interesse* (1968), der Zeit der größten Übereinstimmung, und *Faktizität und Geltung* (1992) verstärkt haben. Während dieser Zeit hat sich einerseits die Schere zwischen Apels starkem transzendentalen Anspruch und meinem detranszendentalisierenden Vorgehen weiter geöffnet. Andererseits habe ich in gemeinsamen Seminaren mit Apel die verschiedenen Argumentationsstrategien, wie ich hoffe, besser verstehen gelernt. Aus der fortgeführten Kooperation habe ich

1 K.-O. Apel, *Auseinandersetzungen*, Frankfurt/M. 1998, 689-838.

die Einsichten gewonnen, die heute den Hintergrund unseres Dialogs bilden.

An Ort und Stelle werde ich mich auf einen zentralen Einwand beschränken, den Apel gegen die in *Faktizität und Geltung* vorgenommene Bestimmung des Diskursprinzips erhebt (1). Um den Einwand zu entkräften, unterscheide ich zunächst den normativen Gehalt unvermeidlicher Argumentationsvoraussetzungen von den Geltungsaspekten, unter denen dieses Rationalitätspotential ausgeschöpft werden kann (2). Das Moralprinzip läßt sich daher nicht, wie Apel vorschlägt, allein aus Argumentationsvoraussetzungen, die in einem transzendentalen Sinne normativ sind, herleiten. Die deontologische Verpflichtungskraft entlehnt es vielmehr der Verbindung des transzendentalen Gehalts von Diskursen mit dem Geltungssinn moralischer Handlungsnormen, die in Begründungsdiskurse eingegeben werden (3). Das moderne Recht ist subjektives, zwingendes und positives, von Beschlüssen eines politischen Gesetzgebers abhängiges Recht und unterscheidet sich aufgrund dieser formalen Eigenschaften von der Vernunftmoral sowohl in seiner Funktion wie im Begründungsbedarf (4). Schließlich erklärt das Erfordernis der weltanschaulich neutralen Rechtfertigung eines mit Politik verschränkten Rechts, warum das Demokratieprinzip eine gegenüber dem Moralprinzip eigenständige Stellung einnimmt (5). Die Unterschiede in der Theoriearchitektonik, die sich auch in Apels Ergänzung der Diskursethik durch eine verantwortungsethische Anleitung zur Verwirklichung der Moral ausdrücken, sind letztlich in metaphilosophischen Auffassungsunterschieden begründet. Darauf gehe ich am Schluß nur noch kursorisch ein (6).

(1) Ich habe in *Faktizität und Geltung* einen Vorschlag zur Begründung des Systems der Grundrechte entwickelt, der der Intuition einer Gleichursprünglichkeit von privater und öffentlicher Autonomie Rechnung tragen soll.[2] Im Zuge der Begründung des demokratischen Verfassungsstaats setzen sich

---

2 J. Habermas, *Faktizität und Geltung*, Frankfurt/M. 1992, 135 ff.

die beiden Legitimationsprinzipien der »Herrschaft der Gesetze« und der »Volkssouveränität« gegenseitig voraus. Demgegenüber vertritt der auf Locke zurückgehende Liberalismus einen Vorrang der Freiheit der Modernen vor der Freiheit der Alten. Diese kontraintuitive Unterordnung des Demokratieprinzips unter das Rechtsstaatsprinzip möchte ich vermeiden, da sie auf eine naturrechtliche Fundierung des zwingenden und positiven Rechts in moralischen Grundnormen hinausläuft. Sie entzieht die Grundlagen der demokratischen Verfassung der demokratischen Willensbildung. Auf die Argumentationsstrategie, mit der ich die Gleichursprünglichkeit von Demokratieprinzip und Menschenrechten begründe, brauche ich hier nicht einzugehen.[3] Die Motivation soll genügen, um den Ausgangspunkt der Kontroverse mit Apel deutlich zu machen.

Daß sich unter modernen Lebensbedingungen Moral- und Rechtsnormen gleichzeitig aus den religiösen und naturrechtlichen Formen traditionaler Sittlichkeit ausdifferenzieren, ist nicht nur von historischem Interesse. Vielmehr spricht diese Parallelität der Entstehung dafür, daß sich die beiden komplementären Sorten hoch abstrakter Handlungsnormen zwar nicht im Niveau, aber in der Art ihrer Begründung unterscheiden. Das moderne Zwangsrecht muß nach einem Legitimität verbürgenden Verfahren erzeugt werden, das demselben nachmetaphysischen, also weltanschaulich neutralen Begründungsniveau gehorcht wie auch die Vernunftmoral. Aber dieses demokratische Verfahren kann seine legitimierende Kraft nicht aus einer dem Recht *vorgeordneten* Moral beziehen, ohne den performativen Sinn der demokratischen Selbstbestimmung eines konkreten, in Raum und Zeit abgegrenzten Kollektivs zu zerstören.

Das Verfahren der Rechtsetzung muß allerdings seinerseits rechtlich institutionalisiert werden, um eine gleichmäßige Ein-

---

3 J. Habermas, »Der demokratische Rechtsstaat – eine paradoxe Verbindung widersprüchlicher Prinzipien«, in *Studienausgabe*, Band 4, 154-175.

beziehung aller Mitglieder des politischen Gemeinwesens in die demokratische Meinungs- und Willensbildung zu garantieren. Das Demokratieprinzip ist selber in der Sprache des Rechts konstituiert: Es nimmt in den gleichen politischen Teilnahmerechten für alle Bürger positive Gestalt an. Natürlich sollen die Staatsbürger *auch* zu moralischen Urteilen fähig sein; aber diese fällen sie nicht im außerrechtlichen Kontext der Lebenswelt natürlicher Personen, sondern in ihrer rechtlich konstruierten Rolle von Staatsbürgern, die zur Ausübung demokratischer Rechte autorisiert sind. Sonst könnten sich die Adressaten des Rechts nicht *durchgängig* als dessen Autoren verstehen. Die Staatsbürgerrolle könnten sie nur adäquat ausfüllen, wenn sie aus der Hülle der Rechtsperson heraustreten und auf die moralische Urteilsfähigkeit natürlicher Personen zurückgreifen.

Mit der Unabhängigkeit eines »moralisch freistehenden« Demokratieprinzips steht zugleich die These auf dem Spiel, daß sich die Legitimität des geltenden Rechts *allein* aus dem Verfahren der demokratischen Meinungs- und Willensbildung erklärt. Deshalb habe ich das Diskursprinzip, das zunächst nur auf den moralischen Verallgemeinerungsgrundsatz »U« zugeschnitten war, so abstrakt bestimmt, daß es den nachmetaphysischen Rechtfertigungsbedarf nur noch allgemein, im Hinblick auf Handlungsnormen überhaupt, ausdrückt. Das Prinzip sollte nun für eine spätere Spezifizierung der Begründungsforderungen Raum lassen.

Dieses Prinzip hat [...] gewiß einen normativen Gehalt, weil es den Sinn der Unparteilichkeit praktischer Urteile expliziert. Es liegt aber auf einer Abstraktionsebene, die trotz dieses normativen Gehaltes gegenüber Moral und Recht *noch neutral* ist; es bezieht sich nämlich auf Handlungsnormen überhaupt:

D: Gültig sind genau die Handlungsnormen, denen alle möglicherweise Betroffenen als Teilnehmer rationaler Diskurse zustimmen könnten.[4]

4 Habermas (1992), 138.

Der Gehalt von »D« wird (wie wir noch sehen werden) erst auf der Ebene von Moralprinzip und Demokratieprinzip[5] im Hinblick auf die Gültigkeitsbedingungen spezifiziert, denen moralische Regeln und Rechtsnormen *jeweils* genügen müssen, um in ihren gewiß überlappenden, aber eben nicht identischen Geltungsbereichen allgemeine Anerkennung zu verdienen.

Demgegenüber hat nun Apel den Zweifel geäußert, ob in »D« nicht schon der ganze normative Gehalt des Moralprinzips enthalten ist: »Ich sehe nicht, wie man dem ›normativen Gehalt‹ des ›Prinzips der Unparteilichkeit praktischer Urteile‹ [...] die moralische Qualität absprechen dürfte, wenn man, wie Habermas im folgenden postuliert, durch ›Spezifizierung des allgemeinen Diskursprinzips‹ aus diesem ein Moralprinzip herleiten soll, für das immer noch, wenngleich jetzt ›allein‹ der Gesichtspunkt ›der gleichmäßigen Interessenberücksichtigung‹ aller Betroffenen maßgebend sein soll.«[6] Unbestritten ist, daß für die Begründung von Normen, die die Formeigenschaften des modernen Rechts aufweisen, neben empirischen, pragmatischen, ethischen und juristischen Gründen auch moralische Gründe eine wichtige Rolle spielen, in vielen Fällen sogar den Ausschlag geben. Ja, Rechte müssen allgemein so beschaffen sein, daß sie »aus Achtung vor dem Gesetz« befolgt werden können.

Wenn aber das Recht gegen die Moral nicht verstoßen darf,

5 Zur Erinnerung: Das Moralprinzip hat die Gestalt eines Universalisierungsgrundsatzes, der als Argumentationsregel eingeführt wird. Danach müssen gültige moralische Handlungsnormen der Bedingung genügen, daß ihre allgemeine Befolgung im Hinblick auf die vorhersehbaren Folgen und Nebenwirkungen für die Interessen eines jeden von allen möglicherweise Betroffenen, in ihrer Rolle als Diskursteilnehmer, akzeptiert werden könnte. Das Demokratieprinzip, das im Grundrechtsteil demokratischer Verfassungen die Gestalt von politischen Teilnahme- und Kommunikationsrechten annimmt und die Selbstbestimmungspraxis einer freiwilligen Assoziation freier und gleicher Rechtsgenossen garantiert, besagt, daß nur die Gesetze legitime Geltung beanspruchen dürfen, die in einem diskursiv verfaßten Prozeß der Rechtsetzung die (ihrerseits rechtlich operationalisierte) Zustimmung aller Bürger finden.
6 Apel (1998), 761 f.

kann das Demokratieprinzip, das die Erzeugung legitimen Rechts steuert, moralisch nicht »neutral« sein. Seinen moralischen Gehalt scheint es demselben Prinzip »D« zu verdanken, das auch dem Moralprinzip zugrunde liegt. Den Anstoß zur Kontroverse gibt mithin die Frage, ob Apel aus dieser Überlegung auf den Vorrang des Moralprinzips vor dem für die Legitimation des Rechts maßgebenden Demokratieprinzip schließen darf. Apels hierarchische Vorstellung stützt sich auf ein bestimmtes, wie mir scheint problematisches Verständnis des Moralprinzips. Um meinen Vorbehalt gegenüber diesem Fundamentalismus deutlich zu machen, muß ich zunächst an den gemeinsamen Ausgangspunkt unserer diskursethischen Überlegungen erinnern.

(2) Die Diskurstheorie der Wahrheit, der Moral und des Rechts erklärt sich aus der Verlegenheit, daß das nachmetaphysische Denken jene starken Wesensbegriffe verabschiedet hat, die alles Normative aus der Verfassung des Seienden oder der Subjektivität herausziehen. Statt dessen gewinnt sie einen normativen Gehalt aus der Argumentationspraxis, an die wir uns in Situationen der Verunsicherung immer schon verwiesen sehen – allerdings nicht erst als Philosophen oder Wissenschaftler, sondern bereits dann, wenn uns in der kommunikativen Alltagspraxis die Störung von Routinen dazu bringt, einen Moment innezuhalten, um uns berechtigter Erwartungen reflexiv zu vergewissern. Den Ausgangspunkt bildet also der normative Gehalt jener »unausweichlichen« pragmatischen Voraussetzungen, auf die sich Argumentationsteilnehmer implizit einlassen müssen, sobald sie sich überhaupt – mit dem Ziel der Einlösung kontroverser Geltungsansprüche – an einer kooperativen Wahrheitssuche in Gestalt eines Wettbewerbs um bessere Argumente beteiligen. Der performative Sinn der Argumentationspraxis besteht ja darin, daß im Hinblick auf relevante Fragen und auf der Grundlage aller einschlägigen Informationen der »zwanglose Zwang des besseren Arguments« den Ausschlag geben soll (!). In Abwesenheit zwingender Argumente oder schlagender Evidenzen kann auch die Entschei-

dung darüber, was im jeweiligen Kontext überhaupt als gutes oder schlechtes Argument zählen darf, selber kontrovers sein. Deshalb stützt sich die rationale Akzeptabilität umstrittener Aussagen *letztlich* auf die Verbindung »guter Gründe« mit jenen Idealisierungen der Erkenntnissituation, die die Beteiligten vornehmen müssen, wenn sie sich auf die Kommunikationsform rationaler Diskurse einlassen. Ich nenne die vier wichtigsten dieser unausweichlichen pragmatischen Voraussetzungen:

(a) Inklusivität: Niemand, der einen relevanten Beitrag machen könnte, darf von der Teilnahme ausgeschlossen werden;

(b) Gleichverteilung kommunikativer Freiheiten: alle haben die gleiche Chance, Beiträge zu leisten;

(c) Aufrichtigkeitsbedingung: die Teilnehmer müssen meinen, was sie sagen;

(d) Abwesenheit von kontingenten äußeren oder der Kommunikationsstruktur innewohnenden Zwängen: die Ja-/Nein-Stellungnahmen der Teilnehmer zu kritisierbaren Geltungsansprüchen dürfen nur durch die Überzeugungskraft einleuchtender Gründe motiviert sein.

An dieser Stelle begegnen wir der Prämisse, auf die Apel seinen Einwand stützen wird. Er interpretiert nämlich die Bindungskraft des normativen Gehalts dieser Argumentationsvoraussetzungen sogleich in einem starken, deontologisch verpflichtenden Sinne und meint, aus der reflexiven Vergewisserung dieses Gehalts direkt Grundnormen – wie die Pflicht zur Gleichbehandlung oder das Gebot der Wahrhaftigkeit – ableiten zu können. Er möchte sogar, worauf ich noch zurückkomme, aus dem, was wir beim Argumentieren voraussetzen müssen, ein zukunftsgerichtetes Prinzip der »Mitverantwortung« gewinnen: demnach können wir wissen, daß alle Diskursteilnehmer »für die Durchführung, ja für das Zustandekommen praktischer Diskurse zur Lösung von Interessenkonflikten« haften.[7] Ich gestehe, daß ich diese *umstandslose* Extrapolation

---

7 Ebd., 756; K.-O. Apel, »Diskursethik als Ethik der Mitverantwortung vor den Sachzwängen der Politik, des Rechts und der Marktwirtschaft«, in:

von Anbeginn nicht habe nachvollziehen können. Es ist nämlich keineswegs selbstverständlich, daß Regeln, die für die Argumentationspraxis als solche konstitutiv und daher *innerhalb* von Diskursen unausweichlich sind, auch für die Regulierung des Handelns *außerhalb* dieser unwahrscheinlichen Praxis verbindlich bleiben.[8]

Die (im schwachen Sinne[9]) transzendentalen Voraussetzungen der Argumentation unterscheiden sich von moralischen Verpflichtungen dadurch, daß sie nicht systematisch verletzt werden können, ohne das Argumentationsspiel als solches zu zerstören. Hingegen müssen wir aus dem moralischen Sprachspiel keineswegs aussteigen, wenn wir gegen moralische Regeln verstoßen. Selbst wenn wir die Gleichverteilung kommunikativer Freiheiten im und die Aufrichtigkeitsbedingung für eine Teilnahme am Diskurs im Sinne von Argumentations*rechten* und *-pflichten* verstehen, läßt sich die transzendentalpragmatisch begründete Nötigung nicht unmittelbar vom Diskurs aufs Handeln übertragen und in eine deontologische, also handlungsregulierende Kraft von moralischen Rechten und Pflichten übersetzen. Ebensowenig impliziert die Bedingung der »Inklusivität« über die Unbeschränktheit des Zugangs zum Diskurs hinaus die Forderung der Universalität von Handlungsnormen. Auch die Präsupposition der Zwanglosigkeit bezieht sich nur auf die Verfassung des Argumentationsprozesses selber, nicht auf interpersonale Beziehungen außerhalb dieser Praxis.

Der normative Gehalt des Argumentationsspiels stellt ein Rationalitätspotential dar, das sich erst in der epistemischen Dimension der Prüfung von Geltungsansprüchen aktualisieren läßt, und zwar in der Weise, daß die in der Argumentationspraxis vorausgesetzte Öffentlichkeit, Gleichberechtigung, Auf-

---

K.-O. Apel, H. Burckhart (Hg.), *Prinzip Mitverantwortung*, Würzburg 2001, 69-96.
8 Siehe in diesem Band, 85 f.
9 Ich muß die Diskussion über den sprachpragmatischen Sinn und den Status transzendentaler Argumente hier außer Betracht lassen.

richtigkeit und Zwanglosigkeit *Maßstäbe* für einen sich selbst korrigierenden Lernvorgang setzen. Die anspruchsvolle Kommunikationsform des rationalen Diskurses nötigt im Zuge der Mobilisierung aller jeweils verfügbaren und relevanten Gründe und Informationen die Teilnehmer zur fortschreitenden Dezentrierung ihrer kognitiven Perspektiven. Insofern hat die in den Argumentationsvoraussetzungen enthaltene normative Substanz nur in dem beschränkten Sinne »Handlungsrelevanz«, daß sie die Beurteilung kritisierbarer Geltungsansprüche möglich macht und auf diese Weise zu Lernprozessen beiträgt. Ein Punkt ist freilich in unserem Zusammenhang besonders wichtig: Dieses Rationalitätspotential entfaltet sich je nach der Art des thematisierten Geltungsanspruchs und dem entsprechenden Diskurstyp in verschiedene Richtungen.

Die Richtung des Rationalitätstransfers bestimmt sich auch nach den Konnotationen des Geltungsanspruchs und nach den relevanten Begründungsmustern. Wir müssen uns zunächst die Differenz zwischen dem transzendentalpragmatischen Gehalt der Kommunikationsform rationaler Diskurse und dem jeweils spezifischen Geltungssinn begründeter Handlungsnormen klarmachen, um die Eigenständigkeit des Diskursprinzips zu verstehen, das ein bestimmtes, nämlich von metaphysischen Hintergrundannahmen unabhängiges Begründungsniveau vorschreibt, ohne deshalb schon den instrumentellen oder utilitären, den ethischen, moralischen oder juristischen Sinn der Gültigkeit möglicher Normaussagen zu präjudizieren. Daß der normative Gehalt von Argumentationsvoraussetzungen ein allgemeines Rationalitätspotential darstellt, das mit dem Geltungssinn der in den Diskurs eingegebenen Aussageformen spezifische Verbindungen eingeht, zeigt sich schon an der Begründung einfacher deskriptiver Aussagen.

(3) Der Sinn von *Wahrheitsansprüchen*, die wir mit assertorischen Aussagen verbinden, geht in idealer Behauptbarkeit nicht auf, weil wir die behaupteten Sachverhalte auf Gegenstände beziehen, von denen wir pragmatisch *unterstellen*, daß

sie Bestandteile einer objektiven, also für alle Beobachter identischen und von unseren Beschreibungen unabhängig existierenden Welt sind.[10] Diese ontologische Unterstellung schießt dem Wahrheitsdiskurs einen Bezugspunkt jenseits des Diskurses vor und begründet die Differenz zwischen Wahrheit und gerechtfertigter Behauptbarkeit. Gleichwohl bleiben die Diskursteilnehmer, die einen strittigen Wahrheitsanspruch thematisieren, auch unter günstigsten epistemischen Bedingungen darauf angewiesen, am Ende die bestmögliche Rechtfertigung von »p« anstelle der Wahrheit von »p« zu akzeptieren – eben dann, wenn, wie wir sagen, »alle Gründe erschöpft« sind. Im Bewußtsein unserer Fallibilität lassen wir uns auf dieses Quidproquo getrost ein, weil wir einer epistemischen Situation vertrauen, von der wir wissen, daß sie eine fortschreitende Dezentrierung unserer Perspektiven fördert.

Nicht sehr viel anders verhält es sich mit Diskursen, in denen die *Zweck- oder Wahlrationalität von Entscheidungen*, also die Zweckmäßigkeit der Mittelwahl oder die Nutzenfunktion der Wahl zwischen Handlungsalternativen geprüft wird. Über die Unterstellung einer objektiven Welt möglicher, gesetzesartig verknüpfter Zustände hinaus müssen die Diskursteilnehmer hier das Sprachspiel der effektiven Verwirklichung rational gewählter Ziele beherrschen, um zu wissen, was es heißt, Regeln instrumentellen Handelns oder komplexe Entscheidungsstrategien zu begründen. Aber im empirischen Kern geht es auch hier um die diskursive Einlösung von Wahrheitsansprüchen.

Ein anderer Geltungsanspruch kommt mit »starken« evaluativen Aussagen ins Spiel, sobald die Werte selbst problematisch werden, in deren Licht die Aktoren Ziele wählen oder Zwecke setzen.[11] Diskurse, die der Klärung solcher Wertorientierungen dienen, haben eine vergleichsweise schwache epistemische

---

10 J. Habermas, »Realismus nach der sprachpragmatischen Wende«, in *Studienausgabe*, Band 2, 316-375, hier 357 ff.
11 J. Habermas, »Vom pragmatischen, ethischen und moralischen Gebrauch der praktischen Vernunft«, in diesem Band, 360-379.

Kraft. Sie ermöglichen klinische Ratschläge, die auf den Kontext einer bewußt angeeigneten individuellen Lebensgeschichte bzw. kollektiven Lebensform bezogen sind; sie orientieren sich an *Ansprüchen auf die Authentizität des Selbstverständnisses* oder des Lebensentwurfs einer ersten Person Singular oder Plural. Mit der epistemischen Autorität der ersten Person verbinden wir die Unterstellung einer subjektiven Welt, zu der die Betroffenen selbst einen privilegierten Zugang haben. Eine ganz andere Perspektive geht in Führung, sobald es unter dem Gesichtspunkt der Gerechtigkeit um die Auswahl von *generalisierten* Werten geht, die in moralische Handlungsnormen Eingang finden.

Mit der Grundfrage der Moral, welche Handlungsweisen für alle Mitglieder »gleichermaßen gut« sind, beziehen wir uns auf eine Welt legitim geregelter interpersonaler Beziehungen. *Der Anspruch auf die Richtigkeit moralischer Aussagen* hat den Sinn, daß die entsprechenden Normen im Kreise der Adressaten allgemeine Anerkennung *verdienen.* Anders als der Wahrheitsanspruch besitzt der wahrheitsanaloge Richtigkeitsanspruch keine rechtfertigungstranszendente Bedeutung; er erschöpft seinen Sinn in ideal gerechtfertigter Behauptbarkeit.[12] Rationale Akzeptabilität ist nicht nur ein Beleg für die Gültigkeit, sondern in ihr besteht der Geltungssinn von Normen, die in Konfliktfällen für die streitenden Parteien gleichermaßen überzeugende, nämlich unparteiliche Gründe liefern sollen. Diese zunächst in der Figur des Richters verkörperte »Unparteilichkeit« kommt erst, nachdem sie zur posttraditionalen Gerechtigkeitsidee erweitert worden ist, mit jener epistemischen »Unparteilichkeit« von Diskursteilnehmern zur Deckung, die im Argumentationsspiel zur Dezentrierung ihrer Perspektiven angehalten werden. Die glückliche Konvergenz von »Gerechtigkeit« im Sinne einer unparteilichen Konfliktlösung mit »Richtigkeit« im Sinne der diskursiven Begründung

---

12 J. Habermas, »Richtigkeit vs. Wahrheit. Zum Sinn der Sollgeltung moralischer Urteile und Normen«, in diesem Band, 382-434.

entsprechender Normaussagen ergibt sich erst auf dem posttraditionalen Begründungsniveau.
Die gegenseitige Übernahme epistemischer Deutungsperspektiven, zu der Argumentationsteilnehmer schon immer genötigt sind, wenn sie die rationale Akzeptabilität irgendeiner Aussage prüfen wollen, *verwandelt* sich allerdings unter dem moralischen Gesichtspunkt der gleichmäßigen Interessenberücksichtigung *aller* möglicherweise Betroffenen in die Zumutung einer *existentiell anspruchsvollen* Perspektivenübernahme. Erst angesichts praktischer Fragen, in die die Beteiligten propria persona verwickelt sind, haben die Kommunikationsbedingungen der Argumentation nicht mehr nur den Sinn sicherzustellen, daß alle relevanten Beiträge ins Spiel kommen und zu rational motivierten Ja- oder Nein-Stellungnahmen führen. Die harmlose Präsupposition der aufrichtigen und unparteilichen Abwägung aller Argumente nötigt die Teilnehmer praktischer Diskurse dazu, mit eigenen Bedürfnissen und Situationseinschätzungen selbstkritisch umzugehen und die Interessenlagen der anderen aus den Perspektiven eines jeweils fremden Selbst- und Weltverständnisses zu berücksichtigen.
Aus dem normativen Gehalt der Argumentationsvoraussetzungen allein läßt sich also das Moralprinzip der gleichmäßigen Interessenberücksichtigung nicht begründen. Mit diesem Ziel kann dieses in Diskursen überhaupt angelegte Rationalitätspotential erst in Anspruch genommen werden, wenn man schon weiß, was es heißt, Verpflichtungen zu haben und Handlungen moralisch zu rechtfertigen. Das Wissen, wie man an einer Argumentationspraxis teilnimmt, muß sich mit einer aus den Lebenserfahrungen einer moralischen Gemeinschaft gespeisten Kenntnis *verbinden*. Daß wir mit der Sollgeltung von moralischen Geboten und der Begründung von Normen vertraut sein müssen, wird deutlich, wenn wir die Genealogie jener Herausforderung betrachten, auf die die Vernunftmoral die Antwort darstellt.[13]

---

13 Vgl. in diesem Band, 344-359.

Die Ausgangslage der Moderne ist durch das Aufbrechen des weltanschaulichen Pluralismus gekennzeichnet. In dieser Situation geraten die Angehörigen moralischer Gemeinschaften in das Dilemma, daß sie sich in Konfliktfällen über ihr Tun und Lassen nach wie vor mit moralischen Gründen auseinandersetzen, obgleich der konsensstiftende weltanschaulich-religiöse Einbettungskontext für diese Gründe zerfallen ist. Der einzige einigende Kontext, den die Söhne und Töchter der »obdachlosen« Moderne noch teilen, ist die Praxis eines jetzt mit unzureichenden Gründen geführten moralischen Streites. Der Vorrat an Gemeinsamkeiten ist also auf die formalen Eigenschaften dieser Diskurse geschrumpft. Die Beteiligten können einzig auf den normativen Gehalt der Argumentationsvoraussetzungen zurückgreifen, auf die sie sich aktuell schon eingelassen haben, wenn sie in moralische Auseinandersetzungen verwickelt sind.

Das Telos des Vorhabens, auf der schmalen Basis der Formeigenschaften dieser gemeinsamen Diskurspraxis einen neuen Hintergrundkonsens aufzubauen, verrät allerdings auch die aus vergangenen moralischen Erfahrungen stammenden Vorkenntnisse. Ohne Rekurs auf ihre vorgängige Bekanntschaft mit intakten, von »starken« Traditionen getragenen Anerkennungsverhältnissen der moralischen Gemeinschaft, der sie unter vormodernen Lebensbedingungen angehört haben, könnten die Beteiligten nicht einmal den Vorsatz fassen, eine posttraditionale Moral allein aus den Quellen kommunikativer Vernunft zu rekonstruieren. Sie wissen schon, was es heißt, moralische Pflichten zu haben und eine Handlung im Lichte verpflichtender Normen zu rechtfertigen. Erst in Verbindung mit diesen *Vorkenntnissen* kann das in Argumentation überhaupt angelegte Rationalitätspotential für die Begründung einer autonomen, aus weltanschaulichen Kontexten herausgelösten Moral genutzt werden.

Der deontologische Geltungssinn der inzwischen problematisch gewordenen Normen enthüllt sich unter Diskursbedingungen als die posttraditionale Gerechtigkeitsidee gleichmäßiger Interessenberücksichtigung. Der auf die Normen selbst ausgedehnte Begründungsbedarf macht sodann auf das Desiderat eines entsprechenden Moralprinzips aufmerksam, das als Argumentationsregel einen begründeten Konsens über strittige Normen möglich machen und damit der Moral auch unter modernen Bedingungen einen kognitiven Sinn bewahren könnte. Die posttraditional entschlackte Idee der Gerechtigkeit inspiriert zu dem zunächst nur hypothetisch eingeführten Universalisierungsgrundsatz »U«,[14] der, wenn er allgemeine, transkulturelle Verbindlichkeit beanspruchen dürfte, erklären könnte, wie moralische Fragen überhaupt rational entschieden werden können. Die allgemeine Gültigkeit von »U« selbst wird dann im Lichte des schon mitgeführten Wissens, was es überhaupt heißt, Handlungsnormen zu begründen, aus dem Gehalt transzendental nötigender Argumentationsvoraussetzungen »hergeleitet«. Mit diesem Zug folge ich dem von Apel herausgearbeiteten Muster einer nicht-deduktiven Begründung durch Aufdeckung der performativen Widersprüche eines Skeptikers, der die Möglichkeit bestreitet, moralische Aussagen zu begründen.

(4) Was zwischen Apel und mir kontrovers ist, ist nicht dieser Begründungszug, sondern dessen Stellenwert in einem nicht-fundamentalistischen Begründungsspiel. Wenn wir nämlich – auf der Grundlage der Unterscheidung zwischen einem transzendentalen und einem deontologischen Sinn von Normativität – das in Diskursen allgemein angelegte Rationalitätspotential nicht als verpflichtend im deontologischen Sinne begreifen, läßt sich das von »D« unspezifisch geforderte unparteiliche Urteil über die Zustimmungsfähigkeit von Normen durchaus so verstehen, daß es »gegenüber Moral und Recht noch neutral« ist. Da in der Formulierung für »D«[15] von »Handlungsnormen« überhaupt und von »rationalen Diskursen« im allgemeinen die Rede ist, liegt dieses Prinzip auf einer höheren Abstraktionsebene als das Moral- und Demokra-

---

14 Siehe oben, Fn. 3.
15 Siehe oben, 438 f.

tieprinzip. Hier wird noch von beidem abgesehen, sowohl vom Typus der Handlungen, die der Rechtfertigung bedürfen, wie auch von dem spezifischen Geltungsaspekt, unter dem diese jeweils gerechtfertigt werden. Das Diskursprinzip ist gewiß schon auf praktische Fragen zugeschnitten; Wahrheitsfragen berührt es nur insoweit, wie Tatsachen für die Rechtfertigung von Handlungen relevant werden. Mit Bezug auf die Diskursbedingungen, unter denen ein Konsens erzielt werden soll, fordert »D« eine postkonventionelle Begründung von Handlungsnormen überhaupt – aber noch ohne die spezifische Hinsicht festzulegen, in der die konsenserzielende Kraft der Gründe mobilisiert werden soll.

Das in Diskursen allgemein angelegte Rationalitätspotential kann unter Gesichtspunkten von Wahrheit, Effektivität und begrifflicher Konsistenz für die Begründung von Regeln instrumentellen und wahlrationalen Handelns, unter dem Gesichtspunkt der Authentizität für die Begründung von ethischen Wertorientierungen, unter dem Gerechtigkeitsaspekt für die Rechtfertigung moralischer Urteile und Normen in Anspruch genommen werden. Wie erwähnt, verbinden sich mit diesen Norm- und Aussagetypen je verschiedene Konnotationen. Empirische Aussagen wecken ontologische Konnotationen des Bestehens von Sachverhalten; erfolgsorientierte Eingriffe rufen instrumentelle Konnotationen der Wirksamkeit und der Nutzenmaximierung hervor; ethische Fragen haben axiologische Konnotationen der Vorzugswürdigkeit von Gütern, moralische Fragen Konnotationen der Anerkennungswürdigkeit geordneter interpersonaler Beziehungen. Erst diese Referenzen auf die Verfassung der objektiven, subjektiven oder sozialen Welt legen die Hinsichten fest, unter denen »D« einen konkreten Sinn erhält. Das Moralprinzip läßt sich beispielsweise im Hinblick auf die legitim geordnete soziale Welt als eine spezielle Operationalisierung von »D« verstehen, die uns die rationale Beurteilung von Handlungen und Normen unter dem Gerechtigkeitsaspekt ermöglicht.

Obgleich nun Rechtsnormen *auch* unter dem Aspekt der Gerechtigkeit selegiert werden und der Moral nicht *widersprechen* dürfen, ist das Demokratieprinzip, das die Staatsbürger zur Erzeugung legitimen Rechts ermächtigt, dem Moralprinzip nicht, wie Apel vermutet, untergeordnet. Um zu zeigen, daß die Subsumtion des Rechts unter die Moral und die naturrechtliche Einordnung des positiven Rechts in eine Legeshierarchie zu kurz greift, muß ich auf die eigenartige Stellung eingehen, die das Recht unter den bisher erwähnten Normsorten schon deshalb einnimmt, weil es *ein mit politischer Macht fusioniertes Handlungssystem darstellt*. Das erklärt sich aus den formalen Eigenschaften des Rechts, durch die es sich als (a) subjektives, (b) zwingendes und (c) positives Recht von der Moral unterscheidet.

(a) Das moderne Recht baut sich aus subjektiven Rechten auf, die der einzelnen Person wohlumschriebene Freiheitsspielräume, also Sphären der Willkürfreiheit und der autonomen Lebensgestaltung garantieren. Während wir uns unter dem moralischen Gesichtspunkt zunächst der Pflichten vergewissern, um dann erst eigene Rechte aus den Verpflichtungen der anderen uns gegenüber abzuleiten, beginnt das moderne Recht anstelle von Geboten (»Du sollst...«) mit einer Spezifizierung des »Dürfens«. Rechtspflichten ergeben sich auf der Grundlage gleich verteilter Rechte erst aus den berechtigten Erwartungen, die andere an uns richten. Diese Asymmetrie erklärt sich aus der Selbstbeschränkung des modernen Rechts, das alles erlaubt, was nicht explizit verboten ist. Während die penetrante Gewalt der Moral alle Lebensbereiche erfaßt und keine Schwelle zwischen privatem Gewissen und öffentlicher Rechenschaft kennt, dient das Recht primär der Freisetzung privatautonomer Lebensbereiche von willkürlichen Interventionen der öffentlichen Gewalt. Das Recht ist eine selektive, nicht-holistische Form der Verhaltensregelung und betrifft die Einzelnen nicht in der konkreten Gestalt lebensgeschichtlich individuierter Personen, sondern nur insoweit, wie natürliche Personen den künstlich erzeugten und eng umschriebenen Status von Rechtspersonen, d.h. von Trägern von subjektiven Rechten, einnehmen.

(b) Das moderne Recht ist mit der Androhung staatlicher Sanktionen verknüpft. Die Staatsgewalt garantiert eine durchschnittliche Befolgung der Gesetze und erfüllt mit dem erzwingbaren Rechtsgehorsam eine Nebenbedingung der Legitimität allgemeiner Rechtssätze. Denn die Befolgung einer Norm ist nur dann zumutbar, wenn jeder Adressat davon ausgehen kann, daß sie von allen anderen Adressaten ebenfalls befolgt wird. Auch die Vernunftmoral, die nicht mehr in religiöse Weltbilder eingebettet ist, muß mit Sozialisationsmustern und kulturellen Überlieferungen verknüpft sein, damit für eine durchschnittliche Umsetzung von moralischen Urteilen in moralisches Handeln gesorgt ist. Aber von Haus aus ist eine solche autonom gewordene Moral nur auf den kognitiven Zweck der Ermöglichung von Einsichten zugeschnitten. Die guten Motive und Gesinnungen bleiben Sache der einsichtigen Subjekte selbst. Hingegen entlastet der institutionelle Charakter des Rechts die Einzelnen vom Motivaufwand. Im Unterschied zur Moral ist das Recht nicht nur Wissens-, sondern Handlungssystem. Während die Moral an Einsicht und guten Willen appelliert, beschränkt sich das Recht auf die Forderung legalen Handelns. Diese Entkoppelung des gesetzeskonformen Verhaltens von dem Motiv der »Achtung vor dem Gesetz« erklärt auch, warum sich rechtliche Normierungen im wesentlichen nur auf »äußeres Verhalten« erstrecken können.

(c) Die Politik leiht freilich dem Recht nicht nur die staatlichen Sanktionsmittel, sondern macht sich Recht ihrerseits zunutze – sowohl als Medium für die eigenen Gestaltungs- und Organisationsleistungen wie auch als Quelle der Legitimation. Das gesatzte, vom politischen Willen eines Gesetzgebers abhängige Recht eignet sich zum Organisationsmittel der Herrschaft. Aus diesem positiven Charakter ergibt sich die Rollentrennung zwischen Autoren, die Recht setzen, und Adressaten, die dem Recht unterworfen sind. Dieser Voluntarismus der Rechtsetzung ist auch einer konstruktivistisch verstandenen

Moral fremd. Im weiteren nimmt das Recht politische Ziele und Programme in sich auf, die sich nicht allein unter dem moralischen Gesichtspunkt rechtfertigen lassen. Die regelungsbedürftigen Materien verlangen komplexe Rechtfertigungen, in die Gründe empirischer, instrumentell-pragmatischer, strategischer und ethischer Natur eingehen. Dabei bleibt die Rechtsform nur so lange intakt, wie sich jede neue Regelung konsistent in das geltende Rechtssystem einfügt und nicht gegen Gerechtigkeitsprinzipien verstößt. Dem Vorbehalt, daß moralische Gründe nicht übertrumpft werden dürfen, wird schon durch die Bindung der Gesetzgebung an den Prinzipiengehalt einer demokratischen Verfassung Genüge getan.

(5) Um endlich die systematische, von Apel kritisierte Eigenständigkeit des Demokratieprinzips zu verstehen, müssen wir den Begründungsbedarf analysieren, der sich speziell aus der Verschränkung von Recht und Politik ergibt. Das Recht ist einerseits für die politische Macht konstitutiv,[16] andererseits selbst von der Ausübung politischer Macht abhängig: Rechtsprogramme sind das Ergebnis eines politischen Willens. Dieser Wille verliert den Charakter eines willkürlichen Gebrauchs politischer Macht nicht allein durch *rechtsstaatliche* Zähmung. Der Prozeß der Rechtsetzung gewinnt eine Legitimität stiftende Qualität erst dadurch, daß er mit dem Ziel der Einrichtung eines *demokratischen Verfahrens* auf sich selbst angewendet wird. Auf diesem Wege werden die Beschlüsse des politischen Gesetzgebers vom Ergebnis einer inklusiven Meinungsbildung in der breiten, medienvermittelten Öffentlichkeit und den diskursiv strukturierten Beratungen demokratisch gewählter Körperschaften abhängig gemacht. Ihre legitimierende Kraft zieht die rechtliche Institutionalisierung von Verfahren deliberativer Politik aus der leitenden Idee einer vernünftigen, von weltanschaulichen Prämissen unabhängigen Selbstgesetzgebung.

Hier liegt durchaus eine Analogie zum Kantischen Begriff

---

16 Habermas (1992), 167-186.

der moralischen Selbstbestimmung vor. Die demokratische Selbstgesetzgebung fordert ein Verfahren diskursiver Willensbildung, welches die Selbstbindung des demokratischen Gesetzgebers an Einsichten der praktischen Vernunft derart ermöglicht, daß sich die Adressaten des Rechts nicht nur in einem voluntaristischen Sinne zugleich als dessen Autoren verstehen können. Daraus ergibt sich das Demokratieprinzip, das besagt, daß nur diejenigen Gesetze legitime Geltung beanspruchen dürfen, die in einem seinerseits rechtlich verfaßten diskursiven Rechtsetzungsprozeß die Zustimmung aller Bürger finden können. Wichtig ist nun, daß wir den *politischen Eigensinn* dieser Analogiebildung zur moralischen Autonomie nicht verkennen.

Die Analogie zum Vorbild der moralischen Selbstbestimmung der individuellen Person besteht, unter den kollektiven Bedingungen der politischen Willensbildung der Bürger eines konkreten Gemeinwesens, in der Simulierung der *einsichtigen Selbstbindung der Willkür*. Diese strukturelle Ähnlichkeit der politischen Gesetzgebung mit der moralischen Selbstbestimmung bedeutet aber keine Assimilation der einen an die andere. Gewiß sollen sich die am Gemeinwohl orientierten Bürger moralischen Überlegungen nicht verschließen. Aber weil die deliberative Entscheidungspraxis Bestandteil eines politischen Systems ist, das sich auch, wenn nicht gar in erster Linie an der Effektivität der verfassungskonform wahrgenommenen Imperative kluger Selbsterhaltung legitimiert, muß das demokratische Verfahren der Gesetzgebung das Rationalitätspotential von Beratungen auf der ganzen Breite möglicher Geltungsaspekte ausschöpfen – und keineswegs nur unter dem moralischen Gesichtspunkt der gleichmäßigen Interessenverallgemeinerung.

Beim Übergang von der Moral zum Recht vollziehen wir einen Perspektivenwechsel vom Aktor zur Ebene des institutionellen Systems. Jene Normen, die den Einzelnen im instrumentellen, wahlrationalen, sittlichen und moralischen Handeln orientieren, werden aus der Perspektive eines Handelnden gerechtfertigt, auch wenn dieser als Teilnehmer an Diskursen vorgestellt wird. Als Diskursteilnehmer will der Aktor die Frage beantworten, was er unter Aspekten des Erfolges, des Vorteils, des Guten oder Gerechten tun soll. Die praktische Vernunft verkörpert sich in Diskursen, die die Beteiligten ad hoc mit dem Ziel der Klärung praktischer Fragen aufnehmen. Dieser kognitive Bezug geht auch im Diskurs der Staatsbürger nicht verloren. Aber Rechtsnormen haben von Haus aus einen institutionellen Charakter. Hier bringt sich die praktische Vernunft nicht nur in der Diskurspraxis selbst zur Geltung oder in den Argumentationsregeln, denen diese folgt. Sie verkörpert sich vielmehr auf der systemischen Ebene in den Prinzipien, nach denen das politische Handlungssystem als solches verfaßt ist. Das erklärt, warum das Demokratieprinzip als Bestandteil einer Verfassungsordnung nicht wie das Moralprinzip mit der Vorgabe eines Argumentationsmusters in Diskurse eingreift, sondern für die *Einrichtung* und *Verflechtung* der politischen Diskurse Maßstäbe setzt.

Die Diskurse der Staatsbürger und ihrer Repräsentanten sind von vornherein in ein politisches Handlungssystem eingebunden, das eigenen funktionalen Bestandsimperativen gehorcht. Das legitime Recht muß gewiß für die gerechte Ordnung der interpersonalen Beziehungen innerhalb eines bestimmten Kollektivs sorgen. Aber es ist gleichzeitig die Sprache der Programmierung eines rechtsförmig konstituierten Handlungssystems, das für die Stabilität und Reproduktion der Gesellschaft im ganzen aufkommt – also für das kollektive Leben als Ganzes, nicht nur fürs legitime Zusammenleben. Deshalb fordert das Recht *von sich aus* andere Kriterien der Beurteilung als eine Moral, die ihre Gebote unter dem einzigen Aspekt der Gerechtigkeit, und sogar an der begründeten Zustimmung aller, nicht primär der eigenen Bürger orientiert. Die politischen, wirtschaftlichen und kulturellen Bestandserhaltungsimperative sind unverächtliche Gesichtspunkte, unter denen rechtlich konsistente Regelungen einer empirischen, pragmatischen und ethischen Kritik unterzogen werden können, ohne mit den moralischen Grundlagen der Verfassung in Konflikt zu geraten. Auf diese Weise kann eine demokratisch sich selbst korrigierende Verfassungsordnung die reformistische Verwirklichung des Systems der Rechte auf Dauer stellen[17] und auf moralkonforme Weise genau das Problem lösen, für dessen Lösung Apel eine die Moral im ganzen überbietende Verantwortungsethik einführt.

(6) Aufgrund der Verschränkung des modernen Rechts mit der politischen Macht genießt das Demokratieprinzip, das die Rechtsetzung reguliert, Eigenständigkeit gegenüber dem Moralprinzip. Weil Apel diesen internen Zusammenhang von Recht und Macht nicht angemessen würdigt, verkennt er auch die machtdomestizierende Rolle des Rechts. Statt dessen beschäftigt ihn eine moralische Zähmung der politischen Gewalt, die zugleich der politischen Herstellung moralischer Verhältnisse in die Hände arbeitet. *Innerhalb* moralischer Diskurse kann sich ein »Problem der geschichtsbezogenen Anwendung der Moral«[18] ohnehin nicht stellen, weil eine deontologische Ethik in der Nachfolge Kants Kompromisse aus guten Gründen ausschließt. Unbedingt gültige moralische Gebote können mit noch so hochgesteckten politischen Zielsetzungen keine noch so hochherzigen Kompromisse schließen. Aber bedarf sie überhaupt der verantwortungsethischen Ergänzung, der Apel den sogenannten Teil B der Ethik widmet?

Der kategorische Sinn moralischer Gebote bleibt auch im atemstockenden Anblick unerträglicher Ungerechtigkeit intakt, bedarf jedenfalls keiner kompromißlerischen »Ergänzung«, solange wir im Hinblick auf positive Pflichten eine »moralische Arbeitsteilung« berücksichtigen, die dem seinerseits moralisch gerechtfertigten Prinzip Rechnung trägt, daß

---

17 Zu den Aporien einer klugen Parteinahme für die Herstellung von Verhältnissen, unter denen moralisches Handeln erst allgemein zumutbar wird, vgl. J. Habermas, »Wege der Detranszendentalisierung. Von Kant zu Hegel und zurück«, in: ders. (1999), 186-270, hier 224ff.
18 K.-O. Apel, *Diskurs und Verantwortung*, Frankfurt/M. 1988, 103-153.

wir nur das tun »müssen«, was zu tun faktisch in unserer Macht steht: *nemo ultra posse obligatur*. Auch gut begründete Normen verlieren dadurch, daß sie vor ihrer Anwendung nur *prima facie* gelten, nichts von der Strenge ihres kategorischen Sinnes. Sie bedürfen zwar im Falle einer Kollision mit anderen gültigen Normen einer sorgfältigen Beurteilung ihrer »Angemessenheit«; aber ihre Gültigkeit bleibt davon, daß sie im Einzelfall hinter andere Normen »zurücktreten« müssen, unberührt.[19] Der Sollgeltungsanspruch moralischer Gebote würde relativiert und an Erfolgsbedingungen strategischen – oder wie Apel sagt »strategiekonterstrategischen« – Handelns geknüpft, wenn die im weiteren Sinne »politische« Sorge um den »approximativen Erfolg des Moralischen überhaupt« (etwa in Gestalt eines weiteren verantwortungsethischen Grundsatzes) der Moral selbst einverleibt würde.[20]

Wenn der normative Gehalt allgemeiner Argumentationsvoraussetzungen keinen deontologisch verpflichtenden Sinn hat und schon für eine direkte Ableitung der außerhalb der Argumentationspraxis gebotenen Gleichberechtigung und Gegenseitigkeit nichts hergibt, sehe ich erst recht nicht, wie sich aus dieser normativen Substanz für weitergehende Forderungen Kapital schlagen ließe. Apel möchte im gleichen Zuge die »Mitverantwortung aller Menschen für die Folgen kollektiver Aktivitäten und insofern auch für die Institutionen« begründen.[21] Er will aus der Selbstbesinnung auf die in Argumentationen immer schon vorausgesetzten Normen ohne weitere Vermittlungen die moralische Verpflichtung zu einer Politik ableiten, die

---

19 K. Günther, *Der Sinn für Angemessenheit*, Frankfurt/M. 1988.
20 Apel (2001), 77f.
21 Ebd., 82. Vgl. auch D. Böhler, »Warum moralisch sein? Die Verbindlichkeit der dialogbezogenen Selbst- und Mitverantwortung«, in: Apel, Burckhart (2001), 50: »Mitverantwortung wofür? Zuallererst für die Prüfung der eigenen Geltungsansprüche, sodann für die Bewahrung und möglichst für die Verbesserung der realen Bedingungen einer freien, weltöffentlichen Durchführung von kritischen Diskursen (zumal über Menschenrechtsfragen) und schließlich für die praktische (politische, ökonomische und ökologische) Berücksichtigung bzw. Praktizierung ihrer Ergebnisse.«

auf die *Herstellung* moralischer Lebensbedingungen für alle Menschen im Weltmaßstab abzielt. Einerseits ist politische Macht bis heute das einzige Medium für die willentliche und kollektiv bindende Einwirkung auf die systemischen Bedingungen und institutionellen Formen unserer gesellschaftlichen Existenz. Andererseits läßt sich Politik nicht unmittelbar moralisieren, sei es gemäß dem platonischen Modell des »guten Herrschers« oder auf dem Wege revolutionären Handelns oder, wie es Apel vorzuschweben scheint, über eine allgemeine moralische Aufrüstung der Tugenden politischen Handelns. Demgegenüber erscheint die institutionelle Zähmung der politischen Gewalt durch eine demokratisch gesteuerte Verrechtlichung der einzig gangbare Weg zu einer moralischen Reformierung unseres Verhaltens. Was möglich ist, läßt sich an der komplexen Entwicklung demokratischer Verfassungsstaaten sowie an sozialstaatlichen Sicherungen studieren, die auf dieser Grundlage erkämpft worden sind. Die einstweilen von nationalstaatlichen Verfassungen wenigstens partiell gebändigte Politik wird sich im Rahmen einer kosmopolitischen Rechtsordnung noch einmal verwandeln müssen, wenn sie ihre aggressiven und selbstzerstörerischen Züge abstreifen und sich in eine weltweit zivilisierende Gestaltungsmacht verwandeln soll.[22]

Auf diesem politischen Wege ist die Moral ein viel zu ungenauer, ja irreführender Kompaß. Was Apel in »Teil B« als die Kompromißform einer Moral anbietet, die die Erfolgsaussichten der Moral im ganzen kalkuliert, verkennt die Dimension einer fortschreitenden demokratischen Verrechtlichung der Politik, die eine Zivilisierung der Lebensverhältnisse zum Ergebnis hätte. Im Zuge der neoliberalen Selbstabwicklung der Politik durch wirtschaftliche Globalisierung droht freilich dieser Strategie der Gegenstand abhanden zu kommen: als Medium bewußter Selbsteinwirkung schrumpft die Politik in

---

22 Siehe J. Habermas, »Eine politische Verfassung für die pluralistische Weltgesellschaft?«, in: ders., *Zwischen Naturalismus und Religion*, Frankfurt/M. 2005, 324-366.

dem Maße, wie sie ihre Steuerungsfunktionen an Märkte abgibt. Im Zeichen des »Krieges gegen den Terrorismus« wird dem »Verschwinden der Politik« allenfalls durch die Aufrüstung von Militär, Geheimdiensten und Polizei Einhalt geboten.

Apel bürdet dem Diskurs des Philosophen, der im Vollzug einer beliebigen Argumentation auf den Gehalt notwendiger Argumentationsvoraussetzungen reflektiert, die dreifache Last auf, (a) direkt, d. h. ohne Umweg über die Begründung eines Universalisierungsgrundsatzes, moralische Grundnormen zu begründen, (b) eine existentielle Verpflichtung zum »Moralischsein« aufzuweisen und (c) die Moral durch eine verantwortungsethische Verpflichtung zur historischen Verwirklichung der Moral zu ergänzen. Diesen Diskurs nennt Apel in Anspielung auf Husserls transzendentale Urstiftung »primordial«. Ich vermute, daß unsere Auseinandersetzung über den richtigen architektonischen Aufbau der Theorie letztlich auf einen Dissens über die Rolle der Philosophie selbst zurückgeht. Apel rekonstruiert einleuchtend die Geschichte der abendländischen Philosophie als eine Abfolge von drei Paradigmen, die er der Ontologie, der Epistemologie und der linguistischen Philosophie zuordnet. Er ist sich der selbstkritischen Ausgangslage des modernen und zugleich der fallibilistischen Grenze des nachmetaphysischen Denkens bewußt. Gleichwohl neigt er zu einem fundamentalistischen Verständnis von Philosophie, wenn er die philosophische Selbstreflexion in der Weise eines primordialen, mit überschwenglichen Zielsetzungen befrachteten Diskurses auszeichnet. Apel vertraut am Ende doch den infalliblen Gewißheiten eines direkten, also voranalytisch vergegenwärtigenden Zugriffs auf die sprachlichen Intuitionen eines besonnen-reflexionsgeübten Argumentationsteilnehmers. Denn das transzendentalpragmatische Argument, dem die Rolle einer »Letztbegründung« zugedacht ist, hat in Wahrheit den Stellenwert einer präsumtiv unbeirrbaren, jedenfalls diskursiv nicht nachprüfbaren Vergewisserung. Wäre es ein Argument, dann stünde es in einem sprachlichen

Kontext, der so viele Angriffsflächen bietet wie er Facetten hat.

Mit dem von Wolfgang Kuhlmann eingeführten Stichwort »strikte Reflexion« ist freilich ein weiteres, hier nicht mehr zu bewältigendes Thema berührt. Ich habe mich auf Differenzen beschränkt, die Apel in seiner Auseinandersetzung mit meiner Rechtsphilosophie herausgearbeitet hat. Dies sind Differenzen im Ansatz. Sie können weder die Gemeinsamkeiten im Ergebnis noch die Einsichten verdecken, die ich seit meiner Bonner Studienzeit der einzigartigen Belehrung eines im Geiste stets präsenten Freundes verdanke.

Textnachweise*

1. »Diskursethik. Notizen zu einem Begründungsprogramm«, in: *Moralbewußtsein und kommunikatives Handeln*, Frankfurt/M. 1983, 53-126.
2. »Treffen Hegels Einwände gegen Kant auch auf die Diskursethik zu?«, Vortrag anläßlich einer Tagung »Moralität und Sittlichkeit«, März 1985; erschienen in: *Erläuterungen zur Diskursethik*, Frankfurt/M. 1991, 9-30.
3. »Diskursethik und Gesellschaftstheorie. Ein Interview mit T. Hviid Nielsen«, in: *Die nachholende Revolution*, Frankfurt/M. 1990, 114-145.
4. »Erläuterungen zur Diskursethik«, in: *Erläuterungen zur Diskursethik*, Frankfurt/M. 1991, 119-226.
5. »Eine genealogische Betrachtung zum kognitiven Gehalt der Moral«, in: *Die Einbeziehung des Anderen*, Frankfurt/M. 1996, 11-64.
6. »Vom praktischen, ethischen und moralischen Gebrauch der praktischen Vernunft«, in: *Erläuterungen zur Diskursethik*, Frankfurt/M. 1991, 100-118.
7. »Richtigkeit versus Wahrheit. Zum Sinn der Sollgeltung moralischer Urteile und Normen«, in: *Wahrheit und Rechtfertigung*, Frankfurt/M. 1999, 271-318.
8. »Zur Architektonik der Diskursdifferenzierung. Kleine Replik auf eine große Auseinandersetzung«, in: *Zwischen Naturalismus und Religion*, Frankfurt/M. 2005, 84-105.

---

* Wenn im Einzelnachweis nicht anders angegeben, wurden die Texte unverändert aus den angegebenen Ausgaben übernommen. Lediglich die Rechtschreibung und die bibliographischen Nachweise in den Fußnoten wurden vereinheitlicht bzw. zum Teil ergänzt oder durch Querverweise auf die *Studienausgabe* ersetzt. Offensichtliche Fehler wurden korrigiert.

Register

Achtung 147, 210-214, 350, 367, 378
Anerkennung, Anerkennungsverhältnis(se) 18, 50, 54f., 59, 104, 111, 123ff., 147, 151f., 157, 175, 196, 198, 210, 212-218, 233, 242f., 330, 350, 352, 404, 411, 423ff., 429, 447
Angemessenheit 149, 172f., 203, 269, 359
Argument, Argumentation 50, 56f., 61-69, 73, 86-97, 102ff., 107, 111, 119ff., 131 (Fn.), 155, 162, 194f., 219ff., 229, 231f., 259, 345, 356ff., 440f.
- Argumentationspraxis als Fortsetzung kommunikativen Handelns 104, 107, 242
- pragmatische Voraussetzungen/Präsuppositionen von Argumentationen 16f., 32, 73, 79ff., 84-97, 99f., 120, 161, 163, 194-197, 219ff., 227f., 440
Autonomie, Selbstgesetzgebung 134, 210, 339, 342f., 377, 382, 415, 428, 436, 452f.

Begründung von Moral(prinzipien) 17, 41, 46, 64-66, 75-77, 80f., 95f., 99, 181, 245, 256f., 258, 277, 300, 313, 328, 347-348, 358, 388 (Fn.)
- kontraktualistische *siehe* Kontraktualismus

- und Anwendung 132f., 149f., 201

Demokratieprinzip 436-440, 450, 452-455
Diskurs(e) 12, 18f., 60, 112, 125, 222, 358, 373f., 402f., 405f., 427f., 441
- empirische(r) 372, 389, 422, 430
- explikative(r) 111, 260
- Meta- 25, 264, 380
- moralische(r) 56, 96, 126, 156, 195, 269, 375, 378f., 430, 442
- praktische(r) 16f., 26, 56, 66f., 69, 86, 108, 110f., 119ff., 126, 131 (Fn.), 133f., 136, 150, 220, 225, 358, 375, 389, 410f., 427, 429f.
Diskursethik 13, 16, 23, 27, 60, 63, 73f., 81, 94, 99-102, 108, 118ff., 128f., 344f., 350, 360, 398
Diskursprinzip 109, 343, 351, 424, 443
Diskursregeln 68, 89-94
Diskurstheorie
- der Moral 232, 440
- des Rechts 272, 380, 440
- der Wahrheit 440

Einstellung
- objektivierende, *auch* Dritte-Person-, *auch* Objektiva-

461

tion 19, 35f., 47, 53, 109, 158, 175, 186, 205, 217, 300
– performative, *auch* Einstellung einer zweiten Person/ eines Beteiligten, *siehe auch* Person, zweite 19, 36f., 158, 186, 207, 241, 299, 375, 408, 424,
Ethik
– Aristotelische 336, 360
– deontologische 109, 118, 138, 149f., 206, 455
– Fürsorge- 149
– Güter- 124ff., 245, 251ff., 360
– Kantische 116ff., 125, 132f., 149, 180, 206
– Mitleids- 123f.
– ökologische 139, 293
– philosophische 32f., 47f., 101, 140
ethische Wertorientierungen 183, 250, 334, 341, 365, 374, 449

Faktum der Vernunft 76, 97, 119, 129, 384
Fehlschluß
– ethnozentrischer 76, 120
– genetischer 70
– naturalistischer 220
Formalismus 19, 130
– der Diskursethik 102, 107f., 129
– der Kantischen Ethik, Kantischer Formalismus 116, 129
– des Moralprinzips 129

Formalpragmatik, formalpragmatisch 32, 153, 227, 256
Fürsorge, *siehe auch* Fürsorgeethik 124, 148f.

Genealogie, genealogisch 23f., 329, 344, 351, 384, 422, 446
Grund, Gründe 10, 25, 17, 38, 161, 173, 315, 326
Gute, das, *siehe auch* das gute Leben 108, 124, 145, 148, 181, 235, 245, 248 (Fn.), 250, 269, 271, 275f., 280, 284, 293, 306, 312, 335-339, 352, 354, 364, 371, 380, 382, 399, 418f., 430f.
– Güter 104, 246f., 249-252, 338, 449

Idealisierung(en) 225ff., 229f., 261, 441
– von Rechtfertigungsbedingungen 403, 412
Idealismus 132, 313 (Fn.), 385
– Deutscher 391
– philosophischer 382
Integrität 18, 243, 274, 337, 378
– leibliche 123, 175, 242, 298
– personale 123, 175, 206, 240, 242f., 298

Ja/Nein-Stellungnahme 162, 164, 228, 345, 357f., 389, 441, 446

Kategorischer Imperativ 16, 57, 75f., 119, 206, 221, 234, 237, 350, 360, 376
Kognitivismus 73, 80, 156-160, 174, 180f., 306f., 398

- Non- 305 f., 331 f.
kommunikative Lebensform 19, 256, 337, 339, 352, 399, 428, 433
Kontraktualismus, kontraktualistisch, vertragstheoretisch 187-189, 190, 217, 306 f., 316, 318-320, 387 f.

Leben, das gute 108, 113 f., 118, 128, 130, 138, 145, 148, 173, 233, 245, 275, 294, 310, 327, 335, 339, 345, 361, 371, 382
- ethische Fragen des guten Lebens 148
- Konzeptionen des guten Lebens 419

Lebenswelt 106, 113 ff., 122 f., 164-171, 405 ff.

Moral 18, 122, 184, 210 f., 246 f., 298, 303, 316, 320 ff., 338, 416, 450 ff.
- kategorische Geltung moralischer Normen/moralischer Urteile 306, 335, 337, 342, 384, 413
- moralische Normen im Unterschied zu Rechtsnormen 390
- moralischer Gesichtspunkt 23, 114, 120, 129, 146, 176 f., 185, 217 f., 230, 245, 254, 307, 339 f., 358 ff., 450
- moralischer/ethischer Skeptiker 45, 75, 79
- moralische Verpflichtung 194, 294 f., 335, 342, 442
- Moralität und Legalität/Recht 86, 137 (Fn.), 151 f., 270 ff., 436-440, 450-453
- Moralität und Sittlichkeit 14, 102 f., 112 ff., 172, 177, 259, 360
- Vernunftmoral, rationaler Kern der 23 f., 245 ff., 296 f., 316, 331

moralische Gefühle 175 f., 207, 304, 320 ff.
Moralprinzip 57 f., 75 ff., 95, 119 f., 129, 197, 267 f., 436, 439 f., 448 ff.
Moraltheoretiker, Moraltheorie 10, 13 f., 19 ff., 95 f., 139, 157, 146, 178, 185 f., 254, 267, 381

Neoaristotelismus, neoaristotelisch 133, 190, 306, 336, 395
Nonkognitivismus, *siehe* Kognitivismus

Objektivation, objektivierende Einstellung, *siehe* Einstellung, objektivierende

performativer (Selbst-)Widerspruch 78 ff., 91 f., 97, 160 f.
Person 25, 123, 213 f., 217 (*auch* Fn.), 240-242, 269, 275, 298
- erste P. Singular 19, 45, 66, 183, 321, 333, 387, 388 (Fn.)
- erste P. Plural 25, 218, 333, 378
- zweite, *siehe auch* Einstellung einer zweiten Person 35, 158, 175, 234, 299, 342

Phronesis 181, 384
Pluralismus 23, 73, 145, 254, 311, 418
– der Glaubensmächte 260, 277
– Faktum (Tatsache) des Pluralismus 73, 182, 432, 446
positive und negative Pflichten 234 f., 239-243
praktische Fragen, *siehe auch* ethische, moralische, pragmatische, rechtliche Fragen 33, 114, 108 f., 130, 174, 177, 185, 204, 327, 333, 343, 359 ff., 365 ff., 410, 427, 429, 446, 449

Rationalität 171, 194-197, 199, 262, 281-286, 442 f., 444
– kommunikative 20, 171
– Zweck- 31, 315, 363
Recht 151 f., 159, 234 f., 270 f. 390, 436-440, 450
– Legitimität des 152, 438 ff.
– positives 151, 159, 237-240, 243 f., 450,
– und Moral 86, 151 f., 270 ff., 436-440, 450-453
– und politische Macht 151, 450, 452, 455, 457
Rechtsstaatsprinzip 437
Rekonstruktion, Nachkonstruktion 308, 350, 373
Richtigkeit 29, 200, 225, 378, 432
– als ideale Akzeptabilität 431, 445,
– im Unterschied zu Wahrheit 50 ff., 118 f., 192, 349, 384 f., 395-399, 410-415, 428 f.

Rollentausch, Rollenübernahme, *ideal role taking* (G. H. Mead) 59, 121, 176, 219 f., 223

Selbstachtung 210-215, 269
Skeptiker, Skepsis, *siehe auch* moralischer/ethischer Skeptiker 45, 73-77, 79 f., 84 f., 101-107, 347
Solidarität, solidarisch 124, 311, 316 ff., 336-339
Sollgeltung 54, 70, 198, 206, 208, 223, 225, 238, 346 f., 398
supererogatorische Ansprüche, Pflichten 199, 431 f.

Überlegungsgleichgewicht (Rawls) 187
Universalisierungsgrundsatz (U) 16 ff., 27, 57-61, 108, 202, 439 (Fn.), 448
Unparteilichkeit, Idee der 28, 61, 65, 68, 73, 201 ff., 218, 230, 275 f., 419 ff., 426 ff., 438 f., 445
Urteilskraft 133, 380 f., 383 f.
Urzustand 61, 120 f., 126 (Fn.), 276 f.
Utilitarismus, utilitaristische Theorie 217, 295, 305, 313

Vernunft 10, 27, 180 f., 247, 341, 383 ff.
– instrumentelle 33, 315, 331
– kommunikative 260 ff.
– praktische 25 ff., 181, 190 f., 209 f., 256 f., 260 ff., 315, 331, 340 ff., 370 ff., 376, 380 ff., 385 f., 454

Wahrheit 43f., 52, 65, 119, 156f., 159f., 187, 224f., 285, 348ff., 384, 396-410, 444
– epistemische 348, 396, 400, 402, 404
– moralische, praktische, *siehe auch* Richtigkeit 42ff., 48, 187f.

Wahrheitsfähigkeit praktischer Fragen 42f., 73f.

Wissen 100, 181-186, 204f., 263f., 332f., 382-386, 393ff., 414, 420, 433f.
– Alltags- 182f.
– epistemisches 385
– praktisches 186, 204, 385
– Prinzipien- 434

Gesamtinhaltsverzeichnis der Studienausgabe

Band 1
Sprachtheoretische Grundlegung der Soziologie

Vorwort zur Studienausgabe 7
Einleitung 9

I. *Zur sprachtheoretischen Grundlegung der Soziologie*

1. Vorlesungen zu einer sprachtheoretischen
   Grundlegung der Soziologie 29

II. *Kommunikatives Handeln und Lebenswelt*

2. Erläuterungen zum Begriff des kommunikativen
   Handelns 157
3. Handlungen, Sprechakte, sprachlich vermittelte
   Interaktionen und Lebenswelt 197
4. Individuierung durch Vergesellschaftung. Zu George
   Herbert Meads Theorie der Subjektivität 243

III. *Rationalität und Rekonstruktion*

5. Aspekte der Handlungsrationalität 303
6. Rekonstruktive vs. verstehende
   Sozialwissenschaften 338

IV. *Von der Philosophie zur Gesellschaftstheorie*

7. Konzeptionen der Moderne. Ein Rückblick auf zwei
   Traditionen 366

Textnachweise 400
Register 401
Gesamtinhaltsverzeichnis der Studienausgabe 405

Band 2
Rationalitäts- und Sprachtheorie

Vorwort zur Studienausgabe 7
Einleitung 9

I. *Formalpragmatische Sprachtheorie*

1. Hermeneutische und analytische Philosophie.
   Zwei komplementäre Spielarten der linguistischen
   Wende 29
2. Zur Kritik der Bedeutungstheorie 70

II. *Kommunikative Rationalität*

3. Rationalität der Verständigung. Sprechakt-
   theoretische Erläuterungen zum Begriff der
   kommunikativen Rationalität 105
4. Kommunikatives Handeln und detranszenden-
   talisierte Vernunft 146

III. *Diskurstheorie der Wahrheit*

5. Wahrheitstheorien 208
6. Wahrheit und Rechtfertigung. Zu Richard Rortys
   pragmatischer Wende 270

IV. *Erkenntnistheoretische Überlegungen*

7. Realismus nach der sprachpragmatischen Wende 316

Textnachweise 376
Register 377
Gesamtinhaltsverzeichnis der Studienausgabe 385

Band 3
Diskursethik

Vorwort zur Studienausgabe 7
Einleitung 9

I. *Moraltheorie*

1. Diskursethik. Notizen zu einem
   Begründungsprogramm 31
2. Treffen Hegels Einwände gegen Kant auch auf die
   Diskursethik zu? 116
3. Diskursethik und Gesellschaftstheorie. Ein
   Interview mit T. Hviid Nielsen 141
4. Erläuterungen zur Diskursethik 179
5. Eine genealogische Betrachtung zum kognitiven
   Gehalt der Moral 302

II. *Zur Systematik praktischer Diskurse*

6. Vom pragmatischen, ethischen und moralischen
   Gebrauch der praktischen Vernunft 360
7. Richtigkeit versus Wahrheit. Zum Sinn der
   Sollgeltung moralischer Urteile und Normen 382
8. Zur Architektonik der Diskursdifferenzierung.
   Kleine Replik auf eine große Auseinandersetzung 435

Textnachweise 460
Register 461
Gesamtinhaltsverzeichnis der Studienausgabe 467

Band 4
Politische Theorie

Vorwort zur Studienausgabe 7
Einleitung 9

I. *Demokratie*

1. Volkssouveränität als Verfahren 35
2. Drei normative Modelle der Demokratie 70
3. Hat die Demokratie noch eine epistemische
   Dimension? Empirische Forschung und
   normative Theorie 87

II. *Verfassungsstaat*

4. Über den internen Zusammenhang von Rechtsstaat
   und Demokratie 140
5. Der demokratische Rechtsstaat – eine paradoxe
   Verbindung widersprüchlicher Prinzipien? 154

III. *Nation, Kultur und Religion*

6. Zum Verhältnis von Nation, Rechtsstaat und
   Demokratie 176
7. Kulturelle Gleichbehandlung – und die Grenzen
   des Postmodernen Liberalismus 209
8. Religion in der Öffentlichkeit 259

IV. *Konstitutionalisierung des Völkerrechts?*

9. Zur Legitimation durch Menschenrechte 298
10. Hat die Konstitutionalisierung des Völkerrechts
    noch eine Chance? 313
11. Konstitutionalisierung des Völkerrechts und
    die Legitimationsprobleme einer verfaßten
    Weltgesellschaft 402

Textnachweise 425
Register 427
Gesamtinhaltsverzeichnis der Studienausgabe 431

Band 5
Kritik der Vernunft

Vorwort zur Studienausgabe 7
Einleitung 9

I. *Metaphilosophische Überlegungen*

1. Wozu noch Philosophie? 33
2. Die Philosophie als Platzhalter und Interpret 58
3. Was Theorien leisten können – und was nicht.
   Ein Interview 81
4. Noch einmal: Zum Verhältnis von Theorie
   und Praxis 100

II. *Nachmetaphysisches Denken*

5. Die Einheit der Vernunft in der Vielfalt ihrer
   Stimmen 117
6. Metaphysik nach Kant 155
7. Motive nachmetaphysischen Denkens 174

III. *Die Herausforderung des Naturalismus*

8. Von den Weltbildern zur Lebenswelt 203
9. Das Sprachspiel verantwortlicher Urheberschaft
   und das Problem der Willensfreiheit.
   Wie läßt sich der epistemische Dualismus mit einem
   ontologischen Monismus versöhnen? 271

IV. *Die Herausforderung der Religion*

10. Die Grenze zwischen Glauben und Wissen.
    Zur Wirkungsgeschichte und aktuellen Bedeutung
    von Kants Religionsphilosophie 342
11. Die Revitalisierung der Weltreligionen –
    Herausforderung für ein säkulares Selbstverständnis
    der Moderne? 387
12. Ein Bewußtsein von dem, was fehlt 408

V. *Religionsgespräche*

13. Exkurs: Transzendenz von innen, Transzendenz ins
    Diesseits 417

Textnachweise 451
Register 453
Gesamtinhaltsverzeichnis der Studienausgabe 459